U0899218

会计学系列教材(全国八所高校合编)

税务会计与纳税筹划

(第五版)

主编　盖　地

编写者(以姓氏笔画为序):

卢　强　陆　新

赵　颖　盖　地

南开大学出版社

天　津

图书在版编目(CIP)数据

税务会计与纳税筹划 / 盖地主编. —5 版. —天津：南开大学出版社，2012.6

会计学系列教材：全国八所高校合编

ISBN 978-7-310-03901-2

Ⅰ.①税… Ⅱ.①盖… Ⅲ.①税收会计－高等学校－教材②税收筹划－高等学校－教材 Ⅳ.①F810.42

中国版本图书馆 CIP 数据核字(2012)第 091227 号

南开大学出版社出版发行

出版人：孙克强

地址：天津市南开区卫津路 94 号　　邮政编码：300071

营销部电话：(022)23508339　23500755

营销部传真：(022)23508542　　邮购部电话：(022)23502200

*

天津市蓟县宏图印务有限公司印刷

全国各地新华书店经销

*

2012 年 6 月第 5 版　　2012 年 6 月第 8 次印刷

880×1230 毫米　32 开本　15.625 印张　1 插页　446 千字

定价：30.00 元

如遇图书印装质量问题，请与本社营销部联系调换，电话：(022)23507125

出版说明

进入21世纪以来，经济贸易全球化、信息技术网络化和资源配置市场化的趋势日益显著，对会计职业和会计教育的发展提出了许多新的挑战和要求。我国2001年底加入世界贸易组织（WTO）后，这种挑战和要求显得更加迫切。此前，为适应市场经济体制改革现状及与国际接轨的要求，我国对会计制度进行了改革，具体体现在1999年修订通过的《中华人民共和国会计法》、2000年国务院发布的《企业财务会计报告条例》、财政部发布的《企业会计准则》和《企业会计制度》上。

在这种形势下，要求会计语言具有"世界语言"的属性。我们应吸取国外会计学教材的精华，积极开发适应经济贸易全球化需要的新型会计教材。要求改革和利用会计信息的理论与方法，进一步提高会计信息的效用；要求科学地确认、计量、记录和报告由资源配置市场而产生的前所未有的新型经济业务。为适应这些要求，我们邀请南开大学、中南财经政法大学、天津财经大学、吉林大学、西安交通大学、首都经贸大学、河北经贸大学、山东财经大学等八所高校联合编写了这套"会计学系列教材"。本教材共12种，即《会计理论》、《初级会计学》、《中级会计学》、《高级会计学》、《财务管理》、《财务报表分析》、《审计学》、《成本会计学》、《管理会计学》、《税务会计与纳税筹划》、《计算机会计学》、《政府及非营利组织会计》等。

本丛书的指导思想是，适应21世纪会计发展趋势，向读者介绍最基本的会计理论、最重要的会计技术、最前沿的会计方法。只有理论与实务并重，才有利于学生掌握会计知识，树立会计职业道德，成为德才兼备的创新型、国际型和复合型人才。丛书涵盖了财政部所发布的所有会计准则和最新会计制度中的有关内容，并具有以下特点：

1. 注意营造"模拟会计环境"。每章先安排一个"范例"，在读者正式阅读之前先提供一个“真实会计环境”，便于理解正文，避免枯燥、乏味之感。

2.理论与实务并重。本套丛书在介绍理论知识的同时，特别重视会计实务与会计理论的密切联系，设计了案例和实例，有利于提高读者的理论素养，培养读者的实务操作能力。

3.注意培养读者分析问题的能力和动手能力。各章之后设置了“本章思考题”，有的还在正文中设计了“思考”，启发读者分析和探讨值得思考的问题，培养读者主动思考和决策的能力。每章后还设计了“综合练习题”，包括选择题、计算题、业务题和案例分析题，帮助读者巩固和复习所学知识，达到活学活用的目的。

4.强调管理应用和分析。本套丛书在介绍会计学知识的同时，力图帮助读者加深对现实问题的认识；除了列举大量案例外，还使用了大量图表，帮助读者整理思路，找出各知识点的内在联系。

本套教材是上述八所高校紧密协作的成果，具有一定的代表性。我们真诚希望此套教材的出版，能够为我国会计教育事业贡献一份力量，能够促进会计教材的建设与更新。同时，也希望广大读者批评指正，以改进我们今后的工作。

南开大学出版社

2003 年 6 月

第五版前言

本书自 2010 年修订后，我国的税制建设和会计制度建设又有一些新变化，尤其是税收法规的变化更是频繁。在此期间，我们对有关问题的学习和理解也在不断深化。本次再版，作者对本书做了较为全面的修改，体现了最新的法规内容——包括陆续颁布的增值税、消费税、营业税和企业所得税配套法规或解释，如增值税进项税额的抵扣、折扣销售、营业税改征增值税问题等，建筑施工企业营业税的确认计量、代扣代缴等，企业所得税的配套法规（如新的优惠政策、国债利息收入的确认、资产损失的税前扣除、新的企业所得税月（季）度预缴纳税申报表等）以及所得税会计处理方法的进一步调整，个人所得税法的最新修订，资源税的修订以及新的车船税法等。

变化总是在发生，唯有变化是永恒的，让我们适应变化、享受变化，并努力去追踪变化。

税收给会计增添了不尽的烦恼，“对于会计这个行业来说，如果没有税收问题，那么这个行业的复杂程度将会惊人地降低”。但从另一个角度看，也正是越来越复杂的现代税收制度，提高了会计从业的门槛和会计职业的地位，税收已经成为会计新的增长点，税务会计与财务会计、管理会计共同构成企业会计体系。越来越多的学校已经开设税务会计课程，“税务会计”已经成为我国高校会计（含审计、财务）专业课程体系的重要组成部分，是培养应用型、复合型人才的必备知识。

书中所涉法规制度，若理解有误，应以法规为准；若以后有变，应以新法规为准。

感谢出版社王乃合责编，更要感谢本书的广大读者，衷心希望提出您的宝贵意见和建议。

盖地
2012 年 2 月
于天津财经大学会计与财务研究中心

第四版前言

新的企业所得税税法施行已经两年多;期间,财政部、国家税务总局等国务院主管部委又陆续颁布了一系列执行新企业所得税法的配套法规。从 2009 年起,企业开始执行国务院新修订颁布的增值税、消费税和营业税暂行条例及其实施细则,还有新的关税实施方案等。本次再版,根据我国税收法律法规、会计准则的最新变化与要求,对全书进行了比较全面的修改与调整,尤其是对增值税会计、所得税会计进行了较大、较多的修改调整,全面系统地阐述了转型后的增值税、新企业所得税法的基本内容,尽可能做到理论、法规与实务的协调统一。

改革开放以来,我国的税收、会计等法律法规建设,已经明显地体现基于会计权益的分权观,而非基于财税权益的集权观。在基于会计权益的分权观下,税务会计(含筹划,下同)已经成为一种制度安排。

税务会计最优先的"准则"是税收法律,财务会计准则是其次优先准则,因此,税务会计本质是税收法律与财务会计准则既冲突又协调的一种会计机制。基于这种认识,本书在阐述各税种会计时,其确认、计量与申报,是以我国现行税法为准,其会计处理(记录),则体现税法与会计准则(制度)的"混合"(但按我国目前的会计制度设计,某些税种的会计处理却是服从税法的要求)。

税收已经成为会计的一个新的增长点,税务会计与财务会计、管理会计共同构成企业会计体系。越来越多的学校已经开设税务会计课程,"税务会计"已经成为我国高校会计(含审计、财务)专业课程体系的重要组成部分,是培养应用型、复合型人才的必备知识。

感谢南开大学出版社王乃合编辑,其敬业精神令人感动;更要感谢本书的广大读者，衷心希望你们对拙书提出改进意见和建议。

盖　地

2010 年 3 月

于天津财经大学会计与财务研究中心

第三版前言

继2007年我国上市公司及具备上市公司审计资格的会计师事务所执行新的《企业会计准则》后，2008年，中央所属企业及部分地方国有企业也开始执行新《企业会计准则》，在今后几年内，我国大中企业都将执行新会计准则。2007年3月16日，第十届全国人民代表大会第五次会议通过了《中华人民共和国企业所得税法》，2007年12月6日，国务院颁布了《中华人民共和国企业所得税实施条例》，新企业所得税税法从2008年1月1日起施行；2008年，财政部、国家税务总局等国务院主管部委颁布了企业所得税优惠政策、高新技术企业认定管理办法等企业所得税配套法规。消费税的税率及纳税申报表进行了调整和重新设计，关税、出口退税政策等也有重要变化。

本次再版，根据我国税收法律法规、会计准则的最新变化与要求，对上一版进行了比较全面的修改调整，尤其是对第六章所得税会计进行了较大调整，全面系统地阐述了新企业所得税法的基本内容，并进行了理论分析与归纳，系统阐述了资产负债表债务法的理论与实务，并对特殊业务的所得税会计处理方法予以说明。

这次再版，由原作者负责修改。衷心感谢南开大学出版社王乃合老师给予的支持和鼓励。在举世瞩目的第29届奥运会在我国召开之际，《你和我》——读者和作者，为祖国日益强盛而自豪，为世界和平、和谐而祈祷；当然，也为我国税收与会计改革30年取得的巨大进步而欣幸。

盖　地

2008年8月

再版前言

本书于 2004 年出版至今已经三年了，其间，虽然我国的内外资企业所得税尚未合并（将于今年 3 月份提交全国人大讨论通过），但其中的变化却是非常频繁，而且涉及面也比较大：东北地区实行增值税转型试点，预示着我国增值税转型的发展前景；从 2006 年起，在全国正式取消了具有二千六百年悠久历史的农业税，与此同时，增加了烟叶税；关税、营业税、增值税、内外资企业所得税等，不仅内容有不少变化，而且其纳税申报表也都作了较大调整；从 2006 年 4 月 1 日起，消费税征税范围又进行了大幅度调整；城镇土地使用税税率也进行了大幅度调整，车船使用税与车船使用牌照税合并为“车船税”。2006 年 2 月 15 日，财政部颁布了新的《企业会计准则》，会计准则应用指南也于 10 月 30 日公布。

这次再版，对全书进行了全面修改调整，比较全面地反映了我国现行税收政策与会计准则、制度的最新变化。但还应重申第一版“前言”中的那句话：“若理解有误，应以法规为准；若以后法规有变，应以新法规为准。”

财务会计以企业会计准则为导向，以提供兼具可靠性与相关性的财务报告为己任；税务会计以税法为导向，以向主管税务机关提供税收征管的税务会计报告（纳税申报表主表、附表及附报资料）为己任。财务会计中处理的涉税事项主要是为了确定企业的税收成本、税收费用、递延所得税资产或负债等会计信息；税务会计处理的涉税事项（包括涉税安排）是为了确认、计算企业的税金负债、清偿、税收利益及其索回等。学科的划分不等同于实务的分工，企业可以根据其组织形式、规模大小、管理要求等进行专业分工。本书基于我国财务会计与税务会计以混合模式为主的情况，在简述税法的基础上，主要阐述的是税务会计及财务会计中涉税事项的会计处理。

这次再版，原作者不变，但其中第八、九章由张西克博士代为修改，特致谢忱。感谢本系列教材的策划者王乃合老师及本书责编，是他们的督促，才有本书的更新。同时，也衷心希望广大读者不吝赐教。

盖 地

2007 年 1 月

于天津财经大学

前言

每个企业都希望有充裕的现金可供支配，但企业取得现金是要付出代价、面临风险的，而税金却是“必须要以现金形式支付给政府的”（查尔斯·T. 亨格瑞等著《会计学》），且是无偿支付的。这种此消彼长的关系决定了企业不会不关注自己的税收负担，如何关注、怎样关注，只有通过会计。在市场经济条件下，财务会计及其提供的信息，主要是为现实和潜在的投资人、债权人等服务的，为税务当局提供的会计信息要由税务会计提供。财务会计与税务会计服务的主要对象不同、各自的目标不同。因此，本书的内容就是在财务会计的基础上，出于对纳税人税收利益的考虑而进行的税收政策、计税方法的选择，或因与国家现行税法的差异而进行的涉税事项的调整，即税务会计的确认、计量、记录和报告。同时，还阐述了企业进行税务筹划的基本理论和实务。在每章后，设置了“综合复习题”，具体包括思考题、选择题、业务题和案例题等题型，并在书后附有参考答案，以方便读者阅读和复习。

税务会计要以税法为导向，但它要以追求纳税人的最大税收利益为目标。因此，系统了解和掌握税法的基本原理和现行规定，熟知会计准则和制度，是实现本教材目标的基础和前提。本书以交稿日止的我国税收和会计法规为依据，如果法规有变或作者理解有误，应以现行法规为准。本书除可作为高校专业教材外，也可作为各层次的在职培训教材，还可作为单位会计人员、注册会计师、注册税务师、财务分析师、律师等专业人员的业务学习用书。为方便教师授课，我们还编写了教师用书（内容包括教学大纲、扩展材料、题库及答案等），随书附送。

盖地教授作为本书主编，负责编写大纲的拟定和全部书稿的审阅、总纂。本书参编人员是（按章的顺序）：天津财经学院盖地（第一、五章）、天津财经学院赵颖讲师（第二至四章）、南开大学陆新副教授（第

六、七章)、天津财经学院卢强博士(第八、九章)。作者由于水平所限,对书中存在的缺憾,衷心希望不吝指正。

在本书付梓之日,应该感谢南开大学出版社及本系列教材的策划者王乃合同志,是他们的远见、勇气和努力,使本书得以与广大读者见面。

盖　地

2003年7月

目 录

第一章　总论

学习目标

1. 了解税务会计的概念。
2. 掌握税务会计的目标、基本前提、一般原则和会计要素。
3. 掌握税制的构成要素和征纳制度。
4. 了解纳税人的权利义务和税收法律责任。

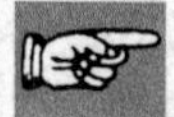

范　例

2010年,财政部发布了《中国企业会计准则与国际财务报告准则持续全面趋同路线图》。根据《路线图》规划,2010年、2011年是我国会计准则的调整期,从2012年起,我国会计准则将进入稳定期。从2008年起,我国法人企业执行新的所得税法;2009年,我国的增值税、消费税、营业税等货物劳务税全面调整。从中可以看出,税制改革与会计改革思路越来越清晰,各自目标越来越明确。如何在协调二者差异的基础上寻求企业自身的税收利益,这就需要税务会计担此重任。尽管税务会计与财务会计关系密切,但两者是两套会计处理程序,从而形成各自的理论结构体系。欲知税务会计理论结构,需要学习本章内容。

第一节　税务会计概述

一、税务会计的产生

如果将纳税人向国家缴税与其会计记录相融合视为税务会计产生的标志,则在公元前18世纪的巴比伦王国就已经有税务会计了。但这种税务会计只能是涉税事项的原始计量和记录,与现在的税务会计不可同日而语。

从理论上讲,在国家产生并开始征税后,作为税款的缴纳者,与关心自己的生产耗费一样,也必然会关心自己的税收负担,自然也会有纳税计量和记录的要求。但在一个相当长的历史阶段,社会生产力水平低下,各国的税制也远未走向法制化,在这种纳税环境下,纳税人纳税的原始记录和计量不可能形成规范的体系。当19世纪末、20世纪初现代所得税产生后，各国税收逐步走上了法制化的轨道，社会也从自给自足的自然经济（农业经济）逐步走向工业经济，税务会计（纳税会计）的产生也就逐步具备了经济、法律等基础。正如美国著名会计学家E. S. 亨德里克森在其《会计理论》一书中指出："很多小型企业的会计目的主要都是为了填制所得税申报表，他们在报税以前都不记账。甚至在大公司，收益的纳税也是会计师们的一项主要工作。因此，所得税法规对建立会计的通用程序具有一定的影响就毫不奇怪了。这些程序转过来也就有助于会计理论的形成。"

在税务会计的产生和发展过程中，现代所得税法的诞生和不断完善对其影响最大，因为：首先，企业所得税涉及企业的经营、投资和筹资等各环节，涉及收入、收益、成本、费用等会计核算的全过程；其次，科学、先进的增值税的产生和不断完善，也对税务会计的发展起了重要的促进作用，因为它对企业会计提出了更高的要求，迫使企业在会计凭证，会计账簿的设置、记载上分别反映收入的形成和物化劳动的转移价值及转移价值中所包括的已纳税金，这样才能正确核算其增值额，从而正确计算企业应纳增值税额。为了适应纳税人的需要，或者说，纳税人为了适应纳税的需要，税务会计有必要从财务会计中独立出来，以充分发挥现代会计的多重功能。"财务会计、管理会计、税务会计这三个词经常用于描述在经济界广泛使用的三类会计信息"。① 现在，国内外已经有越来越多的人承认，税务会计与财务会计、管理会计（成本会计可以与管理会计融合，也可以独立）构成会计学科三大分支。

二、税务会计的概念

迄今为止，会计的概念仍是言人人殊，税务会计当然更是众说不一。日本税务会计专家武田昌辅认为："税务会计是为计算法人税法中的应税所得而设立的会计，它不是制度会计，是以企业会计为依据，按

① 罗伯特·F.迈格斯等著，《会计学：决策的基础（财务会计分册）》，机械工业出版社，2002年。

税法的要求对既定的盈利进行加工、修正的会计。”[①]日本的富岗幸雄则认为:“税务会计是根据会计的预测方法来掌握并计算出被确定的计税标准,从而起到转达和测定财务信息的租税目的与作用的会计。”[②]我国台湾税务会计专家卓敏枝、卢联生、庄傅成认为:“税务会计者,乃是一门以法令规定为准绳,会计技术为工具,平时负责汇集企业各项交易活动、股东可抵扣税额与未分配盈余计算之合法凭证,并加以整理、记录、分类、汇总,进而年度终了加以结算、编表、申报、纳税的社会(人文)科学。”[③]我国台湾学者陈建昭等人认为:“税务会计为一种国内性会计,非为国际共通性会计。”“税务会计即在企业会计理论结构上,以重叠之形态,再注入其特有之计算方法或会计理论,以达成课税为目的之完整体系。”[④]

本书认为,税务会计是以所涉税境的现行税收法规为准绳,运用会计学的理论、方法和程序,对企业经营过程中的涉税事项进行计算、调整和税款缴纳、退补等,即对企业涉税会计事项进行确认、计量、记录和申报(报告),以实现企业最大税收利益的一门专业会计。

税务会计是社会经济发展到一定阶段(社会成熟到能够把征税、纳税看做社会自我施加的约束,财务会计已不能满足税务会计信息使用者的要求等)后,从财务会计中分离出来的。它是介于税收学与会计学之间的一门新兴的边缘学科,是融国家税收法令和会计处理于一体的一种特种专业会计;可以说是税务中的会计、会计中的税务。

税务会计是企业会计的一个特殊领域,它以财务会计为基础,是对财务会计中按会计准则、会计制度进行的会计处理与国家现行税收法规不一致的会计事项或者出于纳税筹划的目的,由税务会计进行纳税调整或重新计算。因此,税务会计并不是要求企业在财务会计的凭证、账簿、报表之外再设一套会计账表(纳税表报及其附表除外)。各企业

---

① 武田昌辅,《新编税务会计通论》,日本森山书店,1985 年。

② 富岗幸雄,《税务会计》,日本富业出版社,1995 年。

③ 卓敏枝、卢联生、庄傅成,《税务会计》,(中国)台湾三民书局,1998 年。

④ 陈建昭等,《税务会计》,文笙书局,1994 年。

均应设置专职税务会计人员(办税员),大企业还应设置专门的税务会计机构。税务会计资料大多来自财务会计,在进行纳税调整、计算,并作纳税调整会计分录后,再融入财务会计账簿和财务会计报告之中。

随着各国税制的逐步完善、会计的不断发展,以及税收的国际协调、会计的国际趋同,税务会计也会不断发展、不断完善。

三、税务会计的模式

税务会计模式既受各国税法立法背景、程序的影响,又受各国会计规范方式、历史传统的影响。但基本上可以归为非立法会计(盎格鲁·撒克逊模式,社会公认型)、立法会计(大陆模式,法治型)和混合会计(准法治型)三种模式,也可以分为立法与非立法两种模式,如表 1-1 所示。

表 1-1 立法会计与非立法会计

项 目	非立法会计	立法会计
实施国家	英国、加拿大、澳大利亚、南非、美国、荷兰等	德国、法国、瑞士、大部分拉美国家
会计实务	公认会计原则指导	广泛立法规范
导 向	投资人(股东)	税 法

日本属于准法治型,即介于立法与非立法之间。如果按两大类划分,则可归入立法会计。原实行计划经济、现实行社会主义市场经济的我国,则有其历史与现实的特殊性,但发展方向是非立法会计或者归为混合型。诺贝斯(Nobes)将会计按微观实用与宏观控制分类,如表 1-2 所示。

表 1-2 会计分类表

以微观实用为主	以宏观控制为主
1. 侧重于经济理论性(荷兰) 2. 侧重于实用性(美国) (1)英国类型(英国、新西兰、南非等) (2)美国类型(美国、加拿大)	1. 以税法和法律为依据(欧洲大陆) (1)以税法为依据(法国、意大利、西班牙、比利时) (2)以法律为依据(德国) 2. 以政府立法为依据(瑞典)

在法国、德国等立法会计的国家，其会计准则、会计制度从属于税法(特别是所得税法)，即以税法为导向。因此，其会计所得与应税所得基本一致，只须对个别永久性差异进行纳税调整，税务会计与财务会计可以不必分开。而在非立法会计的国家和部分立法会计的国家，会计准则、制度独立于税法的要求，因此，其财务会计的账面所得不等于其应税所得，需要进行纳税调整，税务会计与财务会计应该分开。我国现行税法及新颁布的《企业会计准则》、《小企业会计制度》也是遵循两者分离的原则。财务会计与税务会计属于不同会计领域，两者分离有利于形成具有独立意义、目标明确、科学规范的会计理论和方法体系，应是会计发展的主流方向。

由于各国税制结构体系不同，税务会计一般可以分为以下三种类型：

1. 以所得税会计为主体的税务会计

采用这种税制模式的国家(如美国、英国、加拿大、丹麦等)，其所得税收入占税收总收入的50%以上，这种税制模式必然要求构建以所得税会计为主体的税务会计模式。

2. 以流转税(商品税)会计为主体的税务会计

在一些发展中国家，流转税(商品税)收入是税收收入的主体，其所得税所占比重很小。在这种情况下，应建立以流转税会计为主体的税务会计模式。

3. 流转税与所得税并重的税务会计

在这些国家，实行的是流转税与所得税并重的复合税制，两者比重相差不大，共同构成国家的税收收入主体。如德国、荷兰、芬兰、意大利等。尽管我国的流转税，尤其是增值税、消费税占的比重最大，但从税制体系看，我国也是复合税制体系。从社会发展看，所得税所占比重应越来越大。因此，在这些国家，应建立以流转税会计与所得税会计并重的税务会计模式。

四、税务会计的特点

税务会计区别于财务会计的主要特点有：

(一)税法导向性(或法定性)

税务会计以国家现行税收法令为准绳，这是它区别于其他专业会计的一个最重要的特点。按企业会计准则、制度规定，财务会计对某些会计事项可以根据其企业经营需要进行会计政策选择。税务会计则必须在国家现行税法的范围内进行会计政策选择。当财务会计制度规定与现行税法的计税方法、计税范围等发生矛盾时，税务会计必须以现行税收法规为准，进行纳税调整。对某些按财务会计制度反映而不便按照税法规定反映的会计事项，必须单独设置账簿、单独核算其销售金额等，方能据以按应税税种的不同税率计税或减税、免税；否则，税率从高或不予减免。由此可见，严格接受税收法律导向是税务会计的一个最显著特点。

(二)税务筹划性

企业通过税务会计履行纳税义务，同时还应体现其作为纳税人享有的权利。具体体现在“应交税金”账户的作用上：它既可以反映企业上缴税金的数额，即实际履行的纳税义务，又可以反映企业应缴未缴的税金数额。它是企业对国家的一笔负债，其金额的大小、滞留企业时间的长短，可以反映企业“无偿使用”该项资金的能力。减轻税负、提高盈利水平是每个企业不懈追求的目标。通过税务会计的筹划(谋划、对策)，正确处理涉税会计事项，实现企业财务目标。

(三)协调(互调)性

因税务会计是从财务会计中分离出来的，对财务会计确认、计量、记录和报告的事项及其结果，只要与税法规定不悖，就可以直接采用；只有对不符合税法规定的，才进行纳税调整，即进行税务会计处理，使之符合税法的要求。因此，税务会计是对财务会计的调整，两者具有互调性。

(四)广泛性

按税法规定，所有法人和自然人都可能是纳税权利义务人。由于法定纳税人的广泛性，决定了税务会计的广泛性。一般企业的财务会计执行企业会计准则、制度，为了纳税的需要，还应设置税务会计；而小型企业会计则是以税法为导向的会计，其会计可以称为税务会计，但不宜称为财务会计。

五、税务会计与财务会计之异同

（一）税务会计与财务会计的联系

要探讨税务会计与财务会计的关系，就必须明确会计与法律、会计与税收、会计与企业决策者的关系。法律对会计的影响是一个渐进的历史过程。在公元前18世纪的巴比伦时代，正式法典对记录企业的经济业务就起到了促进作用。沧海桑田，历史发展到今天，各国包括税法在内的法律、会计都发生了巨大变化。会计法规、制度对我国会计工作的影响是方向性的。税收对会计的影响，与法律对会计的影响是分不开的：税收通过法律发挥作用，法律保障税收的执行。但它们对会计影响的着重点不同：法律规定会计"能做什么"和"不能做什么"；而税收则引导企业及其会计"怎样做"，从而影响企业及其会计的具体行为。例如，当税务会计与财务会计在实务中允许存在合理差异时，会计计量模式的选择必须遵循分别反映的原则，否则两者之间量的差异将无法揭示出来。因此，税收对会计的影响是调节性的。企业决策者则是要求在国家法律、制度许可的范围内，进行某些会计政策选择，如选择会计原则、会计程序、会计方法等。但会计的规范、计量方法、处理方法等也会反作用于法律、税收和企业决策者。

税务会计作为一项实质性工作并不一定独立存在，而是企业会计的一个特殊领域，是以财务会计为基础的。税务会计资料大多来源于财务会计，它对财务会计处理中与现行税法不相符的会计事项，或出于税务筹划目的需要调整的事项，按税务会计方法计算、调整，并作调整会计分录，再融入财务会计账簿或财务会计报告之中。对以税法为导向的小型企业会计，不对外提供会计报告，两者融为一体，可以称其为企业会计或税务会计。

（二）税务会计与财务会计的区别

两者除目标不同、对象不同（见本章第二节）外，主要还有以下区别：

1. 核算基础、处理依据不同

税收法规与会计准则存在不少差别，其中最主要差别在于收益实现的时间和费用的可扣减性上。税收制度是收付实现制与权责发生制的结合。因为计算应税所得是要确定纳税人立即支付货币资金的能力、管理上的方便性和征收当期收入的必要性，这与财务会计所依据的持续经营假定（假设）是相矛盾的，这便是纳税年度自身存在独立性的倾向。财务会计只是遵循财务会计准则、制度来处理各种经济业务，会计人员对某些相同的经济业务可能有不同的表述、出现不同的会计结果，应该认为是正常情况。税务会计既要遵循税务会计的一般原则，也要遵守与税收法规不相矛盾的那些财务会计一般原则（质量特征）。

2. 计算损益的程序不同

税收法规中包括了修正一般收益概念的社会福利、公共政策和权益条款，强调应税所得与会计所得的不同。各国所得税税法都明确规定法定收入项目、税法允许扣除项目及其金额的确认原则和方法。企业按税法规定确定两者金额后，其差额即为应纳税所得额。税务会计以此为法定依据，但在实际计算时，是在"会计所得"的基础上调整为应税所得。当财务会计的核算结果与税务会计不一致时，财务会计的核算应服从于税务会计的核算，使之符合税法的要求。

税务会计坚持历史成本，不考虑货币时间价值的变动，更重视可以预见的事项，而财务会计却可以有某些不同。各国都在力图缩小财务会计与税务会计的差异，但两者的差异不可能消失，因为两者目标不同。此外，承认税务会计与财务会计的区别，实际上是承认政府有权对纳税人的非营业收益等确认和征税的问题。抹杀两者的区别，可能对征纳双方都是无益的。因此，既不必要求对方适应自己，也不必自己削足适履去迎合对方。应该各自遵循本身的规律和规范，在理论上不断发展自己，在方法上不断完善自己，更好地体现各自的具体目标，共同服务于企业的整体目标。

思 考

税务会计的判断标志是：

(1)税收的产生。

(2)会计的产生。

(3)纳税与会计记录相结合。

第二节 税务会计对象与目标

一、税务会计对象

税务会计的对象是独立于会计系统之外的客体，是运用会计的特定程序和方法对客体进行的分类和表述。在企业中，凡是涉税事项都是税务会计对象。因此，纳税人因纳税而引起的税款的形成、计算、缴纳、补退、罚款等经济活动就是税务会计对象。企业的税务活动，主要包括：

(一)计税基础和计税依据

1. 流转额(金额、数额)

企业在经营过程中的销售(购进)量、销售(购进)额、营业额等，是各种流转税的计税依据，又是所得税的计税基础和前提。

2. 成本、费用额

成本、费用是企业在生产经营过程中的耗费和支出。它包括生产过程的生产费用和流通过程的流通费用。成本、费用主要反映企业资金的垫支和耗费，是企业资金补偿的尺度。一定会计期间的成本、费用总额与同期经营收入总额相比，可以反映企业的生产经营成果。财务会计记录的成本、费用、支出额，按税法规定允许在税前扣除的部分是计算应纳税所得额的基础。

3.利润额与收益额

财务会计核算的经营利润、投资收益,都需要按税法规定调整、确认为应税利润、应税收益,它是正确计税的基础。

4.财产额(金额、数额)

对各种财产税,如房产税、土地税、契税、遗产和赠与税等,需要在财务会计对各类资产确认、计量、记录的基础上,按税法规定的税种,正确确认应税财产金额或数额。

5.行为计税额

对行为税(如印花税),应以财务会计确认、记录的应税行为交易额或应税数额为课税依据。

(二)税款的计算与核算

按税法规定的应缴税种,在正确确认计税依据的基础上,正确计算各种应缴税金,并作相应的会计处理。

(三)税款的缴纳、退补与减免

由于各种税的计税依据和征收方法不同,同一种税对不同行业、不同纳税人的会计处理也有所不同;因此,反映各种税款的缴纳方法也不尽一致。企业应按税法规定,根据企业会计准则、制度,正确进行税款缴纳的会计处理。对企业多缴税款、按规定应该退回的税款或应该补缴的税款,要进行相应的会计处理。减税、免税是对某些纳税人的一些特殊情况、特殊事项的特殊规定,从而体现税收政策灵活性和税收杠杆的调节作用;对减、免税款,企业应正确进行会计处理。

(四)税收滞纳金与罚款、罚金

企业因逾期缴纳税款或违反税法规定而支付的各项税收滞纳金、罚款、罚金,也属税务会计对象,应该如实记录和反映。

二、税务会计任务

税务会计作为会计的一个重要分支,既要以国家税法为准绳,认真履行纳税义务,又要在国家税法允许的范围内,寻求企业税收利益。因此,税务会计的主要任务是:

第一,反映和监督企业对国家税收法令、制度的贯彻执行情况,认真履行纳税义务，正确处理企业与国家的关系。

第二，按照国家现行税法所规定的税种、计税依据、纳税环节、税目、税率等，正确计算企业在纳税期内的各种应缴税款，并进行相应的会计处理。

第三，按照税务机关的规定，及时、足额地缴纳各种税金，并进行相应的会计处理。

第四，正确编制、及时报送会计报表和纳税申报表，认真执行税务机关的审查意见。

第五，正确进行企业税务活动的财务分析，不断提高企业执行税法的自觉性，不断提高涉税核算和税务管理水平，降低纳税成本。

第六，充分利用现行税法和有关法规、制度赋予企业的权利，积极进行税务筹划，尽可能降低企业的涉税风险和税收负担。

三、税务会计目标

税务会计的目标是向税务会计信息使用者提供有助于税务决策的会计信息。税务会计信息的使用者首先是各级税务机关，可以据此进行税款征收、监督、检查，并作为税收立法的主要依据；其次是企业的经营者、投资人、债权人等，可以据以从中了解企业纳税义务的履行情况和税收负担，并为其进行经营决策、投融资决策等提供涉税因素的会计信息，最大限度地争取企业的税收利益；最后是社会公众，通过企业提供的税务会计报告，了解企业纳税义务的履行情况、对社会的贡献额、诚信度和社会责任感等。对纳税主体来说，税务会计更看重的是其自身的税收利益。

思　考

税务会计对象与财务会计对象有密切的关系，你能举例具体说明吗？正因为税务会计有其独立的目标，它才有独立成科的必要，该立论是否正确？

第三节 税务会计基本前提

税务会计目标是提供有助于企业税务决策的信息，而企业错综复杂的经济业务会使企业会计实务存在种种不确定因素。因此，要保证税务会计信息的准确处理、正确确认和计量，必须要明确税务会计的基本前提（基本假定）。由于税务会计以财务会计为基础，财务会计中的基本前提有些也适用于税务会计，如会计分期、货币计量等，但因税务会计的法定性等特点，税务会计的基本前提也有其特殊性。

一、纳税主体（应税实体）

纳税主体是指税法规定的直接负有纳税义务并享有纳税人权利的实体。正确界定纳税主体，就是要求每个纳税主体应与其他纳税主体分开，保持单独的会计记录并报告其经营状况。国家规定各税种的不同纳税人，有利于体现税收政策中合理负担和区别对待的原则，协调国民经济各部门、各地区、各层次的关系。

纳税主体与财务会计中的“会计主体”（会计实体）有密切联系，但不一定等同。会计主体是财务会计为之服务的特定单位或组织，会计处理的数据和提供的财务信息，被严格限制在一个特定的独立的或相对独立的经营单位之内，典型的会计主体是企业。纳税主体必须是能够独立承担纳税义务的纳税人。在一般情况下，会计主体应是纳税主体。但在特殊或特定情况下，会计主体不一定就是纳税主体，纳税主体也不一定就是会计主体。在某些垂直领导的行业，如铁路、银行，由铁道部、各总行集中纳税，其基层单位是会计主体，但不是纳税主体。如对稿酬征纳个人所得税时，其纳税人（即稿酬收入者）并非会计主体，而作为扣缴义务人的出版社或杂志社则成为这一纳税事项的会计主体。纳税主体作为代扣（收）代缴义务人时，纳税人与负税人是分开的。作为税务会计的一项基本前提，应侧重从会计主体的角度来理解和应用纳税主体。

在美国等发达国家，与应税实体相对应的是管道实体。管道实体是没有纳税义务的实体。这类实体只记录其从事的交易活动，向政府报告其经营成果，但对其经营成果不缴税。在管道实体中，实体的税收属性（所得、抵免、扣除等）通过管道实体转给应税实体，由其纳税。

二、持续经营

持续经营前提意味着该企业个体将继续存在足够长的时间以实现其现在的承诺，如预期所得税在将来被继续课征。这是所得税款递延、亏损前溯或后转以及暂时性差异能够存在并且能够使用纳税影响会计法进行所得税跨期摊配的理论依据。以折旧为例，它意味着，在缺乏相反证据的时候，人们总是假定该企业将在足够长的时间内为转回暂时性的纳税利益而经营并获得收益。

三、货币时间价值

货币（资金）在其运行过程中具有增值能力。即使不考虑通货膨胀因素，今天的 1 元钱比若干年后收到（或付出）1 元钱的价值要大得多。这说明，同样一笔资金，不同时间具有不同的价值。随着时间的推移，投入周转使用的资金价值将会发生增值，这种增值的能力或数额就是货币的时间价值。这一基本前提已成为税收立法、税收征管的基点，因此，各个税种都明确规定纳税义务的确认原则、纳税期限、交库期等。它深刻地揭示了纳税人进行税务筹划的目标之一——纳税最晚，也说明了所得税会计中采用纳税影响会计法进行纳税调整的必要性。

四、纳税会计期间

纳税会计期间是指纳税人按照税法规定选定的纳税年度期间。因此，纳税会计期间亦称纳税年度。应税实体必须以年度为基础报告其经营成果，确定其纳税年度，即所有应税实体都必须选择一个年度会计期间，向政府报告其经营成果。我国纳税会计期间统一规定为日历年度，非由纳税人自己选择。虽然税务会计也可将会计年度划分为月、季，但强调的是年度应税收益，尤其是所得税。纳税会计期间不等同于纳税期限，如增值税、消费税的纳税期限是日或月。如果纳税人在一个纳税年度的中间开业，或者由于改组、合并、破产、清算等原因，使该纳税年度的实际经营期限不足 12 个月的，应当以其实际经营期限为一个纳税年度。纳税人清算时，应当以清算期间作为一个纳税年度。各国纳税年度规定的具体起止时间有所不同，一般有日历年度、非日历年度、财政年度或营业年度。纳税人在税法规定的范围内选择、确定，但必须符合税法规定的采用和改变应纳税年度的办法，并且遵循税法中所作出的关于对不同企业组织形式、企业类型的各种限制性规定。

五、年度会计核算

年度会计核算是税务会计中最基本的前提，各国税制都是建立在年度会计核算的基础上，而不是建立在某一特定业务基础上的。课税只针对某一特定纳税期间发生的全部事项的净结果，而不考虑当期事项在后续年度中的可能结果如何，后续事项将在其发生的年度内考虑。比如在“所得税跨期摊配”中应用递延法时，由于强调原始差异对税额的影响而不强调转回差异对税额的影响，因此，它与未来税率没有关联性。当暂时性差异后来转回时，按暂时性差异产生时递延的同一数额调整所得税费用，从而使税务会计数据具有更多的可稽核性，以揭示税款分配的影响金额。

思　考

会计主体与纳税主体是否等同？结合本书的第八、九章内容，你再理解“主体”与税务筹划是否有关。

第四节　税务会计一般原则

由于税务会计与财务会计密切相关，因此，财务会计中的会计信息质量特征原则以及会计要素的确认与计量原则，大部分或基本上也适用于税务会计。但又因税务会计与税法的特定联系，税收理论和立法中的税款支付能力原则、公平税负原则、程序优先于实体原则等，也会非常明显地影响税务会计。根据税务会计的特点，结合财务会计原则与税收原则，体现在税务会计上的特定原则可以归纳如下：

一、修正的应计制原则

收付实现制（简称实现制，亦称现金制）突出地反映了税务会计的重要原则——现金流动原则（具体化为公平负税和支付能力）。该原则是确保纳税人有能力支付应纳税款而使政府获取财政收入的基础。但由于实现制不符合财务会计准则的规定，一般不能用于财务会计报告目的（现行财务会计报表中的现金流量表则是将以应计制为基础的财务会计信息转换为以实现制为基础的会计信息），一般只适用于个人和小企业的纳税申报。如果税法规定可以采用收付实现制原则，税务会计则以实际收付现金为标准分别确认收入、费用（扣除项目）。但资本性支出还是要资本化，并且推定收入也要确认为应税收入。推定收入是企业尚未收到但应归其所有的收入。它的金额是确知的，而且保证能收到（没有制约或限制条件）。

应计制原则广泛用于财务会计报告的目的。目前，大多数国家的税务当局都接受该项原则。当它被用于税务会计时，与财务会计的应计制存在某些差异：第一，必须考虑支付能力原则，使得纳税人在最有能力支付时支付税款。第二，确定性的需要，使得收入和费用的实际实现具有确定性。例如，在收入的确认上，应计制的税务会计由于在一定程度上被支付能力原则所覆盖而包含着一定的收付实现制的方法，而在费用的扣除上，财务会计采用稳健原则列入的某些估计、预计费用，在税务会计中一般是不能够接受的，后者强调"该经济行为已经发生"的限制条件，从而起到保护政府税收收入的目的。第三，保护国家税收收入。

在税法和税务会计实务中，世界上大多数国家实际采用的是修正的权责发生制原则。在美国税制中，有一条著名的定律，即克拉尼斯基定律，它可以充分说明修正的权责发生制原则的“真谛”：如果纳税人的财务会计方法致使收益立即得到确认，而费用永远得不到确认，税务当局可能会因所得税目而允许采用这种会计方法；如果纳税人的财务会计方法致使收益永远得不到确认，而费用立即得到确认，税务当局可能会因所得税目而不允许采用这种会计方法。在该原则下，如果纳税人采用实现制，其发生的一次性资产租金支出，税务当局不允许将其一次扣除，而要求企业将租金资本化，在租赁期内平均摊销。如果纳税人采用应计制，其取得的一次性资产租金收入，税务当局则要求将租金收入全部计入当期的应税收入，而不允许在租赁期内分期确认应税收入。

二、与财务会计日常核算方法相协调原则

由于税务会计与财务会计的密切关系，税务会计一般应遵循各项财务会计准则。只有当某一事项按会计准则、制度在财务会计报告日确认以后，才能确认该事项按税法规定确认的应课税款。依据会计准则、制度在财务报告日尚未确认的事项可能影响到当日已确认的其他事项的最终应课税款，但只有在根据会计准则、制度确认导致征税效应的事项之后，才能确认这些征税效应，这就是“与日常核算方法相一致”的原则，具体包含：

1. 对于已在财务会计报表中确认的全部事项的当期或递延税款，应确认为当期或递延所得税负债或资产；

2. 根据现行税法的规定计量某一事项的当期或递延应纳税款，以确定当期或未来年份应付或应退还的所得税金额；

3. 为确认和计量递延所得税负债或资产，不预期未来年份赚取的收益或发生的费用的应纳税款或已颁布税法、税率变更的未来执行情况。

三、划分营业收益与资本收益原则

营业收益与资本收益具有不同的来源和担负着不同的纳税责任，在税务会计中应严格区分。营业收益是指企业通过其日常性的经营活动而获得的收入，通常表现为现金流入或其他资产的增加或负债的减

少，其内容包括主营业务收入和其他业务收入两个部分，其税额的课征标准一般按正常税率计征。

资本收益是指在出售或交换税法规定的资本资产时所得的利益（如投资收益、出售或交换有价证券的收益等）。资本资产一般包括纳税人除应收款项、存货、经营中使用的地产和应折旧资产、某些政府债券，以及对文学和其他艺术作品的版权以外的资产。资本收益的课税标准具有许多不同于营业收益的特殊规定。因此，为了正确地计算所得税负债和所得税费用，就应该有划分两种收益的原则和具体的划分标准。这一原则在美、英等国的所得税会计中有非常详尽的规定，我国在这方面有待与税收国际惯例接轨。

四、配比原则

配比原则是财务会计的一般规范，将其应用于所得税会计，便成为支持“所得税跨期摊配”的重要指导思想。采纳“所得税是一种费用”的观点意味着，如果所得税符合确认与计量两个标准，则应计会计对于费用就是适宜的。应用应计会计和与之相联系的配比原则，就意味着要根据该会计期间内为会计目的所报告的收入和费用来确定所得税费用，而不考虑为纳税目的所确认的收入和费用的时间性。也就是说，所得税费用是与导致纳税义务的税前会计收益相配比（在同期报告），而不管税款支付的时间性。这样，由于所得税费用随同相关的会计收益在同一期间确认，从配比原则的两个特征——时间一致性和因果性来看，所得税的跨期摊配方法也符合收入与费用的配比原则。

五、确定性原则

确定性原则是指在所得税会计处理过程中，按所得税法的规定，在纳税收入和费用的实际实现上应具有确定性的特点，这一原则具体体现在“递延法”的处理中。在递延法下，当初的所得税率是可确认的，递延所得税是产生暂时性差异的历史交易事项造成的结果。按当初税率报告递延所得税，符合会计是以历史成本基础报告绝大部分经济事项的特点，提高了会计信息的可信性。这一原则也适用于所得税的税前扣除，凡税前扣除的费用，其金额必须是确定的。

六、可预知性原则

可预知性原则是支持并规范“负债法”的原则。负债法关于递延所得税资产或负债的确认模式，是基于这样的前提：根据会计准则编制的资产负债表，所报告的资产和负债金额将分别收回或清偿。因此，未来年份应税收益只在逆转差异的限度内才能被认可，即未来年份的应税收益仅仅受本年暂时性差异的影响，而不预期未来年份赚取的收益或发生的费用。将可预知性原则应用于所得税会计处理，提高了对企业未来现金流量、流动性和财务弹性的预测价值。因此，在该原则下，支持并规范的负债法被越来越广泛地采用。

七、税款支付能力原则

税款支付能力与纳税能力有所不同。纳税能力是指纳税人应以合理的标准确定计税基数。有同等计税基数的纳税人应负担同一税种的同等税款。因此，纳税能力体现的是合理负税原则。与企业的其他费用支出有所不同，税款支付全部是现金流出，因此，在考虑纳税能力的同时，更应考虑税款的支付能力。税务会计在确认、计量、记录收入、收益、成本、费用时，应选择保证税款支付能力的会计方法。

思　考

针对税务会计一般原则，你如何理解诺贝尔经济学奖获得者保罗·萨缪尔森的这句话：“现代税收体系是在崇高的原则和实用主义政治之间的一种不那么令人舒服的折衷方法。”

第五节　税务会计要素

税务会计要素是对税务会计对象的进一步分类，其分类既要服从于税务会计目标，又受税务会计环境的影响。税务会计环境决定纳税会计主体的具体涉税事项和特点，按涉税事项的特点和税务会计信息使用者的要求进行的分类，即形成税务会计要素；它同时也是税务会计报表要素。税务会计要素主要有：

一、计税依据

税法中规定的计算应纳税额的依据，在税收理论中称为税基。纳税人的各种应缴税款是根据各税的计税依据与其税率相乘之积。不同税种的计税依据不同，有收入额、销售（营业）额（量）、增值额（率）、所得额等。

二、应税收入

应税收入是企业因销售商品、提供劳务等应税行为所取得的收入，即税法所认定的收入。因此，也可称为法定收入。应税收入与财务会计收入（简称"会计收入"）有密切联系，但不一定等同。确认应税收入的原则有两项：一是与应税行为相联系，即发生应税行为才能产生应税收入；换言之，如果纳税人发生非应税行为或免税行为，其所取得的收入就不是应税收入，而只是会计收入。二是与某一具体税种相关。纳税人取得一项收入，如果是应税收入，那必然与某一具体税种相关，即为某一特定税种的应税收入，而非其他税种的应税收入。

对应税收入的确认和计量，一般也是按财务会计原则和标准。但在具体掌握上，税法又有例外，如对权责发生制的修正，税法对某些应税行为按收付实现制确认应税收入。

三、扣除费用

扣除费用是企业因发生应税收入而必须支付的相关成本、费用、税金、损失，即税法所认可的允许在计税时扣除项目的金额。因此，亦称法定扣除项目金额。属于扣除项目的成本、费用、税金、损失是在财务会计确认、计量、记录的基础上，分别不同情况确认：一是按其与应税收入的发生是否为因果关系，如为因果关系，可按比例扣除；二是在受益期内，按税法允许的会计方法进行折旧、摊销；三是对财务会计中已经确认、计量、记录的某些项目，凡超过税法规定扣除标准的，一律按税法规定的限额作为“扣除费用”。由此可见，财务会计确认、计量、记录的成本、费用、支出与法定扣除项目金额虽然有密切关系，但两者并不等同。

四、应税所得(或亏损)

在经济学、财务会计学和税务会计学中，关于“所得”的含义有所不同。财务会计中的“所得”就是账面利润或会计利润。税务会计中的“所得”即指应税所得，或称应纳税所得，它是应税收入与法定扣除项目金额(扣除费用)的差额，也是所得税的计税依据。在税务会计实务中，企业是在财务会计提供的账面利润的基础上，按现行税法与财务会计的差异及其选定的所得税会计方法(详见本书第九章)，确认应税所得，进而计算应纳税额。

如果“应税所得”是负数，则为“应税亏损”。如果财务会计提供的账面利润是负数，即为账面亏损。在账面亏损的基础上，按现行税法进行调整，如果调整后仍是负数，即为应税亏损。对应税亏损，可按税法规定进行税前弥补。对企业有意虚列亏损，则视同偷税行为。

五、应纳税额

应纳税额亦称应缴税款。它是计税依据与其适用税率或(和)单位税额之乘积。应纳税额是税务会计特有的一个会计要素，其他会计没有这个要素。影响应纳税额的因素有计税依据、税率、单位税额和减免税规定。计税依据体现征税的广度，每个税种都要明确规定其计税依据，除附加税外，各个税种均有独立的计税依据。税率体现征税的深度，各个税种一般都有其特定的税率。如果是对税基的减免，减免税则体现在计税依据中；如果是对应纳税额的减免，减免税则是一个单独的因素。

此外，免退税、退补税、滞纳金、罚款、罚金也可以作为税务会计的一项会计要素，但不是主要会计要素。

在我国财务会计的六项会计要素中，资产、负债和所有者权益构成资产负债表，收入、费用和利润构成利润表；通过两张主要会计报表，分别体现了静态、动态会计要素之间的关系。当税务会计要素的确认与财务会计一致时，按财务会计处理；当两者不一致时，按税法要求进行调整，调整后再融入财务会计之中。税务会计要素是税制构成要素在税务会计中的具体体现，它们之间也有两个会计等式：

应税收入－扣除费用＝应税所得

计税依据×适用税率(或单位税额)＝应纳税额

前者仅适用于所得税，后者适用于所有税种。

思　考

国务院颁布的《财务会计报告条例》对财务会计要素有明确规定，因会计要素所形成的平衡公式也已成定论；但税务会计是否有其特定的会计要素，各要素之间是否也存在平衡关系，迄今为止尚无探讨。对本节所言，你是否赞同？

第六节　税制构成要素

在历史的长河中，税收曾被称为"赋税"、"租税"、"捐税"等，简称为"税"(Tax)。"民以食为天，国以税为本"；"税收是维系一个民族命运的大血脉"(卡尔·马克思)。强有力的政府、完善的公共服务和公共物品，都是靠税收支撑的。"税收是我们为文明社会支付的代价"(贾斯汀斯·奥利维尔·温德尔·福尔摩斯)。只有不断完善税制，做到依法治税，才能充分发挥税收的重要作用。

税制是税收法律制度(亦称税收制度)的简称。它是国家各种税收法令和征收办法的总称。它规定了国家与纳税人之间的征纳关系，是国家向纳税人征税的法律依据。从广义上说，它包括各种税收法规、暂行条例、实施细则、税收管理体制、税收征收管理制度以及税务机关内部的管理制度等。从狭义上说，它仅包括已完成立法程序的各种税收法规和虽未完成立法程序，但具有法律效力的各种税收条例（如中华人民共和国增值税暂行条例等）。

税收制度，尤其是作为实体法的各个税种，是由诸要素构成的。一般包括总则、纳税人、纳税对象、税目、税率、纳税环节、纳税期限、纳税地点、减税免税、罚则、附则等。本节仅对基本要素简述如下：

一、纳税权利义务人

（一）纳税权利义务人

纳税权利义务人简称纳税人。纳税人可以是自然人，也可以是法人。

自然人是依法享有民事权利，并承担民事义务的公民。在税收上，自然人依法对国家负有纳税义务并享有纳税人权利。

法人是依法成立、能够独立支配财产并能以其名义享受民事权利和承担民事义务的社会组织。法人负有依法向国家纳税的义务和相应的权利。

在纳税实务中，与纳税人相关的概念还有：

1.代扣（收、付）代缴义务人，亦称扣缴义务人。根据税法规定，有义务从其持有的纳税人收入或从纳税人收款中按其应纳税款代为缴纳税款的单位或个人。

2.代征人。受税务机关委托代征税款的单位和个人。

3.纳税单位。申报缴纳税款的单位，是纳税人的有效集合。为了征管和缴纳税款的方便，可以允许在法律上负有纳税义务的同类型纳税人作为一个纳税单位，填写一份申报表进行纳税。如公司所得税，既可以是每个分公司为一个纳税单位，也可以是总公司为一个纳税单位。

（二）负税人

负税人是最终承担税收负担的人。某种税的纳税人可能同时也是其负税人，但也可能不承担或不全部承担税收负担。因此，两者可能是统一的，也可能是分离的，关键看税负能否转嫁。如果税负能够转嫁，纳税人与负税人是分离的；否则，两者就是合一的。

二、纳税对象

纳税对象亦称征税对象。它是征税的目的物，也是缴纳税款的客体。

每种税都有其特定的征税对象，它是区别于不同税种的主要标志，体现了不同税种征税的基本界限，决定着不同税种名称的由来以及各税种在性质上的差别，并对税源、税收负担等产生直接影响。

纳税对象的计量标准是计税依据，即课税依据。以纳税对象的价值单位计算时，其计税依据为从价计税；以纳税对象的数量单位计算时，其计税依据为从量计税；既以价值又以数量为依据计税时，为复合计税。税法中规定的计算应纳税额的依据，在理论上也称为税基，纳税人的应交税款就是根据计税依据乘以税率（或单位税额）计算出来的。各税种的计税依据不同，有的是以收入额，有的是以所得额，有的是以销售量等。如果计税依据是价值形态，纳税对象与计税依据一致；如果计税依据是实物形态，以纳税对象的数量、重量等作为计税依据，则纳税对象与计税依据一般不一致，如车船税，其纳税对象是各种车辆、船舶，而其计税依据则是车船的辆、吨、（长度）米等。

三、税目

税目是纳税对象的具体化，反映具体的征税范围，体现每个税种的征税广度。不是所有的税种都规定税目，对那些纳税对象简单明确的税种，如增值税、房产税等，就不必另行规定税目。对征税对象比较复杂的税种，在税种内部不同征税对象需要采取不同的税率档次进行调节时，就需要对该税种的征税对象作进一步的划分，其划分类别就是税目。

四、税率

税率是应纳税额与计税依据之间的关系或比例，是计算应纳税额的尺度，体现课税的深度。每种税的税率高低，直接关系国家财政收入的多少和纳税人税收负担的大小。因此，税率是体现税收政策的中心环节，是构成税制的基本要素。税率可以从不同角度分类。

（一）按照税率的经济意义划分，税率可以分为名义税率和实际税率

名义税率就是税法上规定的税率；实际税率就是纳税人实际缴纳的税额与其全部收益额的比例（比重）。在一般情况下，同种税的实际税率可能低于其名义税率。

（二）按照税率的表现形式划分，税率可以分为以绝对量形式表示的税率和以百分比形式表示的税率

我国目前主要有以下几种税率：

1.定额税率

按纳税对象的一定计量单位规定固定的税额，而不是规定纳税比例，因此又称“固定税额”。它是税率的一种特殊形式，一般适用于从量征收的某些税种、税目。在具体运用上，又分为地区差别定额税率、幅度定额税率、分类分级定额税率等不同形式。

2.比例税率

对同一征税对象，不论金额大小，都按同一比例纳税。税额与纳税对象之间的比例是固定的。比例税率在具体运用上又可分为产品比例税率、行业比例税率、地区差别比例税率、幅度比例税率等多种形式。

比例税率的优点是：对同一纳税对象的不同纳税人税收负担相同，有利于企业在大体相同的条件下开展竞争，促进企业加强管理，提高经济效益；计算方便，也便于税收稽征管理。主要缺点是：不分纳税人的环境、条件差异及收入多少等，都按同一税率征税，这与纳税人的实际负担能力不完全相符，在调节企业利润水平方面有一定的局限性。

3.累进税率

按照纳税对象数额的大小，实行等级递增的税率。即把纳税对象按一定的标准划分为若干个等级，从低到高分别规定逐级递增税率。这种税率制度既可适应纳税人的负担能力，又便于充分发挥调节纳税人收入水平的作用，而且适应性强、灵活性大，一般适用于对所得和财产的征税。按累进税率结构的不同，又可分为以下几种：

(1)全额累进税率。对纳税对象的全部数额,均按与之相适应的等级累进税率计算纳税。当纳税对象提高到一个新的级距时,对其全额都提高到一级新的与之相适应的税率计算纳税。它的累进幅度较大,对纳税人的应税所得具有较强的调节作用,计算方法简单,但存在税负不尽合理的弊端。

(2)超额累进税率。把纳税对象按数额大小划分为若干等级,从低到高对每个等级分别规定相应的税率,一定数额的纳税对象可以同时适用几个等级的税率,每超过一级,超过部分则按提高一级的税率计税,这样分别计算税额,各等级应纳税额之和就是纳税人的应纳税额。它的累进程度比较缓和,纳税人的税负较前者要轻一些,但在计算上比较复杂。

(3)超率累进税率。它与超额累进税率在原理上是相同的,不过税率累进的依据不是绝对数,而是相对数,如我国现行土地增值税,就是采用超率累进税率。

五、纳税环节

纳税环节是指对处于不断运动中的纳税对象选定应该缴纳税款的环节。税法对每一种税都要确定纳税环节,有的税种纳税环节单一,有的税种则需要在许多流转环节中选择和确定。从对流转额的纳税来看,由于产品从生产到消费,中间要经过工业生产、商业批发、商业零售等环节,可以选择在产品的生产环节或第一次批发环节纳税,对其他环节可以不纳税,即实行"一次课征制",如资源税;也可以在产品出厂销售时缴纳一次工业环节的税,经过商业零售环节时再缴纳一次税,而对商业批发等中间环节不纳税,即实行"两次课征制";还可以在工业品的产制、批发和零售环节都纳税,即实行"多次课征制",如增值税。

六、纳税申报期限

纳税申报期限是指纳税人在发生纳税义务后,应向税务机关申报纳税的起止时间。它是税收的强制性、固定性在时间上的体现。不同税种、不同纳税人的具体纳税申报期限不同。纳税申报一般分为按期申报与按次申报两种类型。纳税人应在纳税申报期限内进行纳税申报，超过限期未申报纳税的，属于税收违法行为，应受到相应的处罚。

七、税额计算

税额的计算是根据纳税人的生产经营或其他具体情况，对其应税事项，按照国家规定的税率，采取一定的计算方法，计算出纳税人的应纳税额。每种税都明确规定了应纳税额的具体计算公式，但其基本计算方法相同，即：

应纳税额＝计税依据×适用税率

公式中"计税依据"在具体运用时，又涉及两个概念：一是计税单位，亦称计税标准、课税单位。它是课税对象的计量单位和缴纳标准，是课税对象的量化。计税单位分为从价计税、从量计税和混合计税三种。二是计税价格。对从价计征的税种、税率一经确定，应纳税额的多少就取决于计税价格，计税价格按是否包含税款划分，又分为含税计税价格和不含税计税价格两种。

八、税负调整

纳税人负担的轻重，除了通过税率体现外，还可以通过其他措施来调整纳税人的负担。从税负看，税率主要体现税负的统一性，而税负调整则体现税负的灵活性，税负调整分为减轻税负（税收减免）和加重税负（税收加征）两种情况。

（一）税收减免

1. 税收减免的含义

税收减免是减税和免税的合称，是对某些纳税人或特定纳税对象、应税行为给予鼓励或照顾的一种特别规定。减税是对应纳税额少征一部分税款，而免税则是对应税额全部免征税款。除税法另有规定外，一般减税、免税都属于定期减免性质，期满后要恢复征税。减税、免税体现税收在原则性基础上的灵活性，是构成税收优惠的主要内容，但它存在扭曲资源配置的缺点。

2.税收减免的类型

税收减免的类型主要有：

(1)法定减免。在各税种的税收基本法规中规定的减税和免税，一般具有长期的适用性。法定减免必须在基本法规中明确列举减免税的项目、范围和时间。

(2)特定减免。它是根据社会经济发展变化和发挥税收调控作用的需要而规定的减免税。特定减免主要有两种情况：一是税收的基本法规确定后，随着国家政治和经济情况的变化所作的新的减免税补充规定；二是在税收基本法规中，不能或不宜一一列举，而采用补充规定的减免税形式。特定减免可分为无限期和有限期两种减免，在一般情况下，特定减免属有限期减免。

(3)临时减免，亦称困难减免。主要是为了照顾纳税人的某些特殊的、暂时的困难，临时批准的一些减免税，通常都是定期减免或一次性减免。

3.税收减免的形式

税收减免的形式一般有：

(1)减税。对纳税人的应纳税额通过打一定折扣、少征一部分税款或通过降低法定税率而减轻纳税人的一部分负担。

(2)免税。对纳税人的某一项或某几项计税对象免予征税。

(3)起征点。它是计税依据达到国家规定数额开始征税的界限。计税依据的数额未达到起征点的不征税；达到或超过起征点的，就其全部数额征税，而不是仅就超过部分征税。

(4)免征额。免征额是在计税依据总额中免予征税的数额。它是按照一定标准从计税依据总额中预先减除的数额。免征额部分不纳税，只对超过免征额的部分征税。规定免征额，有利于保证纳税人的基本所得。

(二)税收加征

1.地方附加(简称附加)

地方政府按照国家规定的比例，随同正税一起征收的作为地方财政收入的款项。附加是对税种的附加，适用于该税种的所有纳税人。

2. 加成征收

在按法定税率计算出应纳税额后，再加征一定“成数”的税额。一成是税额的10%，依次类推，一般最高为十成。“加成”实际上是税率的延伸，是对税率的补充规定。

3. 加倍征收

在按法定税率计算出税额后，再加征一定倍数的税额。加倍征税是累进税率的一种特别补充，其延伸程度远远大于加成征税。因为加成征税并未超过税率自身的规定范围，最大的加成幅度是一倍，而加倍征税最少是一倍，因此，其调控跨度大。加成征收与加倍征收是针对特定纳税人的，是对累进税率的一种特别补充。因此，只适用于直接税。

思　考

美国《独立宣言》起草人之一本杰明·富兰克林有句名言：“世界上除了死亡和纳税，其他都不是必然的。”既然纳税不可避免（也不能避免），那就要认真理解税制，掌握税制的构成要素。你知道税目与税率的关系吗？

第七节　税收征纳制度

一、税务登记制度

税务登记是税务机关对纳税人的纳税事项变动以及生产经营范围等实行法定登记的一项管理制度，是纳税人接受税务机关监督，依法履行纳税义务的必要程序。履行税务登记制度，是确立征纳双方法律关系的依据和证明，税务登记证件是抽象性的征税通知、税务许可证和权利证明书。

企业应当按照《税收征管法》及其《实施细则》与《税务登记管理办

法》的规定办理扣缴税款登记。税务登记包括设立登记、变更登记、注销登记和税务登记证验证、换证以及非正常户处理、报验登记等有关事项。税务登记证件包括税务登记证及其副本、临时税务登记证及其副本。扣缴税款登记证件包括扣缴税款登记证及其副本。国家税务局(分局)、地方税务局(分局)联合办理税务登记的,应当对同一纳税人核发同一份加盖国家税务局(分局)、地方税务局(分局)印章的税务登记证。

纳税人在开立银行账户、领购发票时,必须提供税务登记证件。

(一)设立登记

设立登记是指从事生产经营或其他业务的单位或个人,在获得工商行政管理机关核准或其他主管机关批准后的一定期间内,向税务机关办理注册登记的活动。

1.登记的范围和时间。其主要内容包括以下几方面:

(1)从事生产、经营的纳税人领取工商营业执照(含临时工商营业执照)的,应当自领取工商营业执照之日起30日内申报办理税务登记,税务机关核发税务登记证及副本(纳税人领取临时工商营业执照的,税务机关核发临时税务登记证及副本)。

(2)从事生产、经营的纳税人未办理工商营业执照但经有关部门批准设立的,应当自有关部门批准设立之日起30日内申报办理税务登记,税务机关核发税务登记证及副本。

(3)从事生产、经营的纳税人未办理工商营业执照也未经有关部门批准设立的,应当自纳税义务发生之日起30日内申报办理税务登记,税务机关核发临时税务登记证及副本。

(4)有独立的生产经营权、在财务上独立核算并定期向发包人或者出租人上交承包费或租金的承包承租人,应当自承包承租合同签订之日起30日内,向其承包承租业务发生地税务机关申报办理税务登记,税务机关核发临时税务登记证及副本。

(5)从事生产、经营的纳税人外出经营,自其在同一县(市)实际经营或提供劳务之日起,在连续的12个月内累计超过180天的,应当自期满之日起30日内,向生产、经营所在地税务机关申报办理税务登记,税务机关核发临时税务登记证及副本。

(6)境外企业在中国境内承包建筑、安装、装配、勘探工程和提供劳务的，应当自项目合同或协议签订之日起30日内，向项目所在地税务机关申报办理税务登记，税务机关核发临时税务登记证及副本。

2.应提供的证件和资料。主要包括：(1)工商营业执照或其他核准执业证件；(2)有关合同、章程、协议书；(3)组织机构统一代码证书；(4)法定代表人、负责人或业主的居民身份证、护照或者其他合法证件；(5)其他需要提供的有关证件、资料，由省、自治区、直辖市税务机关确定。

3.税务登记的内容。纳税人如实填写税务登记表，其主要内容包括：(1)单位名称、法定代表人或者业主姓名及其居民身份证、护照或者其他合法证件的号码；(2)住所、经营地点；(3)登记类型；(4)核算方式；(5)生产经营方式；(6)生产经营范围；(7)注册资金(资本)、投资总额；(8)生产经营期限；(9)财务负责人、联系电话。

4.税务登记证件的主要内容。包括纳税人名称、税务登记代码、法定代表人或负责人、生产经营地址、登记类型、核算方式、生产经营范围(主营、兼营)、发证日期、证件有效期等。

5.已办理税务登记的扣缴义务人应当自扣缴义务发生之日起30日内，向税务登记地税务机关申报办理扣缴税款登记。税务机关在其税务登记证件上登记扣缴税款事项，税务机关不再发给扣缴税款登记证件。

6.根据税收法律、行政法规的规定可不办理税务登记的扣缴义务人，应当自扣缴义务发生之日起30日内，向机构所在地税务机关申报办理扣缴税款登记。税务机关核发扣缴税款登记证件。

(二)变更登记

纳税人税务登记内容发生变化的，应当向原税务登记机关申报办理变更税务登记。

1.纳税人已在工商行政管理机关办理变更登记的，应当自工商行政管理机关变更登记之日起30日内，向原税务登记机关如实提供下列证件、资料，申报办理变更税务登记：(1)工商登记变更表及工商营业执照；(2)纳税人变更登记内容的有关证明文件；(3)税务机关发放的原税务登记证件(登记证正本、副本和税务登记表等);(4)其他有关资料。

2.纳税人按照规定不需要在工商行政管理机关办理变更登记,或者其变更登记的内容与工商登记内容无关的,应当自税务登记内容实际发生变化之日起30日内,或者自有关机关批准或者宣布变更之日起30日内,持下列证件到原税务登记机关申报办理变更税务登记:(1)纳税人变更登记内容的有关证明文件;(2)税务机关发放的原税务登记证件(登记证正本、副本和税务登记表等);(3)其他有关资料。

3.纳税人提交的有关变更登记的证件、资料齐全的,应如实填写税务登记变更表,经税务机关审核,符合规定的,税务机关应予以受理;不符合规定的,税务机关应通知其补正。

4.税务机关应当自受理之日起30日内,审核办理变更税务登记。纳税人税务登记表和税务登记证中的内容都发生变更的,税务机关按变更后的内容重新核发税务登记证件;纳税人税务登记表的内容发生变更而税务登记证中的内容未发生变更的,税务机关不重新核发税务登记证件。

(三)停业、复业登记

1.实行定期定额征收方式的个体工商户需要停业的,应当在停业前向税务机关申报办理停业登记。纳税人的停业期限不得超过一年。

2.纳税人在申报办理停业登记时,应如实填写停业申请登记表,说明停业理由、停业期限、停业前的纳税情况和发票的领、用、存情况,并结清应纳税款、滞纳金、罚款。税务机关要收存其税务登记证及副本、发票领购簿、未使用完的发票和其他税务证件。

3.纳税人在停业期间发生纳税义务的,应当按照税收法律、行政法规的规定申报缴纳税款。

4.纳税人应当于恢复生产经营之前,向税务机关申报办理复业登记,如实填写《停、复业报告书》,领回并启用税务登记证件、发票领购簿及其停业前领购的发票。

5.纳税人停业期满不能及时恢复生产经营的,应当在停业期满前向税务机关提出延长停业登记申请,并如实填写《停、复业报告书》。

(四)注销登记

1. 纳税人发生解散、破产、撤销以及其他情形,依法终止纳税义务的,应当在向工商行政管理机关或者其他机关办理注销登记前,持有关证件和资料向原税务登记机关申报办理注销税务登记;按规定不需要在工商行政管理机关或者其他机关办理注册登记的,应当自有关机关批准或者宣告终止之日起 15 日内,持有关证件和资料向原税务登记机关申报办理注销税务登记。纳税人被工商行政管理机关吊销营业执照或者被其他机关予以撤销登记的,应当自营业执照被吊销或者被撤销登记之日起 15 日内,向原税务登记机关申报办理注销税务登记。

2. 纳税人因住所、经营地点变动,涉及改变税务登记机关的,应当在向工商行政管理机关或者其他机关申请办理变更、注销登记前,或者住所、经营地点变动前,持有关证件和资料,向原税务登记机关申报办理注销税务登记,并自注销税务登记之日起 30 日内向迁达地税务机关申报办理税务登记。

3. 境外企业在中国境内承包建筑、安装、装配、勘探工程和提供劳务的,应当在项目完工、离开中国前 15 日内,持有关证件和资料,向原税务登记机关申报办理注销税务登记。

4. 纳税人办理注销税务登记前,应当向税务机关提交相关证明文件和资料,结清应纳税款、多退(免)税款、滞纳金和罚款,缴销发票、税务登记证件和其他税务证件,经税务机关核准后,办理注销税务登记手续。

(五)外出经营报验登记

1. 纳税人到外县(市)临时从事生产经营活动的,应当在外出生产经营以前,持税务登记证向主管税务机关申请开具《外出经营活动税收管理证明》(以下简称《外管证》)。

2. 税务机关按照一地一证的原则,核发《外管证》,《外管证》的有效期限一般为 30 日,最长不得超过 180 天。

3. 纳税人应当在《外管证》注明地进行生产经营前向当地税务机关报验登记,并提交下列证件、资料:税务登记证件副本、《外管证》。纳税人在《外管证》注明地销售货物的,除提交以上证件、资料外,应如实填写《外出经营货物报验单》,申报查验货物。

4.纳税人外出经营活动结束,应当向经营地税务机关填报《外出经营活动情况申报表》,并结清税款、缴销发票。

5.纳税人应当在《外管证》有效期届满后10日内,持《外管证》回原税务登记地税务机关办理《外管证》缴销手续。

(六)违法行为

1.纳税人未按规定期限申报办理税务登记、变更或者注销登记;

2.纳税人未按照规定使用税务登记证件,或者转借、涂改、损毁、买卖、伪造税务登记证件;

3.纳税人通过提供虚假的证明资料等手段,骗取税务登记证;

4.扣缴义务人未按照规定办理扣缴税款登记;

5.纳税人、扣缴义务人违反税务登记管理办法规定,拒不接受税务机关处理。

二、会计管理制度

会计管理制度是根据国家有关法律、行政法规和国务院财政、税务主管部门的规定,对纳税人会计凭证、账簿设置和管理要求的制度。

(一)会计账簿、凭证的设置和管理

从事生产、经营的纳税人应当自领取营业执照或发生纳税义务之日起15日内,按照国家有关规定设置账簿,根据合法、有效的会计凭证记账、核算。

企业在购销商品、提供或者接受经营服务以及从事其他经营活动中,应按规定开具、使用、取得发票。税务机关是发票的主管机关,负责发票的印刷、领购、开具、保管、缴销的管理和监督。

纳税人应当按照规定安装、使用税控装置,不得损毁或擅自改动税控装置。

纳税人、扣缴义务人的会计凭证、账簿、完税凭证、发票、出口凭证和其他有关涉税资料,应当保存10年(法律、法规另有规定的除外)。

(二)会计制度、会计处理方法的管理

从事生产、经营的纳税人应自领取税务登记证件之日起15日内,将其财务、会计制度、会计处理方法、会计核算软件报送主管税务机关备案。纳税人、扣缴义务人的财务、会计制度、方法与国务院或国务院财政、税务主管部门的规定有抵触的，应按国家规定计算应纳税款、代扣代缴和代收代缴税款。

三、纳税申报制度

纳税人在发生纳税义务后，按国家有关法律、行政法规规定和税务机关的具体要求，在向主管税务机关如实申报有关纳税事项及应缴税款时，应履行法定手续。纳税申报不仅是征纳双方核定应纳税额、开具纳税凭证的主要依据，也是税务机关研究经济信息，加强税源管理的重要手段。实行纳税申报制度，可以促使纳税人增强纳税意识，提高税款计算的正确性，而且有利于税务机关依法征收税款，查处税务违法事件，保证税款及时、足额入库。

(一)纳税申报方式

我国目前的纳税申报方式主要有三种：

1.直接申报。纳税人、扣缴义务人直接到主管税务机关办理纳税申报或扣缴税款的报告。如增值税采用的就是直接申报方式。

2.邮寄申报。纳税人、扣缴义务人采用邮寄方式向主管税务机关办理纳税申报或扣缴税款的报告。邮寄申报必须使用税务机关发放的专用信封，必须寄挂号信，并保管好邮件收据，以此作为纳税申报的凭据。邮寄申报时间：个人所得税每月 7 日之前申报，营业税、城建税、教育费附加每月 10 日之前申报，企业所得税、印花税按季申报，车船税每年 1 月 15 日前申报，房产税、土地使用税等每年 4 月 1 日～15 日申报。申报期限的最后一日如为法定节假日，以节假日次日为申报期限的最后一日，过期罚款。

3.数据电文申报。纳税人、扣缴义务人经税务机关批准，经由电子、光学或类似手段生成、储存或传递纳税申报或扣缴税款的报告。这些手段包括电子数据交换、电子邮件、电报、电传、传真等。

(二)纳税申报的范围

凡是有纳税义务的单位和个人，不论当期是否有应纳税款，都应办

理纳税申报。此外,下列单位和个人,也应办理纳税申报:

1.经税务机关批准,实行"自行核税、自行开票、自行缴库"的纳税人,应定期向税务机关提交纳税申报,接受税务机关的监督。

2.采取定期定额缴纳税款的纳税人,按评估核定的销售额、营业额、所得额等分月计算缴纳税款,并定期办理申报纳税,以反映其实际经营情况,以便税务机关检查原先核定的税款定额是否合理。

3.经税务机关批准减免税的纳税人,须定期申报减免税款的发生结果,以真实地反映减免税的成效。

4.扣缴义务人须定期办理纳税申报,以防止不扣或少扣等情况的发生。

(三)纳税申报的期限

纳税申报期限是指纳税人在发生纳税义务后,应向税务机关申报纳税的起止时间。它是税收的强制性、固定性在时间上的体现。不同税种、不同纳税人的具体纳税申报期限不同。纳税申报一般分为按期申报与按次申报两种类型。纳税人应在纳税申报期限内进行纳税申报,超过限期未申报纳税的,属于税收违法行为,应受到相应的处罚。纳税申报的期限分为两类:

1.税收实体法。根据各税种的单项法律、行政法规确定各税种的纳税期限,如企业所得税税法规定"在月份或季度终了后15日内"、"年度终了后5个月内"申报纳税。

2.具体确定法。税务机关根据具体纳税人的实际情况核定纳税期限,如流转税的纳税期限可以是按日或按月。以1个月为一期计算纳税的纳税人,于期满后15天内必须申报缴纳税款。

(四)纳税申报的内容

纳税人在进行纳税申报时,所填纳税申报表中应将税种、税目、计税依据、适用税率或单位税额、应纳税额、税款所属期限、计算机代码、单位名称等逐项填写清楚,并加盖有关印章。如果纳税人采用邮寄方式申报纳税,将税款缴纳的回单连同纳税申报表邮寄到指定的税务机关;如果纳税人采用直接到税务机关申报纳税的方式,除纳税申报表和税款缴纳书外,还需连同企业有关的财务会计报表、与纳税有关的合同、协议书以及税务机关规定报送的其他有关资料一起报送主管税务机关。

应当履行扣缴税款义务的扣缴义务人，在填写纳税申报表时应将税种、税目、计税依据、适用税率或单位税额、应代扣代缴、代收代缴税额、税款所属期限、计算机代码、单位名称等填写清楚，并加盖有关印章。如果纳税人采用邮寄申报纳税方式，将税款缴纳回单连同纳税申报表邮寄到指定的税务机关；如果纳税人采用直接到税务机关申报纳税的方式，除纳税申报表和税款缴纳书外，还须连同企业与纳税有关的代扣代缴、代收代缴合同、协议书以及税务机关规定报送的其他有关资料一起报送有关税务机关。

纳税人应当按照国家相关法律、法规的规定编制和报送财务会计报表，不得编制提供虚假的财务会计报表。纳税人的法定代表人或负责人对其报送的财务会计报表的真实性和完整性负责。

纳税人应当在规定期间，按照现行税收征管范围的划分，分别向主管国家税务局、地方税务局报送财务会计报表。除有特殊要求外，同样的报表只报送一次。主管税务机关应指定部门采集录入，实行"一户式"存储，实现信息共享，不得要求纳税人按税种或者在办理其他涉税事项时重复报送财务会计报表。

纳税人无论有无应税收入、所得和其他应税项目，或者在减免税期间，均必须依照《税收征管法》第二十五条的规定，按其所适用的会计制度编制财务报表，并按本办法第八条规定的时限向主管税务机关报送；其所适用的会计制度规定需要编报相关附表以及会计报表附注、财务情况说明书、审计报告的，应当随同财务会计报表一并报送。

（五）延期申报

纳税申报在两种情况下可以延期：一种是法定延期，当纳税申报期限的最后一天是星期天或法定节假日时，可以顺延到实际休假日的次日；另一种是核准延期，纳税人、扣缴义务人不能按期办理纳税申报，经税务机关核准，可以延期申报，但应按上期实际缴纳的税款或税务机关核定的税款预缴，并在核准的延期内办理税款结算。

四、税款缴纳制度

税款缴纳制度是指纳税人根据国家有关法律、行政法规规定按一定程序缴纳税款的制度。税务机关不得违反法律、法规的规定开征、停征、多征、少征、提前征收、延缓征收或摊派税款。

纳税人、扣缴义务人应按法律、行政法规规定期限缴纳税款。纳税人确有特殊困难不能按期缴纳税款时，要经省级税务局批准，方可延期缴纳税款，期限最长不超过 3 个月。未按规定缴纳税款的，从税款滞纳之日（应缴税款限期届满之次日）起，按日加收滞纳税款万分之五的滞纳金。

（一）税款缴纳方式

根据有关规定，纳税人的税款缴纳方式（站在税务机关的角度，即为税款征收方式）主要有以下几种：

1. 查账征收。此方式指纳税人按其财务会计账簿记录，依照适用税率计算缴纳税款。适用于会计账簿、凭证等会计核算制度比较健全，能够据以如实核算企业收入、成本、费用和财务成果，并能正确计算应纳税款的纳税人。

2. 核定征收。此方式指对不能完整、准确地提供纳税会计资料的纳税人，税务机关采用特定方法确定其应纳税收入或应纳税额，纳税人据以缴纳税款。它又分为：

(1)查定征收。由税务机关根据纳税人的从业人数、生产设备、耗用原材料等因素，在正常生产经营条件下，对其生产的应税产品查实核定产量、销售额，并据以征收税款。适用于生产规模较小、账册不健全、产品零星、税源分散的小型厂矿和作坊。

(2)查验征收。税务机关对纳税人应税商品，通过查验数量，按市场一般销售单价计算其销售收入，并据以征税。适用于城乡集贸市场的临时经营和机场、码头等场外经销商品的课税。

(3)定期定额征收。对一些营业额、所得额不能准确计算的小型工商户，经过自报评议，由税务机关核定一定时期的营业额和所得税附征率，实行多税种合并征税。纳税人在核定期内经营额达到或超过核定定额 20%～30%时,应及时向税务机关申报调整定额。

(4)核定应税所得率。实行核定应税所得率缴纳所得税办法的纳税人,其应纳税所得额按税法规定的公式计算。

3.代扣代缴、代收代缴。前者指持有纳税人收入的单位和个人,从持有的纳税人收入中扣缴其应纳税款并向税务机关解缴;后者指与纳税人有经济往来关系的单位和个人,借助经济往来关系向纳税人收取其应纳税款并向税务机关解缴。这两种方式适用于税源零星分散、不易控管的纳税人。

4.除以上几种主要方式外,还有委托纳税、邮寄申报纳税等方式。

(二)税款缴纳的凭证——完税凭证

在一般情况下,税款由纳税单位或个人直接向国库经收处(设在银行)缴纳;若当地没有国库经收处,税务机关可以自收或委托代征税款,由税务机关填制汇总缴款书,连同税款缴入国库经收处。纳税人缴纳税款后,税务机关必须给纳税人开具完税凭证。扣缴义务人代扣、代收税款时,纳税人要求其开具代扣、代收税款凭证的,扣缴义务人应当为其开具凭证。完税凭证由国家税务总局统一设计并指定单位印制。

1.完税凭证的意义。完税凭证是税务机关依法向纳税人收取税款所开具的专用凭证,是纳税人依法履行纳税义务的合法证明。

完税凭证既是纳税人履行纳税义务的合法证明,又是税务机关进行税收会计核算、监督的原始凭证,还是国家金库收纳国家预算收入的凭证。它是税收职能的具体体现,也是考核税务人员是否正确执行税收政策的凭证。

2.完税凭证的种类和使用范围。

(1)完税证。完税证是税务机关自收和委托有关单位代征代扣税款时使用的凭证。主要适用于工商税收的货币资金税款。具体又分:①通用完税凭证(一式三联),适用于直接向纳税人征收的工商税,尤指地方税种。②限额完税证,亦称小额完税证,一般为 100 元以下的小额税款,所征税款不得超过票面规定额度。③定额完税证,适用于从量定额征收的税款。

(2)印花税票。具体内容详见本书第十章第二节。

(3)税收专用缴款书。纳税人直接向国库经收处缴纳税款时使用的专用凭证,只适用于将税款缴入国库经收处时使用,不得用于其他。专用缴款书除了具备完税证的内容要求外,还必须盖有国库经收处的收款章,才是合法的完税凭证。

(4)一般缴款书。纳税人向国库经收处缴纳教育费附加,以及税务机关自收、代征代扣税款汇总缴入国库经收处使用的凭证。

(5)涉外税收凭证(代缴款书)。缴纳涉外税收时使用的专用凭证。

3.完税凭证的主要内容。各种完税凭证的内容不完全相同,仅以使用较广、项目较多的专用缴款书为例,其主要内容有:

(1)纳税人部分。包括纳税人名称、隶属关系、经济性质、开户行、账户、电话号码等。

(2)税源部分。包括税种、类别、产(商)品名称、计税单位、计税数量、计税单价、计税总值、营业额、销售收入额、所得额等。

(3)税收部分。包括应纳税额、总计金额、扣除金(税)额、应纳所得税额、减免税额、附加收入、滞纳金等。

(4)征收管理部分。包括征收机关或委托代征代扣单位、填票人、复核人、填票日期、税款所属日期、税款限缴日期、票证专用章戳等。

(5)其他部分。反映收入归属情况的部门机关、预算级次、收款金库、收款日期、会计分录、备注等。

4.完税凭证的填写要求。

(1)专票专用,不能互相代替,更不能以"白条"代收款凭证,不准开票不收税或收税不开票。

(2)按凭证先后顺序填开,不得跳号使用;填写齐全,字迹端正、清晰。

(3)按程序收款开票,遵循计算、收款、开票、复核、收据交纳税人的程序,不得颠倒。

(4)一税一票,避免税种、科目之间不清。

(5)复写或涂改完税凭证要一次全份填写,不准分次填写。

(6)填写所得税完税凭证时,要在税票上反映应缴税额,经核准减征或免征的,要反映计算的全过程。

(7)因计算有误而少缴的税款,应填开补税凭证,只填补缴税额,并注明原票证的填开日期和编号,不得在原票上涂改、挖补等。

(8)作废的完税凭证应全份保存,各联均应注明"作废"字样,严禁自行销毁。

五、税务代理制度

(一)税务代理及其意义

税务代理是税务代理人在法律规定的范围内,受纳税人、扣缴义务人的委托,代为办理税务事宜的行为。其核心是税务代理人必须通过委托人的授权才能以委托人的名义进行税务事宜的代理。税务代理制是由社会中介机构及其人员替纳税人办理纳税及税务筹划事宜的制度,它源于市场经济发展较早的国家。税务代理制度是国家对税务代理人资格、税务代理内容、税务代理法律责任等规定的一系列法规、办法。

目前,世界上许多国家和地区都有税务代理制度。在美国,超过90%的企业将税务事宜外包给事务所,日本、中国香港的情形也是如此。企业虽然有自己的税务(会计)部门,但是出于成本和质量控制的考虑,其内部也只是处理一些相对简单的税务问题;而涉及较为复杂的交易,诸如并购等,也是外包给事务所。

1994 年,国家税务总局颁发了《税务代理试行办法》,明确了税务代理的宗旨、税务师的资格认定、税务代理机构、税务代理业务范围、税务代理关系的确立和终止、税务代理人的权利和义务、代理责任等。为规范税务代理执业行为,保证税务代理执业质量,维护委托人的合法权益,促进税务代理事业的健康发展,根据《税收征管法》及其实施细则和《注册税务师资格制度暂行规定》,国家税务总局于 2001 年 10 月 8 日颁发了《税务代理业务规程(试行)》。2005 年 12 月 30 日,国家税务总局颁布了《注册税务师管理暂行办法》(自 2006 年 2 月 1 日起施行)。

目前,我国税务代理业的发展还不成熟,有历史的原因,也有对税务代理的理念问题。随着我国会计准则和国际会计准则的逐步趋同,税收和会计之间的差异越来越大，税制将会越来越复杂。与此同时，企业并购、海外拓展等业务的涉税交易事项会逐渐增多，企业仅仅依靠自身的资源很难进行有效的税务管理。企业财务与会计部门虽然也可以进行税务筹划，但往往无法应付越来越复杂的税务问题。企业从成本、质量控制等角度出发，开始倾向于将包括税务筹划在内的税务事宜外包。

税务代理作为会计师、税务师事务所的专长，企业可以通过由其提供的税务代理服务来减轻内部负担，可以将主要精力集中在企业的生产、经营方面，从而达到有效节约成本、提高企业经营业绩的目的。

税务代理可以有效地维护纳税人的权益。许多纳税人并不十分了解法律赋予的权利和义务，当税务机关与企业对税法有关条款理解不一致时，可能会出现误解。如果有税务中介机构的参与，可以使纳税人正确地行使其权利、履行其义务。

税务中介机构可以从专业角度分析和确定企业的具体情况，并参考市场公平价格，协助企业制定一个合理的价格范围。企业认可后，可以由企业自行或者委托税务师事务所提交给税务机关进行确认。如果可以与税务机关达成预约定价协议，事实上等于为企业关联交易上了保险，将会大大降低其潜在的税务风险。

将税务事宜外包给会计师、税务师事务所不仅可以降低企业税负，对政府加强税收征管，也有积极意义。税务部门每年都要投入大量的资金用于宣传税法，强调企业要依法纳税，而作为专业的税务中介服务，税务代理师将会在第一时间学习和研究这些新的税收法规，并及时将这些新信息传递给企业，协助企业尽快了解税法规定的新变化，这也是协助政府宣传依法纳税。由于税务代理师了解企业的商业运作，使得这种宣传更加有效，从而间接降低了政府的宣传成本。

（二）税务代理人

根据《注册税务师管理暂行办法》，注册税务师执业资格考试实行全国统一大纲、统一命题、统一组织的考试制度。符合考试办法规定报名条件的中国公民（包括香港、澳门特别行政区的居民），可以申请参加注册税务师执业资格考试；已评聘经济、会计、统计、审计、法律等高级专业技术职务，从事税收工作满两年的人员，可以免予部分科目考试。凡经考试合格取得《中华人民共和国注册税务师执业资格证书》(以下简称资格证书)的人员，应当持资格证书到所在地的省局管理中心办理备案手续。省局管理中心审核后，对在税务师事务所执业满两年的，给予执业备案，在证书备注栏加盖“执业备案”章；对在税务师事务所执业不满两年或者暂不执业的，给予非执业备案，在证书备注栏加盖“非执业备案”章。

有下列情形之一的，不予执业备案：(1)无民事行为能力或者限制民事行为能力的；(2)受刑事处罚，自处罚执行完毕之日起未满三年的；(3)被开除公职，自开除之日起未满两年的；(4)在从事涉税服务和鉴证业务中有违法行为，自处罚决定之日起未满两年的；(5)在从事涉税服务和鉴证业务中有违规行为，自处理决定之日起未满一年的；(6)国家税务总局规定的其他情形。

执业备案的注册税务师有下列情形之一的，注销备案：(1)死亡或者失踪的；(2)同时在两个以上税务师事务所执业的；(3)在从事涉税服务和鉴证业务中有违法行为的；(4)年检不合格或者拒绝在规定期限内进行年检的；(5)违反行业管理规范，连续两年有不良从业记录的；(6)国家税务总局规定的其他情形。

(三)税务代理人的权利与义务

根据《注册税务师管理暂行办法》，注册税务师执业享有下列权利：(1)可以向税务机关查询税收法律、法规、规章和其他规范性文件；(2)可以要求委托人提供相关会计、经营等涉税资料(包括电子数据)，以及其他必要的协助；(3)可以对税收政策存在的问题向税务机关提出意见和修改建议；(4)可以对税务机关和税务人员的违法、违纪行为提出批评或者向上级主管部门反映。

注册税务师执业由税务师事务所委派，个人不得擅自承接业务。

注册税务师应当在对外出具的涉税文书上签字盖章，并对其真实性、合法性负责。

注册税务师执业中发现委托人有违规行为并可能影响审核报告的公正、诚信时，应当予以劝阻；劝阻无效的，应当中止执业。

注册税务师对执业中知悉的委托人商业秘密,负有保密义务;应当对业务助理人员的工作进行指导与审核,并对其工作结果负责;注册税务师与委托人有利害关系的,应当回避,委托人有权要求其回避。

注册税务师应当不断地更新执业所需的专业知识,提高执业技能,并按规定接受后续教育培训。

(四)税务代理的业务范围

注册税务师可以提供代办税务登记、纳税和退税、减免税申报、建账记账,提供增值税一般纳税人资格认定申请,利用主机共享服务系统为增值税一般纳税人代开增值税专用发票,代为制作涉税文书,以及开展税务咨询(顾问)、税收筹划、涉税培训等涉税服务业务。

注册税务师可承办下列涉税鉴证业务:(1)企业所得税汇算清缴纳税申报的鉴证;(2)企业税前弥补亏损和财产损失的鉴证;(3)国家税务总局和省税务局规定的其他涉税鉴证业务。

注册税务师执业时,遇有下列情形之一的,应当拒绝出具有关报告:

(1)委托人示意其作不实报告或者不当证明的;(2)委托人故意不提供有关资料和文件的;(3)因委托人有其他不合理要求,致使注册税务师出具的报告不能对涉税的重要事项作出正确表述的。

注册税务师执业,应当按照业务规程确定的工作程序建立工作底稿、出具有关报告。出具报告时,不得有下列行为:(1)明知委托人对重要涉税事项的处理与国家税收法律、法规及有关规定相抵触,而不予指明;(2)明知委托人对重要涉税事项的处理会损害报告使用人或者其他利害关系人的合法权益,而予以隐瞒或者作不实的报告;(3)明知委托人对重要涉税事项的处理会导致报告使用人或者其他利害关系人产生重大误解,而不予指明;(4)明知委托人对重要涉税事项的处理有其他不实内容,而不予指明。

注册税务师不得有下列行为:(1)执业期间,买卖委托人的股票、债券;(2)索取、收受委托合同约定以外的酬金或者其他财物,或者利用执业之便,谋取其他不正当的利益;(3)允许他人以本人名义执业;(4)向税务机关工作人员行贿或者指使、诱导委托人行贿;(5)其他违反法律、行政法规的行为。

(五)税务代理的法律责任

规范税务代理法律责任的法律包括《民法通则》、《经济合同法》、《税收征管法》及其实施细则和其他有关法律、行政法规，承担的法律责任既包括民法法律责任，也包括刑事法律责任。

1.委托方的法律责任

《经济合同法》第二十九条规定，由于当事人一方的过错，造成经济合同不能履行或不能完全履行，由有过错的一方承担违约责任。如果委托方违反代理协议的规定，致使注册税务师不能履行或不能完全履行税务代理协议，由此产生的法律责任应全部由委托方承担。其中纳税人除了应按规定承担本身承担的税收法律责任以外，还应按规定向委托方支付违约金和赔偿金。

2.受托方的法律责任

根据《民法通则》、《税收征管法》和注册税务师资格制度暂行规定，受托方应承担的法律责任主要有：

《民法通则》第六十六条规定："代理人不履行职责而给被代理人造成损害的，应当承担民事责任。"如果税务代理因工作失误或未按期完成税务代理事务等未履行税务代理职责，给委托方造成不应有损失的，应由受托方负责。

根据《注册税务师管理暂行办法》，凡有注册税务师在执业期间买卖委托人股票、债券，以个人名义承接业务或者收费，泄露委托人商业秘密，允许他人以本人名义执业，利用执业之便谋取不正当利益，在一个会计年度内违反本办法规定两次以上等行为之一的，由省税务局予以警告或者处1 000元以上5 000元以下罚款，责令其限期改正，限期改正期间不得对外行使注册税务师签字权；逾期不改正或者情节严重的，应当向社会公告。

税务师事务所凡有未按照本办法规定承办相关业务，未按照协议规定履行义务而收费，未按照财务会计制度核算、内部管理混乱，利用执业之便、谋取不正当利益，采取夸大宣传、诋毁同行、以低于成本价收费等不正当方式承接业务，允许他人以本所名义承接相关业务等行为之一的，由省税务局予以警告或者处 1 000 元以上 1 万元以下罚款，责令其限期改正；逾期不改正或者情节严重的，应当向社会公告。

注册税务师和税务师事务所出具虚假涉税文书，但尚未造成委托人未缴或者少缴税款的，由省税务局予以警告并处 1 000 元以上 3 万元以下的罚款，并向社会公告。

注册税务师和税务师事务所违反税收法律、行政法规，造成委托人未缴或者少缴税款的，由省税务局按照《税收征管法实施细则》第九十八条的规定处以罚款；情节严重的，撤销执业备案或者收回执业证，并提请工商行政管理部门吊销税务师事务所的营业执照。

3. 属于共同法律责任的处理

代理人知晓被委托代理的事项违法仍进行代理活动的，或者被代理人知道代理人的代理行为违法而不表示反对的，由被代理人和代理人负连带责任。也就是说，如果税务代理人与被代理人互相勾结、偷逃税款、共同违法，应按共同违法论处，双方都要承担法律责任；涉及刑事犯罪的，还要移送司法部门依法处理。

随着我国市场经济的发展，包括税务筹划在内的税务代理将是一个非常有发展潜力的行业，人们对中国税务代理市场充满期待。

思　考

2001 年全国人大常委会通过了新修订的《中华人民共和国税收征收管理法》，2002 年国务院颁布了《中华人民共和国税收征收管理法实施细则》，它是规范征纳双方的一部税收程序法。纳税人必须了解有关规定，尤其是税务登记、纳税申报、税款缴纳制度。你知道其中的具体要求吗？

第八节　纳税人的权利与义务

纳税人是税收法律关系中享有权利并承担义务的当事人之一，是税收法律关系的权利主体之一。在税收法律关系中，权利主体双方法律地位是平等的，只因主体双方是行政管理者与被管理者的关系，因此，双方的权利与义务并不对等，这与一般民事法律关系中主体双方的权利与义务平等有所不同。作为纳税人，应该了解自己有哪些权利，充分享有法律、法规赋予自己的权利；同时，要忠实履行纳税义务，做到诚信纳税。

一、纳税人的权利

纳税人在履行纳税义务过程中，依法享有下列权利：

(一)知情权

纳税人有权向税务机关了解国家税收法律、行政法规的规定以及与纳税程序有关的情况，包括现行税收法律、行政法规和税收政策规定；办理税收事项的时间、方式、步骤以及需要提交的资料；应纳税额核定及其他税务行政处理决定的法律依据、事实依据和计算方法；与税务机关在纳税、处罚和采取强制执行措施时发生争议或纠纷时，纳税人可以采取的法律救济途径及需要满足的条件。

(二)保密权

纳税人有权要求税务机关为纳税人的情况保密。税务机关应依法为纳税人的商业秘密和个人隐私(主要包括纳税人的技术信息、经营信息和纳税人、主要投资人以及经营者不愿公开的个人事项)保密。上述事项，如无法律、行政法规明确规定或者纳税人的许可，税务机关不能对外部门、社会公众和其他个人提供。但根据法律规定，税收违法行为信息不属于保密范围。

(三)税收监督权

纳税人对税务机关违反税收法律、行政法规的行为，如税务人员索贿受贿、徇私舞弊、玩忽职守，不征或者少征应征税款，滥用职权多征税款或者故意刁难等，可以进行检举和控告。同时，纳税人对其他纳税人的税收违法行为也有权进行检举。

(四)纳税申报方式选择权

纳税人可以直接到办税服务厅办理纳税申报或者报送代扣代缴、

代收代缴税款报告表,也可以按照规定采取邮寄、数据电文或者其他方式办理上述申报、报送事项;但采取邮寄或数据电文方式办理上述申报、报送事项的,需经纳税人的主管税务机关批准。

纳税人如采取邮寄方式办理纳税申报,应当使用统一的纳税申报专用信封,并以邮政部门收据作为申报凭据。邮寄申报以寄出的邮戳日期为实际申报日期。

数据电文方式是指税务机关确定的电话语音、电子数据交换和网络传输等电子方式。纳税人如采用电子方式办理纳税申报,应当按照税务机关规定的期限和要求保存有关资料,并定期书面报送。

(五)申请延期申报权

纳税人如不能按期办理纳税申报或者报送代扣代缴、代收代缴税款报告表,应当在规定的期限内向税务机关提出书面延期申请,经核准,可在核准的期限内办理。经核准延期办理申报、报送事项的,应当在税法规定的纳税期内按照上期实际缴纳的税额或者税务机关核定的税额预缴税款,并在核准的延期内办理税款结算。

(六)申请延期缴纳税款权

纳税人如因特殊困难,不能按期缴纳税款的,经省、自治区、直辖市国家税务局、地方税务局批准,可以延期缴纳税款,但是最长不得超过三个月。计划单列市国家税务局、地方税务局可以参照省级税务机关的批准权限,审批纳税人的延期缴纳税款申请。

纳税人满足以下任何一个条件,均可以申请延期缴纳税款:一是因不可抗力,导致纳税人发生较大损失,正常生产经营活动受到较大影响的;二是当期货币资金在扣除应付职工工资、社会保险费后,不足以缴纳税款的。

(七)申请退还多缴税款权

对纳税人超过应纳税额缴纳的税款,税务机关发现后,将自发现之日起 10 日内办理退还手续;如纳税人自结算缴纳税款之日起三年内发现的,可以向税务机关要求退还多缴的税款并加算银行同期存款利息。税务机关应自接到纳税人退还申请之日起 30 日内查实并办理退还手续,涉及从国库中退库的,依照法律、行政法规有关国库管理的规定退还。

(八)依法享受税收优惠权

纳税人可以依照法律、行政法规的规定书面申请减税、免税。减税、免税申请须经法律、行政法规规定的减税、免税审查批准机关审批。① 减税、免税期满,应当自期满次日起恢复纳税。减税、免税条件发生变化的,应当自发生变化之日起 15 日内向税务机关报告;不再符合减税、免税条件的,应当依法履行纳税义务。

如果纳税人享受的税收优惠需要备案的,应当按照税收法律、行政法规和有关政策规定,及时办理事前或事后备案。

(九)委托税务代理权

纳税人有权就以下事项委托税务代理人代为办理:办理、变更或者注销税务登记、除增值税专用发票外的发票领购手续、纳税申报或扣缴税款报告、税款缴纳和申请退税、制作涉税文书、审查纳税情况、建账建制、办理财务和税务咨询、申请税务行政复议、提起税务行政诉讼以及国家税务总局规定的其他业务。

(十)陈述与申辩权

纳税人对税务机关作出的决定,享有陈述权、申辩权。如果纳税人有充分的证据证明自己的行为合法,税务机关就不得对纳税人实施行政处罚;即使纳税人的陈述或申辩不充分合理,税务机关也应向纳税人解释实施行政处罚的原因,不应因纳税人的申辩而加重处罚。

(十一)对未出示税务检查证和税务检查通知书的拒绝检查权

税务机关派出人员进行税务检查时,应当向纳税人出示税务检查证和税务检查通知书;对未出示税务检查证和税务检查通知书的,纳税人有权拒绝检查。

(十二)税收法律救济权

纳税人对税务机关作出的决定,依法享有申请行政复议、提起行政诉讼、请求国家赔偿等权利。

---

① 在减、免税期间,如果纳税人的会计核算不符合要求,主管税务机关有权核定其应纳税所得额并恢复征税。

纳税人、纳税担保人同税务机关在纳税上发生争议时，必须先依照税务机关的纳税决定缴纳或者解缴税款及滞纳金或者提供相应的担保，然后可以依法申请行政复议；对行政复议决定不服的，可以依法向人民法院起诉。如纳税人对税务机关的处罚决定、强制执行措施或者税收保全措施不服的，可以依法申请行政复议，也可以依法向人民法院起诉。

当税务机关的职务违法行为给纳税人和其他税务当事人的合法权益造成侵害时，纳税人和其他税务当事人可以要求税务行政赔偿。主要包括：一是纳税人在限期内已缴纳税款，税务机关未立即解除税收保全措施，使纳税人的合法权益遭受损失的；二是税务机关滥用职权违法采取税收保全措施、强制执行措施或者采取税收保全措施、强制执行措施不当，使纳税人或者纳税担保人的合法权益遭受损失的。

（十三）依法要求听证的权利

对纳税人作出规定金额以上罚款的行政处罚之前，税务机关应向纳税人送达《税务行政处罚事项告知书》，告知纳税人已经查明的违法事实、证据、行政处罚的法律依据和拟将给予的行政处罚。对此，纳税人有权要求举行听证；税务机关应纳税人的要求组织听证。如纳税人认为税务机关指定的听证主持人与本案有直接利害关系，纳税人有权申请主持人回避。对应当进行听证的案件，税务机关若不组织听证，行政处罚决定不能成立；但纳税人放弃听证权利或者被正当取消听证权利的除外。

（十四）索取有关税收凭证的权利

税务机关征收税款时，必须给纳税人开具完税凭证。扣缴义务人代扣、代收税款时，纳税人要求扣缴义务人开具代扣、代收税款凭证时，扣缴义务人应当开具。

税务机关扣押商品、货物或者其他财产时，必须开付收据；查封商品、货物或者其他财产时，必须开付清单。

二、纳税人的义务

依照宪法、税收法律和行政法规的规定，纳税人在纳税过程中负有以下义务：

（一）依法进行税务登记的义务

纳税人应当自领取营业执照之日起30日内，持有关证件，向税务机关申报办理税务登记。税务登记主要包括领取营业执照后的设立登记、税务登记内容发生变化后的变更登记、依法申请停业或复业登记、依法终止纳税义务的注销登记等。

在各类税务登记管理中，纳税人应根据税务机关的规定分别提交相关资料，及时办理。同时，纳税人应当按照税务机关的规定使用税务登记证件；税务登记证件不得转借、涂改、损毁、买卖或者伪造。

（二）依法设置账簿、保管账簿和有关资料以及依法开具、使用、取得和保管发票的义务

纳税人应当按照有关法律、行政法规和国务院财政、税务主管部门的规定设置账簿，根据合法、有效凭证记账，进行核算；从事生产、经营的，必须按照国务院财政、税务主管部门规定的保管期限保管账簿、记账凭证、完税凭证及其他有关资料；账簿、记账凭证、完税凭证及其他有关资料不得伪造、变造或者擅自损毁。

此外，纳税人在购销商品、提供或者接受经营服务以及从事其他经营活动中，应当依法开具、使用、取得和保管发票。

（三）财务会计制度和会计核算软件备案的义务

纳税人的财务、会计制度或者财务、会计处理办法和会计核算软件，应当报送税务机关备案。纳税人的财务、会计制度或者财务、会计处理办法与国务院或者国务院财政、税务主管部门有关税收的规定抵触的，应依照国务院或者国务院财政、税务主管部门有关税收的规定计算应纳税款、代扣代缴和代收代缴税款。

（四）按照规定安装、使用税控装置的义务

国家根据税收征收管理的需要，积极推广使用税控装置。纳税人应当按照规定安装、使用税控装置，不得损毁或者擅自改动税控装置。如果纳税人未按规定安装、使用税控装置，或者损毁或者擅自改动税控装置的，税务机关将责令纳税人限期改正，并可根据情节轻重处以规定数额内的罚款。

（五）按时、如实申报的义务

纳税人必须依照法律、行政法规规定或者税务机关依照法律、行政法规的规定确定的申报期限、申报内容如实办理纳税申报，报送纳税申报表、财务会计报表以及税务机关根据实际需要要求纳税人报送的其他纳税资料。

作为扣缴义务人，纳税人必须依照法律、行政法规规定或者税务机关依照法律、行政法规规定确定的申报期限、申报内容如实报送代扣代缴、代收代缴税款报告表，以及税务机关根据实际需要要求纳税人报送的其他有关资料。

纳税人即使在纳税期内没有应纳税款，也应当按照规定办理纳税申报；享受减税、免税待遇的，在减税、免税期间应当按照规定办理纳税申报。

（六）按时缴纳税款的义务

纳税人应当按照法律、行政法规规定或者税务机关依照法律、行政法规的规定确定的期限，缴纳或者解缴税款。

未按照规定期限缴纳税款或者未按照规定期限解缴税款的，税务机关除责令限期缴纳外，从滞纳税款之日起，按日加收滞纳税款万分之五的滞纳金。

（七）代扣、代收税款的义务

如果纳税人按照法律、行政法规规定负有代扣代缴、代收代缴税款义务，必须依照法律、行政法规的规定履行代扣、代收税款的义务。纳税人依法履行代扣、代收税款义务时，纳税人不得拒绝；纳税人拒绝的，纳税人应当及时报告税务机关处理。

（八）接受依法检查的义务

纳税人有接受税务机关依法进行税务检查的义务，应主动配合税务机关按法定程序进行的税务检查，如实向税务机关反映自己的生产经营情况和执行财务制度的情况，并按有关规定提供报表和资料，不得隐瞒和弄虚作假，不能阻挠、刁难我们的检查和监督。

（九）及时提供信息的义务

纳税人除通过税务登记和纳税申报向税务机关提供与纳税有关的

信息外，还应及时提供其他信息；如果纳税人有歇业、经营情况变化、遭受各种灾害等特殊情况的，应及时向税务机关说明，以便税务机关依法妥善处理。

（十）报告其他涉税信息的义务

为了保障国家税收能够及时、足额征收入库，税收法律还规定了纳税人有义务向税务机关报告如下涉税信息：

1. 纳税人有义务就纳税人与关联企业之间的业务往来，向当地税务机关提供有关的价格、费用标准等资料。

纳税人有欠税情形而以财产设定抵押、质押的，应当向抵押权人、质权人说明纳税人的欠税情况。

2. 企业合并、分立的报告义务。纳税人有合并、分立情形的，应当向税务机关报告，并依法缴清税款；合并时未缴清税款的，应当由合并后的纳税人继续履行未履行的纳税义务；分立时未缴清税款的，分立后的纳税人对未履行的纳税义务应当承担连带责任。

3. 报告全部账号的义务。如果纳税人从事生产、经营，应当按照国家有关规定，持税务登记证件，在银行或者其他金融机构开立基本存款账户和其他存款账户，并自开立基本存款账户或者其他存款账户之日起 15 日内，向纳税人的主管税务机关书面报告全部账号；发生变化的，应当自变化之日起 15 日内，向纳税人的主管税务机关书面报告。

4. 处分大额财产报告的义务。如果纳税人的欠缴税款数额在 5 万元以上，纳税人在处分不动产或者大额资产之前，应当向税务机关报告。

思 考

权利与义务并存，没有无权利的义务，也没有无义务的权利。因此，本书不用“纳税义务人”的提法，要么全称“纳税权利义务人”，要么简称“纳税人”。依法履行纳税义务与依法享有纳税权利，两者同等重要。那么，你知道纳税人有哪些权利、哪些义务吗？

第九节 纳税人的税收法律责任

《税收征管法》第五章“法律责任”共 29 条，其中专门针对纳税人、扣缴义务人的有 13 条，其余有的是专门针对税务机关、税务人员的，有的是专门针对纳税人、扣缴义务人的开户银行或其他金融机构的，有的是针对征纳双方的。本节仅就纳税人、扣缴义务人的税收法律责任简述于后。

一、税务违法种类

税务违法是指侵害税务法律关系的行为。纳税人、扣缴义务人的税务违法行为按照现行法律、法规的规定，主要有以下几种：

(一)未按规定登记、申报及进行账证管理的行为

具体包括：(1)未按规定期限申报办理税务登记、变更或者注销登记；(2)未按规定设置、保管会计凭证、账簿和有关资料；(3)未按规定将财务、会计制度或其处理方法和会计核算软件报送主管税务机关备查；(4)未按规定将其全部银行账号向税务机关报告；(5)未按规定安装、使用税控装置，或损毁、擅自改动税控装置。

(二)违反发票管理的行为

违反发票管理的行为包括：(1)未按规定印制或者生产发票防伪专用品；(2)未按规定领购发票；(3)未按规定开具发票；(4)未按规定取得发票；(5)未按规定保管发票；(6)未按规定接受税务机关检查；(7)利用发票从事其他犯罪。

(三)逃税行为

具体特征是行为主体的纳税人实施了偷税行为。其手段为：(1)伪造、变造、隐匿和擅自销毁账簿、记账凭证；(2)在账簿上多列支出或者不列、少列收入；(3)经税务机关通知申报而拒不申报或进行虚假的纳税申报；(4)不缴或者少缴税款。具体特征是行为主体的纳税人实施了逃税行为。

(四)欠税行为

纳税人欠缴应纳税款,采取转移或者隐匿财产手段,致使税务机关无法追缴其所欠税款的行为。一般表现为:纳税人有能力缴纳欠缴的税款,但谎称无力给付,并采取转移、隐匿财产的手段加以逃避。

(五)骗取行为

纳税人以假报出口或者其他欺骗手段,骗取国家出口退税款的行为。

(六)抗税行为

纳税人以暴力、威胁方法拒不缴纳税款的行为。

(七)阻碍税务人员执行公务行为

纳税人、扣缴义务人逃避、拒绝或者以其他方式阻挠税务机关检查的行为。

(八)编造虚假计税依据行为

纳税人、扣缴义务人编造虚假计税依据的行为。

(九)未按规定履行扣缴义务行为

扣缴义务人应扣未扣、应收而不收税款的行为。

二、税务违法责任

税务违法责任是指税务法律关系中的违法主体由于其行为违法,按照法律规定必须承担的相应法律后果。根据税务违法的情节轻重,税务违法处罚分为行政处罚和刑事处罚两种类型。

(一)行政处罚

行政处罚是指国家行政机关对违反法律、法规的相对一方当事人所给予的一种惩戒或制裁。行政处罚的方式主要有:

(1)责令限期改正。这是税务机关对违反法律、行政法规所规定义务的当事人的谴责和告诫;适用于情节轻微或尚未构成实际危害后果的违法行为的一种处罚形式。

(2)罚款。对违反税收法律、法规,不履行法定义务的当事人的一种经济上的处罚。这是税务处罚中应用最广的一种形式,罚款额在2 000元以下的,由税务所决定。

(3)没收。它是对行政管理相对一方当事人的财产权予以剥夺的处罚。

行政处罚的标准分为以下几种：

1.对未按规定办理税务登记(还包括验证、换证)、纳税申报及进行账证管理行为的处罚,除责令限期改正外,可以处以2 000元以下的罚款;情节严重的,处2 000元以上1万元以下的罚款。纳税人未按规定使用税务登记证件,或者转借、涂改、损毁、买卖、伪造税务登记证件的,处2 000元以上1万元以下的罚款;情节严重的,处1万元以上5万元以下的罚款。

2.对违反发票管理行为的处罚,由税务机关销毁非法印制的发票、没收违法所得和作案工具,并处1万元以上5万元以下的罚款。

3.对逃税行为的处罚,由税务机关追缴其不缴或少缴的税款、滞纳金,并处不缴或少缴的税款50%以上五倍以下的罚款。此项处罚规定也适用于扣缴义务人不缴或少缴已扣、已收的税款。

4.对欠税行为的处罚,由税务机关追缴欠缴的税款、滞纳金,并处欠缴税款50%以上五倍以下的罚款。

5.对骗税行为的处罚,由税务机关追缴其骗取的退税款,并处骗取税款一倍以上五倍以下的罚款,并在规定期间内,税务机关停止为其办理出口退税。

6.对抗税行为的处罚,情节轻微,未构成犯罪的,由税务机关追缴其拒缴的税款、滞纳金,并处拒缴税款一倍以上五倍以下的罚款。

7.对阻碍税务人员执行公务行为的处罚,由税务机关责令改正,处1万元以下的罚款;情节严重的,处1万元以上5万元以下的罚款。

8.对编造虚假计税依据行为的处罚,由税务机关责令限期改正,并处5万元以下的罚款。

纳税人不进行纳税申报,不缴或少缴应纳税款的,由税务机关追缴其不缴或少缴的税款、滞纳金,并处不缴或少缴的税款50%以上五倍以下的罚款。

【例 1-1】 某企业采用销售下脚料不入账和未转出在建工程进项税金等手段，将查补税金分解到各个纳税期与留抵税金相抵减，但仍未产生应交增值税结果。试分析其违法性质。根据《税收征管法》第六十三条对偷税的认定：纳税人采用各种手段，实施了偷税行为并且造成了少缴未缴税款的结果，给国家税收造成了损失是偷税。第六十四条第一款规定了纳税人在采取编造虚假计税依据而没有造成少缴未缴税款事实的情况下应受到的法律处罚。两者的区别在于是否造成少缴税款的事实。如果有少缴税款的事实则构成偷税，如果没有造成少缴税款的事实，则属于编造虚假计税依据。

在该例中，纳税人采用违法手段，将查补税金分解到各个纳税期与留抵税金相抵减，但未造成当期少缴应缴税款的事实。因此，不能认定为偷税，而应适用《税收征管法》六十四条第一款的规定，责令该企业限期改正，并处以 5 万元以下的罚款。

9. 对未按规定履行扣缴义务的处罚，由税务机关向纳税人追缴税款，对扣缴义务人处应扣未扣、应收未收税款 50% 以上三倍以下的罚款。

10. 银行和其他金融机构未按规定在从事生产、经营的纳税人账户中登录税务登记证件号码或未按规定在税务登记证件中登录纳税人的账户号码的，除责令限期改正外，处 2 000 元以上 2 万元以下的罚款；情节严重的，处 2 万元以上 5 万元以下的罚款。

（二）刑事处罚

《刑法》对纳税人、扣缴义务人违反《征管法》，情节严重、构成犯罪的涉税犯罪规定了危害税收征管罪。危害税收征管罪分为两类：一类是直接针对税款的，包括偷税罪、抗税罪、逃避追缴欠税罪、骗取出口退税罪；另一类是妨害发票管理的，包括虚开增值税专用发票，用于骗取出口退税、抵扣税款发票罪，伪造、出售伪造增值税专用发票罪，非法购买增值税专用发票、购买伪造的增值税专用发票罪，非法制造、出售非法制造的用于骗取出口退税、抵扣税款发票罪，非法制造、出售非法制造的发票罪，非法出售用于骗取出口退税、抵扣税款发票罪，非法出售发票罪。

危害税收征管罪均属故意犯罪，犯罪主体可能是自然人，也可能是法人。刑事处罚分为主刑和附加刑两类，并规定税务机关追缴优先的原则，即在判决未执行前，应先由税务机关追缴偷逃的税款和骗取的出口退税款。对直接针对税款的涉税犯罪，规定如下：

1.逃避缴纳税款罪的处罚

纳税人采取欺骗、隐瞒手段进行虚假纳税申报或者不申报，逃避缴纳税款数额较大并且占应纳税额10%以上的，处3年以下有期徒刑或者拘役，并处或者单处罚金；数额巨大并且占应纳税额30%以上的，处3年以上7年以下有期徒刑，并处罚金。

扣缴义务人采取前款所列手段，不缴或者少缴已扣、已收税款，数额较大的，依照前款的规定处罚。

对多次实施前两款行为，未经处理的，按照累计数额计算。有第一款行为，经税务机关依法下达追缴通知后，补缴应纳税款、缴纳滞纳金的，不予追究刑事责任，由税务机关给予行政处罚；但是，5年内因逃避缴纳税款受过刑事处罚或者被税务机关给予2次以上行政处罚的除外。

2.抗税罪的处罚

犯抗税罪的，依据《刑法》第二百零二条规定：处三年以下有期徒刑或者拘役，并处拒缴税款一倍以上五倍以下罚金；情节严重的，处三年以上七年以下有期徒刑，并处拒缴税款一倍以上五倍以下罚金。情节严重一般是指抗税数额较大、多次抗税、抗税造成税务人员伤亡的，以及造成较为恶劣的影响等。抗税罪的犯罪主体只能是具备刑事责任能力的自然人。

3.逃避追缴欠税罪的处罚

犯逃避追缴欠税罪的，依据《刑法》第二百零三条规定：致使税务机关无法追缴欠缴的税款，数额在1万元以上10万元以下的，处三年以下有期徒刑或者拘役，并处或者单处欠缴税款一倍以上五倍以下罚金；

数额在 10 万元以上的，处三年以上七年以下有期徒刑，并处欠缴税款一倍以上五倍以下罚金。单位犯逃避追缴欠税罪的，对单位判处罚金，并对其直接负责的主管人员和其他直接责任人员依照自然人犯逃避追缴欠税罪处罚。

4. 骗取出口退税罪的处罚

犯骗取出口退税罪的，依据《刑法》第二百零四条规定：处五年以下有期徒刑或者拘役，并处骗取税款一倍以上五倍以下罚金；骗取国家出口退税数额巨大或者有其他严重情节的，处五年以上十年以下有期徒刑，并处骗取税款一倍以上五倍以下罚金；数额特别巨大或者有其他特别严重情节的，处十年以上有期徒刑或者无期徒刑，并处骗取税款一倍以上五倍以下罚金或者没收财产。单位犯骗取出口退税罪的，对单位判处罚金，并对其直接负责的主管人员和其他直接责任人员依照自然人犯骗取出口退税罪处罚。

思　考

税法明确了纳税人与国家的法律责任关系，如果违反税法，就要承担相应的法律责任。而根据违法行为的轻重，分为行政处罚与刑事处罚两种类型。纳税人应有法制观念，不可触犯税法，否则，你的损失不仅是经济的，还包括政治的、精神的。

本章小结

本章第一至五节比较系统地阐述了税务会计目标、对象、基本前提、一般原则和会计要素等，从中可以了解税务会计的理论结构，可以与财务会计比较，分析两者之异同。本章第六至九节比较概括地阐述了税收基本理论、基本法规、纳税人的权利义务与法律责任等，它是学习税务会计并进行税务筹划的不可或缺的理论基础。

综合复习题

一、思考题

1. 试述税务会计的概念。
2. 税务会计与财务会计有何联系与区别?
3. 简述税务会计的目标与对象。
4. 简述税务会计的基本前提与一般原则。
5. 简述税务会计要素及其关系。
6. 试述税制的基本构成要素。
7. 简述我国的税收征纳制度。
8. 简述纳税人的权利与义务。
9. 简述税务违法的种类、税务违法应承担的法律责任。

二、选择题

1. 税务会计以(　　)为准绳。

A. 会计制度　　B. 会计准则

C. 国家税收法令　　D. 财务会计

2. 关于纳税主体(　　)是正确的。

A. 税务会计的纳税主体与财务会计的会计主体相同

B. 会计主体不都是纳税主体

C. 纳税主体不一定是会计主体

D. 纳税主体一定是会计主体

3. 税务会计的基本原则包括(　　)。

A. 修正的应计制原则

B. 不划分营业收益与资本收益的原则

C. 确定性原则

D. 可预知原则

4. 税收法律关系的主体是(　　)。

A. 征税方　　B. 纳税方

C. 征纳双方　　D. 国家税务总局

5. 税收产生的前提条件是(　　)。

A. 国家的产生和发展　　B. 会计的产生

C. 会计制度的产生　　D. 私有财产制度的存在和发展

6. 纳税人在办理注销税务登记之前,应当向税务机关(　　)。

A. 结清应纳税款、滞纳金、罚款

B. 提供清缴欠税的纳税担保

C. 缴销发票和其他税务证件

D. 缴纳不超过 10 000 元的保证金

7. 税收缴纳的方式(　　)。

A. 查账征收　　B. 核定征收　　C. 代扣代缴　　D. 委托征收

8. 纳税人下列各项行为,可按"由税务机关责令限期改正,逾期不改正的,可处以 2 000 元以下的罚款;情节严重的,处以 2 000 元以上 10 000 元以下的罚款"规定处理的有(　　)。

A. 未按照规定的期限申报办理税务登记

B. 未按照规定设置、保管账簿

C. 未按照规定的期限办理纳税申报

D. 未按照规定将财务、会计制度报送税务机关备查

9. 下列情形中,不属于税务代理业务范围的是(　　)。

A. 办理税务登记、变更税务登记和注销税务登记

B. 审查纳税情况

C. 制作涉税文书

D. 办理增值税专用发票领购手续

10. 我国纳税人义务包括(　　)。

A. 纳税申报义务　　B. 接受账簿、凭证管理的义务

C. 只缴纳合理税金的义务　　D. 配合税务部门检查的义务

三、计算题

1. 某公司第一年 8 月 31 日误缴增值税 50 万元,9 月 30 日误缴消费税 20 万元;第四季度欠缴企业所得税 40 万元(纳税期限为第二年 1 月 15 日),第一年 12 月份增值税 15 万元(纳税期限为第二年 1 月 10 日)。主管税务机关在第二年 2 月 20 日办理应退税款抵扣欠缴税款手续。该期间的同期银行活期存款年利率为 0.72%。

要求:计算税务机关应退该公司税额(含利息)和公司欠税总额(含滞纳金),并进行税款结算。

2. 主管税务机关要求A公司于4月20日至5月20日办理验证手续;要求B公司于4月2日至5月2日办理验证手续。

要求:分别计算(确认)A、B公司顺延验证期限的最后日期。

四、案例题

案例一

2003年1月底,山东费县地税局稽查分局对该县某厂上年度企业所得税进行专项检查,了解该企业2002年账面利润在弥补以前年度亏损后,余额为387 642.38元,已自行申报缴纳企业所得税127 921.98元。在查阅其账簿、报表时,未发现异常申报现象,但在检查其会计凭证时,发现一份金额为5万元的可疑凭证。该凭证"摘要"栏写明:提取2001年度应提未提利息。后经了解,该厂2001年度经营虽有起色,但仍未完成"军令状"上的考核目标,为实现2001年度的"扭亏目标",厂领导决定将当年应提银行贷款利息支出的一部分(5万元)留至2002年。在2002年企业实现盈利后,补提了上年的5万元利息。

对此,税务机关认定该企业偷税,责成补缴税款16 500元,并罚款一倍。(根据《中国税务报》2003年4月16日报道整理)

分析要求:

你认为税务机关的责任认定是否正确?处罚是否得当?有无法律依据?

案例二

1.《中国财经报》于2003年1月29日刊登湖南读者段先生的来信。信中说:他任职的单位是湖南省某生产活性炭的企业,2002年11月27日因未按规定缴纳税款,主管国税局将该企业的小汽车扣押。当年12月10日,该企业如数缴纳了税款,但至发稿之日,税务局尚未退还企业的小汽车。

2.《中国税务报》于2003年2月10日刊登一篇报道,题目是"免税的条子我一律不批",写的是新疆自治区副主席王金祥强调要"依法治税",文章援引王主席的话:"过去,有些单位特别是一些党政机关的直属企事业单位最喜欢给税务部门提要求，要求给他们免税。”“这两年企业养成了好习惯，再没有人找我提免税的事了。”

分析要求：

(1)在纳税人缴足税款后，应不应该退还企业的小汽车？《税收征管法》是如何规定的？

(2)像“王主席”这样的领导有权给企业减免税吗？《税收征管法》对减免税有何规定？

第二章　增值税会计

学习目标

1. 熟悉增值税的纳税范围。
2. 掌握增值税应纳税额的计算。
3. 熟悉增值税纳税申报的规定。
4. 掌握增值税的会计处理。

范　例

增值税作为流转税类中的主要税种，受到普遍的关注，如“卖东西就要交增值税”，“小食品店的东西比大商场的东西便宜，因为前者交3%的增值税，后者交17%的增值税”。这些都是人们对增值税的“总结”。这些“总结”正确吗？作为价外税的增值税，其会计处理如何体现“价外”呢？

第一节　增值税概述

增值税是对在我国境内销售货物或者提供加工、修理、修配劳务，以及进口货物的单位和个人，就其取得的货物或应税劳务的销售额，以及进口货物的金额计算税款，并实行税款抵扣制的一种流转税。

一、增值税的纳税范围

（一）流转税纳税范围的划分

在熟悉增值税纳税范围之前，应首先明确流转税类在纳税范围上的划分。流转税类包括增值税、消费税和营业税，它们以货物和劳务的流转额为纳税对象。货物分为有形动产和无形资产、不动产，销售有形动产征收增值税，销售无形资产和不动产征收营业税；劳务分为加工、修理修配和其他劳务，提供加工、修理、修配劳务征收增值税，提供其他劳务征收营业税。消费税是在对有形动产征收增值税的基础上，选择其中的14类货物，再征收一道流转税，它与增值税形成了交叉纳税。

（二）增值税的纳税范围

1. 纳税范围的一般规定

（1）销售货物

货物是指有形动产，包括电力、热力、气体在内。

(2)提供加工、修理修配劳务

①加工。加工是指受托加工货物,主要材料一定由委托方提供,受托方提供加工劳务,同时可提供一些辅助材料。但如果主要材料由受托方提供,那就不是受托加工了,而是受托方在销售自制产品,这时受托方不能仅以加工费来计缴增值税,而应以货物的销售额来计缴增值税。②修理修配。修理修配的对象仍限于有形动产;对不动产的修理,如修理房屋,在税法中称之为"修缮",属于建筑业,应交营业税。

(3)进口货物

进口货物是指申报进入我国海关境内的货物。

2.属于纳税范围的特殊项目

(1)货物期货(包括商品期货和贵金属期货)在期货的实物交割环节纳增值税。金融机构销售非货物期货纳营业税。

(2)银行销售金银的业务。银行属于金融保险业,其多数的营业收入应纳营业税,但其销售金银的业务,应当纳增值税。

(3)典当业的死当销售业务和寄售业代委托人销售物品的业务。典当业也属于金融保险业,其多数的营业收入应纳营业税,但其死当物品的销售业务,应当纳增值税。

(4)集邮商品(如邮票、首日封、邮折等)的生产、调拨,以及邮政部门以外的其他单位和个人销售的,均纳增值税。邮政部门销售集邮商品纳营业税。

(5)对单纯销售无线寻呼机、移动电话等不提供有关的电信劳务服务的,应纳增值税。电信单位自己销售无线寻呼机、移动电话,并为客户提供有关的电信劳务服务的,应纳营业税。

(6)自2011年12月1日起,纳税人提供的矿产资源开采、挖掘、切割、破碎、分拣、洗选等劳务,属于增值税应税劳务,应当缴纳增值税。纳税人提供的矿山爆破、穿孔、表面附着物(包括岩层、土层、沙层等)剥离和清理劳务,以及矿井、巷道构筑劳务,属于营业税应税劳务,应当缴纳营业税。

3.属于纳税范围的特殊行为

(1)视同销售货物行为

单位或个体经营者的下列行为,视同销售货物:

①将货物交付他人代销;②销售代销货物;③设有两个以上机构并实行统一核算的纳税人,将货物从一个机构移送至其他机构用于销售,但相关机构设在同一县(市)的除外;④将自产或委托加工的货物用于非应税项目;⑤将自产、委托加工或购买的货物作为投资,提供给其他单位或个体经营者;⑥将自产、委托加工或购买的货物分配给股东或投资者;⑦将自产、委托加工的货物用于集体福利或个人消费;⑧将自产、委托加工或购买的货物无偿赠送他人。

上述行为无论在会计上如何核算,在计算缴纳增值税时,应作为销售额的组成部分。

(2)混合销售行为

一项销售行为如果既涉及增值税应税货物又涉及非应税劳务,则为混合销售行为。非应税劳务是指属于应缴营业税的劳务。确认混合销售行为的关键是:

①"一项"销售行为,即货物的销售和非应税劳务的提供是针对一项销售行为而言的;②"从属关系",即销售货物和提供非应税劳务两项行为是紧密相连的从属关系。

对混合销售行为的税务处理方法是:按经营主业划分,要么统一征收增值税,要么统一征收营业税。即:把从事货物的生产、批发或零售的企业、企业性单位及个体经营者以及以从事货物的生产、批发或零售为主,并兼营非应税劳务的企业、企业性单位及个体经营者的混合销售行为视为销售货物,应当征收增值税;把其他单位和个人的混合销售行为,视为销售非应税劳务,应征营业税。

(3)兼营非应税劳务

与混合销售行为相同的是,兼营非应税劳务也是指增值税纳税人在从事应税货物销售或提供应税劳务的同时,还从事非应税劳务。但它与混合销售行为最大的区别是:

①"两项"销售行为,即货物的销售和非应税劳务的提供是针对不

同销售对象而言的；②“无从属关系”，非应税劳务与某一项销售货物或提供应税劳务无直接的联系和从属关系。

对兼营非应税劳务的税务处理方法是：纳税人应分别核算货物或应税劳务和非应税劳务的销售额，对货物和应税劳务的销售额按各自适用的税率征收增值税，对非应税劳务的销售额（即营业额）按适用的税率征收营业税。如果不分别核算或者不能准确核算货物或应税劳务和非应税劳务销售额的，其非应税劳务应与货物或应税劳务一并征收增值税。

4. 软件产品增值税的有关规定

自 2011 年 1 月 1 日起，为进一步促进软件产业发展、推动我国信息化建设，软件产品增值税政策规定如下：

（1）软件产品增值税政策：

①增值税一般纳税人销售其自行开发生产的软件产品，按 17％的税率征收增值税后，对其增值税实际税负超过 3％的部分实行即征即退政策。

②增值税一般纳税人将进口软件产品进行本地化改造后对外销售，其销售的软件产品可享受上述规定的增值税即征即退政策。本地化改造是指对进口软件产品进行重新设计、改进、转换等，单纯对进口软件产品进行汉字化处理不包括在内。

③纳税人受托开发软件产品，著作权属于受托方的征收增值税，著作权属于委托方或属于双方共同拥有的不征收增值税；对经过国家版权局注册登记，纳税人在销售时一并转让著作权、所有权的，不征收增值税。

（2）软件产品，是指信息处理程序及相关文档和数据。软件产品包括计算机软件产品、信息系统和嵌入式软件产品。嵌入式软件产品是指嵌入在计算机硬件、机器设备中并随其一并销售，构成计算机硬件、机器设备组成部分的软件产品。

（3）软件产品增值税即征即退税额的计算：

①软件产品增值税即征即退税额的计算

即征即退税额＝当期软件产品增值税应纳税额－当期软件产品销售额×3％

当期软件产品增值税应纳税额＝当期软件产品销项税额－当期软件产品可抵扣进项税额

当期软件产品销项税额＝当期软件产品销售额×17％

②嵌入式软件产品增值税即征即退税额的计算

嵌入式软件产品增值税即征即退税额＝当期嵌入式软件产品增值税应纳税额－当期嵌入式软件产品销售额×3％

当期嵌入式软件产品增值税应纳税额＝当期嵌入式软件产品销项税额－当期嵌入式软件产品可抵扣进项税额

当期嵌入式软件产品销项税额＝当期嵌入式软件产品销售额×17％

当期嵌入式软件产品销售额＝当期嵌入式软件产品与计算机硬件、机器设备销售额合计－当期计算机硬件、机器设备销售额

(4)增值税一般纳税人在销售软件产品的同时销售其他货物或者应税劳务的，对于无法划分的进项税额，应按照实际成本或销售收入比例确定软件产品应分摊的进项税额；对专用于软件产品开发生产设备及工具的进项税额，不得进行分摊。

5.其他征免税的有关规定

(1)对从事热力、电力、燃气、自来水等公用事业的增值税纳税人收取的一次性费用，凡与货物的销售数量有直接关系的征收增值税，凡与货物的销售数量无直接关系的不征收增值税。

(2)印刷企业接受出版单位委托，自行购买纸张，印刷有统一刊号(CN)以及采用国际标准书号编序的图书、报纸和杂志，按货物销售征收增值税。

(3)对增值税纳税人收取的会员费收入不征收增值税。

(4)按债转股企业与金融资产管理公司签订的债转股协议，债转股原企业将货物资产作为投资提供给债转股新公司的，免征增值税。

(5)广播电影电视行政主管部门(包括中央、省、地市及县级)按照各自职能权限批准从事电影制片、发行、放映的电影集团公司(含成员企业)、电影制片厂及其他电影企业取得的销售电影拷贝收入、转让电影版权收入、电影发行收入以及在农村取得的电影放映收入免征增值税。

(6)在2012年12月31日前，对属于增值税一般纳税人的动漫企

业销售其自主开发生产的动漫软件，按17%的税率征收增值税后，对其增值税实际税负超过3%的部分，实行即征即退政策。动漫软件出口免征增值税。退税数额的计算公式为：应退税额＝享受税收优惠的动漫软件当期已征税款－享受税收优惠的动漫软件当期不含税销售额×3%。

(7)为了鼓励科学研究和技术开发，促进科技进步，经国务院批准，对外资研发中心进口科技开发用品免征进口税收，对内外资研发机构采购国产设备全额退还增值税。

(8)对农村电管站在收取电价时一并向用户收取的农村电网维护费(包括低压线路损耗和维护费以及电工经费)免征增值税。

(9)供电企业利用自身输变电设备对并入电网的企业自备电厂生产的电力产品进行电压调节，属于提供加工劳务。对于上述供电企业进行电力调压并按电量向电厂收取的并网服务费，应当征收增值税，不征收营业税。

(10)融资性售后回租业务中承租方出售资产的行为，不属于增值税征收范围，不征收增值税。融资性售后回租业务是指承租方以融资为目的将资产出售给经批准从事融资租赁业务的企业后，又将该项资产从该融资租赁企业租回的行为。融资性售后回租业务中承租方出售资产时，资产所有权以及与资产所有权有关的全部报酬和风险并未完全转移。

(11)自2012年1月1日起，对从事蔬菜批发、零售的纳税人销售的蔬菜免征增值税。

蔬菜是指可作副食的草本、木本植物，包括各种蔬菜、菌类植物和少数可作副食的木本植物。各种蔬菜罐头不属于本通知所述蔬菜的范围。纳税人既销售蔬菜又销售其他增值税应税货物的，应分别核算蔬菜和其他增值税应税货物的销售额；未分别核算的，不得享受蔬菜增值税免税政策。

(12)自2011年1月1日起至2015年12月31日，对边销茶生产企业销售自产的边销茶及经销企业销售的边销茶免征增值税。边销茶，是指以黑毛茶、老青茶、红茶末、绿茶为主要原料，经过发酵、蒸制、加压或者压碎、炒制，专门销往边疆少数民族地区的紧压茶、方包茶(马茶)。

(13)旅店业和饮食业纳税人销售非现场消费的食品应当缴纳增值税，不缴纳营业税。

(14)纳税人转让土地使用权或者销售不动产的同时一并销售的附着于土地或者不动产上的固定资产中，凡属于增值税应税货物的，应计算缴纳增值税；凡属于不动产的，应计算缴纳营业税。纳税人应分别核算增值税应税货物和不动产的销售额，未分别核算或核算不清的，由主管税务机关核定其增值税应税货物的销售额和不动产的销售额。

(15)纳税人在资产重组过程中，通过合并、分立、出售、置换等方式，将全部或者部分实物资产以及与其相关联的债权、负债和劳动力一并转让给其他单位和个人，不属于增值税的征税范围，其中涉及的货物转让，不征收增值税。

二、纳税人

增值税的纳税人包括：

1.单位。一切从事销售或者进口货物、提供应税劳务的单位都是增值税纳税人。单位是指企业、行政单位、事业单位、军事单位、社会团体及其他单位。

2.个人。凡从事货物销售或进口、提供应税劳务的个人都是增值税纳税人，个人是指个体工商户及其他个人。

3.承租人和承包人。企业租赁或承包给他人经营的，以承租人或承包人为纳税人。

4.扣缴义务人。境外的单位或个人在境内销售应税劳务而在境内未设有经营机构的，其应纳税款以代理人为扣缴义务人；没有代理人的，以购买者为扣缴义务人。

三、纳税人的认定

由于增值税实行凭票抵扣税款制度，要求纳税人有较健全的会计核算。而一些经营规模较小的纳税人的会计核算水平较低，为了从实际出发，客观严格地加强征收管理，增值税以经营规模的大小和会计核算的健全程度为标准，将纳税人划分为小规模纳税人和一般纳税人。

1. 小规模纳税人的认定标准：

(1)从事货物生产或者提供应税劳务的纳税人，以及以从事货物生产或者提供应税劳务为主，并兼营货物批发或者零售的纳税人，年应征增值税销售额(以下简称应税销售额)在50万元以下(含50万元)的。以从事货物生产或者提供应税劳务为主，是指纳税人的年货物生产或者提供应税劳务的销售额占年应税销售额的比重在50%以上。

(2)除第(1)项规定以外的纳税人，年应税销售额在80万元以下的。

(3)年应税销售额超过小规模纳税人标准的其他个人按小规模纳税人纳税；非企业性单位、不经常发生应税行为的企业可选择按小规模纳税人纳税。

2. 一般纳税人的认定标准。一般纳税人是指年应税销售额超过小规模纳税人标准的企业和企业性单位。年应税销售额，是指纳税人在连续不超过12个月的经营期内累计应征增值税销售额，包括纳税申报销售额、稽查查补销售额、纳税评估调整销售额、税务机关代开发票销售额和免税销售额。稽查查补销售额和纳税评估调整销售额计入查补税款申报当月的销售额，不计入税款所属期销售额。

3. 小规模纳税人会计核算健全，能够按照国家统一的会计制度规定设置账簿，并能根据合法有效的凭证核算，提供准确税务资料的，可以向主管税务机关申请资格认定为一般纳税人。

四、税率

(一)增值税的两档税率

增值税的税率分为17%的基本税率和13%的低税率。纳税人销售或者进口货物，提供加工、修理修配劳务，多数情况下适用17%的基本税率。由于增值税税负最终构成消费者的支出，为了鼓励某些货物和劳务的消费，对以下货物适用13%的低税率：

1. 粮食、食用植物油、鲜奶。

2. 暖气、冷气、热水、煤气、石油液化气、天然气、沼气、居民用煤炭制品、自来水(不含自来水生产厂)。

3. 图书、报纸、杂志。

4. 饲料、化肥、农药、农机(不包括农机零部件)、农膜、农业产品。

5. 食用盐。

6. 音像制品和电子出版物。

7. 其他，如农业产品，二甲醚。

(二)增值税的征收率

无论是17%的基本税率还是13%的低税率，均只适用于增值税的一般纳税人，小规模纳税人适用的是征收率。小规模纳税人增值税征收率为3%。

(三)兼营不同税率

纳税人兼营不同税率的货物或应税劳务的，应当分别核算不同税率货物或应税劳务的销售额；未分别核算销售额的，从高适用税率。

思　考

为什么在委托代销方式下，委托方和受托方均视同销售？

第二节　增值税应纳税额的计算与申报

增值税应纳税额的计算共有三种方法，每种方法有不同的计算公式和适用范围。如表2-1所示。

表 2-1　增值税应纳税额的计算

方 法	计算公式	适用范围
1. 基本方法	应纳增值税额＝当期销项税额－当期进项税额	一般纳税人销售货物和提供应税劳务
2. 简易方法	应纳增值税额＝销售额×征收率	1. 小规模纳税人 2. 销售特定货物
3. 进口方法	应纳增值税额＝组成计税价格×税率 组成计税价格＝关税完税价格＋关税＋消费税	进口货物

一、应纳增值税额的基本计算方法

（一）增值税的销售额

销项税额＝销售额×税率

销售额的确定是计算销项税额的关键。主要包括一般情况下、特殊销售方式下和特殊销售行为下销售额的确定三方面的内容。

1. 一般情况下销售额的确定

（1）销售额的组成

增值税的销售额是指纳税人销售货物或者提供应税劳务向购买方（承受应税劳务也视为购买方）收取的全部价款和价外费用，但是不包括收取的销项税额（因为增值税是价外税）。

（2）价外费用

价外费用也称价外收入，是指价外向购买方收取的手续费、补贴、基金、集资费、返还利润、奖励费、违约金（延期付款利息）、包装费、包装物租金、储备费、优质费、运输装卸费、代收款项、代垫款项及其他各种性质的价外收费。但下列项目不包括在内：

①受托加工应征消费税的消费品所代收代缴的消费税。

②同时符合以下条件的代垫运费：承运者的运费发票开具给购货方的；纳税人将该项发票转交给购货方的。

③同时符合以下条件代为收取的政府性基金或者行政事业性收费：由国务院或者财政部批准设立的政府性基金；由国务院或者省级人民政府及其财政、价格主管部门批准设立的行政事业性收费；收取时开

具省级以上财政部门印制的财政票据;所收款项全额上缴财政。

④销售货物的同时代办保险等而向购买方收取的保险费,以及向购买方收取的代购买方缴纳的车辆购置税、车辆牌照费。

凡随同销售货物或提供应税劳务向购买方收取的价外费用,无论其会计制度如何核算,均应并入销售额计算应纳税额。价外费用一般视为含税收入,在并入销售额计算应纳税额时,要换算为不含税收入。

纳税人代有关行政管理部门收取的费用,凡同时符合以下条件的,不属于价外费用,不征收增值税:

①经国务院、国务院有关部门或省级政府批准;

②开具经财政部门批准使用的行政事业收费专用票据;

③所收款项全额上缴财政或虽不上缴财政但由政府部门监管,专款专用。

纳税人销售货物的同时代办保险而向购买方收取的保险费,以及从事汽车销售的纳税人向购买方收取的代购买方缴纳的车辆购置税、牌照费,不作为价外费用征收征增值税。

2. 特殊销售方式下销售额的确定

(1)采取折扣销售、销售折扣、销售折让方式销售

在折扣销售、销售折扣、销售折让不同销售方式下,销售额的确定方法也不同,具体规定和区别如表 2-2 所示。

表 2-2 不同销售方式下销售额的确定方法

销售方式	发生时间	产生原因	表现形式举例	税务处理
折扣销售(价格折扣)	在销售货物或应税劳务之时	购货方购货数量较大	买 10 件,折扣 10%,买 20 件,折扣 20%	销售额和折扣额必须在同一张发票上分别注明的,才可按折扣后的余额作为销售额计算增值税
折扣销售(实物折扣)	在销售货物或应税劳务之时	促销	买一台微波炉赠一桶食用油	该实物款额不能从货物销售额中减除,且应按"视同销售货物"中的"赠送他人"计算征收增值税
销售折扣	在销售货物或应税劳务之后	鼓励购货方及早偿还货款,融通资金	10 天内付款,货款折扣 2%;否则全价付款	销售折扣不得从销售额中减除

续表

销售方式	发生时间	产生原因	表现形式举例	税务处理
销售折让	在销售货物或应税劳务之后	由品种或质量引起的部分货款的退还	售价 200 元,售后发现外观瑕疵,折让 10 元	对销售折让可以折让后的货款为销售额。但注意在折让的处理过程中如何开红字专用发票

注:纳税人采取折扣方式销售货物,销售额和折扣额在同一张发票上分别注明是指销售额和折扣额在同一张发票上的“金额”栏分别注明的,可按折扣后的销售额征收增值税。未在同一张发票“金额”栏注明折扣额,而仅在发票的“备注”栏注明折扣额的,折扣额不得从销售额中减除。

(2)采取以旧换新方式销售

税法规定,采取以旧换新方式销售货物的,应按新货物的同期销售价格确定销售额,不得扣减旧货物的收购价格。

(3)采取还本销售方式销售

税法规定,采取还本销售方式销售货物,其销售额就是货物的销售价格,不得从销售额中减除还本支出。

(4)采取以物易物方式销售

以物易物双方都应作购销处理,以各自发出的货物核算销售额并计算销项税额,以各自收到的货物按规定核算购货额并计算进项税额。

(5)包装物押金

①税法规定,纳税人为销售货物而出租出借包装物收取的押金,单独记账核算的,不并入销售额纳税。

②按合同约定实际逾期或实际收取一年以上的押金,无论是否退还均并入销售额纳税。

③在将包装物押金并入销售额纳税时,需要先将该押金换算为不含税价,再并入销售额纳税。

④对销售除啤酒、黄酒外的其他酒类产品而收取的包装物押金,无论是否返还以及会计上如何核算,均应并入当期销售额纳税。对销售啤酒、黄酒所收取的押金,按上述一般押金的规定处理。

3. 特殊销售行为下销售额的确定

(1)视同销售货物行为销售额的确定

税法规定，对视同销售行为纳税而无销售额的，按下列顺序确定销售额：

①按纳税人当月同类货物的平均销售价格确定。

②按纳税人最近时期同类货物的平均销售价格确定。

③按组成计税价格确定。组成计税价格的公式为：

a. 若该货物只征增值税，不属于应税消费品：

组成计税价格＝成本×(1＋10%[①])

b. 若该货物属于应税消费品，既征增值税，又征消费税：

组成计税价格＝成本×(1＋成本利润率)÷(1－消费税税率)

或　　　　　　＝成本×(1＋成本利润率)＋消费税税额

该公式中的成本利润率为《消费税若干具体问题的规定》中规定的成本利润率。

(2)混合销售行为销售额的确定

混合销售行为依照税务处理，属于应当征收增值税的，其销售额应是货物与非应税劳务的销售额的合计，且该混合销售行为涉及的非应税劳务所用购进货物的进项税额，凡符合进项税额抵扣条件的，在计算该混合销售行为的增值税时，准予从销项税额中抵扣。

(3)兼营行为销售额的确定

纳税人兼营非应税劳务不分别核算或者不能准确核算，应当一并征收增值税。其销售额为货物或者应税劳务和非应税劳务的销售额的合计；其兼营的非应税劳务所用购进货物的进项税额，凡符合进项税额抵扣条件的，准予从销项税额中抵扣。

4. 含税销售额的换算

一般纳税人销售货物或者应税劳务取得的含税销售额在计算销项税额时，必须将其换算为不含税的销售额。将含税销售额换算为不含税销售额的计算公式为：

---

①　10%是税法统一规定的成本利润率。

不含税销售额＝含税销售额÷(1＋税率)

公式中的税率为销售的货物或者应税劳务按税法规定所适用的税率。

5. 关于嵌入式软件的销售额

增值税一般纳税人随同计算机网络、计算机硬件和机器设备等一并销售其自行开发生产的嵌入式软件，如果能够分别核算嵌入式软件与计算机硬件、机器设备等的销售额，可以享受软件产品即征即退增值税的优惠政策。凡不能分别核算销售额的，不予退税。

嵌入式软件销售额＝嵌入式软件与计算机硬件、机器设备销售额合计
－[计算机硬件、机器设备成本×(1＋成本利润率)]

上述公式中的成本是指，销售自产(或外购)的计算机硬件与机器设备的实际生产(或采购)成本。成本利润率是指纳税人一并销售的计算机硬件与机器设备的成本利润率，实际成本利润率高于10％的，按实际成本利润率确定，低于10％的，按10％确定。

即征即退税额＝嵌入式软件销售额×17％－嵌入式软件销售额×3％

(二)增值税的进项税额

1. 进项税额的含义

纳税人购进货物或接受应税劳务，所支付或负担的增值税额为进项税额。

2. 准予从销项税额中抵扣的进项税额

(1)凭专用扣税凭证抵扣

根据税法的规定，准予从销项税额中抵扣的进项税额，限于下列增值税扣税凭证上注明的增值税额：

①从销售方取得的增值税专用发票上注明的增值税额；

②从海关取得的完税凭证上注明的增值税额。

(2)通过法定扣除率计算扣除

在某些情况下，购进货物无法取得专用的扣税凭证，税法规定了三种特殊业务准予计算进项税额并从销项税额中抵扣的政策。需要注意的是，在三种业务下同样规定了计算扣除所必须依据的合法凭证。详见表2-3所示。

表 2-3 三种特殊业务下法定扣除率

业务类别	扣税凭证	扣除率	计算公式
购进或者销售货物以及在生产经营过程中支付的运输费用	经主管税务机关批准使用的收购凭证	13%	进项税额＝买价×扣除率
购进或者销售货物以及在生产经营过程中支付的运输费用	运费结算单据(普通发票),是指国营运输单位开据的货票,以及非国有运输单位开具的套印全国统一发票监制章的货票	7%	进项税额＝(运费＋建设基金)×扣除率
生产企业一般纳税人购入废旧物资回收经营单位销售的免税废旧物资	废旧物资回收经营单位开具的由税务机关监制的普通发票	10%	进项税额＝购买价款×扣除率

此外,纳税人购置增值税防伪税控系统专用设备和通用设备,可凭购货所取得的专用发票所注明的税额从增值税销项税额中抵扣。

对烟叶税纳税人按规定缴纳的烟叶税,准予并入烟叶产品的买价计算增值税的进项税额,并在计算缴纳增值税时予以抵扣。即购进烟叶准予抵扣的增值税进项税额,按照规定的烟叶收购金额和烟叶税及法定扣除率计算。烟叶收购金额包括纳税人支付给烟叶销售者的烟叶收购价款和价外补贴。价外补贴统一暂按烟叶收购价款的10%计算。

烟叶收购金额＝烟叶收购价款×(1＋10%)

烟叶税应纳税额＝烟叶收购价款×税率(20%)

准予抵扣的进项税额＝(烟叶收购金额＋烟叶税应纳税额)×扣除率

烟叶收购单位收购烟叶时按照国家有关规定以现金形式直接补贴烟农的生产投入补贴(以下简称价外补贴),属于农产品买价。烟叶收购单位,应将价外补贴与烟叶收购价格在同一张农产品收购发票或者销售发票上分别注明,否则,价外补贴不得计算增值税进项税额抵扣。

3. 不得从销项税额中抵扣的进项税额

(1)用于非增值税应税项目、免征增值税项目、集体福利或者个人消费的购进货物或者应税劳务;

(2)非正常损失的购进货物及相关的应税劳务;

(3)非正常损失的在产品、产成品所耗用的购进货物或者应税劳务;

(4)国务院财政、税务主管部门规定的纳税人自用消费品;

(5)第(1)项至第(4)项规定的货物的运输费用和销售免税货物的运输费用。

上述购进货物,不包括既用于增值税应税项目(不含免征增值税项目),也用于非增值税应税项目、免征增值税(以下简称免税)项目、集体福利或者个人消费的固定资产(固定资产,是指使用期限超过 12 个月的机器、机械、运输工具以及其他与生产经营有关的设备、工具、器具等)。

上述个人消费包括纳税人的交际应酬消费。

上述非增值税应税项目,是指提供非增值税应税劳务、转让无形资产、销售不动产和不动产在建工程(不动产是指不能移动或者移动后会引起性质、形状改变的财产,包括建筑物、构筑物和其他土地附着物)。纳税人新建、改建、扩建、修缮、装饰不动产,均属于不动产在建工程。

上述增值税免税项目,具体包括以下情况:

①农业生产者销售的自产农业产品;

②避孕药品和用具;

③古旧图书;

④直接用于科学研究、科学试验和教学的进口仪器、设备;

⑤外国政府、国际组织无偿援助的进口物资和设备;

⑥由残疾人组织直接进口供残疾人专用的物品;

⑦销售自己使用过的物品,是指个人(不包括个体经营者)销售自己使用过的除游艇、摩托车、汽车以外的货物。

上述非正常损失,是指因管理不善造成被盗、丢失、霉烂变质的损失。

纳税人销售货物或者应税劳务适用免税规定的,可以放弃免税,依照规定缴纳增值税。放弃免税后,36 个月内不得再申请免税。

4. 其他情况

纳税人既有增值税即征即退项目又有先征后退项目的,应分别核算增值税即征即退、先征后退项目；用于增值税即征即退或者先征后退项目的进项税额无法划分的，按照下列公式计算：

无法划分进项税额中用于增值税即征即退或者先征后退项目的部分＝当月无法划分的全部进项税额×当月增值税即征即退或者先征后退项目销售额÷当月全部销售额、营业额合计

（三）两个“当期”

1.限定销项税额的“当期”

在一般纳税人应纳增值税额的计算公式中，“销项税额”前的“当期”是对确认销项税额时间的限定，即纳税义务发生时间的限定。一般纳税人销售货物采用不同的结算方式的，其纳税时限的规定也各不相同。具体规定如下：

(1)采用预收货款、托收承付、委托银行收款结算方式的，为货物发出的当天。

(2)采用交款提货结算方式的，为收到货款的当天。

自2011年8月1日起，纳税人生产经营活动中采取直接收款方式销售货物，已将货物移送对方并暂估销售收入入账，但既未取得销售款或取得索取销售款凭据也未开具销售发票的，其增值税纳税义务发生时间为取得销售款或取得索取销售款凭据的当天；先开具发票的，为开具发票的当天。

(3)采用赊销、分期付款结算方式的，为合同约定的收款日期的当天。

(4)将货物交付他人代销，为收到受托人送交的代销清单的当天。

(5)设有两个以上机构并实行统一核算的纳税人，将货物从一个机构移送其他机构用于销售，按规定应当征收增值税的，为货物移送的当天。

(6)将货物作为投资提供给其他单位或个体经营者，为货物移送的当天。

(7)将货物分配给股东，为货物移送的当天。

一般纳税人必须按规定时限确认纳税义务的发生和开具专用发票，不得提前或滞后。

2. 限定进项税额的“当期”

在一般纳税人应纳增值税额的计算公式中，“进项税额”前的“当期”是对进项税额申报抵扣时间的限定。一般纳税人购进货物或应税劳务，其进项税额申报抵扣的时间，按以下规定执行：

(1)防伪税控专用发票进项税额抵扣的时间规定(自 2010 年 1 月 1 日起)

增值税一般纳税人取得 2010 年 1 月 1 日以后开具的增值税专用发票、公路内河货物运输业统一发票和机动车销售统一发票，应在开具之日起 180 日内到税务机关办理认证，并在认证通过的次月申报期内，向主管税务机关申报抵扣进项税额。

(2)海关完税凭证进项税额抵扣的时间规定

增值税一般纳税人进口货物，取得的 2010 年 1 月 1 日以后开具的海关完税凭证，应当在开具之日起 180 天后的第一个纳税申报期结束以前向主管税务机关申报抵扣，逾期不得抵扣进项税额。

【例 2-1】 某工业企业为增值税一般纳税人，增值税率为 17%，某月发生如下经营业务：

(1)外购原材料，取得防伪税控专用发票注明税款 5 100 元，货款未付，材料已经验收入库。

(2)外购生产设备一台，取得普通发票，注明价款 20 000 元，货款已付，设备已经安装完毕并交付使用。

(3)进口原材料一批，海关审定的完税价格折合人民币为 30 000 元，从海关取得的完税凭证上注明的增值税额为 5 457 元。货物已验收入库。

(4)采用直接收款方式销售货物一批，价款 70 200 元(含税)。货款已经收到，货物尚未发出，提货单已经交给购货方，开出增值税专用发票。

(5)以本企业自产的产品，价值 10 000 元(不含税)，与某原材料供应商(增值税一般纳税人)等价换取原材料，货物发出，开出增值税专用发票,原材料尚未入库。

该企业当月应纳增值税额计算如下:

(1)当期进项税额=5 100+5 457=10 557(元)

(2)当期销项税额=[70 200÷(1+17%)+10 000]×17%=11 900(元)

(3)当期应纳增值税额=11 900-10 557=1 343(元)

二、应纳增值税额的简易计算方法

应纳增值税额的简易计算公式如表 2-1 所示。

(一)简易方法的适用范围

1.一般纳税人销售自己使用过的固定资产,属于以下两种情形的,可按简易办法依 4%征收率减半征收增值税,同时不得开具增值税专用发票:

(1)纳税人购进或者自制固定资产时为小规模纳税人,认定为一般纳税人后销售该固定资产。

(2)增值税一般纳税人发生按简易办法征收增值税应税行为,销售其按照规定不得抵扣且未抵扣进项税额的固定资产。

销售额=含税销售额/(1+4%)

应纳税额=销售额×4%/2

2. 纳税人销售旧货,按照简易办法依照 4%征收率减半征收增值税。旧货,是指进入二次流通的具有部分使用价值的货物(含旧汽车、旧摩托车和旧游艇),但不包括自己使用过的物品。

3. 小规模纳税人销售自己使用过的固定资产和旧货,按下列公式确定销售额和应纳税额:

销售额=含税销售额/(1+3%)

应纳税额=销售额×2%

4.一般纳税人销售自产的下列货物,可选择按照简易办法依照 6%的征收率计算缴纳增值税:(1)县级及县级以下小型水力发电单位生产的电力。(2)建筑用和生产建筑材料所用的砂、土、石料。(3)以自己采掘的砂、土、石料或其他矿物连续生产的砖、瓦、石灰(不含黏土实心砖、瓦)。(4)用微生物、微生物代谢产物、动物毒素、人或动物的血液或组织制成的生物制品。(5)自来水。(6)商品混凝土(仅限于以水泥为原料生产的水泥混凝土)。

一般纳税人选择简易办法计算缴纳增值税后,36 个月内不得变更。

5.一般纳税人销售货物属于下列情形之一的,暂按简易办法依照4%的征收率计算缴纳增值税:

(1)寄售商店代销寄售物品(包括居民个人寄售的物品在内);

(2)典当业销售死当物品;

(3)经国务院或国务院授权机关批准的免税商店零售的免税品。

6.对属于一般纳税人的自来水公司销售自来水按简易办法依照6%的征收率征收增值税,不得抵扣其购进自来水取得增值税扣税凭证上注明的增值税税款。

(二)销售额

简易计算方法中的销售额和基本计算方法中的销售额的含义及其确定方法是相同的,都是销售货物或提供应税劳务向购买方收取的全部价款和价外费用,不同的是按简易方法计算增值税应纳税额不得抵扣进项税额。

(三)含税销售额的换算

在采用简易计算方法下,小规模纳税人和销售特定货物时,只能开具普通发票,取得的销售收入均为含税销售额。因此,在计算应纳税额时,必须将含税销售额换算为不含税的销售额后才能计算应纳税额。不含税销售额的换算公式为:

不含税销售额＝含税销售额÷(1＋征收率)

【例 2-2】 某商店为增值税小规模纳税人，某月购进服装 300 套，以每套 158 元的含税价格全部零售出去。该商店当月销售这批服装应纳多少增值税？

应纳增值税额＝158÷(1＋3％)×3％×300＝1 380.58(元)

(四)购置税控收款机的税款抵扣

增值税小规模纳税人购置税控收款机，经主管税务机关审核批准后，可凭购进税控收款机取得的增值税专用发票，按照发票上注明的增值税税额，抵免当期应纳增值税或营业税税额，或者按照购进税控收款机取得的普通发票上注明的价款，依下列公式计算可抵免税额：

可抵免税额＝价款÷(1＋17％)×17％

当期应纳税额不足抵免的，未抵免部分可在下期继续抵免。

三、进口货物应纳增值税额的计算方法

进口货物应纳增值税额的计算公式如表 2-1 所示。

纳税人进口货物，按照组成计税价格和适用税率计算应纳税额，不得抵扣任何税额。计算公式为：

组成计税价格＝关税完税价格＋关税＋消费税

应纳税额＝组成计税价格×税率

【例 2-3】 进出口公司从 A 国进口货物一批，关税完税价格折合人民币 9 000 万元，该货物适用的关税税率为 100％，增值税税率为 17％。

该公司应缴的进口增值税计算如下：

应纳进口增值税＝(9 000＋9 000×100％)×17％＝3 060(万元)

四、增值税专用发票的管理

(一)增值税专用发票的意义

增值税专用发票是增值税一般纳税人(以下简称一般纳税人)销售货物或者提供应税劳务开具的发票,是购买方支付增值税额并可按照增值税有关规定据以抵扣增值税进项税额的凭证。

增值税专用发票不仅具有商事凭证的作用,还具有完税凭证的作用,是销货方纳税义务和购货方进项税额的合法证明。

增值税专用发票可以将一种货物从最初生产到最终消费之间的各个环节连接起来,按专用发票上注明的税额,逐环节征税,逐环节扣税,把税款从一个经营环节传递到下一个经营环节,直到把商品或劳务供应给最终消费者。

增值税专用发票像链条一样,把各个环节的纳税人连接在一起,从而形成了增值税自身的制约机制,即购销双方利用发票进行交叉审计的机制。由于增值税专用发票的这一特殊作用,许多实行增值税的国家把这种发票称为"税务发票",并将其视同钞票和支票一样予以严格管理。

(二)增值税专用发票的采用

一般纳税人应通过增值税防伪税控系统(以下简称防伪税控系统)使用(包括领购、开具、缴销、认证纸质专用发票及其相应的数据电文)专用发票。

防伪税控系统是指经国务院同意推行的,使用专用设备(金税卡、IC卡、读卡器和其他设备)和通用设备(计算机、打印机、扫描器具和其他设备),运用数字密码和电子存储技术管理专用发票的计算机管理系统。

专用发票由基本联次或者基本联次附加其他联次构成。基本联次为三联:发票联、抵扣联和记账联。发票联作为购买方核算采购成本和增值税进项税额的记账凭证;抵扣联作为购买方报送主管税务机关认证和留存备查的凭证;记账联作为销售方核算销售收入和增值税销项税额的记账凭证。其他联次的用途,由一般纳税人自行确定。

用发票实行最高开票限额管理。最高开票限额是指单份专用发票开具的销售额合计数不得达到的上限额度。最高开票限额由一般纳税人申请，税务机关依法审批。最高开票限额为10万元及以下的，由区县级税务机关审批；最高开票限额为100万元的，由地市级税务机关审批；最高开票限额为1 000万元及以上的，由省级税务机关审批。

(三)增值税专用发票的开具范围

1.纳税人销售货物或者应税劳务，应当向索取增值税专用发票的购买方开具增值税专用发票，并在增值税专用发票上分别注明销售额和销项税额。属于下列情形之一的，不得开具增值税专用发票：(1)向消费者个人销售货物或者应税劳务的；(2)销售货物或者应税劳务适用免税规定的；(3)小规模纳税人销售货物或者应税劳务的。

2.一般纳税人有下列情形之一的，不得领购开具专用发票：(1)会计核算不健全，不能向税务机关准确提供增值税销项税额、进项税额、应纳税额数据及其他有关增值税税务资料的。(2)有《税收征管法》规定的税收违法行为，拒不接受税务机关处理的。(3)有下列行为之一，经税务机关责令限期改正而仍未改正的：①虚开增值税专用发票；②私自印制专用发票；③向税务机关以外的单位和个人买取专用发票；④借用他人专用发票；⑤未按本规定第十一条开具专用发票；⑥未按规定保管专用发票和专用设备(未设专人保管专用发票和专用设备，未按税务机关要求存放专用发票和专用设备，未将认证相符的专用发票抵扣联、《认证结果通知书》和《认证结果清单》装订成册，未经税务机关查验，擅自销毁专用发票基本联次)；⑦未按规定申请办理防伪税控系统变更发行；⑧未按规定接受税务机关检查。

有上列情形的，如已领购专用发票，主管税务机关应暂扣其结存的专用发票和IC卡。

(四)增值税专用发票的开具要求

(1)项目齐全，与实际交易相符。(2)字迹清楚，不得压线、错格。(3)发票联和抵扣联加盖财务专用章或者发票专用章。(4)按照增值税纳税义务的发生时间开具。

对不符合上列要求的专用发票，购买方有权拒收。

一般纳税人销售货物或者提供应税劳务可汇总开具专用发票。

(五)增值税专用发票开具后,发生销货退回、开票有误等情形

一般纳税人在开具专用发票当月,发生销货退回、开票有误等情形,收到退回的发票联、抵扣联符合作废条件的,按作废处理;开具时发现有误的,可即时作废。

作废专用发票须在防伪税控系统中将相应的数据电文按“作废”处理,在纸质专用发票(含未打印的专用发票)各联次上注明“作废”字样,全联次留存。

一般纳税人取得专用发票后,发生销货退回、开票有误等情形但不符合作废条件的,[①]或者因销货部分退回及发生销售折让的,购买方应向主管税务机关填报《开具红字增值税专用发票申请单》(以下简称《申请单》)。

《申请单》所对应的蓝字专用发票应经税务机关认证。

经认证结果为“认证相符”并且已经抵扣增值税进项税额的,一般纳税人在填报《申请单》时不填写相对应的蓝字专用发票信息。

经认证结果为“纳税人识别号认证不符”、“专用发票代码、号码认证不符”的,一般纳税人在填报《申请单》时,应填写相对应的蓝字专用发票信息。

《申请单》一式两联:第一联由购买方留存,第二联由购买方主管税务机关留存。《申请单》应加盖一般纳税人财务专用章。

主管税务机关对一般纳税人填报的《申请单》进行审核后,出具《开具红字增值税专用发票通知单》(以下简称《通知单》)。《通知单》应与《申请单》一一对应。《通知单》一式三联:第一联由购买方主管税务机关留存,第二联由购买方送交销售方留存,第三联由购买方留存。《通知单》应加盖主管税务机关印章,应按月依次装订成册,并比照专用发票保管规定管理。

---

① 收到退回的发票联、抵扣联时间未超过销售方开票当月;销售方未抄税(报税前用IC卡或者IC卡和软盘抄取开票数据电文)并且未记账;购买方未认证或者认证结果为“纳税人识别号认证不符”、“专用发票代码、号码认证不符”。

购买方必须暂依《通知单》所列增值税税额从当期进项税额中转出，未抵扣增值税进项税额的可列入当期进项税额，待取得销售方开具的红字专用发票后，与留存的《通知单》一并作为记账凭证。属于本规定第十四条第四款所列情形的，不作进项税额转出。

销售方凭购买方提供的《通知单》开具红字专用发票，在防伪税控系统中以销项负数开具。红字专用发票应与《通知单》一一对应。

（六）不得作为增值税进项税额的抵扣凭证

(1)经认证，有下列情形之一的，不得作为增值税进项税额的抵扣凭证，税务机关退还原件，购买方可要求销售方重新开具专用发票：①无法认证，是指专用发票所列密文或者明文不能辨认，无法产生认证结果；②纳税人识别号认证不符，是指专用发票所列购买方纳税人识别号有误；③专用发票代码、号码认证不符，是指专用发票所列密文解译后与明文的代码或者号码不一致。(2)经认证，有下列情形之一的，暂不得作为增值税进项税额的抵扣凭证，税务机关扣留原件，查明原因，分别情况进行处理：①重复认证，是指已经认证相符的同一张专用发票再次认证；②密文有误，是指专用发票所列密文无法解译；③认证不符，是指纳税人识别号有误，或者专用发票所列密文解译后与明文不一致；④列为失控专用发票，是指认证时的专用发票已被登记为失控专用发票。(3)专用发票抵扣联无法认证的，可使用专用发票的发票联到主管税务机关认证。专用发票的发票联复印件留存备查。

（七）增值税专用发票的丢失

一般纳税人丢失已开具专用发票的发票联和抵扣联，如果丢失前已认证相符的，经购买方主管税务机关审核同意后，购买方可以凭销售方提供的相应专用发票记账联复印件及销售方所在地主管税务机关出具的《丢失增值税专用发票已报税证明单》，作为增值税进项税额的抵扣凭证。如果丢失前未认证的，购买方凭销售方提供的相应专用发票记账联复印件到主管税务机关进行认证，认证相符的凭该专用发票记账联复印件及销售方所在地主管税务机关出具的《丢失增值税专用发票已报税证明单》，经购买方主管税务机关审核同意后，可作为增值税进项税额的抵扣凭证。

一般纳税人丢失已开具专用发票的抵扣联：如果丢失前已认证相符的，可使用专用发票的发票联复印件留存备查；如果丢失前未认证的，可使用专用发票的发票联到主管税务机关认证，专用发票的发票联复印件留存备查。

一般纳税人丢失已开具专用发票的发票联，可将专用发票抵扣联作为记账凭证，专用发票抵扣联复印件留存备查。

（八）一般纳税人注销税务登记或者转为小规模纳税人

一般纳税人注销税务登记或者转为小规模纳税人，应将专用设备和结存未用的纸质专用发票送交主管税务机关。主管税务机关应缴销其专用发票，并按有关安全管理的要求处理专用设备。

五、增值税的申报与缴纳

（一）纳税义务发生时间

销售货物或者应税劳务的纳税义务发生时间，按销售结算方式的不同，具体确定为：(1)采取直接收款方式销售货物，不论货物是否发出，均为收到销售额或取得索取销售额的凭据，并将提货单交给买方的当天。(2)采取托收承付和委托银行收款方式销售货物，为发出货物并办妥托收手续的当天。(3)采取赊销和分期收款方式销售货物，为按合同约定的收款日期的当天。无书面合同的或者书面合同没有约定收款日期的，为货物发出的当天。(4)采取预收货款方式销售货物，为货物发出的当天，但生产销售生产工期超过 12 个月的大型机械设备、船舶、飞机等货物，为收到预收款或者书面合同约定的收款日期的当天。(5)委托其他纳税人代销货物，为收到代销单位销售的代销清单的当天；对于发出代销商品超过 180 天仍未收到代销清单及货款的，视同销售实现，一律征收增值税，其纳税义务发生时间为发出代销商品满 180 天的当天。(6)销售应税劳务，为提供劳务同时收讫销售额或取得索取销售额凭据的当天。(7)纳税人发生除 5 之外的视同销售货物行为的，为货物移送的当天。(8)进口货物，为报关进口的当天。(9)增值税扣缴义务发生时间为纳税人增值税纳税义务发生的当天。

（二）纳税期限

（1）增值税的纳税期限分别为 1 日、3 日、5 日、10 日、15 日、1 个月或者 1 个季度。纳税人的具体纳税期限，由主管税务机关根据纳税人应纳税额的大小分别核定；不能按照固定期限纳税的，可以按次纳税。（2）纳税人以 1 个月或者 1 个季度为 1 个纳税期的，自期满之日起 15 日内申报纳税；以 1 日、3 日、5 日、10 日或者 15 日为 1 个纳税期的，自期满之日起 5 日内预缴税款，于次月 1 日起 15 日内申报纳税并结清上月应纳税款。（3）扣缴义务人解缴税款的期限，依照前两条规定执行。（4）纳税人进口货物，应当自海关填发税款缴纳证的次日起 15 日内缴纳税款。（5）纳税人出口货物适用退（免）税规定的，应当向海关办理出口手续，凭出口报关单等有关凭证，在规定的出口退（免）税申报期内按月向主管税务机关申报办理该项出口货物的退（免）税。具体办法由国务院财政、税务主管部门制定。

（三）纳税地点

（1）固定业户应当向其机构所在地的主管税务机关申报纳税。总机构和分支机构不在同一县（市）的，应当分别向各自所在地的主管税务机关申报纳税；经国务院财政、税务主管部门或者其授权的财政、税务机关批准，可以由总机构汇总向总机构所在地的主管税务机关申报纳税。（2）固定业户到外县（市）销售货物或者应税劳务，应当向其机构所在地的主管税务机关申请开具外出经营活动税收管理证明，并向其机构所在地的主管税务机关申报纳税；未开具证明的，应当向销售地或者劳务发生地的主管税务机关申报纳税；未向销售地或者劳务发生地的主管税务机关申报纳税的，由其机构所在地的主管税务机关补征税款。（3）非固定业户销售货物或者应税劳务，应当向销售地或者劳务发生地的主管税务机关申报纳税；未向销售地或者劳务发生地的主管税务机关申报纳税的，由其机构所在地或者居住地的主管税务机关补征税款。（4）进口货物，应当向报关地海关申报纳税。（5）扣缴义务人应当向其机构所在地或者居住地的主管税务机关申报缴纳其扣缴的税款。

（四）增值税起征点

增值税起征点的适用范围限于个人。增值税起征点的幅度规定如下:(1)销售货物的,为月销售额 5 000～20 000 元;(2)销售应税劳务的,为月销售额 5 000～20 000 元;(3)按次纳税的,为每次(日)销售额 300～500元。上述销售额,是指增值税小规模纳税人的销售额。

（五）增值税纳税申报表(见表 2-4、表 2-5)

表 2-4 增值税纳税申报表

(适用于一般纳税人)

根据《中华人民共和国增值税暂行条例》第二十二条和第二十三条的规定制定本表。纳税人不论有无销售额,均应按主管税务机关核定的纳税期限按期填报本表,并于次月一日起十五日内,向当地税务机关申报。

税款所属时间:自 年 月 日至 年 月 日 填表日期: 年 月 日

金额单位:元(列至角分)

纳税人登记账号				所属行业:		
纳税人名称	(公章)	法定代表人姓名		注册地址	营业地址	
开户银行及账号		企业登记注册类型		电话号码		

	项目	栏次	一般货物及劳务		即征即退货物及劳务	
			本月数	本年累计	本月数	本年累计
销售额	(一)按适用税率征税货物及劳务销售额	1				
	其中:应税货物销售额	2				
	应税劳务销售额	3				
	纳税检查调整的销售额	4				
	(二)按简易征收办法征税货物销售额	5				
	其中:纳税检查调整的销售额	6				
	(三)免、抵、退办法出口货物销售额	7			—	—
	(四)免税货物及劳务销售额	8			—	—
	其中:免税货物销售额	9			—	—
	免税劳务销售额	10			—	—
税款计算	销项税额	11				
	进项税额	12				
	上期留抵税额	13		—		—
	进项税额转出	14				
	免抵退货物应退税额	15			—	—
	按适用税率计算的纳税检查应补缴税额	16			—	—
	应抵扣税额合计	17＝12＋13－14－15＋16		—		—

续表

项目		栏次	一般货物及劳务		即征即退货物及劳务	
			本月数	本年累计	本月数	本年累计
税款计算	实际抵扣税额	18（如 17＜11,则为 17,否则为 11）				
	应纳税额	19＝11－18				
	期末留抵税额	20＝17－18		—		—
	简易征收办法计算的应纳税额	21				
	按简易征收办法计算的纳税检查应补缴税额	22			—	—
	应纳税额减征额	23				
	应纳税额合计	24＝19＋21－23				
税款缴纳	期初未缴税额（多缴为负数）	25				
	实收出口开具专用缴款书退税额	26			—	—
	本期已缴税额	27＝28＋29＋30＋31				
	①分次预缴税额	28		—		—
	②出口开具专用缴款书预缴税额	29		—	—	—
	③本期缴纳上期应纳税额	30				
	④本期缴纳欠缴税额	31				
	期末未缴税额（多缴为负数）	32＝24＋25＋26－27				
	其中：欠缴税额（≥0）	33＝25＋26－27		—		—
	本期应补（退）税额	34＝24－28－29		—		—
	即征即退实际退税额	35	—	—		
	期初未缴查补税额	36			—	—
	本期入库查补税额	37			—	—
	期末未缴查补税额	38＝16＋22＋36－37			—	—

授权声明	如果你已委托代理人申报，请填写下列资料：为代理一切税务事宜，现授权（地址）　　　　为本纳税人的代理申报人，任何与本申报表有关的往来文件，都可寄予此人。 授权人签字：	申报人声明	此纳税申报表是根据《中华人民共和国增值税暂行条例》的规定填报的，我相信它是真实的、可靠的、完整的。 声明人签字：

以下由税务机关填写：

收到日期：　　　　　　接收人：　　　　　　主管税务机关盖章：

表 2-5　增值税纳税申报表(适用小规模纳税人)

纳税人识别号：

纳税人名称(公章)：　　　　　　　　　　　　　　金额单位：元(列至角分)

税款所属期：　年　月　日至　年　月　日　　填表日期：　年　月　日

项目		栏次	本月数	本年累计
一、计税依据	(一)应征增值税货物及劳务不含税销售额	1		
	其中：税务机关代开的增值税专用发票不含税销售额	2		
	税控器具开具的普通发票不含税销售额	3		
	(二)销售使用过的应税固定资产不含税销售额	4		
	其中：税控器具开具的普通发票不含税销售额	5		
	(三)免税货物及劳务销售额	6		
	其中：税控器具开具的普通发票销售额	7		
	(四)出口免税货物销售额	8		
	其中：税控器具开具的普通发票销售额	9		
二、税款计算	本期应纳税额	10		
	本期应纳税额减征额	11		
	应纳税额合计	12＝10－11		
	本期预缴税额	13		—
	本期应补(退)税额	14＝12－13		—
纳税人或代理人声明：此纳税申报表是根据国家税收法律的规定填报的，我确定它是真实的、可靠的、完整的。	如纳税人填报，由纳税人填写以下各栏： 办税人员(签章)：　财务负责人(签章)： 法定代表人(签章)：　联系电话： 如委托代理人填报，由代理人填写以下各栏： 代理人名称：　经办人(签章)： 代理人(公章)：　联系电话：			

受理人：　　受理日期：　年　月　日　受理税务机关(签章)：

本表为A3竖式一式三份，一份纳税人留存，一份主管税务机关留存，一份征收部门留存。

思　考

某公司为增值税一般纳税人。由于遭受水灾，其仓库中存放的向农民收购的免税棉花全部受损，库存账面价值为30万元，含计入成本的购货运费1万元。计算该笔业务中不得从销项税额中抵扣的进项税额为(　　)万元。

A. 3.40　　B. 4.56　　C. 4.59　　D. 3.97

［答案］ B

第三节　增值税销项税额的会计处理

一、一般纳税人增值税会计账表的设置

(一)会计账户的设置

根据《企业会计准则》规定,一般纳税人进行增值税会计处理,应在“应交税费”账户下设置“应交税费——应交增值税”明细账户。

“应交税费——应交增值税”账户下还应分别设置“进项税额”、“已交税金”、“销项税额”、“出口退税”、“进项税额转出”等专栏。

1.“进项税额”专栏。反映企业购进货物、接受应税劳务而支付的,并准予从销项税额中抵扣的进项税额。若发生购货退回或折让,在发生当期以红字冲销。

2.“已交税金”专栏。反映企业当期上交当期的增值税额。该专栏适用于纳税人以日为纳税期,自期满之日起 5 日内预缴税款的会计处理。

3.“销项税额”专栏。反映企业销售货物、提供应税劳务应收取的增值税额。若发生销售退回或折让,在发生当期以红字冲销。

4.“出口退税”专栏。反映企业出口货物后,按规定程序申报并收到的出口退税额。

5.“进项税额转出”专栏。反映企业因不得从销项税额中抵扣而按规定转出的进项税额,如库存材料发生损失。这些转出的进项税额在购进货物、接受应税劳务时已经记入“进项税额”专栏。如果在进项税额发生时即可以确定其不得从销项税额中抵扣,如购进固定资产,则应将进项税额直接计入成本,不通过“应交税费——应交增值税”账户核算。

6.“出口抵减内销产品应纳税额”专栏。反映企业采用“免、抵、退”计算出口退税时的免抵退税额(详见本章第七节)。

通过设置以上专栏,“应交税费——应交增值税”账户期末如为贷

方余额,反映企业尚未交纳的增值税额;如为借方余额,反映企业当期多交或尚未抵扣的增值税额。

(二)会计账表的格式

1.多栏式账页格式

一般纳税人进行增值税会计核算,“应交税费——应交增值税”账户一般采用栏式账页格式,如表2-6所示。

表2-6 多栏式账页格式

<table>
<tr><th rowspan="2">略</th><th colspan="4">借 方</th><th colspan="4">贷 方</th><th rowspan="2">余额</th></tr>
<tr><th>合计</th><th>进项税额</th><th>出口抵减内销产品应纳税额</th><th>已交税金</th><th>合计</th><th>销项税额</th><th>出口退税</th><th>进项税额转出</th></tr>
<tr><td></td><td></td><td></td><td></td><td></td><td></td><td></td><td></td><td></td><td></td></tr>
<tr><td></td><td></td><td></td><td></td><td></td><td></td><td></td><td></td><td></td><td></td></tr>
<tr><td></td><td></td><td></td><td></td><td></td><td></td><td></td><td></td><td></td><td></td></tr>
</table>

2.三栏式账页格式

由于多栏式账页格式较为复杂,主要适用于经营范围广泛、业务全面的大型企业。对于一般纳税人中的中小型企业,所发生的增值税业务往往只涉及几个常用专栏,如“进项税额”专栏、“销项税额”专栏等,使用多栏式账页格式就显得过于复杂。中小企业可以采用三栏式账页格式进行增值税会计核算(详见本章第五节)。

二、一般销售方式下销项税额的会计处理

(一)采用直接收款方式销售

采取直接收款方式销售货物,不论货物是否发出,均为收到销售额或取得索取销售额的凭据,并将提货单交给买方的当天,确认销售额和纳税义务的发生。企业按实现的营业收入和按规定收取的增值税额,借记“银行存款”账户,贷记“主营业务收入”、“应交税费——应交增值税(销项税额)”账户。

【例 2-4】 某企业某月销售产品一批，采取直接收款方式销售，开出增值税专用发票注明销售额 22 000 元，增值税额 3 740 元。已经取得购货方开来的支票并将提货单交给购货方。

根据有关凭证，做如下会计分录：

借：银行存款　　25 740

　贷：主营业务收入　　22 000

　　应交税费——应交增值税(销项税额)　　3 740

(二)采用预收货款结算方式销售

按税法规定，采取预收货款方式销售货物，纳税义务发生时间为货物发出的当天。企业向购货单位预收款项时，借记“银行存款”账户，贷记“预收账款”账户；发出商品时，按实现的收入和应收取的增值税额借记“预收账款”账户，按实现的营业收入贷记“主营业务收入”账户，按应收取的增值税额贷记“应交税费——应交增值税(销项税额)”账户。购货单位补付的款项，借记“银行存款”账户，贷记“预收账款”账户；退回多付的款项，借记“预收账款”账户，贷记“银行存款”账户。

【例 2-5】 A 公司某月向 B 公司销售货物一批，合同总额为 11.7 万元，双方协定在 B 公司支付 30%预付款后，A 公司发货，货到后 B 公司支付剩余款项。当月 5 日 A 公司收到 B 公司的预付货款 3 万元，7 日 A 公司将货物发出，同时开出增值税专用发票，注明销售额 10 万元，增值税额 1.7 万元，B 公司收到货物和发票后随即补付剩余款项。

根据有关凭证，做如下会计分录：

(1)5 日，收到购货单位预付款项。

借：银行存款　　30 000

　贷：预收账款　　30 000

(2)7 日，发出货物，开出发票。

借：预收账款　　117 000

贷:主营业务收入　　100 000

应交税费——应交增值税(销项税额)　　17 000

(3)收到B公司补付剩余款项。

借:银行存款　　87 000

贷:预收账款　　87 000

(三)采用托收承付、委托银行收款结算方式销售

按税法规定，采取托收承付、委托银行收款方式销售货物，纳税义务发生时间为发出货物并办妥托收手续的当天。企业按应收金额，借记“应收账款”账户，按实现的营业收入，贷记“主营业务收入”账户，按应收取的增值税额，贷记“应交税费——应交增值税（销项税额)”账户。

【例2-6】 A公司某月向异地B公司销售货物一批,销售额为12 000元,增值税额为2 040元,代垫运杂费200元,货物已经发出并向银行办妥托收手续。

根据有关凭证,做如下会计分录:

借:应收账款　　14 240

贷:主营业务收入　　12 000

应交税费——应交增值税(销项税额)　　2 040

库存现金　　200

(四)采用分期收款结算方式销售

纳税人采用分期收款结算方式销售货物，纳税义务发生时间为合同约定的收款日期的当天。企业采用该种方式销售商品，在商品发出时，按商品的成本，借记“发出商品”账户，贷记“库存商品”账户。在合同约定收款日期确认销售实现时，按本期应收的货款金额，借记“应收账款”、“银行存款”等账户，按实现的营业收入，贷记“主营业务收入”账户，按应收取的增值税额，贷记“应交税费——

应交增值税（销项税额）”账户。同时，按商品全部销售成本与全部销售收入的比率，计算本期应结转的营业成本，借记“主营业务成本”账户，贷记“发出商品”账户。

【例 2-7】 C公司某月向D公司以分期收款结算方式销售货物一批，销售额为58 000元，该批货物成本为50 000元，货物已经发出。按合同规定，货款分4个月支付。本月20日为第一次约定收款日期，开出专用发票注明销售额14 500元，增值税额2 465元，货款尚未收到。

根据有关凭证，做如下会计分录：

(1)发出商品。

借：发出商品　　50 000

　贷：库存商品　　50 000

(2)20日，以合同约定的收款日期确认收入实现。

借：应收账款　　16 965

　贷：主营业务收入　　14 500

　　应交税费——应交增值税（销项税额）　　2 465

(3)同比结转成本。

主营业务支出＝14 500×(50 000÷58 000)＝12 500(元)

借：主营业务支出　　12 500

　贷：发出商品　　12 500

(五)销售退回和折让

一般纳税人在销售货物并向购买方开具专用发票后，如发生退货或销售折让，应视不同情况分别处理。

1. 购买方未付货款并且能够退回发票

销售方收到购买方退回的货物和专用发票后，先开具相同内容的红字专用发票，全部冲销销售额和销项税额，用红字借记“应收账款”账户，贷记“主营业务收入”、“应交税费——应交增值税（销项税额）”账户。属于部分退货和销售折让的，销售方再按实际销量、价款或折让后的货款重开专用发票。用蓝字借记“应收账款”账户，贷记“主营业务收入”、“应交税费——应交增值税(销项税额)”账户。

【例 2-8】 E 批发商某月 10 日向 F 商场销售空调 50 台，每台销售额为 2 300 元，开出增值税专用发票注明销售额 115 000 元，增值税额 19 550 元，商品已经发出，货款尚未收到。15 日，因质量问题商场退回 2 台，另有 2 台外观磨损，批发商给商场每台 300 元的折让。商场退回原专用发票。

根据有关凭证，做如下会计分录：

(1)10 日，发出商品时。

借：应收账款　　134 550

　贷：主营业务收入　　115 000

　　应交税费——应交增值税(销项税额)　　19 550

(2)15 日，收到退回的发票和货物时。

借：应收账款　　[134 550]

　贷：主营业务收入　　[115 000]

　　应交税费——应交增值税(销项税额)　　[19 550]

(3)按实际销量和折让后的货款重新确认销售。

实际销售额＝115 000－2×2 300－2×300＝109 800(元)

借：应收账款　　128 466

　贷：主营业务收入　　109 800

　　应交税费——应交增值税(销项税额)　　18 666

---

2. 购买方已付货款，或者货款未付但无法退还发票

购买方如果已经将发票入账，在发生退货或折让时，无法退还原发票，此时要求购买方必须取得当地主管税务机关开具的进货退出或索取折让证明单(以下简称证明单)送交销售方，作为销售方开具红字专用发票的合法依据。销售方在收到证明单后，根据退回货物的数量、价

款或折让金额向购买方开具红字专用发票。用红字借记"应收账款"、"银行存款"等账户,贷记"主营业务收入"、"应交税费——应交增值税(销项税额)"账户。

【例 2-9】 仍以【例 2-8】为例,假设F商场在退回货物和索取折让时,将证明单转给批发商,注明2台空调退货,2台空调索取600元折让。

根据有关凭证,做如下会计分录:

(1)10日,发出商品时。

借:应收账款　　134 550

　贷:主营业务收入　　115 000

　　应交税费——应交增值税(销项税额)　　19 550

(2)15日,收到退回的货物和证明单时。

退回和折让的金额=2×2 300+2×300=5 200(元)

借:应收账款　　[6 084]

　贷:主营业务收入　　[5 200]

　　应交税费——应交增值税(销项税额)　　[884]

三、特殊销售方式下销项税额的会计处理

(一)折扣销售销项税额的会计处理

折扣销售是销货方在销售货物或应税劳务时，因购货方购货数量较大等原因而给予购货方的价格优惠。按税法规定，在折扣销售方式下，只有当销售额和折扣额在同一张发票上分别注明的，才可按折扣后的余额作为销售额计算增值税额，否则不得从销售额中减除折扣额。

企业按应收金额，借记"应收账款"账户，按扣除折扣额后的销售额，贷记"主营业务收入"账户，按应收取的增值税额，贷记"应交税费——应交增值税（销项税额)"账户。

【例 2-10】 某企业从批发商处一次购入空调 10 台，每台销售额 2 100元。经协商，批发商给予企业 10%的折扣，并按折扣后的款项开出专用发票，货物已经发出。

根据有关凭证，做如下会计分录：

折扣后的销售额＝2 100×10×90%＝18 900(元)

借：应收账款　　22 113

　贷：主营业务收入　　18 900

　　应交税费——应交增值税(销项税额)　　3 213

（二）销售折扣销项税额的会计处理

销售折扣是销货方在销售货物或应税劳务后，为了鼓励购货方及早偿还货款而协议许诺给予购货方的一种折扣优待，也称为现金折扣。如：10 天内付款，货款折扣 2%；20 天内付款，折扣 1%；30 天内全额付款。企业在发出商品时，应按销售全额和增值税额借记“应收账款”账户，按全部销售额，贷记“主营业务收入”账户，按应收取的增值税额，贷记“应交税费——应交增值税(销项税额)”账户。发生销售折扣时，按实际收到的款项，借记“银行存款”账户，按应给予的销售折扣，借记“财务费用”账户，按应收的款项，贷记“应收账款”账户。

【例 2-11】 A 公司销售一批货物给 B 公司，开出专用发票注明销售额为 55 000 元，增值税额为 9 350 元。同时向 B 公司提供的信用条件为：10 天内付款，货款折扣 2% ；20 天内付款，折扣 1%；30 天内全额付款。B 公司在购货后第 9 天支付了货款。

根据有关凭证，做如下会计分录：

(1)发出货物时，全额确认销售。

借：应收账款　　64 350

　贷：主营业务收入　　55 000

　　应交税费——应交增值税(销项税额)　　9 350

(2)9日内，收到B公司货款时。

销售折扣＝55 000×2%＝1 100(元)

借:银行存款　　63 250

　财务费用　　1 100

　贷:应收账款　　64 350

(三)以旧换新销项税额的会计处理

1.一般商品以旧换新

按税法规定，采取以旧换新方式销售货物的，应按新货物的同期销售价格确定销售额，不得扣减旧货物的收购价格，把回收的商品作为购进商品处理。按实际收取的差价款，借记“银行存款”等账户，按收回旧物抵偿的价值，借记“库存商品”等账户，按新货物的销售额，贷记“主营业务收入”账户，按以销售额计算的增值税额，贷记“应交税费——应交增值税(销项税额)”账户。

【例2-12】 某商场采用以旧换新方式销售彩电，彩电零售价每台3 000元，同品牌的旧彩电作价100元，顾客交回旧彩电和差价2 900元即可得到一台新彩电。某日以此方式销售彩电1台。

根据有关凭证，做如下会计分录：

借:库存现金　　2 900

　库存商品　　100

　贷:主营业务收入　　2 564

　　应交税费——应交增值税(销项税额)　　436

2.金银首饰以旧换新

金银首饰以旧换新时，可以按销售方实际收取的不含增值税的全部价款缴纳增值税。按实际收取的差价款，借记“银行存款”等账户，按收回旧物抵偿的价值，借记“库存商品”等账户，按实际收取的不含税货款和旧物抵偿的价值，贷记“主营业务收入”账户，按以实际收取的不含税货款计算的增值税额，贷记“应交税费——应交增值税（销项税额）”账户。

【例 2-13】 某商场采用以旧换新方式销售金银首饰一件，该首饰零售价 3 000 元，收回旧首饰折价 1 000 元，实际收款 2 000 元。

根据有关凭证，做如下会计分录：

销项税额＝2 000÷(1＋17％)×17％＝291(元)

主营业务收入＝2 000÷(1＋17％)＋1 000＝2 709(元)

借：库存现金　　2 000

　　库存商品　　1 000

　贷：主营业务收入　　2 709

　　　应交税费——应交增值税(销项税额)　　291

(四)以物易物销项税额的会计处理

以物易物，在会计处理中属于非货币性资产交换，在增值税处理中，交换双方都应作购销处理，以各自发出的货物核算销售额并计算销项税额，以各自收到的货物核算购货额并计算进项税额。下面以产成品换入原材料为例，说明以物易物销项税额的会计处理。

1. 不涉及补价的以物易物

企业以产成品换入原材料属于非货币性资产交换，在非货币性资产交换具有商业实质且公允价值能够可靠计量的情况下，应按照该用于交换的产成品的账面余额，借记“主营业务成本”账户，贷记“库存商品”账户。按照该用于交换的产成品公允价值，借记“原材料”账户，贷记“主营业务收入”账户。按可抵扣的增值税进项税额，借记“应交税费——应交增值税(进项税额)”账户，按应交的增值税销项税额，贷记“应交税费——应交增值税(销项税额)”账户，按应支付的相关税费，贷记“银行存款”等账户。

【例 2-14】 A 公司以库存商品换入 B 公司的一批原材料。该库存商品的账面余额为 50 万元。当期同类产品的不含税售价为 60 万元。

根据有关凭证，A 公司做如下会计分录：

可抵扣的进项税额＝600 000×17%＝102 000(元)

销项税额＝600 000×17%＝102 000(元)

借：原材料　　600 000

　　应交税费——应交增值税(进项税额)　　102 000

　贷：主营业务收入　　600 000

　　　应交税费——应交增值税(销项税额)　　102 000

借：主营业务成本　　500 000

　贷：库存商品　　500 000

2. 涉及补价的以物易物，应区分收到补价和支付补价而作出不同的会计处理

根据《企业会计准则第 7 号——非货币性资产交换》的规定，非货币性资产交换具有商业实质且公允价值能够可靠计量的，在发生补价的情况下：支付补价方，应当以换出资产的公允价值加上支付的补价（或换入资产的公允价值）和应支付的相关税费，作为换入资产的成本；收到补价方，应当以换出资产的公允价值减去补价（或换入资产的公允价值）加上应支付的相关税费，作为换入资产的成本。换出资产为存货的，应当作销售处理，以其公允价值确认收入，同时结转相应的成本。

(1)以产成品换入原材料收到补价的，按换出产成品的公允价值，加上应支付的相关税费，减去补价后的余额，借记"原材料"账户，按收到的补价，借记"银行存款"账户，按可抵扣的增值税进项税额，借记"应交税费——应交增值税(进项税额)"账户，按换出产成品的公允价值，贷记"主营业务收入"账户，按应收取的增值税销项税额，贷记"应交税

费——应交增值税(销项税额)”账户。按换出产成品的账面余额,借记“主营业务成本”账户,贷记“库存商品”账户。

【例 2-15】 某市 A 公司以库存商品换入 B 公司的一批原材料。该库存商品的账面余额为 50 万元。当期同类产品的不含税售价为 60 万元。B 公司原材料的公允价值(计税价格)为 58 万元(不含税)。在交易过程中 A 公司收取补价 2 万元。

根据有关凭证,A 公司做如下会计分录:

借:银行存款 20 000
  原材料 583 400
  应交税费——应交增值税(进项税额) 98 600
 贷:主营业务收入 600 000
   应交税费——应交增值税(销项税额) 102 000
借:主营业务成本 500 000
 贷:库存商品 500 000

---

(2)以产成品换入原材料支付补价的,按换出产成品的公允价值,加上支付的补价和应支付的相关税费,借记“原材料”账户,按可抵扣的增值税进项税额,借记“应交税费——应交增值税(进项税额)”账户,按换出产成品的公允价值,贷记“主营业务收入”账户,按应收取的增值税销项税额,贷记“应交税费——应交增值税(销项税额)”账户,按支付的补价,贷记“银行存款”账户。按换出产成品的账面余额,借记“主营业务成本”账户,贷记“库存商品”账户。

【例 2-16】 A 公司以库存商品换入 B 公司的一批原材料。该库存商品的账面余额为 50 万元。当期同类产品的不含税售价为 60 万元。B 公司原材料的公允价值(计税价格)为 62 万元(不含税)。在交易过程中 A 公司支付补价 2 万元。

根据有关凭证,A 公司做如下会计分录:

借:原材料 616 600
　应交税费——应交增值税(进项税额) 105 400
　贷:主营业务收入 600 000
　　应交税费——应交增值税(销项税额) 102 000
　　银行存款 20 000
借:主营业务成本 500 000
　贷:库存商品 500 000

四、特殊销售行为下销项税额的会计处理

(一)视同销售行为下销项税额的会计处理

视同销售行为之所以将销售的前面加上“视同”两个字,就是因为这些行为从交易的实质上不是真正意义的销售,因而在会计处理上不会涉及收入的确认和计量,只需按成本转账。但在增值税法中,为了保证增值税计算的连续性(如委托代销行为)或为了平衡各地区的税负(如统一核算,异地移送行为),对有些行为必须当作销售来处理,即按照税法规定确定销售额(见第二节一(一)3(1))并计算销项税额。这就是视同销售行为在会计制度和税法规定下的处理原则。视同销售行为共有七种情况,具体内容见本章第一节。

1. 委托代销时,委托方和受托方的销项税额的会计处理

按税法规定,在委托代销时,委托方和受托方均视同销售,即将货物交付他人代销和销售代销货物均视同销售。

委托方发出代销商品时,借记“委托代销商品”账户,贷记“库存商品”账户。收到受托单位的代销清单时,按代销清单上注明的已销商品货款的实现情况,按应收的款项,借记“应收账款”等账户,按实现的营业收入,贷记“主营业务收入”账户,按开出的专用发票上注明的增值税销项税额,贷记“应交税费——应交增值税(销项税额)”账户。按应支付的代销手续费,借记“销售费用”账户,贷记“应收账款”等账户。

受托方收到代销商品时,借记“受托代销商品”账户,贷记“受托代

销商品款”账户。售出受托代销商品后：按销售额和应收取的增值税额，借记“银行存款”、“应收账款”等账户；按应收取的增值税额，贷记“应交税费——应交增值税（销项税额）”账户；按应付给委托单位的款项，贷记“应付账款——××委托代销单位”账户；按从委托方取得的专用发票上注明的增值税额，借记“应交税费——应交增值税（进项税额）”账户；按应付给委托单位的款项，贷记“应付账款——××委托代销单位”账户，同时，借记“受托代销商品款”账户，贷记“受托代销商品”账户。归还委托单位的货款并计算手续费时，按应付的金额，借记“应付账款”账户，按应收取的手续费，贷记“主营业务收入”、“其他业务收入”等账户，按其差额，贷记“银行存款”账户。

【例 2-17】 某服装厂委托某商场代销衬衣，商场按服装厂指定价格销售，每件衬衣零售价 117 元，服装厂给商场的代销手续费是每件衬衣 10 元。某月服装厂发出代销商品 100 件，商场实现销售 80 件，双方已经结算了款项，衬衣每件成本为 50 元。

委托方做如下会计分录：

(1)发出代销衬衣时。

借：委托代销商品　　5 000

　贷：库存商品　　5 000

(2)收到代销清单时。

借：应收账款　　9 360

　贷：主营业务收入　　8 000

　　应交税费——应交增值税(销项税额)　　1 360

(3)计算应支付的代销手续费时。

借：销售费用　　800

　贷：应收账款　　800

(4)收到代销款时。

借：银行存款　　8 560

　贷：应收账款　　8 560

受托方做如下会计分录：

(1)收到代销商品时。

借:受托代销商品 11 700

贷:受托代销商品款 11 700

(2)售出80件衬衣时。

借:银行存款 9 360

贷:应交税费——应交增值税(销项税额) 1 360

应付账款——服装厂 8 000

借:受托代销商品款 9 360

贷:受托代销商品 9 360

(3)收到委托方的专用发票时。

借:应交税费——应交增值税(进项税额) 1 360

贷:应付账款 1 360

(4)支付扣除代销手续费后的代销款时。

借:应付账款 9 360

贷:其他业务收入 800

银行存款 8 560

2.“统一核算,异地移送”的销项税额的会计处理

按税法规定,设有两个以上机构并实行统一核算的纳税人,将货物从一个机构移送至其他机构用于销售时,属于视同销售行为。[①]

当货物移送时,发出货物的机构应按税务机关核定的计税价格,开出增值税专用发票,借记“应收账款——内部往来”、“银行存款”等账户,贷记“应交税费——应交增值税(销项税额)”账户。接受货物的机构按取得的专用发票,借记“应交税费——应交增值税(进项税额)”账户,贷记“应付账款——内部往来”、“银行存款”等账户。由于两机构实行统一核算,因此移送货物时只需完成税务处理,不需确认收入。

① 相关机构设在同一县(市)的除外。

【例 2-18】 某超市在 A 地和 B 地各有一家连锁店，实行统一核算。某月根据市场需求，将护肤品从 A 地超市移送至 B 地超市用于销售。该批护肤品购进时取得增值税专用发票，注明货款21 300元，增值税额 3 621 元。税务机关核定该护肤品移送时的视同销售价格为原购进价格，A 地超市在货物移送时开出增值税专用发票，注明货款21 300元，增值税额 3 621 元。

根据有关凭证，做如下会计分录：

(1)A 地移送货物时。

借：应收账款——内部往来　　3 621

　贷：应交税费——应交增值税(销项税额)　　3 621

(2)B 地收到货物时。

借：应交税费——应交增值税(进项税额)　　3 621

　贷：应付账款——内部往来　　3 621

3.将自产或委托加工的货物用于非应税项目销项税额的会计处理

非应税项目是指提供非应税劳务(即除了加工、修理修配外的劳务)、转让无形资产、销售不动产和固定资产在建工程等。企业将自产或委托加工的货物用于非应税项目时，应按自产或委托加工货物的成本与税务机关核定的货物计税价格乘以适用税率计算的应纳增值税之和，借记“其他业务成本”、“在建工程”等账户，按自产或委托加工货物的成本，贷记“库存商品”、“委托加工物资”等账户，按货物计税价格乘以适用税率计算的应纳增值税，贷记“应交税费——应交增值税(销项税额)”账户。

【例 2-19】 某企业某月将自产的钢材用于修建车间，移送使用钢材 30 吨，单位成本为每吨 800 元，当月同类型钢材的平均销售价格为每吨 1 200 元。

根据有关凭证，做如下会计分录：

销项税额＝1 200×30×17%＝6 120(元)

借:在建工程 30 120

贷:库存商品 24 000

应交税费——应交增值税(销项税额) 6 120

4.将自产、委托加工或购买的货物作为投资的销项税额的会计处理

将自产、委托加工或购买的货物作为投资时,以在交易过程中是否涉及补价而有不同的销项税额的会计处理。

(1)不涉及补价的销项税额的会计处理

企业以自产、委托加工或购买的货物作为投资属于非货币性资产交换。在非货币性资产交换具有商业实质且公允价值能够可靠计量的情况下,应按照该用于交换的货物的账面余额,借记“主营业务成本”账户,贷记“库存商品”账户。按照该用于交换的货物公允价值,借记“长期股权投资”等账户,贷记“主营业务收入”账户,按应交的增值税销项税额,贷记“应交税费——应交增值税(销项税额)”账户,按应支付的相关税费,贷记“银行存款”等账户。

【例 2-20】 A公司以库存商品作为投资,取得B公司的长期股权。该库存商品的账面余额为52万元。当期同类产品的不含税售价为60万元。在交易过程中以银行存款支付手续费1 000元。

根据有关凭证,A公司做如下会计分录:

借:长期股权投资 703 000

贷:主营业务收入 600 000

应交税费——应交增值税(销项税额) 102 000

银行存款 1 000

借:主营业务成本 520 000

贷:库存商品 520 000

(2)收到补价的销项税额的会计处理

将自产、委托加工或购买的货物作为投资时,收到补价的,按换出货物的公允价值,加上应支付的相关税费,减去补价后的余额,借记“长期股权投资”等账户,按收到的补价,借记“银行存款”账户,按换出货物的公允价值,贷记“主营业务收入”账户,按应收取的增值税销项税额,贷记“应交税费——应交增值税(销项税额)”账户。按换出货物的账面余额,借记“主营业务成本”账户,贷记“库存商品”账户。

【例 2-21】 A 公司以库存商品作为投资,取得 B 公司的长期股权。该库存商品的账面余额为 52 万元。当期同类产品的不含税售价为 60 万元。在交易过程中 A 公司收取补价 2 万元。

根据有关凭证,A 公司做如下会计分录:

借:长期股权投资	682 000	
银行存款	20 000	
贷:主营业务收入		600 000
应交税费——应交增值税(销项税额)		102 000
借:主营业务成本	520 000	
贷:库存商品		520 000

---

(3)支付补价的销项税额的会计处理

将自产、委托加工或购买的货物作为投资时,支付补价的,按换出货物的公允价值,加上支付的补价和应支付的相关税费,借记“长期股权投资”等账户,按换出货物的公允价值,贷记“主营业务收入”账户,按应收取的增值税销项税额,贷记“应交税费——应交增值税(销项税额)”账户,按支付的补价,贷记“银行存款”账户。按换出货物的账面余额,借记“主营业务成本”账户,贷记“库存商品”账户。

【例 2-22】 A 公司以库存商品作为投资,取得 B 公司的长期股权。该库存商品的账面余额为 52 万元。当期同类产品的不含税售价

为 60 万元。在交易过程中 A 公司支付补价 2 万元。

根据有关凭证，A 公司做如下会计分录：

借：长期股权投资　　722 000

　贷：主营业务收入　　600 000

　　应交税费——应交增值税（销项税额）　　102 000

　　银行存款　　20 000

借：主营业务成本　　520 000

　贷：库存商品　　520 000

5.将自产、委托加工或购买的货物分配给股东或投资者的销项税额的会计处理

企业自产、委托加工或购买的货物分配给股东或投资者，按分配资产的账面价值加上应支付的相关税费，借记"应付股利"账户，按分配资产已计提的跌价准备，借记"存货跌价准备"账户，按分配资产的账面余额，贷记"库存商品"、"原材料"等账户，按分配资产应支付的增值税额，贷记"应交税费——应交增值税（销项税额）"账户，按应支付的相关税费，贷记"银行存款"账户。

【例 2-23】　A 公司以自产的汽车作为实物股利分配给投资者。该库存商品的账面余额为 12 万元，已计提存货跌价准备 1 万元。当期同类产品的不含税售价为 15 万元。在交易过程中 A 公司以银行存款支付手续费 1 000 元。

根据有关凭证，A 公司做如下会计分录：

销项税额＝150 000×17％＝25 500（元）

借：应付股利　　136 500

　存货跌价准备　　10 000

　贷：库存商品　　120 000

　　应交税费——应交增值税（销项税额）　　25 500

　　银行存款　　1 000

6.将自产、委托加工的货物用于集体福利或个人消费的销项税额的会计处理

企业自产、委托加工或购买的货物用于集体福利或个人消费，按移送使用资产的账面价值加上应支付的相关税费，借记“应付职工薪酬”账户，按移送使用资产已计提的跌价准备，借记“存货跌价准备”账户，按移送使用资产的账面余额，贷记“库存商品”、“原材料”等账户，按移送使用资产应支付的增值税额，贷记“应交税费——应交增值税(销项税额)”账户，按应支付的相关税费，贷记“银行存款”账户。

【例 2-24】 A公司以自产的冷食作为集体福利发给职工。该冷食的账面余额为1万元，无存货跌价准备。当期同类冷食的不含税售价为1.2万元。

根据有关凭证，A公司做如下会计分录：

销项税额＝12 000×17%＝2 040(元)

	借	贷
借：应付职工薪酬	12 040	
贷：库存商品		10 000
应交税费——应交增值税(销项税额)		2 040

7.将自产、委托加工或购买的货物无偿赠送他人的销项税额的会计处理

企业自产、委托加工或购买的货物无偿赠送他人，按移送使用资产的账面价值加上应支付的相关税费，借记“营业外支出”账户，按移送使用资产已计提的跌价准备，借记“存货跌价准备”账户，按移送使用资产的账面余额，贷记“库存商品”、“原材料”等账户，按移送使用资产应支付的增值税额，贷记“应交税费——应交增值税(销项税额)”账户，按应支付的相关税费，贷记“银行存款”账户。

【例 2-25】 A文具厂以自产的文具直接捐赠给某希望小学。用于捐赠的文具的账面余额为1万元，无存货跌价准备。当期同类商品

的不含税售价为1.2万元。

根据有关凭证，A公司做如下会计分录：

销项税额＝12 000×17%＝2 040(元)

借：营业外支出　　　　　　　　　　　　　　12 040

　贷：库存商品　　　　　　　　　　　　　　　　10 000

　　　应交税费——应交增值税(销项税额)　　　　2 040

（二）混合销售行为下销项税额的会计处理

如本章第一节所述，一项销售行为如果既涉及增值税应税货物又涉及非应税劳务，应视为混合销售行为。从事货物的生产、批发或零售的企业、企业性单位及个体经营者以及以从事货物的生产、批发或零售为主，并兼营非应税劳务的企业、企业性单位及个体经营者的混合销售行为，视为销售货物，应当征收增值税。其销售额应是货物与非应税劳务的销售额的合计。

企业应按销售货物和提供非应税劳务应收取的款项合计金额，借记"应收账款"、"银行存款"等账户，按货物的销售额贷记"主营业务收入"账户，按非应税劳务的营业额贷记"其他业务收入"账户，按货物与非应税劳务的销售额的合计乘以适用税率计算的应纳增值税额，贷记"应交税费——应交增值税(销项税额)"账户。

【例2-26】 某电器商城为增值税一般纳税人，某月销售电器取得销售额23万元，全部为直接收款销售，已开出发票。在销售过程中，为部分客户提供有偿送货服务，车队收取运费收入2.34万元。

根据有关凭证，A公司做如下会计分录：

混合销售行为销售额＝230 000＋23 400÷(1＋17%)

　　　　　　　　　＝250 000(元)

销项税额＝250 000×17%＝42 500(元)

借：银行存款　　　　　　　　　　　　　　292 500

　贷：主营业务收入　　　　　　　　　　　　　230 000

其他业务收入　　　　　　　　　　　　　　20 000

应交税费——应交增值税(销项税额)　　　　42 500

（三）兼营行为下销项税额的会计处理

如本章第一节所述，兼营非应税劳务是指增值税纳税人在从事应税货物销售或提供应税劳务的同时，还从事非应税劳务。货物的销售和非应税劳务的提供针对不同销售对象且无直接的联系，纳税人应分别核算货物或应税劳务和非应税劳务的销售额，对货物和应税劳务的销售额按各自适用的税率缴纳增值税，对非应税劳务的销售额（即营业额）按适用的税率缴纳营业税。如果不分别核算或者不能准确核算货物或应税劳务和非应税劳务销售额的，其非应税劳务应与货物或应税劳务一并征收增值税，其销售额为货物或者应税劳务和非应税劳务的销售额的合计。

在分别核算货物或应税劳务和非应税劳务的销售额的情况下，企业应按销售货物或提供非应税劳务应收取的款项，借记“应收账款”、“银行存款”等账户，按货物的销售额或非应税劳务的营业额，贷记“主营业务收入”账户，按货物的销售额乘以适用税率计算的应纳增值税额，贷记“应交税费——应交增值税（销项税额）”账户，或按非应税劳务的营业额乘以适用税率计算的应纳营业税额，借记“营业税金及附加”账户，贷记“应交税费——应交营业税”账户。

【例 2-27】 某电器商城为增值税一般纳税人，兼营搬家业务。某月电器商城销售电器取得销售额 23 万元，全部为直接收款销售，已开出发票。搬家业务取得运费收入 2.34 万元。

根据有关凭证，A 公司做如下会计分录：

销售电器销项税额＝230 000×17%＝39 100(元)

运费收入应纳营业税额＝23 400×3%＝702(元)

(1)电器商城销售货物。

借：银行存款　　　　　　　　　　269 100

贷：主营业务收入　　　　230 000

　　应交税费——应交增值税（销项税额）　　　　39 100

（2）提供搬家业务。

借：银行存款　　　　23 400

　　贷：主营业务收入　　　　23 400

借：营业税金及附加　　　　702

　　贷：应交税费——应交营业税　　　　702

如果货物或应税劳务和非应税劳务的销售额未能分别核算，其会计处理同上（二）。

思　考

企业收取的"逾期"包装物押金的销项税额如何进行会计处理？举例说明。

第四节　增值税进项税额及其转出的会计处理

一、增值税进项税额的会计处理

（一）国内物资采购进项税额的会计处理

根据增值税法的规定，准予抵扣的增值税进项税额必须具备两个条件：（1）取得合法票证，如增值税专用发票、主管税务机关批准使用的农产品收购凭证、运费普通发票等。（2）符合税法"进项税额申报抵扣时限"的规定。即无论工业企业或商业企业，在取得防伪税控系统开具的增值税专用发票后，必须自该专用发票开具之日起 90 日内到税务机关认证，逾期不予抵扣。

1.货物验收入库,并取得防伪税控专用发票

在这种情况下,按取得的增值税防伪税控专用发票上记载的应当计入采购成本的金额,借记"原材料"、"库存商品"等账户,按专用发票上注明的增值税,借记"应交税费——应交增值税(进项税额)"账户,按价税合计金额,贷记"银行存款"或"应付账款"账户。

【例 2-28】 某工厂某月购入原料 300 吨,取得增值税专用发票上注明价款 50 000 元,增值税额 8 500 元,货物验收入库,货款 58 500 元已经通过银行办理电汇手续。

根据有关凭证,做如下会计分录:

借:原材料　　50 000

　应交税费——应交增值税(进项税额)　　8 500

　贷:银行存款　　58 500

【例 2-29】 某商场某月购入电冰箱 200 台,取得增值税专用发票上注明价款 40 万元,增值税额 6.8 万元,货物验收入库,货款尚未支付。

根据有关凭证,做如下会计分录:

借:库存商品　　400 000

　应交税费——应交增值税(进项税额)　　68 000

　贷:应付账款　　468 000

2.材料尚未验收入库,已取得防伪税控专用发票

在已经取得专用发票,但材料尚未到达或尚未验收入库时,根据增值税专用发票上注明的不含税价款借记"在途物资"账户,根据增值税专用发票上注明的税额,借记"应交税费——应交增值税(进项税额)"账户,按价税合计金额,贷记"银行存款"账户或"应付账款"账户。

【例 2-30】　某工厂某月购入元件一批，取得增值税专用发票上注明价款 20 000 元，增值税额 3 400 元，货物到达尚未验收入库，货款通过银行电汇。

根据有关凭证，做如下会计分录：

借：在途物资　　20 000

　　应交税费——应交增值税（进项税额）　　3 400

　贷：银行存款　　23 400

3. 货物验收入库，尚未取得专用发票

由于未取得合法票证——增值税专用发票，尽管货物验收入库但仍然不准予抵扣。具体又可分为专用发票在途和只能取得普通发票两种情况。

(1)专用发票在途

如果专用发票在途，可以暂不做会计处理，待收到专用发票后再如【例 2-30】作会计处理。如果月末仍未收到专用发票，按结算的货物价款，借记"原材料"、"库存商品"等账户，按应抵扣的进项税额，借记"待扣税金"账户，按实际支付的款项，贷记"银行存款"账户。在收到专用发票后，借记"应交税费——应交增值税（进项税额）"账户，贷记"待扣税金"账户。

【例 2-31】　A 企业某月从 B 公司购入材料一批，货物于当月 25 日到达并验收入库。双方协定 A 企业付款后 B 企业再为其开具专用发票，A 企业于当月 30 日根据购货合同办理电汇手续，支付货款 49 140元。B 企业于次月 2 日收到货款，同时寄出专用发票，A 企业于次月 4 日收到专用发票。

根据有关凭证，做如下会计分录：

①月末 30 日，货物验收入库并电汇全部款项时。

借：原材料　　42 000

待扣税金　　7 140

贷:银行存款　　49 140

②次月4日收到专用发票时。

借:应交税费——应交增值税(进项税额)　　7 140

贷:待扣税金　　7 140

(2)只能取得普通发票

当一般纳税人从小规模纳税人处购进货物时,往往无法取得增值税专用发票,只能取得小规模纳税人开出的普通发票。此时,一般纳税人不能够凭普通发票进行进项税额的抵扣,应将进项税额计入所购物资的成本中。按购入物资支付的金额,借记“原材料”、“库存商品”等账户,贷记“银行存款”账户。

【例2-32】 某商场某月从一小规模纳税人处购入日用品一批,取得普通发票,注明价款30 100元,增值税额5 100元,货物到达并验收入库,货款已经全部支付。

根据有关凭证,做如下会计分录:

借:库存商品　　35 100

贷:银行存款　　35 100

(二)接受投资转入货物进项税额的会计处理

企业接受投资转入的货物,按取得的增值税专用发票上注明的增值税,借记“应交税费——应交增值税(进项税额)”账户,按确定的价值,借记“原材料”等账户,按其在注册资本中所占有的份额,贷记“实收资本”或“股本”账户,按其差额,贷记“资本公积”。

【例2-33】 C公司接受D公司投资转入原材料一批,取得增值税专用发票,注明双方确认价值80 000元,增值税额13 600元。

根据有关凭证，做如下会计分录：

借：原材料　　80 000

　应交税费——应交增值税（进项税额）　　13 600

　贷：实收资本　　93 600

（三）接受货物捐赠进项税额的会计处理

接受货物捐赠时，按确定的实际总成本，借记"原材料"、"库存商品"等账户，按确定的捐赠货物的实际成本，贷记"待转资产价值"账户，按应支付增值税额，借记"应交税费——应交增值税（进项税额）"账户，按应支付的相关税费，贷记"银行存款"账户。

【例 2-34】 A 公司为内资企业，某月接受 B 公司捐赠原材料一批，取得增值税专用发票，注明双方确认价值 10 万元，增值税额 1.7 万元。捐赠过程中发生手续费 1 万元。

根据有关凭证，做如下会计分录：

借：原材料　　110 000

　应交税费——应交增值税（进项税额）　　17 000

　贷：待转资产价值　　100 000

　　银行存款　　27 000

（四）接受债务人以非现金资产抵偿债务方式取得货物进项税额的会计处理

企业接受的债务人用于清偿债务的非现金资产，应按该项非现金资产的公允价值，借记"原材料"、"库存商品"等账户，按可抵扣的增值税额，借记"应交税费——应交增值税（进项税额）"账户，按重组债权的账面余额，贷记"应收账款"账户，按应支付的相关税费和其他费用，贷记"银行存款"、"应交税费"等账户，按其差额，借记"营业外支出"账户。

【例 2-35】 B 公司欠 A 公司货款 10 万元，已经挂账 3 年，A 公司为此已经提取坏账准备 1 万元，经双方协商，A 公司同意 B 公司以一批元件来抵偿债务，该批元件的公允价值为 7 万元。原材料转让过程中发生相关费用 1 000 元，A 公司将收到的元件作为原材料入库并不再单独支付给 B 公司增值税额。此项债务重组不涉及补价。

根据有关凭证，A 公司做如下会计分录：

借：原材料	70 000	
应交税费——应交增值税（进项税额）	11 900	
坏账准备	10 000	
营业外支出	9 100	
贷：应收账款		100 000
银行存款		1 000

（五）支付运费进项税额的会计处理

一般纳税人外购货物所支付的运输费用，以及一般纳税人销售货物所支付的运输费用，根据运费结算单据（普通发票）所列运费金额依 7%的扣除率计算进项税额准予扣除。准予计算进项税额抵扣的货物运费金额是指在运输单位开具的货票上注明的运费和建设基金，但随同运费支付的装卸费、保险费等其他杂费不得计算扣除进项税额。在会计处理上，分为以下两种情况：

1. 购进货物支付运费

购进货物支付运费，应将减去可抵扣的增值税进项税额后的差额计入购货成本，借记“原材料”等账户，按运费普通发票上所载运费和建设基金依 7%的扣除率计算准予扣除的进项税额，借记“应交税费——应交增值税（进项税额）”账户，按实际支付的运费总额，贷记“银行存款”、“应付账款”等账户。

【例 2-36】 某企业某月从异地购入材料一批，取得增值税专用发票注明价款 32 000 元，增值税额 5 440 元，支付购货运费 2 000 元，取得普通发票。货物已经验收入库,款项全部支付。

根据有关凭证,做如下会计分录:

可以抵扣的进项税额=5 440+2 000×7%=5 580(元)

借:原材料　　33 860

　应交税费——应交增值税(进项税额)　　5 580

　贷:银行存款　　39 440

2.销售货物支付的运输费用

企业在销售商品过程中支付的运费,按支付的金额减去可抵扣的增值税进项税额后的差额,直接计入当期费用,借记"销售费用",按运费普通发票上所载运费和建设基金依7%的扣除率计算准予扣除的进项税额,借记"应交税费——应交增值税(进项税额)"账户,按实际支付的运费总额,贷记"银行存款"等账户。

【例2-37】 某企业某月销售商品一批,支付销货运费5 000元,取得普通发票。运费已经支付。

根据有关凭证,做如下会计分录:

可以抵扣的进项税额=5 000×7%=350(元)

借:销售费用　　4 650

　应交税费——应交增值税(进项税额)　　350

　贷:银行存款　　5 000

(六)接受应税劳务进项税额的会计处理

一般纳税人接受应税劳务,按专用发票上注明的增值税额,借记"应交税费——应交增值税(进项税额)",按专用发票上记载的应当计入加工、修理修配等物资成本的金额,借记"生产成本"、"委托加工物资"、"管理费用"等账户,按应付或实付的金额,贷记"银行存款"、"应付账款"等账户。

【例 2-38】 某企业为增值税一般纳税人，某月将价值 10 000 元的钢材运往某加工厂加工钢坯，钢坯加工完毕收回时，取得加工厂开具的增值税专用发票，注明加工费 2 000 元，增值税额 340 元。钢坯作为材料验收入库，加工费尚未支付。

委托方根据有关凭证，做如下会计分录：

(1)发出原料时。

借：委托加工物资　　10 000

　贷：原材料——钢材　　10 000

(2)收到加工费专用发票。

借：委托加工物资　　2 000

　应交税费——应交增值税(进项税额)　　340

　贷：应付账款　　2 340

(3)加工收回的钢坯入库时。

借：原材料——钢坯　　12 000

　贷：委托加工物资　　12 000

(七)进口物资进项税额的会计处理

一般纳税人从国外进口物资，按海关提供的完税凭证上注明的增值税，借记“应交税费——应交增值税(进项税额)”，按进口物资应计入采购成本的金额，借记“材料采购”、“原材料”、“库存商品”等账户，按应付或实付的金额，贷记“银行存款”、“应付账款”等账户。

【例 2-39】 某进出口公司从 A 国进口货物一批，关税完税价格折合人民币 15 万元，该货物适用的关税税率为 20%，增值税税率为 17%。货物已经验收入库，货款尚未支付。

根据有关凭证，做如下会计分录：

应纳进口增值税＝(15 ＋ 15×20%)×17%＝3.06(万元)

借：原材料　　180 000

应交税费——应交增值税(进项税额)　　30 600

贷:应付账款　　210 600

二、增值税进项税额转出的会计处理

根据增值税的计税原理,购进货物或应税劳务只有用于增值税应税项目,其支付的进项税额才准予从销项税额中抵扣。如果用于非应税项目,不能形成销项税额,则不允许从销项税额中抵扣这部分进项税额,否则会使应纳税额流失。如果在货物和劳务购进时就明确地知道其用途,如购进建筑材料用于建造厂房,那么,对于按税法规定不得从销项税额中抵扣的进项税额将直接计入所购货物或劳务的成本。借记"在建工程"、"应付职工薪酬"等账户,贷记"银行存款"、"应付账款"等账户。如果当初是按生产经营用,货物和劳务购进时其进项税额已抵扣了当期的销项税额,但当这些货物改变用途时,本应形成的销项税额没有实现。为了不破坏进项税额与销项税额的配比关系,在会计处理上,需要将原已记入"应交税费——应交增值税"借方的进项税额从"应交税费——应交增值税"的贷方转出。即借记有关成本、费用、损失账户,贷记"应交税费——应交增值税(进项税额转出)"账户。

(一)购进货物改变用途转出进项税额的会计处理

为生产、销售购进的货物,其进项税额在购进时记入"应交税费——应交增值税(进项税额)"账户,购进后被用于非应税项目、集体福利或个人消费时,应将其负担的增值税转入有关成本、费用账户。借记"应付职工薪酬"、"在建工程"、"固定资产"等账户,贷记"应交税费——应交增值税(进项税额转出)"账户。

【例 2-40】 某冷食店 6 月份购进 100 箱冰淇淋,取得增值税专用发票注明价款 2 400 元,增值税额 408 元,已经验收入库并支付全部款项。7 月初,将其中的 30 箱作为福利发给职工。

根据有关凭证,做如下会计分录:

(1)6 月份购入 100 箱冰淇淋时。

借:库存商品　　2 400

　应交税费——应交增值税(进项税额)　　408

　贷:银行存款　　2 808

(2)7 月份发给职工 30 箱时。

应转出的进项税额＝408×(30÷100)＝122.4(元)

借:应付职工薪酬　　842.4

　贷:库存商品　　720

　　应交税费——应交增值税(进项税额转出)　　122.40

【例 2-41】 某企业某月将生产用购入的水泥领出 3 吨,用于修建新仓库。该水泥购入时不含税价款为每吨 2 000 元。

根据有关凭证,做如下会计分录:

借:在建工程　　7 020

　贷:原材料　　6 000

　　应交税费——应交增值税(进项税额转出)　　1 020

(二)购进货物用于免税项目转出进项税额的会计处理

企业购进货物,如果既用于应税项目,又用于免税项目,而进项税额不能分别核算时,月末应按免税项目销售额占全部销售额的比重分摊不予抵扣的进项税额,借记“主营业务成本”等账户,贷记“应交税费——应交增值税(进项税额转出)”账户。

【例 2-42】 某自行车厂某月全部进项税额为 2 400 元,销售总额为 40 000 元,其中自行车销售额 30 000 元,供残疾人专用的轮椅销售额 10 000 元(免税产品)。

根据有关凭证,做如下会计分录:

不得抵扣的进项税额＝2 400×(10 000÷40 000)＝600(元)

借:主营业务成本　　600

贷：应交税费——应交增值税(进项税额转出)　　600

(三)非常损失货物转出进项税额的会计处理

企业因管理不善造成货物被盗窃、发生霉烂变质等损失或因自然灾害给货物造成的损失均属于非常损失。非常损失货物可能是购进的货物，也可能是在产品和产成品。根据税法规定，非正常损失的购进货物和非正常损失的在产品、产成品所耗用的购进货物或者应税劳务的进项税额不得抵扣；在发生损失时，应将其进项税额和损失货物的成本一起转出。借记“待处理财产损溢”账户，贷记“原材料”、“生产成本”、“产成品”、“库存商品”等账户。

【例 2-43】 某企业某月因遭受水灾，存放在仓库中的原材料部分受损。受损材料账面成本为 23 450 元。增值税率 17%。

根据有关凭证，做如下会计分录：

不得抵扣的进项税额＝23 450×17%＝3 986.5(元)

借：待处理财产损溢　　27 436.50

　贷：原材料　　23 450

　　应交税费——应交增值税(进项税额转出)　3 986.50

思　考

1. 一般纳税人收购免税农产品如何进行会计处理？举例说明。

2. 某月某企业因遭受水灾，存放在仓库中的产成品部分受损。受损产成品账面成本为 23 450 元。其中直接材料 18 000 元，直接人工 3 000元，制造费用 2 450 元。增值税率 17%。做出进项税额转出的会计分录。

第五节 增值税结转及上缴的会计处理

一、多栏式账页格式下增值税上缴的会计处理

在多栏式账页格式下，增值税上缴的会计处理主要通过"应交税费——应交增值税"账户余额的分析来完成。一般纳税人纳税期限的不同，会产生不同的程序。

（一）以月为纳税期限

1. 平时，企业在"应交税费——应交增值税"多栏式明细账户中核算增值税业务，月末，结出借贷方合计金额和差额。

2. 若"应交税费——应交增值税"账户为借方差额，表示本月有尚未抵扣的进项税额，应留在该账户的借方，留待下期抵扣；若为贷方差额，表示本月应交增值税额，应在纳税期内上缴。会计分录为：

借：应交税费——应交增值税

　　贷：银行存款

由于以一个月为纳税期限的企业不存在当月预交当月税款的情况，因此月末也不存在多交税款的问题。

（二）以日为纳税期限

以日为一期纳税的，自期满之日起 5 日内预缴税款（在"应交税费——应交增值税（已交增值税）"账户核算），于次月 1 日起 10 日内申报纳税并结清上月应纳税款。

1. 平时，企业在"应交税费——应交增值税"多栏式明细账户中核算增值税业务，其中，当月预缴当月增值税额时，会计分录为：

借：应交税费——应交增值税（已交增值税）

　　贷：银行存款

月末，结出"应交税费——应交增值税"账户借贷方合计和余额。

2. 若"应交税费——应交增值税"账户为贷方余额，表示本月应交未交增值税额。

3.若“应交税费——应交增值税”账户为借方余额，由于月中有预缴税款的情况，因此该借方余额不仅可能是尚未抵扣的进项税额，还可能包含了多交的部分。有多少是多交的税额，有多少是尚未抵扣的进项税额，一般有以下三种情况：

(1)当“应交税费——应交增值税”账户借方余额大于“应交税费——应交增值税”账户的“已交税金”专栏合计数时，表明当月已交税金全部为多交，同时两者差额为本月尚未抵扣的进项税额。

【例 2-44】 某企业某月“应交税费——应交增值税”账户资料如表 2-7 所示。

表 2-7 “应交税费——应交增值税”账户资料

借方		贷方		借或贷	余额
进项税额	1 900	销项税额	1 700		
已交税额	800				
合计	2 700	合计	1 700	借	1 000

借方余额 1 000 元中包括多交的 800 元税款和留待抵扣的 200 元进项税额(1 700－1 900＝－200)。

---

(2)当“应交税费——应交增值税”账户借方余额等于“应交税费——应交增值税”账户的“已交税金”专栏合计数时，表明当月已交税金全部为多交，同时本月无尚未抵扣的进项税额。

【例 2-45】 某企业某月“应交税费——应交增值税”账户资料如表 2-8 所示。

表 2-8 “应交税费——应交增值税”账户资料

借方		贷方		借或贷	余额
进项税额	1 900	销项税额	1 900		
已交税额	800				
合计	2 700	合计	1 900	借	800

借方余额 800 元等于已交税额 800 元，即为多交税额 800 元，同时，当期销项税额 1 900 元等于当期进项税额 1 900 元，无留抵的进项税额。

---

(3)当“应交税费——应交增值税”账户借方余额小于“应交税费——应交增值税”账户的“已交税金”专栏合计数时，表明当月已交税金部分为应交税额，部分为多交税额，借方余额即为多交税额。

【例 2-46】 某企业某月“应交税费——应交增值税”账户资料如表 2-9 所示。

表 2-9 “应交税费——应交增值税”账户资料

借 方		贷 方		借或贷	余 额
进项税额	1 900	销项税额	2 000		
已交税额	800				
合 计	2 700	合 计	2 000	借	700

企业已交税额 800 元，其中应交 100 元(当期销项税额 2 000－当期进项税额 1 900＝应交税额 100)，因此多交 700 元。

二、三栏式账页格式下增值税结转、上缴的会计处理

中小企业一般纳税人在三栏式账页格式下进行增值税结转、上缴的会计处理，主要是设置账户和按程序核算两方面问题。

(一)三栏式账户的设置

中小企业在设置增值税三栏式账户时，应分为以下层次：

1. 必须设置的账户：“应交税费——应交增值税”、“应交税费——进项税额”、“应交税费——销项税额”，按日纳税的一般纳税人还应设置“应交税费——已交增值税”账户反映预缴情况。

2. 在多栏式账页下“应交税费——应交增值税”的其他专栏可根据企业需要，有选择地设置为二级明细账户。如“应交税费——出口退税”账户。

（二）上缴的会计处理

一般纳税人纳税期限的不同，会产生不同的会计处理程序。

1. 以月为纳税期限的会计处理

（1）月末，将除“应交税费——应交增值税”账户以外的其他增值税账户余额均结转至“应交税费——应交增值税”账户的借方或贷方，然后结出该账户余额。会计分录为：

借：应交税费——应交增值税

　　贷：应交税费——进项税额等

借：应交税费——销项税额等

　　贷：应交税费——应交增值税

（2）“应交税费——应交增值税”账户若为借方余额，反映本月尚未抵扣的进项税额，不再转出，留在该账户待下期抵扣。

（3）“应交税费——应交增值税”账户若为贷方余额，反映本月应交未交增值税额。其他增值税账户的月末余额均为零，便于重新开始核算下月的增值税业务。

2. 以日为纳税期限的会计处理

（1）月末，将除“应交税费——应交增值税”、“应交税费——已交增值税”账户以外的其他增值税账户余额均结转至“应交税费——应交增值税”账户的借方或贷方，然后结出该账户余额。会计分录为：

借：应交税费——应交增值税

　　贷：应交税费——进项税额等

借：应交税费——销项税额等

　　贷：应交税费——应交增值税

（2）“应交税费——应交增值税”账户若为借方余额，反映本月尚未抵扣的进项税额，不再转出，留在该账户待下期抵扣。反映预缴税额的“应交税费——已交增值税”账户的借方余额为本月多交税额。

（3）“应交税费——应交增值税”账户若为贷方余额，反映本月应交未交增值税额。此时,将"应交税费——已交增值税"账户的借方余额(设为A)与"应交税费——应交增值税"账户贷方余额(设为B)作一比较:

如果A>B,则只结转A=B的部分,结转后"应交税费——应交增值税"账户余额为零,"应交税费——已交增值税"账户仍有借方余额,反映本月多交税额。

如果A<B,则全部结转A到B,结转后"应交税费——已交增值税"账户余额为零,"应交税费——应交增值税"账户仍有贷方余额,反映本月应交未交增值税额。

结转的分录为:

借:应交税费——应交增值税

　贷:应交税费——已交增值税

思　考

一般纳税人在采用多栏式账页进行增值税会计核算时,上缴时的程序的确很复杂,有没有更好的账户设置方法和程序呢?请提出你的简化方案。

第六节　小规模纳税人增值税的会计处理

一、小规模纳税人增值税会计账户的设置

小规模纳税人不同于一般纳税人,由于其采用简易办法计算增值税应纳税额,不实行进项税额抵扣制度,因此,小规模纳税人进行增值税会计处理,只须在"应交税费"账户下设置"应交税费——应交增值税"明细账户。该账户一般采用三栏式账页格式。借方反映上缴的增值税额,贷方反映当月销售货物或提供应税劳务应交的增值税额及销售退回

红冲的增值税额。期末余额一般在贷方，反映应缴未缴的增值税额。

二、小规模纳税人的会计处理

（一）小规模纳税人购进货物的会计处理

由于小规模纳税人不实行进项税额抵扣制度，因此，不论收到增值税专用发票还是普通发票，在会计处理上均无须反映进项税额，按实际支付或应当支付的价款，借记“材料采购”、“原材料”、“库存商品”等账户，贷记“银行存款”、“应付账款”等账户。

【例 2-47】 某商店为小规模纳税人，某月购入食盐一批，取得普通发票，注明货物价款为 3 000 元，货物已经验收入库，货款已通过银行支付。

根据有关凭证，做如下会计分录：

借：库存商品　　3 000

　贷：银行存款　　3 000

（二）小规模纳税人销售货物的会计处理

小规模纳税人销售货物时，按货物的不含税销售额贷记“主营业务收入”账户，按货物的不含税销售额与征收率的乘积贷记“应交税费——应交增值税”账户，按销售额与应交增值税的合计借记“银行存款”、“应收账款”等账户。

【例 2-48】 某商场为小规模纳税人，某月销售服装一批，取得零售收入 2 800 元。

根据有关凭证，做如下会计分录：

应交增值税额＝2 800÷(1＋3％)×3％＝81.55(元)

借：库存现金　　2 800.00

　贷：主营业务收入　　2 718.45

　　应交税费——应交增值税　　81.55

（三）小规模纳税人上缴税款的会计处理

月末，小规模纳税人按在纳税期限中按期上缴增值税，借记“应交税费——应交增值税”账户，贷记“银行存款”、“现金”等账户。

【例 2-49】 如【例 2-48】，做出月末上缴增值税的会计处理。

根据有关凭证，做如下会计分录：

借：应交税费——应交增值税　　81.55

　贷：银行存款　　81.55

思　考

一般纳税人在销售特定货物时也会采用小规模纳税人的简易方法计算应纳增值税额，如何进行会计处理？举例说明。

第七节　增值税出口退税的会计处理

一、出口货物退（免）税基本政策

我国的出口货物退税政策分为三种形式：

（一）出口免税并退税

出口免税是指对货物在出口销售环节不征增值税、消费税；出口退税是指对货物在出口前实际承担的税收负担，按规定的退税率计算后予以退还。

（二）出口免税不退税

出口免税与上述含义相同。出口不退税是指适用这个政策的出口货物因在前一道生产、销售环节或进口环节是免税的，因此，出口时该货物的价格中本身就不含税，也无须退税。

(三)出口不免税也不退税

出口不免税是指对国家限制或禁止出口的某些货物的出口环节视同内销环节,照常纳税;出口不退税是指对这些货物出口不退还出口前其所负担的税款。适用这个政策的主要是限制或禁止出口的货物,如天然牛黄、麝香等。

二、出口货物退(免)税政策的适用范围

(一)下列企业出口的货物,一般给予免税并退税:

1.生产企业自营出口或委托外贸企业代理出口的自产货物。

2.有出口经营权的外贸企业收购后直接出口或委托其他外贸企业代理出口的货物。

3.下列特定出口的货物:

(1)对外承包工程公司运出境外用于对外承包项目的货物;

(2)对外承接修理修配业务的企业用于对外修理修配的货物;

(3)外轮供应公司、远洋运输供应公司销售给外轮、远洋货轮而收取外汇的货物;

(4)企业在国内采购并运往境外作为在国外投资的货物;

(5)对我国港澳台地区贸易的货物等。

(二)下列企业出口的货物,一般给予免税,但不予退税:

1.属于生产企业的小规模纳税人自营出口或委托外贸企业代理出口的自产货物。

2.外贸企业从小规模纳税人购进并持普通发票的货物出口,免税但不予退税。

3.外贸企业直接购进国家规定的免税货物(包括免税农产品)出口的,免税但不予退税。

(三)下列出口货物,免税但不予退税:

1.来料加工复出口的货物,即原材料进口免税,加工自制的货物出口不退税。

2.避孕药品和用具、古旧图书,内销免税,出口也免税。

3.出口卷烟:有出口卷烟权的企业出口国家出口卷烟计划内的卷

烟，在生产环节免征增值税、消费税，出口环节不办理退税。其他非计划内出口的卷烟照章征收增值税和消费税，出口一律不退税。

4.国家规定的其他免税货物，如农业生产者销售的自产农业产品、农膜等。

出口免征增值税的货物，其耗用的原材料、零部件等支付的进项税额，包括准予抵扣的运输费用所含的进项税额，不能从内销货物的销项税额中抵扣，应计入产品成本处理。

（四）除经批准属于进料加工复出口贸易以外，下列出口货物不免税也不退税：

1.国家计划外出口的原油。

2.援外出口货物。

3.国家禁止出口的货物，包括天然牛黄、麝香、铜及铜基合金等。

（五）纳税人既有增值税即征即退、先征后退项目，也有出口等其他增值税应税项目的，增值税即征即退和先征后退项目不参与出口项目免抵退税计算。纳税人应分别核算增值税即征即退、先征后退项目和出口等其他增值税应税项目，分别申请享受增值税即征即退、先征后退和免抵退税政策。

三、出口货物退税率

出口货物的退税率，是出口货物的实际退税额与退税计税依据的比例。现行出口货物的增值税退税率有5%、9%、11%、13%、14%、15%、17%等七个档次。

四、出口货物应退增值税额——“免、抵、退”的计算

生产企业自营或委托外贸企业代理出口自产货物，除另有规定外，增值税一律实行免、抵、退税管理办法。

生产企业是指独立核算，经主管国税机关认定为一般增值税纳税人，并且具有实际生产能力的企业和企业集团。增值税小规模纳税人出口自产货物继续实行免征增值税办法。

实行免、抵、退税管理办法中：“免”税是指对生产企业出口的自产

货物，免征本企业生产销售环节增值税；“抵”税是指生产企业出口自产货物所耗用的原材料、零部件、燃料、动力等所含应予退还的进项税额，抵顶内销货物的应纳税额；“退”税是指生产企业出口的自产货物在当月内应抵顶的进项税额大于应纳税额时，对未抵顶完的部分予以退税。计算公式如下：

1.当期应纳税额的计算

当期应纳税额＝当期内销货物的销项税额－(当期进项税额－当期免抵退税不得免征和抵扣税额)－上期留抵税额

2.免抵退税额的计算

免抵退税额＝出口货物离岸价×外汇人民币牌价×(出口货物退税率－免抵退税额抵减额)

其中：

(1)出口货物离岸价(FOB)以出口发票计算的离岸价为准。出口发票不能如实反映实际离岸价的，企业必须按照实际离岸价向主管国税机关申报，同时主管税务机关有权按照《中华人民共和国税收征收管理法》、《中华人民共和国增值税暂行条例》等有关规定予以核定。

(2)免抵退税额抵减额＝免税购进原材料价格×出口货物退税率

免税购进原材料包括从国内购进免税原材料和进料加工免税进口料件，其中进料加工免税进口料件的价格为组成计税的价格。

进料加工免税进口料件的组成计税价格
＝货物到岸价＋海关实征关税和消费税

3.当期应退税额和免抵税额的计算

(1)如当期期末留抵税额≤当期免抵退税额，则：

当期应退税额＝当期期末留抵税额

当期免抵税额＝当期免抵退税额－当期应退税额

(2)如当期期末留抵税额＞当期免抵退税额，则：

当期应退税额＝当期免抵退税额

当期免抵税额＝0

当期期末留抵税额根据当期《增值税纳税申报表》中“期末留抵税额”确定。

4.免抵退税不得免征和抵扣税额的计算

(1)免抵退税不得免征和抵扣税额

=出口货物离岸价×(外汇人民币牌价出口货物纳税率－出口货物退税率)－免抵退税不得免征和抵扣税额抵减额

(2)免抵退税不得免征和抵扣税额抵减额

=免税购进原材料价格×(出口货物征收率－出口货物退税率)

【例2-50】 某自营出口生产企业本期外购货物取得准予抵扣进项税额30万元,内销销售额500万元,本期自营出口货物离岸价50万美元,汇率1∶8.0,纳税率17%,退税率15%,计算应纳或应退税额。

(1)免抵退税不得免征和抵扣税额＝FOB×汇率×(纳税率－退税率)＝50×8.0×(17%－15%)＝8(万元)

(2)当期应纳税额＝当期内销货物的销项税额－(当期进项税额－当期免抵退税不得免征和抵扣税额)＝500×17%－(30－8)＝63(万元)＞0

公式结果大于0,说明外销货物的应退税额可以完全被内销的应交税额抵顶,无须再退税。

结论:①应纳税额＝63(万元);②应退税额＝0。

【例2-51】 如上题,设当期全部进项为100万元,其他条件不变。

(1)免抵退税不得免征和抵扣税额＝50×8.0×(17%－15%)＝8(万元)

(2)当期应纳税额＝500×17%－(100－8)＝－7(万元)＜0(本题未有上期留抵税额,则该结果即为本期期末留抵税额)

(3)计算应退税额,将期末留抵税额和免抵退税额进行比较

免抵退税额＝FOB×汇率×出口退税率＝50×8.0×15%
＝60(万元)

比较结果:7＜60,则:①应退税额＝7(万元);②(已被)免抵税额＝60－7＝53(万元)。

【例 2-52】 如上题，设当期全部进项为 200 万元，其他条件不变。

(1) 免抵退税不得免征和抵扣税额＝50×8.0×(17％－15％)＝8(万元)

(2) 当期应纳税额＝500×17％－(200－8)＝－107＜0

(3) 计算应退税额

免抵退税额＝FOB×汇率×出口退税率＝50×8.0×15％

＝60(万元)

比较结果：107＞60，则：①当期应退税额＝60(万元)；②当期免抵税额＝0；③结转下期留抵＝107－60＝47(万元)。

五、出口货物应退增值税额——“先征后退”的计算

先征后退的计算方法主要适用于外贸企业，以及实行外贸企业财务制度的工贸企业收购货物出口。其出口销售环节的增值税免征；其收购货物的成本部分，因外贸企业在支付收购货款的同时也支付了生产经营该类商品的企业已纳的增值税款，因此，在货物出口后按收购成本与退税率计算退税退还给外贸企业，征、退税之差计入企业成本。

外贸企业出口货物增值税的计算应依据购进出口货物增值税专用发票上所注明的进项税额和退税额计算。

应退税额＝外贸收购不含增值税购进金额×退税率

【例 2-53】 某进出口公司 5 月份出口美国家用电器 1 000 台，进货增值税专用发票注明不含税单价 300 元/台，退税率 15％，计算其应退税额。

应退税额＝1 000×300×15％＝45 000(元)

六、生产企业免、抵、退增值税的会计处理

(一)账户设置和使用

生产企业免、抵、退增值税的会计处理主要涉及以下账户：

1.“应交税费——应交增值税(出口抵减内销产品应纳税额)”账户，用于反映出口企业销售出口货物后，向税务机关办理免、抵、退税申报，按规定计算的应免抵税额，借记“应交税费——应交增值税(出口抵减内销产品应纳税额)”账户，贷记“应交税费——应交增值税(出口退税)”账户。

2.“应交税费——应交增值税(出口退税)”账户，反映企业出口货物，实行免、抵、退税方法的，在向海关办理报关出口手续后，凭出口报关单等有关凭证，向税务机关申报办理出口退税而应收的出口退税款以及应免抵税款。出口货物退回的增值税额，用蓝字反映；出口货物办理退税后发生退货或退关而补交已退的税款，用红字反映。出口企业当期按规定确定应退税额、应免抵税额后，借记“其他应收款”、“应交税费——应交增值税(出口抵减内销产品应纳税额)”等账户，贷记“应交税费——应交增值税(出口退税)”账户。

3.“应交税费——应交增值税(进项税额转出)”账户，反映按税法规定计算的出口货物不得抵扣税额的部分，应在借记“主营业务成本”账户的同时，贷记该账户。

4.“其他应收款”账户，在出口退税的核算中，其借方反映出口企业销售出口货物后，按规定向税务机关办理“免、抵、退税”申报，计算得到的应退税额，贷方反映企业收到的退税款。

实行“免、抵、退”办法的生产性企业，按规定计算的当期出口物资不予免征、抵扣和退税的税额，计入出口物资成本，借记“主营业务成本”账户，贷记“应交税费——应交增值税(进项税额转出)”账户。按规定计算的当期应予以抵扣的税额，借记“应交税费——应交增值税(出口抵减内销产品应纳税额)”账户，贷记“应交税费——应交增值税(出口退税)”账户。因应抵扣的税额大于应纳税额而未全部抵扣，按规定

应予以退回的税款，借记“其他应收款”账户，贷记“应交税费——应交增值税（出口退税）”账户；收到退回的税款，借记“银行存款”账户，贷记“其他应收款”账户。

（二）举例

【例 2-54】 以【例 2-50】为例，做会计分录。

（1）结转当期不得免征和抵扣税额。

借：主营业务成本　　80 000

　贷：应交税费——应交增值税（进项税额转出）　　80 000

（2）结转出口抵减内销产品应纳税额。

借：应交税费——应交增值税（出口抵减内销产品应纳税额）

530 000

　贷：应交税费——应交增值税（出口退税）　　530 000

（3）结转应予以退回的税款。

借：其他应收款　　70 000

　贷：应交税费——应交增值税（出口退税）　　70 000

（4）收到退税款。

借：银行存款　　70 000

　贷：其他应收款　　70 000

七、出口货物“先征后退”增值税的会计处理

实行“先征后退”增值税办法的企业，物资出口销售时，按当期出口物资应收的款项，借记“应收账款”等账户，按规定计算的应收出口退税，借记“其他应收款”账户，按规定计算的不予退回的税金，借记“主营业务成本”账户，按当期出口物资实现的营业收入，贷记“主营业务收入”账户，按规定计算的增值税，贷记“应交税费——应交增值税（销项税额）”账户。收到退回的税款，借记“银行存款”账户，贷记“其他应收款”账户。

【例 2-55】 某进出口公司5月份出口美国家用电器1 000台，进货增值税专用发票注明不含税单价300元/台，出口销售额，每台折合人民币800元，增值税率17%，退税率15%。

根据有关凭证，做如下会计分录：

应退税额＝1 000×300×15%＝45 000(元)

不予退税额＝1 000×300×(17%－15%)＝6 000(元)

(1)结转出口销售收入。

借：应收账款　　936 000

　贷：主营业务收入　　800 000

　　应交税费——应交增值税(销项税额)　　136 000

(2)结转不予以退还的税款和销售成本时。

借：主营业务成本　　306 000

　贷：库存商品　　300 000

　　应交税费——应交增值税(进项税额转出)　　6 000

(3)申报出口退税。

借：其他应收款　　45 000

　贷：补贴收入　　45 000

(4)收到退税款。

借：银行存款　　45 000

　贷：其他应收款　　45 000

思　考

在考虑出口退税会计核算的情况下，一般纳税人月末结转和上缴增值税额的会计处理有何变化？举例说明。

本章小结

本章第一节主要介绍了增值税的纳税范围、一般纳税人和小规模纳税人的认定及增值税的税率，为增值税应纳税额的计算作基础知识的准备。第二节比较系统地讲解了增值税应纳税额的三种计算方法，重点是一般纳税人适用的应纳增值税额的基本计算方法。第三节至第七节详细地讲述了增值税的会计处理，内容涉及进项税额、进项税额转出、销项税额、出口退税以及一般纳税人和小规模纳税人月末结转、上缴增值税的会计处理，内容较为全面，是应重点理解和掌握的内容。

综合复习题

一、思考题

1. 简述增值税的纳税义务人包括哪些。

2. 如何认定增值税的小规模纳税人？

3. 增值税的税率和征收率各是多少？

4. 如何确定视同销售行为的销售额？

5. 如何确定混合销售行为的销售额？

6. 增值税的法定免税项目有哪些？

7. 增值税的纳税义务发生时间如何确定？

8. 增值税专用发票的开具时限是如何规定的？

9. 增值税进项税额的申报抵扣时限是如何规定的？

10. 哪些货物的进项税额不准予抵扣？

二、选择题

1. 下列各项中，符合增值税专用发票开具时限规定的是(　　)。

A. 将货物分配给股东，为货物移送的当天

B. 采用预收货款结算方式的，为收到货款的当天

C. 采用交款提货结算方式的，为发出货物的当天

D. 将货物作为投资的，为货物使用的当天

2. 下列项目所包含的进项税额，不得从销项税额中抵扣的是(　　)。

A. 生产过程中出现的报废产品

B. 用于返修产品修理的易损零配件

C. 生产企业用于经营管理的办公用品

D. 校办企业生产本校教具的外购材料

3. 下列各项中，应视同销售货物行为征收增值税的是（　　）。

A. 将委托加工的货物用于非应税项目

B. 动力设备的安装

C. 销售代销的货物

D. 邮政局出售集邮商品

4. 按增值税有关规定，以下外购货物发生的增值税进项税额不准予抵扣的有（　　）。

A. 非常损失的在产品所耗用的购进货物

B. 外购货物用于免税项目

C. 外购货物用于集体福利

D. 外购货物用于无偿赠送他人

三、业务题

1. 某企业为增值税一般纳税人，某年 6 月发生以下业务：

从农业生产者手中收购玉米 40 吨，每吨收购价 3 000 元，共计支付收购价款 120 000 元。企业将收购的玉米从收购地直接运往异地的某酒厂生产加工药酒，酒厂在加工过程中代垫辅助材料款 15 000 元。药酒加工完毕，企业收回药酒时取得酒厂开具的增值税防伪税控专用发票，注明加工费 30 000 元、增值税额 5 100 元，加工的药酒当地无同类产品市场价格。本月内企业将收回的药酒批发售出，取得不含税销售额 260 000 元。另外，支付给运输单位的销货运输费用 12 000 元，取得普通发票。

要求：计算该企业应缴纳的增值税，并做增值税的会计处理。

2. 某商场为增值税一般纳税人，某年 8 月发生以下购销业务：

(1)购入服装两批，均取得增值税专用发票。两张专用发票上注明的货款分别为 20 万元和 36 万元，进项税额分别为 3.4 万元和 6.12 万元，其中第一批货款 20 万元未付，第二批货款 36 万元当月已付清。另外，购进这两批货物时已分别支付两笔运费 0.26 万元和 4 万元，并取得承运单位开具的普通发票。

(2)批发销售服装一批，取得不含税销售额 18 万元，采用委托银行收款方式结算，货已发出并办妥托收手续，货款尚未收回。

(3)零售各种服装，取得含税销售额 38 万元，同时将零售价为 17.8 万元的服装作为礼品赠送给了顾客。

(4)采取以旧换新方式销售家用电脑 20 台，每台零售价 6 500 元，另支付顾客每台旧电脑收购款 500 元。

要求：计算该商场 8 月应缴的增值税。

四、案例题

某年 6 月，某市国税局稽查分局根据举报，在该市某酒店，发现东北某保健品厂的营销员马某长期包租客房，在未办理任何外出经营手续的情况下，经销该厂生产的减肥茶。经过详细查证核实，报经分局长批准后，稽查分局扣押了房内的 12 箱减肥茶，并要求马某滞留原地，等候处理。3 天后，稽查分局向马某送达《补缴税款通知书》，责令该保健品厂限期补缴增值税款 18 万元。马某不服，认为他是厂里的联络员，只负责在该地联络业务，业务联系好后，通知厂里，然后由厂里直接向该市客户发货，收货后，客户再通过马某将销售款汇往厂里，由厂里向客户开具发票，因而这实际上是保健品厂在其自己所在地进行销售。而他只是在该市联系业务，并未在该市销售减肥茶，因此，税款不应在该市缴纳，该市国税局对这笔税款没有征收权。后经该市国税局稽查分局的催促，保健品厂在缴清了 18 万元税款后，向市国税局提起行政复议，市国税局作出了维持稽查分局处理决定的裁决，保健品厂仍不服，遂向当地法院提起诉讼。(摘自中国税收咨询网)

分析要求：你认为该保健品厂是否属于跨地区经营？市国税局的裁决是否正确？有无法律依据？

第三章　消费税会计

学习目标

1. 熟悉消费税纳税范围。
2. 掌握不同纳税环节消费税应纳税额的计算。
3. 熟悉消费税纳税申报的规定。
4. 掌握不同纳税环节消费税的会计处理。

范 例

消费税与增值税同属流转税类,消费税的税目均包含在增值税的纳税范围之中。纳税范围的交叉,容易产生这样的问题:在对应税消费品缴纳消费税的时候,一定要同时缴纳增值税吗?或者,在对应税消费品缴纳增值税的时候,一定要同时缴纳消费税吗?增值税是价外税,消费税是价内税,在会计处理上有何不同?这些都是掌握消费税税收政策及其会计处理所要解决的基本问题。

第一节 消费税概述

消费税是对我国境内从事生产、委托加工和进口应税消费品的单位和个人,就其销售额或销售数量,在特定环节征收的一种税。

消费税是世界各国广泛实行的税种,我国的消费税是 1994 年税制改革中新设置的税种,它与增值税相互配合,对某些需要特殊调节的消费品或消费行为在征收增值税的同时,再征收一道消费税,形成交叉征税双层次调节的模式,共同发挥税收筹集资金和调节经济的作用。随着我国经济的快速发展,现行消费税制也存在一些问题:一是征税范围偏窄,不利于在更大范围内发挥消费税的调节作用;二是原来确定的某些属于高档消费品的产品,这些年已经逐渐具有大众消费的特征;三是有些应税品目的税率结构与国内产业结构、消费水平和消费结构的变化不相适应;四是消费税促进节约资源和环境保护的作用有待加强。因此,财政部、国家税务总局联合下发通知,从 2006 年 4 月 1 日起,对我国现行消费税的税目、税率及相关政策均进行了调整。

一、消费税的纳税人

消费税的纳税人为在中华人民共和国境内生产、委托加工和进口应税消费品的单位和个人,以及国务院确定的销售应税消费品的其他单位和个人。

1.在中华人民共和国境内是指生产、委托加工和进口属于应当缴纳消费税的消费品的起运地或所在地在境内。

2.单位,是指企业、行政单位、事业单位、军事单位、社会团体及其他单位。

3.个人是指个体工商户和其他个人。

二、消费税的纳税范围

我国现行消费税的税目有以下14类:

1.过度消费会对人身健康、社会秩序、生态环境等方面造成危害的特殊消费品:

(1)烟。凡是以烟叶为原料加工生产的产品,不论使用何种辅料,均属于本税目的纳税范围,包括卷烟、雪茄烟和烟丝。

(2)酒及酒精。酒是酒精度在1度以上的各种酒类饮料。酒精又名乙醇,是指用蒸馏或合成方法生产的酒精度在95度以上的无色透明液体。酒类包括粮食白酒、薯类白酒、黄酒、啤酒和其他酒。酒精包括各种工业酒精、医用酒精和食用酒精。

(3)鞭炮、焰火。鞭炮是以多层纸密裹火药、接以药引线制成的爆炸品。焰火是指烟火剂。体育上用的发令纸、鞭炮药引线,不属于本税目。

(4)木制一次性筷子。本税目征收范围包括各种规格的木制一次性筷子。未经打磨、倒角的木制一次性筷子属于本税目征税范围。

(5)实木地板。本税目征收范围包括各类规格的实木地板、实木指接地板、实木复合地板及用于装饰墙壁、天棚的侧端面为榫、槽的实木装饰板。未经涂饰的素板属于本税目征税范围。

2.非生活必需品：

(1)化妆品。本税目征收范围包括各类美容、修饰类化妆品、高档护肤类化妆品和成套化妆品。美容、修饰类化妆品是指香水、香水精、香粉、口红、指甲油、胭脂、眉笔、唇笔、蓝眼油、眼睫毛以及成套化妆品。舞台、戏剧、影视演员化妆用的上妆油、卸装油、油彩不属于本税目的征收范围。

(2)贵重首饰及珠宝玉石。各种金银珠宝首饰和经采掘、打磨、加工的各种珠宝玉石。出国人员自免税商店购买的金银首饰缴纳消费税。

3.高消耗及高档消费品：

(1)摩托车。包括轻便摩托车和摩托车两种。

(2)小汽车。汽车是指由动力驱动，具有四个或四个以上车轮的非轨道承载的车辆。本税目征收范围包括含驾驶员座位在内最多不超过9个座位(含9座)的，在设计和技术特性上用于载运乘客和货物的各类乘用车和含驾驶员座位在内的座位数在10至23座(含23座)的，在设计和技术特性上用于载运乘客和货物的各类中轻型商用客车。用排气量小于1.5升(含1.5升)的乘用车底盘(车架)改装、改制的车辆属于乘用车征收范围。用排气量大于1.5升的乘用车底盘(车架)或用中轻型商用客车底盘(车架)改装、改制的车辆属于中轻型商用客车征收范围。含驾驶员人数(额定载客)为区间值的(如8～10人，17～26人)小汽车，按其区间值下限人数确定征收范围。电动汽车不属于本税目征收范围。

(3)高尔夫球及球具。本税目征收范围包括高尔夫球、高尔夫球杆、高尔夫球包(袋)。高尔夫球杆的杆头、杆身和握把属于本税目的征收范围。

(4)高档手表。高档手表是指销售价格(不含增值税)每只在10 000元(含10 000元)以上的各类手表。本税目征收范围包括符合以上标准的各类手表。

(5)游艇。本税目征收范围包括艇身长度大于8米(含8米)、小于90米(含90米)，内置发动机，可以在水上移动，一般为私人或团体购置，主要用于水上运动和休闲娱乐等非牟利活动的各类机动艇。

4. 不可再生和替代的稀缺资源消费品：

成品油。本税目包括汽油、柴油、石脑油、溶剂油、航空煤油、润滑油、燃料油七个子目。

(1)汽油。是指用原油或其他原料加工生产的辛烷值不小于66的可用作汽油发动机燃料的各种轻质油。含铅汽油是指铅含量每升超过0.013克的汽油。汽油分为车用汽油和航空汽油。以汽油、汽油组分调和生产的甲醇汽油、乙醇汽油也属于本税目征收范围。

(2)柴油。是指用原油或其他原料加工生产的倾点或凝点在－50至30的可用作柴油发动机燃料的各种轻质油和以柴油组分为主、经调和精制可用作柴油发动机燃料的非标油。以柴油、柴油组分调和生产的生物柴油也属于本税目征收范围。

(3)石脑油。石脑油又叫化工轻油，是以原油或其他原料加工生产的用于化工原料的轻质油。石脑油的征收范围包括除汽油、柴油、航空煤油、溶剂油以外的各种轻质油。非标汽油、重整生成油、拔头油、戊烷原料油、轻裂解料(减压柴油VGO和常压柴油AGO)、重裂解料、加氢裂化尾油、芳烃抽余油均属轻质油，属于石脑油征收范围。

(4)溶剂油。溶剂油是用原油或其他原料加工生产的用于涂料、油漆、食用油、印刷油墨、皮革、农药、橡胶、化妆品生产和机械清洗、胶粘行业的轻质油。橡胶填充油、溶剂油原料，属于溶剂油征收范围。

(5)航空煤油。航空煤油也叫喷气燃料，是用原油或其他原料加工生产的用作喷气发动机和喷气推进系统燃料的各种轻质油。

(6)润滑油。润滑油是用原油或其他原料加工生产的用于内燃机、机械加工过程的润滑产品。润滑油分为矿物性润滑油、植物性润滑油、动物性润滑油和化工原料合成润滑油。润滑油的征收范围包括矿物性润滑油、矿物性润滑油基础油、植物性润滑油、动物性润滑油和化工原料合成润滑油。以植物性、动物性和矿物性基础油(或矿物性润滑油)混合掺配而成的“混合性”润滑油，不论矿物性基础油(或矿物性润滑油)所占比例高低，均属润滑油的征收范围。变压器油、导热类油等绝缘油类产品不属于“润滑油”征税范围，不征收消费税。

(7)燃料油。燃料油也称重油、渣油，是用原油或其他原料加工生产，主要用作电厂发电、锅炉用燃料、加热炉燃料、冶金和其他工业炉燃料。腊油、船用重油、常压重油、减压重油、180CTS 燃料油、7 号燃料油、糠醛油、工业燃料、4－6 号燃料油等油品的主要用途是作为燃料燃烧，属于燃料油征收范围。

油气田企业在生产石油、天然气过程中，通过加热、增压、冷却、制冷等方法回收、以戊烷和以上重烃组分组成的稳定轻烃属于原油范畴，不属于成品油消费税征税范围。

5. 征税后不影响居民基本生活并具有一定财政意义的消费品：

汽车轮胎。汽车轮胎是指用于各种汽车、挂车、专用车和其他机动车上的内、外轮胎。不包括农用拖拉机、收割机、手扶拖拉机的专用轮胎。子午线轮胎免征消费税。

农用拖拉机、收割机和手扶拖拉机专用轮胎不属于“汽车轮胎”征税范围，不征收消费税。

三、消费税的税率

消费税的税率有比例税率和定额税率两种形式，根据不同的税目或子目确定相应的税率或单位税额。其中适用定额税率的有：啤酒、黄酒、成品油；适用定额税率和比例税率的有：卷烟、粮食白酒、薯类白酒；适用比例税率的有：除以上应税消费品外的其他应税消费品。具体规定见表 3-1 所示。

表 3-1　消费税税目、税率表

税　　目	税　　率
一、烟	
1. 卷烟	
(1)甲类卷烟	56% 加 0.003 元/支(生产环节)
(2)乙类卷烟	36% 加 0.003 元/支(生产环节)
2. 雪茄烟	36%(生产环节)
3. 烟丝	30%(生产环节)
4. 商业批发	5%(批发环节)

续表

税目	税率
二、酒及酒精	
1.白酒	20% 加 0.5 元/500 克(或 500 毫升)
2.黄酒	240 元/吨
3.啤酒	
(1)甲类啤酒	250 元/吨
(2)乙类啤酒	220 元/吨
4.其他酒	10%
5.酒精	5%
三、化妆品	30%
四、贵重首饰及珠宝玉石	
1.金银首饰、铂金首饰和钻石及钻石饰品	5%
2.其他贵重首饰和珠宝玉石	10%
五、鞭炮、焰火	15%
六、成品油	
1.汽油	
(1)含铅汽油	1.40 元/升
(2)无铅汽油	1.00 元/升
2.柴油	0.80 元/升
3.航空煤油	0.80 元/升
4.石脑油	1.00 元/升
5.溶剂油	1.00 元/升
6.润滑油	1.00 元/升
7.燃料油	0.80 元/升
七、汽车轮胎	3%
八、摩托车	
1.气缸容量(排气量,下同)在 250 毫升(含 250 毫升)以下的	3%
2.气缸容量在 250 毫升以上的	10%
九、小汽车	
1.乘用车	
(1)气缸容量(排气量,下同)在 1.0 升(含 1.0 升)以下的	1%
(2)气缸容量在 1.0 升以上至 1.5 升(含 1.5 升)的	3%
(3)气缸容量在 1.5 升以上至 2.0 升(含 2.0 升)的	5%
(4)气缸容量在 2.0 升以上至 2.5 升(含 2.5 升)的	9%
(5)气缸容量在 2.5 升以上至 3.0 升(含 3.0 升)的	12%
(6)气缸容量在 3.0 升以上至 4.0 升(含 4.0 升)的	25%
(7)气缸容量在 4.0 升以上的	40%
2.中轻型商用客车	5%

续表

税　　目	税　　率
十、高尔夫球及球具	10%
十一、高档手表	20%
十二、游艇	10%
十三、木制一次性筷子	5%
十四、实木地板	5%

注：啤酒消费税单位税额按照出厂价格（含包装物及包装物押金）划分档次，上述包装物押金不包括供重复使用的塑料周转箱的押金。

在确定消费税税率时，还应注意以下两个问题：

1.纳税人兼营不同税率应税消费品的税率确定。纳税人兼营不同税率的应税消费品，应当分别核算不同税率应税消费品的销售额、销售数量。未分别核算销售额、销售数量的，从高适用税率。

2.成套消费品的税率确定。纳税人将应税消费品与非应税消费品，或适用不同税率的应税消费品组成成套消费品销售的，一律从高适用税率。

四、消费税的减税免税

1.航空煤油暂缓征收消费税。

2.对用外购或委托加工收回的已税汽油生产的乙醇汽油免税。用自产汽油生产的乙醇汽油，按照生产乙醇汽油所耗用的汽油数量申报纳税。

五、消费税的纳税环节

消费税虽然属于流转税，但它与增值税不同。增值税是价外税，消费税是价内税。增值税在销售和进口多环节征收，消费税实行单环节征收。消费税的纳税环节有：

1.生产销售环节。它是指生产企业生产应税消费品后销售。

2.委托加工环节。它是指由委托方提供原料和主要材料，受托方只收取加工费和代垫部分辅助材料加工的应税消费品。

3.进口环节。它是指进口各种应税消费品。

4.零售环节。从1995年1月1日起,金银首饰由生产销售环节征税改为零售环节征税;从2002年1月1日起,钻石及钻石饰品由生产、进口环节征税改为零售环节征税,税率减按5%征收。

一般地,应税消费品在生产、委托加工、进口等环节缴纳了消费税,在以后的批发、零售等环节中,由于价款中已包含消费税,就不必再缴纳消费税,但每一次的销售,均应计算缴纳增值税。

思　考

某批发商批发销售化妆品,他是增值税的纳税义务人吗?他是消费税的纳税义务人吗?

第二节　消费税应纳税额的计算与申报

一、应纳消费税额的基本计算方法

按照现行消费税法的基本规定,消费税应纳税额的计算分为从价定率和从量定额两类计算方法。

(一)从价定率的计算方法

应纳消费税额=销售额×税率

从价定率计算应纳消费税额的关键是销售额的确定。在确定销售额时,应注意从以下几个方面全面地理解"销售额"的含义。

1.销售额。销售额为纳税人销售应税消费品向购买方收取的全部价款和价外费用。

2.价外费用。价外费用是指价外收取的基金、集资费、返还利润、补贴、违约金(延期付款利息)和手续费、包装费、储备费、优质费、运输装卸费、代收款项、代垫款项以及其他各种性质的价外收费。但下列项目不包括在内:

(1)同时符合以下条件的代垫运输费用:①承运部门的运输费用发票开具给购买方的;②纳税人将该项发票转交给购买方的。

(2)同时符合以下条件代为收取的政府性基金或者行政事业性收费:①由国务院或者财政部批准设立的政府性基金,由国务院或者省级人民政府及其财政、价格主管部门批准设立的行政事业性收费;②收取时开具省级以上财政部门印制的财政票据;③所收款项全额上缴财政。

3. 包装物押金。

(1)实行从价定率办法计算应纳税额的应税消费品连同包装销售的。无论包装是否单独计算,也不论在会计上如何核算,均应并入应税消费品的销售额中缴纳消费税。

(2)单独收取的包装物押金不并入应税消费品的销售额中征税,但对因逾期未收回的包装物不再退还的和已收取一年以上的押金,应并入应税消费品的销售额,按照应税消费品的适用税率缴纳消费税。

(3)对酒类产品生产企业销售酒类产品而收取的包装物押金,无论押金是否返还及会计上如何核算,均需并入酒类产品销售额中,依酒类产品的适用税率缴纳消费税。

4. 含税销售额的换算。增值税是价外税,在销售应税消费品时,向购货方收取的增值税税款不应包括在应税消费品的销售额中。如果纳税人在销售应税消费品时将价款和增值税税款合并收取,在计算消费税时,应将含增值税的销售额换算为不含增值税税款的销售额。其换算公式为:

应税消费品的销售额＝含增值税的销售额÷(1＋17％或征收率)

在将含增值税的销售额进行换算时,要根据纳税人的资格来选择适用的增值税税率或征收率。如果纳税人被认定为增值税一般纳税人,应适用17％的增值税税率;如果纳税人被认定为增值税小规模纳税人,应适用6％或4％的征收率。

5. 外汇结算。纳税人销售的应税消费品,以外汇结算销售额的,其销售额的人民币折合率可以选择结算的当天或者当月1日的国家外汇牌价。纳税人应在事先确定采取何种折合率,确定后1年内不得变更。

（二）从量定额的计算方法

应纳消费税额＝销售数量×单位税额

从量定额计算应纳消费税额的关键是销售数量的确定。销售数量是指纳税人生产、加工和进口应税消费品的数量。具体规定为：

1. 销售应税消费品的，为应税消费品的销售数量。

2. 自产自用应税消费品的，为应税消费品的移送使用数量。

3. 委托加工应税消费品的，为纳税人收回的应税消费品数量。

4. 进口的应税消费品，为海关核定的应税消费品进口征税数量。

（三）从价定率和从量定额的复合计算方法

应纳消费税额＝销售额×税率＋销售数量×单位税额

在应税消费品中，适用复合计税方法的是卷烟、粮食白酒和薯类白酒。除了上述关于销售额和销售数量的基本规定外，税法还就卷烟和白酒的计税价格分别给予了如下明确的规定：

1. 卷烟的计税依据的确定，涉及三种价格：调拨价格、核定价格和实际销售价格。

（1）调拨价格是指卷烟生产企业通过卷烟交易市场与购货方签订的卷烟交易价格。调拨价格由国家税务总局按照中国烟草交易中心和各省烟草交易会的调拨价格确定。

（2）核定价格是指不进入交易中心和交易会交易，没有调拨价格的卷烟，应由税务机关按其零售价倒算一定比例的办法核定计税价格。核定价格的计算公式为：

某牌号规格卷烟核定价格＝该牌号规格卷烟市场零售价格÷（1＋35％）

（3）当卷烟的实际销售价格高于调拨价格或核定价格，应按实际销售价格征收消费税；当卷烟的实际销售价格低于调拨价格或核定价格，按调拨价格或核定价格缴纳消费税。

（4）非标准条包装卷烟应当折算成标准条包装卷烟的数量，依其实际销售收入计算确定其折算成标准条包装后的实际销售价格，并确定适用的比例税率。

2. 自 2009 年 8 月 1 日起，为保全税基，对设立销售公司的白酒生产企业，税务总局制定了《白酒消费税最低计税价格核定管理办法（试行）》，对计税价格偏低的白酒核定消费税最低计税价格。白酒生产企业销售给销售单位的白酒，生产企业消费税计税价格低于销售单位对外销售价格（不含增值税，下同）70%以下的，税务机关应核定消费税最低计税价格。销售单位是指，销售公司、购销公司以及委托境内其他单位或个人包销本企业生产白酒的商业机构。销售公司、购销公司是指，专门购进并销售白酒生产企业生产的白酒，并与该白酒生产企业存在关联性质。包销是指，销售单位依据协定价格从白酒生产企业购进白酒，同时承担大部分包装材料等成本费用，并负责销售白酒。

白酒消费税最低计税价格核定标准如下：

(1)白酒生产企业销售给销售单位的白酒，生产企业消费税计税价格高于销售单位对外销售价格 70%（含 70%）以上的，税务机关暂不核定消费税最低计税价格。

(2)白酒生产企业销售给销售单位的白酒，生产企业消费税计税价格低于销售单位对外销售价格 70%以下的，消费税最低计税价格由税务机关根据生产规模、白酒品牌、利润水平等情况在销售单位对外销售价格 50%至 70%的范围内自行核定。其中生产规模较大，利润水平较高的企业生产的需要核定消费税最低计税价格的白酒，税务机关核价幅度原则上应选择在销售单位对外销售价格 60%至 70%的范围内。

已核定最低计税价格的白酒，生产企业实际销售价格高于消费税最低计税价格的，按实际销售价格申报纳税；实际销售价格低于消费税最低计税价格的，按最低计税价格申报纳税。

已核定最低计税价格的白酒，销售单位对外销售价格持续上涨或下降时间达到 3 个月以上、累计上涨或下降幅度在 20%（含）以上的白酒，税务机关重新核定最低计税价格。

(四)特殊情况下销售额和销售数量的确定

在确定销售额和销售数量时，消费税还对以下特殊问题作了明确的规定：

1. 自设非独立核算门市部问题。纳税人通过自设非独立核算门市部销售的自产应税消费品，应当按照门市部对外销售额或者销售数量计缴消费税。

2.对外的视同销售行为。纳税人用于换取生产资料和消费资料，投资入股和抵偿债务等方面的应税消费品，应当以纳税人同类应税消费品的最高销售价格作为计税依据计算消费税。

3.组成套装销售的计税依据。纳税人将自产的应税消费品与外购或自产的非应税消费品组成套装销售的，以套装产品的销售额（不含增值税）为计税依据。

二、生产销售环节应纳消费税额的计算

生产销售环节是指生产企业生产应税消费品销售这一环节。生产销售环节应纳消费税额的计算具体包括生产应税消费品直接销售，外购已税消费品连续生产应税消费品后销售和自产自用应税消费品这三种情况下应纳税额的计算。

（一）生产应税消费品直接销售

它是生产销售环节最主要的一种情况，按不同应税消费品适用的计税办法直接计算。

【例 3-1】 某企业某月生产销售药酒 3 000 吨，每吨不含税销售额 1 万元；生产销售啤酒 2 000 吨，每吨不含税销售额 0.5 万元；生产销售粮食白酒 1 000 吨，每吨不含税销售额 2 万元。货物已经发出，款项已经收到。各种产品分别核算。酒类消费税税率或单位税额请参见表 3-1。

当月应纳消费税额计算如下：

（1）药酒从价定率计税＝1×3 000×10％＝300（万元）

（2）啤酒从量定额计税＝2 000×0.025＝50（万元）

（3）粮食白酒复合计税＝2×1 000×20％

＋1 000×2 000×0.00005＝500（万元）

（4）当月共应纳消费税额＝300＋50＋500＝850（万元）

（二）外购已税消费品连续生产应税产品后销售

应税消费品生产过程中所消耗的外购原材料，有时也是应税消费品。例如，用外购的烟丝来生产卷烟，此时，外购烟丝属于已税消费品，用其生产的卷烟在销售时仍应按照卷烟的税率和税额计算纳税。为了避免重复征税，消费税法规定，在对用外购已税产品连续生产出来的应税消费品计算征税时，准予扣除外购的应税消费品已纳的消费税税款。

1.扣除范围

准予扣除的外购应税消费品已纳的消费税税款仅限于以下情况：

（1）外购已税烟丝生产的卷烟。

（2）外购已税化妆品生产的化妆品。

（3）外购已税珠宝玉石生产的贵重首饰（不包括在零售环节征税的金银首饰）及珠宝玉石。

（4）外购已税鞭炮、焰火生产的鞭炮、焰火。

（5）外购已税汽车轮胎（内胎和外胎）生产的汽车轮胎。

（6）外购已税摩托车生产的摩托车（如用外购两轮摩托车改装三轮摩托车）。

（7）以外购已税杆头、杆身和握把为原料生产的高尔夫球杆。

（8）以外购已税木制一次性筷子为原料生产的木制一次性筷子。

（9）以外购已税实木地板为原料生产的实木地板。

（10）以外购已税石脑油为原料生产的应税消费品。

（11）以外购已税润滑油为原料生产的应税消费品。

（12）以外购已税燃料油为原料生产的应税消费品。

（13）外购的汽油、柴油用于连续生产甲醇汽油、生物柴油。

2.扣除计算

（1）实行从价定率办法计算应纳税额的

当期准予扣除的外购应税消费品已纳税款
＝当期准予扣除的外购应税消费品买价×外购应税消费品适用税率

当期准予扣除的外购应税消费品买价
＝期初库存的外购应税消费品的买价＋当期购进的应税消费品的买价
－期末库存的外购应税消费品的买价

（2）实行从量定额办法计算应纳税额的

当期准予扣除的外购应税消费品已纳税款

＝当期准予扣除的外购应税消费品数量

×外购应税消费品单位税额

当期准予扣除的外购应税消费品数量

＝期初库存外购应税消费品数量＋当期购进外购应税消费品数量

－期末库存外购应税消费品数量

3.扣除环节

(1)对于允许扣除已纳税款的应税消费品,不限于从工业企业或商业企业购进,只要符合抵扣条件的,均准予扣除外购应税消费品已纳消费税税款。

(2)纳税人用外购的已税珠宝玉石生产的改在零售环节缴纳消费税的金银首饰(镶嵌首饰),在计税时一律不得扣除外购珠宝玉石的已纳税款。

【例 3-2】 某卷烟厂生产卷烟,某月月初库存外购已税烟丝 10 万元,本月购入烟丝 30 万元,取得增值税专用发票,注明进项税额为 5.1 万元,烟丝全部验收入库,货款尚未支付。月末库存烟丝 15 万元。本月销售卷烟 100 箱。每条不含税销售额 60 元(同调拨价格)。卷烟的消费税税率或单位税额请参见表 3-1。

当月应纳消费税税额计算如下:

应纳消费税额＝卷烟应纳税额－外购已税烟丝准予扣除消费税额

＝(0.006×250×100×45%＋0.015×100)

－(10＋30－15)×30%＝61.5(万元)

4.抵扣凭证

(1)纳税人从增值税一般纳税人购进应税消费品,外购应税消费品的抵扣凭证为外购应税消费品增值税专用发票(抵扣联)(含销货清单)。纳税人未提供规定的发票和销货清单的不予扣除外购应税消费品已纳消费税。

(2)纳税人从增值税小规模纳税人购进应税消费品,外购应税消费品的抵扣凭证为主管税务机关代开的增值税专用发票。主管税务机关在为纳税人代开增值税专用发票时，应同时征收消费税。

5.特殊问题

关于外购以石脑油为原料在同一生产过程中既生产应税消费品又生产非应税消费品的，外购石脑油已缴纳的消费税税款抵扣额的计算。

以外购石脑油为原料生产乙烯或其他化工产品，在同一生产过程中既可以生产出乙烯或其他化工产品等非应税消费品，又生产出裂解汽油等应税消费品的，外购石脑油允许抵扣的已纳税款计算公式如下：

当期准予扣除外购石脑油已纳税款

＝当期准予扣除外购石脑油数量×收率×单位税额×30％

收率＝当期应税消费品产出量

÷生产当期应税消费品所有原料投入数量×100％

以外购石脑油为原料生产乙烯或其他化工产品的生产企业，应按照上述计算公式分别计算2003年、2004年、2005年年平均收率，将计算出的年平均收率报主管税务机关备案。

(三)自产自用应税消费品

自产自用就是纳税人生产应税消费品后，不是用于直接对外销售，而是用于自己连续生产应税消费品，或用于其他方面。自产自用的用途不同，在消费税中有不同的纳税规定。

1.用于连续生产应税消费品

纳税人自产自用应税消费品用于连续生产应税消费品，是指纳税人将自产自用的应税消费品作为直接材料生产最终应税消费品，自产自用应税消费品构成最终应税消费品的实体。在移送使用时不纳税，按最终应税消费品征税。例如，卷烟厂自产烟丝，烟丝虽是应税消费品，但在移送到另一车间连续生产卷烟时，对烟丝不纳消费税，只对最终生产销售的卷烟计税。

2.用于其他方面

纳税人自产自用的应税消费品，除用于连续生产应税消费品外，凡用于其他方面的，作视同销售处理，于移送使用时纳税。

“其他方面”包括以下四个方面：

(1)用于生产非应税消费品；

(2)用于在建工程；

(3)用于管理部门、非生产机构；

(4)用于馈赠、赞助、集资、广告、样品、职工福利、奖励。

3.纳税人自产自用的应税消费品

纳税人自产自用的应税消费品，按照纳税人生产的同类消费品的销售价格计算纳税；没有同类消费品销售价格的，按照组成计税价格计算纳税。

同类消费品的销售价格，是指纳税人或者代收代缴义务人当月销售的同类消费品的销售价格，如果当月同类消费品各期销售价格高低不同，应按销售数量加权平均计算。但销售的应税消费品的销售价格明显偏低并无正当理由的或无销售价格的，不得列入加权平均计算。如果当月无销售或者当月未完结，应按照同类消费品上月或者最近月份的销售价格计算纳税。

(1)实行从价定率办法计算纳税的组成计税价格计算公式：

组成计税价格＝(成本＋利润)÷(1－比例税率)

(2)实行复合计税办法计算纳税的组成计税价格计算公式：

组成计税价格＝(成本＋利润＋自产自用数量×定额税率)÷(1－比例税率)

【例 3-3】 某城市一卷烟厂为增值税一般纳税人，某月投产新产品 A 种卷烟 50 箱，全部用于广告样品，生产成本 5 万元，无同牌号、规格卷烟的调拨价格及市场价格。已知卷烟消费税定额税率为每标准箱(50 000 支)150 元；比例税率为：每标准条(200 支)调拨价格在 70 元(含 70 元，不含增值税)以上的卷烟税率为 56％，每标准条(200 支)调拨价格在 70 元(不含增值税)以下的卷烟税率为 36％，自产自用没有同牌号、规格调拨价格的卷烟，适用 56％的比例税率。卷烟的平均成本利润率为 10％。

该企业当期应缴纳的消费税如下：

应纳税额＝5×(1＋10％)÷(1－56％)×56％＋50×0.015
＝7.75(万元)

从2009年1月1日起，对成品油生产企业在生产成品油过程中，作为燃料、动力及原料消耗掉的自产成品油，免征消费税。

三、委托加工环节应纳消费税额的计算

(一)委托加工的含义

委托加工是指由委托方提供原料和主要材料，受托方只收取加工费和代垫部分辅助材料。对于由受托方提供原材料生产的应税消费品，或者受托方先将原材料卖给委托方，然后再接受加工的应税消费品，以及由受托方以委托方名义购进原材料生产的应税消费品，不论在财务上是否作销售处理，都不得作为委托加工应税消费品，而应当按照销售自制应税消费品缴纳消费税。消费税法规定，委托加工应税消费品由受托方在委托方收回货物时代收代缴消费税(受托方为个人除外)。

(二)代收代缴消费税的计税依据

委托加工的应税消费品，按照受托方的同类消费品的销售价格计算纳税；没有同类消费品销售价格的，按照组成计税价格计算纳税。

1.实行从价定率办法计算纳税的组成计税价格计算公式：

组成计税价格＝(材料成本＋加工费)÷(1－比例税率)

2.实行复合计税办法计算纳税的组成计税价格计算公式：

组成计税价格＝(材料成本＋加工费＋委托加工数量×定额税率)÷(1－比例税率)

(1)公式中的“材料成本”是指委托方所提供的主要材料的实际成本。委托加工应税消费品的纳税人，必须在委托加工合同上如实注明(或者以其他方式提供)材料成本，凡未提供材料成本的，受托方主管税务机关有权核定其材料成本。

(2)公式中的“加工费“是指受托方加工应税消费品向委托方所收取的全部费用(包括代垫辅助材料的实际成本，不包括增值税税金)。

(三)委托方收回货物后的税务处理

1.委托方收回货物后如果直接用于销售，不再征税。

2.委托方收回货物后用于连续生产应税消费品的，其已纳税款准

予从连续生产的应税消费品应纳消费税税额中抵扣。消费税法对扣除范围和扣除数量的具体规定如下：

(1)扣除范围：准予扣除的委托加工收回的应税消费品已纳的消费税税款仅限于以下情况：

①以委托加工收回的已税烟丝为原料生产的卷烟。

②以委托加工收回的已税化妆品为原料生产的化妆品。

③以委托加工收回的已税珠宝玉石为原料生产的贵重首饰(不包括在零售环节征税的金银首饰)及珠宝玉石。

④以委托加工收回的已税鞭炮焰火为原料生产的鞭炮焰火。

⑤以委托加工收回的已税汽车轮胎生产的汽车轮胎。

⑥以委托加工收回的已税摩托车生产的摩托车。

⑦以委托加工收回的已税杆头、杆身和握把为原料生产的高尔夫球杆。

⑧以委托加工收回的已税木制一次性筷子为原料生产的木制一次性筷子。

⑨以委托加工收回的已税实木地板为原料生产的实木地板。

⑩以委托加工收回的已税石脑油为原料生产的应税消费品。

⑪以委托加工收回的已税润滑油为原料生产的应税消费品。

⑫以委托加工收回的已税燃料油为原料生产的应税消费品。

⑬委托加工收回的汽油、柴油用于连续生产甲醇汽油、生物柴油。

(2)扣除计算：

当期准予扣除的委托加工应税消费品已纳税款
=期初库存的委托加工应税消费品已纳税款
+当期收回的委托加工应税消费品已纳税款
-期末库存的委托加工应税消费品已纳税款

委托加工应税消费品已纳税款为代扣代收税款凭证注明的受托方代收代缴的消费税。

(3)扣除环节注意事项：纳税人用委托加工收回的已税珠宝玉石生产的改在零售环节缴纳消费税的金银首饰(镶嵌首饰)，在计税时一律不得扣除委托加工收回的外购珠宝玉石的已纳消费税税款。

(4)特殊问题：以委托加工收回石脑油为原料生产乙烯或其他化工

产品，在同一生产过程中既可以生产出乙烯或其他化工产品等非应税消费品同时又生产出裂解汽油等应税消费品的，委托加工收回石脑油允许抵扣的已纳税款计算公式如下：

当期准予扣除的委托加工成品油已纳税款

＝当期准予扣除的委托加工石脑油已纳税款×税率

收率＝当期应税消费品产出量

÷生产当期应税消费品所有原料投入数量×100％

以委托加工收回石脑油为原料生产乙烯或其他化工产品的生产企业，应按照上述计算公式分别计算第1、2、3年年平均税率，将计算出的年平均税率报主管税务机关备案。

【例3-4】 某企业为增值税一般纳税人，某月将价值10 000元的原材料运往某酒厂加工药酒，药酒加工完毕收回时，取得酒厂开具的增值税专用发票，注明加工费2 000元，增值税额340元，酒厂无同类药酒的销售价格。加工费尚未支付。本月将收回的药酒全部对外销售。药酒的消费税税率为10％。

酒厂应代收代缴的消费税额计算如下：

酒厂应代收代缴消费税额＝(10 000＋2 000)÷(1－10％)×10％

＝1 333.33(元)

四、进口环节应纳消费税额的计算

进口的应税消费品，于报关进口时缴纳消费税。纳税人进口应税消费品，应纳消费税额的计算公式如下：

1. 实行从价定率办法的应税消费品的应纳税额的计算

组成计税价格＝(关税完税价格＋关税)÷(1－消费税税率)

应纳税额＝组成计税价格×消费税税率

2. 实行从量定额办法的应税消费品的应纳税额的计算

应纳税额＝海关核定的应税消费品进口数量×消费税单位税额

3. 实行复合计税办法计算纳税的组成计税价格计算公式

组成计税价格＝(关税完税价格＋关税＋进口数量×消费税定额税率)÷(1－消费税比例税率)

应纳税额＝组成计税价格×消费税税率

4.进口应税消费品已纳的消费税税款的扣除

在对用进口已税产品连续生产应税消费品计算征税时，准予扣除外购的应税消费品已纳的消费税税款。准予扣除的范围同"外购已税消费品连续生产应税产品后销售"的扣除范围。

当期准予扣除的进口应税消费品已纳税款
＝期初库存的进口应税消费品已纳税款
＋当期进口应税消费品已纳税款
－期末库存的进口应税消费品已纳税款

进口应税消费品已纳税款为《海关进口消费税专用缴款书》注明的进口环节消费税。

5.进口卷烟应纳消费税的计算

(1)进口卷烟消费税适用比例税率按以下办法确定：

①每标准条进口卷烟(200支)确定消费税适用比例税率的价格＝(关税完税价格＋关税＋消费税定额税率)÷(1－消费税税率)。其中，关税完税价格和关税为每标准条的关税完税价格及关税税额；消费税定额税率为每标准条(200支)0.6元(依据现行消费税定额税率折算而成)；消费税税率固定为36%。

②每标准条进口卷烟(200支)确定消费税适用比例税率的价格大于或等于70元人民币的，适用比例税率为56%；每标准条进口卷烟(200支)确定消费税适用比例税率的价格小于70元人民币的，适用比例税率为36%。

(2)依据上述确定的消费税适用比例税率，计算进口卷烟消费税组成计税价格和应纳消费税税额。

①进口卷烟消费税组成计税价格＝(关税完税价格＋关税＋消费税定额税)÷(1－进口卷烟消费税适用比例税率)。

②应纳消费税税额＝进口卷烟消费税组成计税价格×进口卷烟消费税适用比例税率＋消费税定额税。其中，消费税定额税＝海关核定

的进口卷烟数量×消费税定额税率，消费税定额税率为每标准箱(50 000支)150元。

【例3-5】 某外贸公司从A国进口小汽车10辆用于销售，海关核定的关税完税价格为每辆30万元，关税税率为100%，消费税税率为5%。

该批小汽车进口环节应纳消费税额计算如下：

应纳消费税额＝(30＋30×100%)×10÷(1－5%)×5%

＝31.58(万元)

五、零售环节应纳消费税额的计算

金银首饰的消费税在零售环节征收。

(一)金银首饰的范围

金银首饰范围限于金、银和金基、银基合金首饰，以及金、银和金基、银基合金的镶嵌首饰。不属于该范围的应征消费税的首饰，仍在生产销售环节征收。

(二)金银首饰零售业务的范围

金银首饰的零售是指将金银首饰销售给中国人民银行批准的金银首饰经营单位以外的单位和个人的业务。下列行为视同零售业务：

1.为经营单位以外的单位和个人加工金银首饰。

2.经营单位将金银首饰用于馈赠、赞助、集资、广告、样品、职工福利、奖励等方面。

3.未经中国人民银行批准，经营金银首饰批发业务的单位将金银首饰销售给经营单位。

(三)计税依据

1.纳税人销售金银首饰，其计税依据为不含增值税的销售额。

2.纳税人采用以旧换新方式销售的金银首饰，应按实际收取的不含增值税的全部价款作为计税依据。

3.用于馈赠、赞助、集资、广告、样品、职工福利、奖励等方面的金银首饰，应按纳税人销售同类金银首饰的销售价格缴纳消费税；没有同类金银首饰销售价格的，按照组成计税价格计算纳税。公式为：

组成计税价格＝购进原价×(1＋利润率)÷(1－消费税税率)

纳税人为生产企业的，“购进原价”为生产成本，公式中的“利润率”定为6%。

六、消费税的纳税义务发生时间、纳税期限与纳税地点

(一)消费税纳税义务发生时间

1.纳税人销售应税消费品的，按不同的销售结算方式分别为：

(1) 采取赊销和分期收款结算方式的，为书面合同约定的收款日期的当天，书面合同没有约定收款日期或者无书面合同的，为发出应税消费品的当天；

(2)采取预收货款结算方式的，为发出应税消费品的当天；

(3)采取托收承付和委托银行收款方式的，为发出应税消费品并办妥托收手续的当天；

(4)采取其他结算方式的，为收讫销售款或者取得索取销售款凭据的当天。

2.纳税人自产自用应税消费品的，为移送使用的当天。

3.纳税人委托加工应税消费品的，为纳税人提货的当天。

4.纳税人进口应税消费品的，为报关进口的当天。

(二)消费税的纳税期限

消费税的纳税期限与增值税的纳税期限相同，不再重复。

(三)消费税的纳税地点

纳税人销售的应税消费品，以及自产自用的应税消费品，除国务院财政、税务主管部门另有规定外，应当向纳税人机构所在地或者居住地的主管税务机关申报纳税。

委托加工的应税消费品，除受托方为个人外，由受托方向机构所在地或者居住地的主管税务机关解缴消费税税款。

进口的应税消费品，应当向报关地海关申报纳税。

七、消费税的纳税申报

1.在中华人民共和国境内生产、委托加工、进口属于征税范围的应税消费品的单位和个人,均应按规定到主管税务机关办理消费税纳税申报。

2.纳税人在办理纳税申报时,如需办理消费税税款抵扣手续,除应按有关规定提供纳税申报所需资料外,还应当提供以下资料:

(1)外购应税消费品连续生产应税消费品的,提供外购应税消费品增值税专用发票(抵扣联)原件和复印件。如果外购应税消费品的增值税专用发票属于汇总填开的,除提供增值税专用发票(抵扣联)原件和复印件外,还应提供随同增值税专用发票取得的由销售方开具并加盖财务专用章或发票专用章的销货清单原件和复印件。

(2)委托加工收回应税消费品连续生产应税消费品的,提供"代扣代收税款凭证"原件和复印件。

(3)进口应税消费品连续生产应税消费品的,提供"海关进口消费税专用缴款书"原件和复印件。

主管税务机关在受理纳税申报后将以上原件退还纳税人,复印件留存。

3.消费税的纳税申报表。为了在全国范围内统一、规范消费税纳税申报资料,加强消费税管理的基础工作,2008 年 3 月税务总局制定了《烟类应税消费品消费税纳税申报表》、《酒及酒精消费税纳税申报表》、《成品油消费税纳税申报表》、《小汽车消费税纳税申报表》、《其他应税消费品消费税纳税申报表》(以下统一称申报表)。

其中《酒及酒精消费税纳税申报表》及其附表和《其他应税消费品消费税纳税申报表》及其主要附表分别见表 3-2至表 3-5。

表 3-2 酒及酒精消费税纳税申报表

税款所属期： 年 月 日至 年 月 日

纳税人名称(公章)： 纳税人识别号：□□□□□□□□□□□□□□□□□□□□

填表日期： 年 月 日 金额单位:元(列至角分)

项目 应税消费品名称	适用税率		销售数量	销售额	应纳税额
	定额税率	比例税率			
粮食白酒	0.5元/斤	20%			
薯类白酒	0.5元/斤	20%			
啤酒	250元/吨	—			
啤酒	220元/吨	—			
黄酒	240元/吨	—			
其他酒	—	10%			
酒精	—	5%			
合计	—	—	—	—	

<table>
<tr><td>本期准予抵减税额：</td><td rowspan="4">声明
此纳税申报表是根据国家税收法律的规定填报的,我确定它是真实的、可靠的、完整的。
经办人(签章)：
财务负责人(签章)：
联系电话：</td></tr>
<tr><td>本期减(免)税额：</td></tr>
<tr><td>期初未缴税额：</td></tr>
<tr><td>本期缴纳前期应纳税额：</td></tr>
<tr><td>本期预缴税额：</td><td rowspan="3">(如果你已委托代理人申报,请填写)
授权声明
为代理一切税务事宜,现授权______(地址)______为本纳税人的代理申报人,任何与本申报表有关的往来文件,都可寄予此人。
授权人签章：</td></tr>
<tr><td>本期应补(退)税额：</td></tr>
<tr><td>期末未缴税额：</td></tr>
</table>

以下由税务机关填写

受理人(签章)： 受理日期： 年 月 日 受理税务机关(章)：

填表说明：

一、本表仅限酒及酒精消费税纳税人使用。

二、本表"销售数量"为《中华人民共和国消费税暂行条例》、《中华人民共和国消费税暂行条例实施细则》及其他法规、规章规定的当期应申报缴纳消费税的酒及酒精销售(不含出口免税)数量。计量单位：粮食白酒和薯类白酒为斤(如果实际销售商品按照体积标注计量单位,应按500毫升为1斤换算),啤酒、黄酒、其他酒和酒精为吨。

三、本表"销售额"为《中华人民共和国消费税暂行条例》、《中华人民共和国消费税暂行条例实施细则》及其他法规、规章规定的当期应申报缴纳消费税的酒及酒精销售(不含出口免税)收入。

四、根据《中华人民共和国消费税暂行条例》和《财政部 国家税务总局关于调整酒类产品消费税政策的通知》(财税[2001]84 号)的规定,本表"应纳税额"计算公式如下:

(一)粮食白酒、薯类白酒

应纳税额=销售数量×定额税率+销售额×比例税率

(二)啤酒、黄酒

应纳税额=销售数量×定额税率

(三)其他酒、酒精

应纳税额=销售额×比例税率

五、本表"本期准予抵减税额"按本表附件一的本期准予抵减税款合计金额填写。

六、本表"本期减(免)税额"不含出口退(免)税额。

七、本表"期初未缴税额"填写本期期初累计应缴未缴的消费税额,多缴为负数。其数值等于上期"期末未缴税额"。

八、本表"本期缴纳前期应纳税额"填写本期实际缴纳入库的前期消费税额。

九、本表"本期预缴税额"填写纳税申报前已预先缴纳入库的本期消费税额。

十、本表"本期应补(退)税额" 计算公式如下,多缴为负数:

本期应补(退)税额=应纳税额(合计栏金额)－本期准予抵减税额－本期减(免)税额－本期预缴税额

十一、本表"期末未缴税额" 计算公式如下,多缴为负数:

期末未缴税额＝期初未缴税额＋本期应补(退)税额－本期缴纳前期应纳税额

十二、本表为 A4 竖式,所有数字小数点后保留两位。一式两份,一份纳税人留存,一份税务机关留存。

表 3-3 附 1　本期准予抵减税额计算表

税款所属期:　　年　　月　　日　至　　年　　月　　日

纳税人名称(公章):　纳税人识别号:

填表日期:　　年　　月　　日　　　　　　单位:吨、元(列至角分)

一、当期准予抵减的外购啤酒液已纳税款计算:
1. 期初库存外购啤酒液数量:
2. 当期购进啤酒液数量:
3. 期末库存外购啤酒液数量:
4. 当期准予抵减的外购啤酒液已纳税款:
二、当期准予抵减的进口葡萄酒已纳税款:
三、本期准予抵减税款合计:

附:准予抵减消费税凭证明细

<table>
<tr><td rowspan="4">啤酒
(增值税专用发票)</td><td>号码</td><td>开票日期</td><td>数量</td><td>单价</td><td>定额税率(元/吨)</td></tr>
<tr><td></td><td></td><td></td><td></td><td></td></tr>
<tr><td></td><td></td><td></td><td></td><td></td></tr>
<tr><td>合计</td><td>—</td><td></td><td>—</td><td>—</td></tr>
<tr><td rowspan="4">葡萄酒
(海关进口消费税专用缴款书)</td><td>号码</td><td>开票日期</td><td>数量</td><td>完税价格</td><td>税款金额</td></tr>
<tr><td></td><td></td><td></td><td></td><td></td></tr>
<tr><td></td><td></td><td></td><td></td><td></td></tr>
<tr><td>合计</td><td>—</td><td></td><td></td><td></td></tr>
</table>

填表说明:

一、本表作为《酒及酒精消费税纳税申报表》的附报资料,由以外购啤酒液为原料连续生产啤酒的纳税人或以进口葡萄酒为原料连续生产葡萄酒的纳税人填报。

二、根据《国家税务总局关于用外购和委托加工收回的应税消费品连续生产应税消费品征收消费税问题的通知》(国税发[1995]94 号)和《国家税务总局关于啤酒集团内部企业间销售(调拨)啤酒液征收消费税问题的批复》(国税函[2003]382 号)的规定,本表"当期准予抵减的外购啤酒液已纳税款"计算公式如下:

当期准予抵减的外购啤酒液已纳税款=(期初库存外购啤酒液数量+当期购进啤酒液数量-期末库存外购啤酒液数量)×外购啤酒液适用定额税率

其中,外购啤酒液适用定额税率由购入方取得的销售方销售啤酒液所开具的增值税专用发票上记载的单价确定。适用定额税率不同的,应分别核算外购啤酒液数量和当期准予抵减的外购啤酒液已纳税款,并在表中填写合计数。

三、根据《国家税务总局关于印发<葡萄酒消费税管理办法(试行)>的通知》(国税发[2006]66 号)的规定,本表"当期准予抵减的进口葡萄酒已纳税款"为纳税人进口葡萄酒取得的《海关进口消费税专用缴款书》注明的消费税款。

四、本表"本期准予抵减税款合计"应与《酒及酒精消费税纳税申报表》中对应项目一致。

五、以外购啤酒液为原料连续生产啤酒的纳税人应在"附:准予抵减消费税凭证明细"栏据实填写购入啤酒液取得的增值税专用发票上载明的"号码"、"开票日期"、"数量"、"单价"等项目内容。

六、以进口葡萄酒为原料连续生产葡萄酒的纳税人应在"附:准予抵减消费税凭证明细"栏据实填写进口消费税专用缴款书上载明的"号码"、"开票日期"、"数量"、"完税价格"、"税款金额"等项目内容。

七、本表为 A4 竖式,所有数字小数点后保留两位。一式两份,一份纳税人留存,一份税务机关留存。

表 3-4　其他应税消费品消费税纳税申报表

税款所属期：　年　月　日至　年　月　日

纳税人名称(公章)：　纳税人识别号：

填表日期：　年　月　日　　金额单位：元(列至角分)

<table>
<tr><td>项目
应税消费品名称</td><td>适用税率</td><td>销售数量</td><td>销售额</td><td>应纳税额</td></tr>
<tr><td></td><td></td><td></td><td></td><td></td></tr>
<tr><td></td><td></td><td></td><td></td><td></td></tr>
<tr><td></td><td></td><td></td><td></td><td></td></tr>
<tr><td>合计</td><td>—</td><td>—</td><td>—</td><td></td></tr>
<tr><td colspan="3">本期准予抵减税额：</td><td colspan="2" rowspan="3">声明
此纳税申报表是根据国家税收法律的规定填报的，我确定它是真实的、可靠的、完整的。
经办人(签章)：
财务负责人(签章)：
联系电话：</td></tr>
<tr><td colspan="3">本期减(免)税额：</td></tr>
<tr><td colspan="3">期初未缴税额：</td></tr>
<tr><td colspan="3">本期缴纳前期应纳税额：</td><td colspan="2" rowspan="5">(如果你已委托代理人申报，请填写)
授权声明
为代理一切税务事宜，现授权＿＿＿＿＿(地址)＿＿＿＿＿为本纳税人的代理申报人，任何与本申报表有关的往来文件，都可寄予此人。
授权人签章：</td></tr>
<tr><td colspan="3">本期预缴税额：</td></tr>
<tr><td colspan="3">本期应补(退)税额：</td></tr>
<tr><td colspan="3">期末未缴税额：</td></tr>
</table>

以下由税务机关填写

受理人(签章)：　受理日期：　年　月　日　受理税务机关(章)：

填表说明：

一、本表限化妆品、贵重首饰及珠宝玉石、鞭炮焰火、汽车轮胎、摩托车、高尔夫球及球具、高档手表、游艇、木制一次性筷子、实木地板等消费税纳税人使用。

二、本表“应税消费品名称”和“适用税率”按照以下内容填写：

化妆品：30%；贵重首饰及珠宝玉石：10%；金银首饰(铂金首饰、钻石及钻石饰品)：5%；鞭炮焰火：15%；汽车轮胎(除子午线轮胎外)：3%；汽车轮胎(限子午线轮胎)：3%(免税)；摩托车(排量>250 毫升)：10%；摩托车(排量≤250 毫升)：3%；高尔夫球及球具：10%；高档手表：20%；游艇：10%；木制一次性筷子：5%；实木地板：5%。

三、本表“销售数量”为《中华人民共和国消费税暂行条例》、《中华人民共和国消费税暂行条例实施细则》及其他法规、规章规定的当期应申报缴纳消费税的应税消费品销售(不含出口免税)数量。计量单位是:汽车轮胎为套;摩托车为辆;高档手表为只;游艇为艘;实木地板为平方米;木制一次性筷子为万双;化妆品、贵重首饰及珠宝玉石(含金银首饰、铂金首饰、钻石及钻石饰品)、鞭炮焰火、高尔夫球及球具按照纳税人实际使用的计量单位填写并在本栏中注明。

四、本表"销售额"为《中华人民共和国消费税暂行条例》、《中华人民共和国消费税暂行条例实施细则》及其他法规、规章规定的当期应申报缴纳消费税的应税消费品销售(不含出口免税)收入。

五、根据《中华人民共和国消费税暂行条例》的规定,本表"应纳税额"计算公式如下:

应纳税额=销售额×适用税率

六、本表"本期准予扣除税额" 按本表附件一的本期准予扣除税款合计金额填写。

七、本表"本期减(免)税额"不含出口退(免)税额。

八、本表"期初未缴税额"填写本期期初累计应缴未缴的消费税额,多缴为负数。其数值等于上期"期末未缴税额"。

九、本表"本期缴纳前期应纳税额"填写本期实际缴纳入库的前期消费税额。

十、本表"本期预缴税额"填写纳税申报前已预先缴纳入库的本期消费税额。

十一、本表"本期应补(退)税额" 计算公式如下,多缴为负数:

本期应补(退)税额=应纳税额(合计栏金额)-本期准予扣除税额-本期减(免)税额-本期预缴税额

十二、本表"期末未缴税额" 计算公式如下,多缴为负数:

期末未缴税额=期初未缴税额+本期应补(退)税额-本期缴纳前期应纳税额

十三、本表为A4竖式,所有数字小数点后保留两位。一式两份,一份纳税人留存,一份税务机关留存。

表3-5附1　本期准予扣除税额计算表

税款所属期:　年　月　日 至　年　月　日

纳税人名称(公章):　纳税人识别号:

填表日期:　年　月　日　　　　金额单位:元(列至角分)

应税消费品名称 项目					合计
当期准予扣除的委托加工应税消费品已纳税款计算	期初库存委托加工应税消费品已纳税款				—
	当期收回委托加工应税消费品已纳税款				—
	期末库存委托加工应税消费品已纳税款				—
	当期准予扣除委托加工应税消费品已纳税款				
当期准予扣除的外购应税消费品已纳税款计算	期初库存外购应税消费品买价				—
	当期购进应税消费品买价				—
	期末库存外购应税消费品买价				—
	外购应税消费品适用税率				—
	当期准予扣除外购应税消费品已纳税款				
本期准予扣除税款合计					

填表说明：

一、本表作为《其他应税消费品消费税纳税申报表》的附报资料，由外购或委托加工收回应税消费品后连续生产应税消费品的纳税人填报。

二、本表“应税消费品名称”填写化妆品、珠宝玉石、鞭炮焰火、汽车轮胎、摩托车（排量＞250 毫升、摩托车（排量≤250 毫升）、高尔夫球及球具、木制一次性筷子、实木地板。

三、根据《国家税务总局关于用外购和委托加工收回的应税消费品连续生产应税消费品征收消费税问题的通知》（国税发[1995]94 号）的规定，本表“当期准予扣除的委托加工应税消费品已纳税款”计算公式如下：

当期准予扣除的委托加工应税消费品已纳税款＝期初库存委托加工应税消费品已纳税款＋当期收回委托加工应税消费品已纳税款－期末库存委托加工应税消费品已纳税款

四、根据《国家税务总局关于用外购和委托加工收回的应税消费品连续生产应税消费品征收消费税问题的通知》（国税发[1995]94 号）的规定，本表“当期准予扣除的外购应税消费品已纳税款”计算公式如下：

当期准予扣除的外购应税消费品已纳税款＝（期初库存外购应税消费品买价＋当期购进应税消费品买价－期末库存外购应税消费品买价）×外购应税消费品适用税率

五、本表“本期准予扣除税款合计”为本期外购及委托加工收回应税消费品后连续生产应税消费品准予扣除应税消费品已纳税款的合计数，应与《其他应税消费品消费税纳税申报表》中对应项目一致。

六、本表为 A4 竖式，所有数字小数点后保留两位。一式两份，一份纳税人留存，一份税务机关留存。

思　考

按照消费税的纳税环节，比较消费税和增值税在同一环节上应纳税额计算的相同和不同之处。

第三节　消费税的会计处理

一、消费税会计账户的设置

消费税的核算主要通过“应交税费——应交消费税”明细账户进

行。该账户借方登记企业实际缴纳的消费税额或待扣的消费税额；贷方登记企业按规定计算应缴纳的消费税额；期末借方余额反映企业多交的消费税额，贷方余额反映企业应交未交的消费税额。该账户的对应账户主要有“营业税金及附加”、“其他业务支出”、“委托加工物资”、“应付职工薪酬”、“销售费用”、“长期投资”等。

二、生产销售环节消费税的会计处理

(一)应税消费品销售的会计处理

生产企业生产应税消费品销售，其应交消费税借记“营业税金及附加”账户，贷记“应交税费——应交消费税”账户。实际缴纳消费税时，借记“应交税费——应交消费税”账户，贷记“银行存款”账户。

【例 3-6】 见【例 3-1】，要求做相应的会计分录。

根据有关凭证，做如下会计分录：

借：银行存款　　70 200 000

　贷：主营业务收入　　60 000 000

　　应交税费——应交增值税(销项税额)　　10 200 000

借：营业税金及附加　　8 500 000

　贷：应交税费——应交消费税　　8 500 000

【例 3-7】 见【例 3-2】，要求做相应的会计分录。

根据有关凭证，做如下会计分录：

(1)烟丝验收入库。

借：原材料　　300 000

　应交税费——应交增值税(进项税额)　　51 000

　贷：应付账款　　351 000

(2)销售卷烟。

借：银行存款　　1 755 000

　贷：主营业务收入　　1 500 000

　　　应交税费——应交增值税(销项税额)　　　　255 000

借:营业税金及附加　　　　　　　　　　615 000

　贷:应交税费——应交消费税　　　　　　　615 000

(3)月末上缴税金。

借:应交税费——应交消费税　　　　　　615 000

　贷:银行存款　　　　　　　　　　　　　615 000

应交增值税=255 000-51 000=204 000(元)

借:应交税费——应交增值税　　　　　　204 000

　贷:银行存款　　　　　　　　　　　　　204 000

(二)应税消费品视同销售的会计处理

1.企业以生产的应税消费品用于在建工程、广告、样品、职工福利等方面的会计处理

企业以自产的应税消费品移送使用时,一方面将其成本从“库存商品”等账户结转至“在建工程”、“销售费用”、“管理费用”、“应付福利费”等账户,另一方面按照消费税法计算“视同销售”情况下的销售额和应纳消费税额,借记“在建工程”、“销售费用”、“管理费用”、“应付福利费”等账户,贷记“应交税费——应交消费税”账户。

【例3-8】　见【例3-3】,要求做相应的会计分录。

根据有关凭证,做如下会计分录:

组成计税价格=5×(1+10%)÷(1-56%)=12.5(万元)

增值税销项税额=12.5×17%=2.125(万元)

借:销售费用　　　　　　　　　　　　148 750

　贷:库存商品　　　　　　　　　　　　　50 000

　　　应交税费——应交增值税(销项税额)　　21 250

　　　应交税费——应交消费税　　　　　　　77 500

2.企业以生产的应税消费品用于换取生产资料和消费资料的会计

处理

企业以生产的应税消费品用于换取生产资料和消费资料属于非货币性资产交换，应按换出库存商品的账面余额减去可抵扣的增值税进项税额后的差额，加上应支付的相关税费，借记“原材料”账户；按可抵扣的增值税进项税额，借记“应交税费——应交增值税（进项税额）”账户；按换出库存商品的账面余额（不考虑存货跌价准备），贷记“库存商品”账户；按换出库存商品应支付的相关税费，贷记“应交税费——应交增值税（销项税额）”、“应交税费——应交消费税”等账户。此外，需注意的是，纳税人用于换取生产资料和消费资料，投资入股和抵偿债务等方面的应税消费品，应当以纳税人同类应税消费品的最高销售价格作为计税依据计算消费税。

在非货币性资产交换具有商业实质且公允价值能够可靠计量的情况下，应按照该用于交换的应税消费品的账面余额，借记“主营业务成本”账户，贷记“库存商品”账户。按照该用于交换的应税消费品的公允价值，借记有关资产账户，贷记“主营业务收入”账户。按应交的增值税销项税额，贷记“应交税费——应交增值税（销项税额）”账户，按应交的消费税额，贷记“应交税费——应交消费税”账户。按其差额，贷记“营业外收入”等账户或借记“营业外支出”等账户。

【例 3-9】 某小汽车生产企业某月生产小汽车 100 辆，单位成本 5 万元，将其中的 10 辆用于换取生产小汽车所需的元件，元件的公允价值为 79 万元。货物已经发出，收到元件并验收入库，已取得对方开出的增值税专用发票。该型号小汽车当月不含增值税销售价格最高为 8 万元，最低为 7.6 万元，平均销售价格为 7.8 万元。小汽车消费税税率为 9%。

计算该笔业务应纳消费税、增值税额并做相应的会计分录。

(1)应纳消费税额＝800 000×9%＝72 000(元)

(2)增值税销项税额＝780 000×17%＝132 600(元)

根据有关凭证，做如下会计分录：

借:原材料　　790 000
　应交税费——应交增值税(进项税额)　　134 300
　营业外支出　　60 300
　贷:主营业务收入　　780 000
　　应交税费——应交增值税(销项税额)　　132 600
　　应交税费——应交消费税　　72 000
借:主营业务成本　　500 000
　贷:库存商品　　500 000

3.企业以生产的应税消费品用于抵偿债务的会计处理

企业以生产的应税消费品清偿债务,应按应付账款的账面余额,借记"应付账款"账户,按用于清偿债务的应税消费品的公允价值,贷记"主营业务收入"账户,按应交的增值税销项税额,贷记"应交税费——应交增值税(销项税额)"账户,按应交的消费税额,贷记"应交税费——应交消费税"账户,按其差额,贷记"营业外收入"等账户或借记"营业外支出"等账户。同时按照该用于抵债的应税消费品的账面余额,借记"主营业务成本"账户,贷记"库存商品"账户。

【例 3-10】 某小汽车生产企业某月生产小汽车 100 辆,单位成本 5 万元,将其中的 10 辆用于抵偿所欠配件厂货款 70 万元。该型号小汽车当月不含增值税销售价格最高为 8 万元,最低为 7.6 万元,平均销售价格(公允价值)为 7.8 万元。小汽车消费税税率为 5%。

计算该笔业务应纳消费税、增值税额并做相应的会计分录。

(1)应纳消费税额=800 000×5%=40 000(元)

(2)增值税销项税额=780 000×17%=132 600(元)

根据有关凭证,做如下会计分录:

借:应付账款　　700 000
　营业外支出　　252 600
　贷:主营业务收入　　780 000

应交税费——应交增值税(销项税额) 132 600

应交税费——应交消费税 40 000

借:主营业务成本 500 000

贷:库存商品 500 000

4. 企业以生产的应税消费品用于投资入股的会计处理

企业以生产的应税消费品换入长期股权投资的(长期债权投资的处理相同),应按换出应税消费品的账面余额(不考虑存货跌价准备)加上应支付的相关税费,借记"长期股权投资"账户,按换出应税消费品的账面余额,贷记"库存商品"账户,按应交的增值税销项税额,贷记"应交税费——应交增值税(销项税额)"账户,按应交的消费税额,贷记"应交税费——应交消费税"账户。

【例 3-11】 某小汽车生产企业某月生产小汽车 100 辆,单位成本 5 万元,将其中的 10 辆用于长期股权投资于一配件厂。该配件厂的该型号小汽车当月不含增值税销售价格最高为 8 万元,最低为 7.6 万元,平均销售价格为 7.8 万元。小汽车消费税税率为 9%。

计算该笔业务应纳消费税、增值税额并做相应的会计分录。

(1)应纳消费税额=800 000×9%-72 000(元)

(2)增值税销项税额=780 000×17%=132 600(元)

根据有关凭证,做如下会计分录:

借:长期股权投资 704 600

贷:库存商品 500 000

应交税费——应交增值税(销项税额) 132 600

应交税费——应交消费税 72 000

借:长期股权投资 780 000

营业外支出 204 600

贷:主营业务收入 780 000

应交税费——应交增值税(销项税额) 132 600

　　应交税费——应交消费税　　　　　　　　72 000

借：主营业务成本　　　　　　　　500 000

　贷：库存商品　　　　　　　　　　　　500 000

（三）应税消费品包装物的会计处理

1. 随同商品出售但单独计价的包装物

随同商品出售但单独计价的包装物，其收入记入“其他业务收入”账户的贷方，包装物的成本和按规定应缴纳的消费税，借记“其他业务成本”账户，贷记“应交税费——应交消费税”账户。

【例 3-12】 某卷烟厂某月生产销售烟丝，取得烟丝不含税销售收入 45 000 元，取得随同烟丝销售但单独计价的包装物不含税收入 2 000元。烟丝消费税税率为 25%。

计算该笔业务包装物应纳增值税、消费税额并做相应的会计分录。

(1)包装物应纳消费税额＝2 000×25%＝500(元)

(2)包装物的增值税销项税额＝2 000×17%＝340(元)

根据有关凭证，做如下会计分录：

借：银行存款　　　　　　　　　　2 340

　贷：其他业务收入　　　　　　　　　　2 000

　　应交税费——应交增值税(销项税额)　　340

借：其他业务成本　　　　　　　　　500

　贷：应交税费——应交消费税　　　　　　500

---

2. 出租、出借包装物逾期的押金

出租、出借包装物逾期的押金应交的消费税额，借记“其他业务成本”账户，贷记“应交税费——应交消费税”账户。

【例 3-13】 某卷烟厂某月生产销售烟丝，出借包装物取得押金收入 2 000 元(不含税)，包装物逾期未归还，没收押金。烟丝消费税税率为 25%。

计算该笔业务包装物押金应纳消费税、增值税额并做相应的会计分录。

(1)包装物押金应纳消费税额＝2 000×25%＝500(元)

(2)包装物押金的增值税销项税额＝2 000×17%＝340(元)

根据有关凭证，做如下会计分录：

借：其他应付款　　2 340

　贷：其他业务收入　　2 000

　　　应交税费——应交增值税(销项税额)　　340

借：其他业务成本　　500

　贷：应交税费——应交消费税　　500

三、委托加工环节消费税的会计处理

(一)受托方的会计处理

受托方按应代收代交的消费税款，借记“应收账款”、“银行存款”等账户，贷记“应交税费——应交消费税”账户。

【例 3-14】 见【例 3-4】，做受托方的会计分录。

受托方根据有关凭证，做如下会计分录：

(1)计算加工费和代收代交的消费税。

借：应收账款　　3 673.33

　贷：主营业务收入　　2 000.00

　　　应交税费——应交增值税(销项税额)　　340.00

　　　应交税费——应交消费税　　1 333.33

(2)缴纳代收代交的消费税。

借:应交税费——应交消费税　　1 333.33

　贷:银行存款　　1 333.33

(二)委托方的会计处理

1.委托方将委托加工物资收回后直接用于销售

委托加工物资收回后,直接用于销售的,将代收代交的消费税计入委托加工物资的成本,借记"委托加工物资"账户,贷记"应付账款"、"银行存款"等账户。

【例 3-15】　见【例 3-4】,做委托方的会计分录。

委托方根据有关凭证,做如下会计分录:

(1)发出原料时。

借:委托加工物资　　10 000

　贷:原材料　　10 000

(2)收到加工费专用发票。

借:委托加工物资　　2 000

　　应交税费——应交增值税(进项税额)　　340

　贷:应付账款　　2 340

(3)计算代收代交的消费税。

借:委托加工物资　　1 333.33

　贷:应付账款　　1 333.33

(4)加工收回的药酒入库时。

借:库存商品　　13 333.33

　贷:委托加工物资　　13 333.33

2.委托方将委托加工物资收回后连续生产应税消费品

委托方将委托加工物资收回后连续生产应税消费品的,按规定准予抵扣的,按代收代交的消费税,借记"待扣税金——待扣消费税",贷记"应付账款"、"银行存款"等账户。月末,按生产领用数量计算准予扣除的已纳消费税额，借记"应交税费——应交消费税"账户，贷记"待扣税金——待扣消费税"账户。

【例 3-16】 某企业为增值税一般纳税人，某月将价值 20 000 元的烟叶运往某卷烟厂加工烟丝，烟丝加工完毕收回时，取得卷烟厂开具的增值税专用发票，注明加工费 3 000 元，增值税额 510 元，卷烟厂无同类烟丝的销售价格。加工费和代收代交的消费税已经支付。本月将收回的烟丝全部用于连续生产卷烟。本月销售卷烟 3 箱，每条按调拨价格销售，不含税售价 60 元。月初库存委托加工收回烟丝已纳消费税款 10 000 元，月末库存委托加工收回烟丝已纳消费税款 8 000 元。烟丝的消费税税率为 30%。

计算卷烟厂应代收代缴的消费税额并做委托方的会计分录。

委托方根据有关凭证，做如下会计分录：

(1)发出原料时：

借：委托加工物资　　20 000

　贷：原材料　　20 000

(2)支付加工费时：

借：委托加工物资　　3 000

　应交税费——应交增值税(进项税额)　　510

　贷：银行存款　　3 510

(3)支付代收代交的消费税时：

代收代交消费税＝(20 000＋3 000)÷(1－30%)×30%

＝9 857.14(元)

借：待扣税金——待扣消费税　　9 857.14

　贷：银行存款　　9 857.14

(4)加工收回的烟丝入库时：

借：库存商品　　23 000

　贷：委托加工物资　　23 000

(5)取得卷烟销售收入时：

应纳消费税＝60×250×3×45%＋150×3＝20 700(元)

增值税销项税额＝60×250×3×17％＝7 650(元)

借:银行存款　　52 650

　贷:主营业务收入　　45 000

　　　应交税费——应交增值税(销项税额)　　7 650

借:营业税金及附加　　20 700

　贷:应交税费——应交消费税　　20 700

(6)结转当月准予抵扣的消费税款:

准予抵扣的消费税＝10 000＋9 857.14－8 000＝11 857.14(元)

借:应交税费——应交消费税　　11 857.14

　贷:待扣税金——待扣消费税　　11 857.14

(7)当月缴纳消费税时:

借:应交税费——应交消费税　　8 842.86

　贷:银行存款　　8 842.86

委托方将委托加工物资收回后连续生产应税消费品的,按规定准予抵扣的,按代收代交的消费税,借记“应交税费——应交消费税”,贷记“应付账款”、“银行存款”等。

(1)发出原料时:

借:委托加工物资　　20 000

　贷:原材料　　20 000

(2)支付加工费时:

借:委托加工物资　　3 000

　　应交税费——应交增值税(进项税额)　　510

　贷:银行存款　　3 510

(3)支付代收代交的消费税时:

代收代交消费税＝(20 000＋3 000)÷(1－30％)×30％

＝9 857.14(元)

借:应交税费——应交消费税　　9 857.14

　贷:银行存款　　9 857.14

(4)加工收回的烟丝入库时:

借:库存商品　　23 000

贷：委托加工物资 23 000

(5)取得卷烟销售收入时：

应纳消费税＝60×250×3×45％＋150×3＝20 700(元)

增值税销项税额＝60×250×3×17％＝7 650(元)

借：银行存款 52 650

贷：主营业务收入 45 000

应交税费——应交增值税(销项税额) 7 650

借：营业税金及附加 20 700

贷：应交税费——应交消费税 20 700

四、进口环节消费税的会计处理

进口应税消费品时，由海关代征的进口消费税，应计入应税消费品的成本中。借记“固定资产”、“物资采购”、“库存商品”等账户，贷记“银行存款”等账户。

【例 3-17】 见【例 3-5】，做相应的会计分录。

组成计税价格＝(30＋30×100％)×10÷(1－5％)

＝631.58(万元)

应纳消费税额＝(30＋30×100％)×10÷(1－5％)×5％

＝31.58(万元)

应纳增值税额＝(300＋300＋31.58)×17％＝107.37(万元)

根据有关凭证，做如下会计分录：

借：库存商品 6 315 800

应交税费——应交增值税(进项税额) 1 073 700

贷：银行存款 7 389 500

思　考

将应税消费品用于换取生产资料，属于非货币性资产交换，本节的举例是在不涉及补价情况下的会计处理；若在交换中，涉及补价问题，对消费税和增值税应当如何进行会计处理呢？

第四节　消费税出口退税的会计处理

一、出口应税消费品退(免)税

(一)出口应税消费品退(免)税政策

与增值税相同的是，出口应税消费品退(免)消费税政策仍然分为三种情况：出口免税并退税、出口免税但不退税和出口不免税也不退税，但每一项政策的具体适用范围与增值税有所不同。在消费税中，这三项出口退(免)政策分别适用于三类企业：

1. 出口免税并退税政策只适用于有出口经营权的外贸企业。即有出口经营权的外贸企业购进应税消费品直接出口，以及外贸企业受其他外贸企业委托代理出口应税消费品。

2. 出口免税但不退税政策只适用于有出口经营权的生产性企业。即有出口经营权的生产性企业自营出口或生产企业委托外贸企业代理出口自产的应税消费品。

3. 出口不免也不退税政策只适用于一般商贸企业。

(二)出口应税消费品的退税率

出口应税消费品的退税率即应税消费品的征税率。

(三)出口应税消费品退税的计算

1. 从价定率方法计征消费税的应税消费品，应按照外贸企业从工厂购进货物时缴纳消费税的价格计算应退消费税税款。其公式为：

应退消费税税款＝出口货物的工厂销售额×税率

2.从量定额方法计征消费税的应税消费品，应按照货物购进和报关出口的数量计算应退消费税税款。其公式为：

应退消费税税款＝出口数量×单位税额

3.复合计税方法计征消费税的应税消费品。其公式为：

应退消费税税款＝出口货物的工厂销售额×税率
＋出口数量×单位税额

二、免征消费税的出口应税消费品的会计处理

1.生产企业直接出口或通过外贸企业出口的应税消费品，按规定直接予以免税的，可不计算应交消费税。

2.委托外贸企业代理出口应税消费品的生产性企业，应在计算消费税时，按应交消费税做如下会计分录：

借：应收出口退税

贷：应交税费——应交消费税

收到退回的税金时：

借：银行存款

贷：应收出口退税

发生退关、退货而补交已退的消费税时，做相反的会计分录。

3.企业将应税消费品销售给外贸企业，由外贸企业自营出口的，按缴纳的消费税做如下会计分录：

借：营业税金及附加

贷：应交税费——应交消费税

4.自营出口应税消费品的外贸企业，在物资报关出口后申请出口退税时做如下会计分录：

借：应收出口退税

贷：主营业务成本

实际收到退回的税金时：

借：银行存款

贷：应收出口退税

本章小结

本章第一节主要介绍了消费税的征税范围和纳税环节，为消费税应纳税额的计算做基础知识的准备；第二节比较系统地讲解了消费税应纳税额的基本计算方法以及在不同纳税环节的具体计算方法；第三节集中讲述了消费税的会计处理，按照纳税环节逐一讲解了消费税的主要会计处理，同时也兼顾了增值税的会计处理，便于学生比较和掌握；第四节介绍了消费税出口退(免)税政策及其会计处理。

综合复习题

一、思考题

1. 简述消费税纳税义务人的范围。

2. 消费税的纳税环节有哪些?

3. 消费税具体分为哪些税目? 各采用什么样的税率形式?

4. 在从价定率计征消费税的情况下，如何确定销售额?

5. 在从量定额计征消费税的情况下，如何确定销售数量?

6. 消费税的纳税义务发生时间如何确定?

二、选择题

1. 一位客户向某汽车制造厂(增值税一般纳税人)定购自用汽车一辆，支付货款(含税)250 800 元，另付设计、改装费 30 000 元。该辆汽车计征消费税的销售额为(　　)。

A. 214 359 元　　B. 240 000 元　　C. 250 800 元　　D. 280 800 元

2. 下列应税消费品应纳消费税的有(　　)。

A. 自用的应税消费品，用于连续生产应税消费品的

B. 委托加工的应税消费品(受托方已代收代缴消费税)，委托方收回后直接销售的

C. 自产自用消费品用于集体福利的

D. 批发商销售应税消费品

三、业务题

资料：某企业为增值税一般纳税人，某年 6 月发生以下业务：

从农业生产者手中收购玉米 40 吨,每吨收购价 3 000 元,共计支付收购价款 120 000 元。企业将收购的玉米从收购地直接运往异地的某酒厂生产加工药酒,酒厂在加工过程中代垫辅助材料款 15 000 元。药酒加工完毕,企业收回药酒时取得酒厂开具的增值税专用发票,注明加工费 30 000 元、增值税额 5 100 元,加工的药酒当地无同类产品市场价格。本月内企业将收回的药酒批发售出,取得不含税销售额 260 000 元。另外支付给运输单位的销货运输费用 12 000 元,取得普通发票。

要求:计算酒厂应代收代缴的消费税,并做企业和酒厂的消费税会计处理。

四、案例题

一家小型白酒生产厂家,用从四川一些酒厂外购酒和酒精进行加浆降或再用自产的少部分酒进行勾兑,生产白酒。让该企业经理不能理解的是,每月销售白酒要按销售额的 25% 的税率计算缴纳,但当月准予扣除的外购已税酒精,只能按 5% 的税率计算。这样是否不太合理?另外,该市国税稽查局在对该厂某年度消费税纳税情况稽查时,作出了以下补税的决定,更使其不能接受:

1. 5~12 月销售的 10 万瓶粮食白酒,每瓶补税 0.5 元,计 5 万元。

2. 5~12 月销售的 300 吨散装白酒,同样折合成"瓶",按瓶补征 0.5 元的消费税,共补税 30 万元。我们认为,既然是按"瓶"征收,那么我们销售的散装白酒就不应征收这 30 万元的数量消费税。

3. 对 5 月、6 月两月抵减外购的 300 吨粮食白酒的消费税 45 万元予以补缴。

(摘自税收与社会网,有删改)

分析要求:你能否回答该酒厂经理的疑问?市国税稽查局作出的三项补税决定合法吗?

第四章　营业税会计

学习目标

1. 熟悉营业税不同税目的具体纳税范围。
2. 掌握不同税目营业税计税依据的确定。
3. 熟悉营业税纳税申报的规定。
4. 掌握提供应税劳务、转让无形资产和销售不动产行为的营业税的会计处理。

范 例

银行代收水电费取得的手续费收入和物业管理公司代收水电费取得的手续费收入在计缴营业税时是否相同？银行储蓄存款收入和邮政储蓄存款收入在计缴营业税时是否相同？另外，在上述情况下，不同纳税人的会计处理是否相同？这些均是本章要回答的问题。

第一节 营业税概述

营业税是对在我国境内提供应税劳务、转让无形资产或销售不动产的单位和个人所取得的营业额征收的一种流转税。营业税一般是以营业额全额为计税依据，按行业设置税目税率，实行比例税率，计算简便。

一、营业税的纳税人

在中华人民共和国境内提供应税劳务、转让无形资产或销售不动产的单位和个人，为营业税的纳税义务人。

（一）纳税人的一般规定

作为营业税的纳税人应同时具备以下三个条件：

1.所提供的应税劳务、转让无形资产或销售不动产的行为发生在中华人民共和国境内。"境内"的具体含义是指：

（1）提供或者接受应税劳务的单位或者个人在境内。

（2）所转让的无形资产（不含土地使用权）的接受单位或者个人在境内；在境内转让自然资源使用权，是指所转让的自然资源使用权涉及的自然资源在境内。

（3）所转让或者出租土地使用权的土地在境内。

(4)所销售或者出租的不动产在境内。

2.必须是有偿提供应税劳务、转让无形资产或者销售不动产。

3.提供的必须是营业税的应税劳务、转让无形资产或销售不动产。即纳税义务人的行为属于营业税的征税范围。

(二)纳税人的特殊规定

1.单位以承包、承租、挂靠方式经营的,承包人、承租人、挂靠人(以下统称承包人)发生应税行为,承包人以发包人、出租人、被挂靠人(以下统称发包人)名义对外经营并由发包人承担相关法律责任的,以发包人为纳税人;否则以承包人为纳税人。

2.建筑安装业务实行分包或转包的,分包或转包者为纳税人。

3.纳税人有下列情形之一的,视同发生应税行为:

(1)单位或者个人将不动产或者土地使用权无偿赠送其他单位或者个人;

(2)单位或者个人自己新建(以下简称自建)建筑物后销售,其所发生的自建行为;

(3)财政部、国家税务总局规定的其他情形。

二、营业税的扣缴义务人

中华人民共和国境外的单位或者个人在境内提供应税劳务、转让无形资产或者销售不动产,在境内未设有经营机构的,以其境内代理人为扣缴义务人;在境内没有代理人的,以受让方或者购买方为扣缴义务人,或国务院财政、税务主管部门规定的其他扣缴义务人。

如某公司是一家合资企业,主要生产节日饰品,其产品全部销往海外,在出口过程中,除了发生海外佣金、海外服务费外,为了打开知名度、增加销售量,该公司还委托海外媒体进行广告宣传,发生了大量的广告费。在2009年以前(执行原《暂行条例》),这些费用因为发生在境外,可以直接在费用中列支,不涉及营业税问题。但从2009年起(执行新《暂行条例》),如果提供和接受新《条例》规定劳务的单位或个人在境内,均属于营业税的范围,佣金收入、广告费收入和服务费收入等境外费用应分别按营业税税率代扣代缴营业税。境外受托方缴纳的营业税应由境内该公司履行代扣代缴义务。

三、营业税税目

在我国境内提供应税劳务、转让无形资产或销售不动产的行为，均属于营业税的征税范围。营业税法将征税范围具体划分为9个税目。

（一）交通运输业

1.交通运输业包括陆路运输、水路运输、航空运输、管道运输和装卸搬运5大类。

2.对远洋运输企业从事程租、期租业务和航空运输企业从事湿租业务取得的收入，按"交通运输业"税目缴纳营业税。

（二）建筑业

1.建筑业是指建筑安装工程作业等，包括建筑、安装、修缮、装饰和其他工程作业等项内容。

2.自建行为的征税规定。

（1）任何单位和个人自建并销售建筑物，首先就其自建行为视同"建筑业"税目缴纳营业税，其次就其销售建筑物行为按"销售不动产"税目缴纳营业税。

（2）非施工企业的非独立核算的自营施工单位，为所在单位建造自营工程时，凡同本单位结算工程价款的，均应纳入"建筑业"税目征税范围。

（3）单位内部施工队伍为本单位承担建筑安装业务，凡不与本单位结算工程价款的，不是"建筑业"税目征税范围。

（4）施工单位自建自用建筑物，其自建行为不是"建筑业"税目的征税范围。

（5）自建建筑物用于出租或投资入股，其自建行为也不是"建筑业"税目的征税范围。

3.建筑安装企业将其承包的某一工程项目的纯劳务部分分包给若干个施工企业，由该建筑安装企业提供施工技术、施工材料并负责工程质量监督，施工劳务由施工企业的职工提供，施工企业按照其提供的工程量与该建筑安装企业统一结算价款。按照现行营业税的有关规定，施工企业提供的施工劳务属于提供建筑业应税劳务，因此，对其取得的收入应按照“建筑业”税目缴纳营业税。

（三）金融保险业

金融保险业是指经营金融、保险的业务。

1.金融是指经营货币资金融通活动的业务，包括贷款、融资租赁、金融商品转让、金融经纪业和其他金融业务。

2.保险是指将通过契约形式集中起来的资金，用以补偿被保险人的经济利益的活动。

3.对我国境内外资金融机构从事离岸银行业务，属于在我国境内提供应税劳务，缴纳营业税。

4.对中国出口信用保险公司办理的出口信用保险业务和出口信用担保业务不缴纳营业税。

（四）邮电通信业

邮电通信业是指专门办理信息传递的业务，包括邮政、电信。

1.邮政是指传递实物信息的业务，包括传递函件或包件、邮汇、报刊发行、邮务物品销售、邮政储蓄及其他邮政业务。

2.电信是指用各种电传设备传输电信号而传递信息的业务，包括电报、电传、电话、电话机安装、电信物品销售及其他电信业务。

3.单位和个人从事快递业务按“邮电通信业”税目缴纳营业税。

4.单位或个人出租境外的属于不动产的电信网络资源（包括境外电路、海缆、卫星转发器等）取得的收入，不属于营业税征税范围，不征收营业税。境外单位或个人在境外向境内单位或个人提供的国际通信服务（包括国际间通话服务、移动电话国际漫游服务、移动电话国际互联网服务、国际间短信互通服务、国际间彩信互通服务），不属于营业税征税范围，不征收营业税。

（五）文化体育业

文化体育业是指经营文化、体育活动的业务，包括文化业和体育业。

1.文化业是指经营文化活动的业务，包括表演、播映，经营游览场所，举办各种展览、培训活动，举办文学、艺术、科技讲座、讲演、报告会，经营图书馆的图书和资料的借阅业务等。

2.体育业是指举办各种体育比赛和为体育比赛或体育活动提供场所的业务。

(六)娱乐业

1.娱乐业是指为娱乐活动提供场所和服务的业务,包括经营歌厅、舞厅、卡拉OK歌舞厅、音乐茶座等娱乐场所,以及娱乐场所为顾客进行娱乐活动提供服务的业务。

2.娱乐场所为顾客提供的饮食服务及其他各种服务也按照“娱乐业”税目征税。

3.单位和个人开办“网吧”取得的收入,按“娱乐业”税目征税。

(七)服务业

1.服务业是指利用设备、工具、场所、信息或技能为社会提供服务的业务,包括代理业、旅店业、饮食业、旅游业、仓储业、租赁业、广告业和其他服务业。

2.对远洋运输企业从事光租业务和航空运输企业从事干租业务取得的收入,按“服务业”税目中的“租赁业”项目缴纳营业税。

3.自2002年1月1日起执行,福利彩票机构发行销售福利彩票取得的收入不缴纳营业税。对福利彩票机构以外的代销单位销售福利彩票取得的手续费收入应按规定缴纳营业税。

4.单位和个人在旅游景点经营索道取得的收入按“服务业”税目“旅游业”项目缴纳营业税。

5.双方签订承包、租赁合同,将企业或企业部分资产出包、租赁,出包、出租者向承包、承租方收取的承包费、租赁费按“服务业”税目缴纳营业税。出包方收取的承包费,凡同时符合以下三个条件的,属于企业内部分配行为,不缴纳营业税:

(1)承包方以出包方名义对外经营,由出包方承担相关的法律责任;

(2)承包方的经营收支全部纳入出包方的财务会计核算;

(3)出包方与承包方的利益分配是以出包方的利润为基础。

6.交通部门有偿转让高速公路收费权行为,属于营业税缴纳范围,应按"服务业"税目中的"租赁"项目缴纳营业税。

7.对社保基金投资管理人、社保基金托管人从事社保基金管理活动取得的收入,依照税法的规定征收营业税。

8.无船承运业务应按照"服务业一代理业"缴纳营业税。

9.酒店产权式经营业主在约定的时间内提供房产使用权与酒店进行合作经营,如房产产权并未归属新的经济实体,业主按照约定取得的固定收入和分红收入均应视为租金收入,应按照"服务业一租赁业"缴纳营业税。

10.对港口设施经营人收取的港口设施保安费,应按照"服务业"税目全额征收营业税。

11.单位和个人受托种植植物、饲养动物的行为,应按照"服务业"税目征收营业税。

12. 纳税人受托进行建筑物拆除、平整土地并代委托方向原土地使用权人支付拆迁补偿费的过程中,其代委托方向原土地使用权人支付拆迁补偿费的行为属于"服务业—代理业"行为,应以提供代理劳务取得的全部收入减去其代委托方支付的拆迁补偿费后的余额为营业额计算缴纳营业税。

(八)转让无形资产

转让无形资产是指转让无形资产的所有权或使用权的行为,包括转让土地使用权、转让商标权、转让专利权、转让非专利技术、转让著作权和转让商誉。

1.以无形资产投资入股,参与接受投资方的利润分配、共同承担投资风险的行为,不缴纳营业税,但在投资期内转让其股权的应当缴纳营业税。

2.电影发行单位以出租电影拷贝形式将电影拷贝播映权在一定限期内转让给电影放映单位的行为按"转让无形资产"税目缴纳营业税。

3.单位和个人转让在建项目时,转让已完成土地前期开发或正在进行土地前期开发,但尚未进入施工阶段的在建项目,按"转让无形资产"税目中"转让土地使用权"项目缴纳营业税。

4.对经过国家版权局注册登记,在销售时一并转让著作权、所有权的计算机软件按“转让无形资产”税目缴纳营业税。

5. 自 2012 年 2 月 1 日起，转让自然资源使用权，按转让无形资产税目缴纳营业税。转让自然资源使用权，是指权利人转让勘探、开采、使用自然资源权利的行为。自然资源使用权，是指海域使用权、探矿权、采矿权、取水权和其他自然资源使用权（不含土地使用权）。县级以上地方人民政府或自然资源行政主管部门出让、转让或收回自然资源使用权的行为，不征收营业税。

（九）销售不动产

销售不动产是指有偿转让不动产所有权的行为，包括销售建筑物或构筑物和销售其他土地附着物。在销售不动产时连同不动产所占土地的使用权一并转让的行为，比照销售不动产缴纳营业税。

1. 以不动产投资入股，参与接受投资方利润分配、共同承担投资风险的行为，不征营业税，但在投资期内转让其股权的应当缴纳营业税。

2. 单位将不动产无偿赠与他人，视同销售不动产缴纳营业税，对个人无偿赠送不动产的行为，不征营业税。

3. 单位和个人转让在建项目时，转让已进入建筑物施工阶段的在建项目，按“销售不动产”税目缴纳营业税。

4. 纳税人自建住房销售给本单位职工，属于销售不动产行为，应照章缴纳营业税。

5. 自 2011 年 10 月 1 日，纳税人在资产重组过程中，通过合并、分立、出售、置换等方式，将全部或者部分实物资产以及与其相关联的债权、债务和劳动力一并转让给其他单位和个人的行为，不属于营业税征收范围，其中涉及的不动产、土地使用权转让，不征收营业税。

6. 融资性售后回租业务中承租方出售资产的行为，不属于营业税征收范围，不征收营业税。融资性售后回租业务是指承租方以融资为目的将资产出售给经批准从事融资租赁业务的企业后，又将该项资产从该融资租赁企业租回的行为。融资性售后回租业务中承租方出售资产时，资产所有权以及与资产所有权有关的全部报酬和风险并未完全转移。

四、营业税税率

营业税按照行业、类别的不同分别采用不同的比例税率，具体规定为：

1. 交通运输业、建筑业、邮电通信业、文化体育业，税率为3%。

2. 金融保险业、服务业、销售不动产、转让无形资产，税率为5%。

3. 娱乐业执行5%～20%的幅度税率，具体适用的税率，由各省、自治区、直辖市人民政府根据当地的实际情况在税法规定的幅度内决定。

4. 自2005年6月1日起，对公路经营企业收取的高速公路车辆通行费收入统一减按3%的税率缴纳营业税。

5. 动漫企业。为开发动漫产品提供的动漫脚本编撰、形象设计、背景设计、动画设计、分镜、动画制作、摄制、描线、上色、画面合成、配音、配乐、音效合成、剪辑、字幕制作、压缩转码（面向网络动漫、手机动漫格式适配）劳务，以及动漫企业在境内转让动漫版权交易收入（包括动漫品牌、形象或内容的授权及再授权），在2012年12月31日前暂减按3%税率征收营业税。

思　考

如何区分营业税建筑业税目中的“修缮”和增值税应税劳务中的“修理”？

第二节　营业税应纳税额的计算与申报

一、营业额的确定

营业额即为计税依据，它是计算应纳营业税额的关键。

纳税人的营业额为纳税人提供应税劳务、转让无形资产或者销售不动产收取的全部价款和价外费用。价外费用,包括收取的手续费、补贴、基金、集资费、返还利润、奖励费、违约金、滞纳金、延期付款利息、赔偿金、代收款项、代垫款项、罚息及其他各种性质的价外收费,但不包括同时符合以下条件代为收取的政府性基金或者行政事业性收费:

1.由国务院或者财政部批准设立的政府性基金,由国务院或者省级人民政府及其财政、价格主管部门批准设立的行政事业性收费;

2.收取时开具省级以上财政部门印制的财政票据;

3.所收款项全额上缴财政。

不同行业对营业额的确定是不尽相同的。

(一)交通运输业

1.交通运输业营业额的组成。交通运输业的营业额一般是指从事交通运输的纳税义务人所取得的全部运营收入,包括全部价款和价外费用。

2.纳税人将承揽的运输业务分给其他单位或者个人的,以其取得的全部价款和价外费用扣除其支付给其他单位或者个人的运输费用后的余额为营业额。

3.合资铁路运输公司、股改铁路运输企业和其他铁路运输企业相互之间合作完成运输业务,承运人应以取得的全部价款和价外费用扣除支付给其他合作运输方的运输费用后的余额为营业额,以《铁路运输企业提供服务清算票据》为营业额扣除凭证,计算缴纳营业税。合资铁路运输公司是指由铁道部及其所属铁路运输企业与地方政府、企业或其他投资者共同出资成立的铁路运输企业;股改铁路运输企业是指经国务院批准进行股份制改革成立的铁路运输企业。

(二)建筑业

1.建筑业营业额的组成。建筑业的营业额为承包建筑、修缮、安装、装饰和其他工程作业取得的营业收入额,建筑安装企业向建设单位收取的工程价款及工程价款之外收取的各项费用。

2.纳税人提供建筑业劳务(不含装饰劳务)的,其营业额应当包括工程所用原材料、设备及其他物资和动力价款在内,但不包括建设方提供的设备的价款。

3. 从事安装工程作业，施工单位既负责采购安装的机器设备，又负责安装机器设备方式的，凡以所安装的设备价值作为安装产值的，其营业额应包括设备的价值在内。

4. 纳税人将建筑工程分包给其他单位的，以其取得的全部价款和价外费用扣除其支付给其他单位的分包款后的余额为营业额。

5. 纳税人采用清包工形式提供的装饰劳务，按照其向客户实际收取的人工费、管理费和辅助材料费等收入（不含客户自行采购的材料价款和设备价款）确认计税营业额。以清包工形式提供的装饰劳务是指，工程所需的主要原材料和设备由客户自行采购，纳税人只向客户收取人工费、管理费及辅助材料费等费用的装饰劳务。

（三）金融保险业

1. 一般贷款业务以取得利息收入全额（包括罚息、加息）为营业额。

2. 融资租赁以其向承租者收取的全部价款和价外费用（包括残值）减去出租方承担的出租货物的实际成本后的余额，以直线法折算出本期的营业额。其计算公式为：

本期营业额＝（应收取的全部价款和价外费用－实际成本）
×（本期天数÷总天数）

实际成本＝货物购入原价＋关税＋增值税＋消费税＋运杂费
＋安装费＋保险费＋支付给境外的外汇借款利息支出

3. 外汇、有价证券、期货等金融商品买卖业务，以卖出价减去买入价后的余额为营业额。

4. 金融企业从事受托收款业务，如代收电话费、水电煤气费、信息费、学杂费、寻呼费、社保统筹费、交通违章罚款、税款等，以全部收入减去支付给委托方价款后的余额为营业额。

5. 金融经纪业务和其他金融业务（中间业务）营业额为手续费（佣金）类的全部收入。

6. 保险业务营业额包括：

（1）初保业务。一般情况下，办理初保业务的营业额为纳税人向被保险人收取的全部保险费。中华人民共和国境内的保险人，将其承保的以境内标的物为保险标的的保险业务向境外再保险人办理分保的，以全部保费收入减去分保保费后的余额为营业额。境外再保险人应就其分保收入承担营业税纳税义务，并由境内保险人扣缴境外再保险人应缴纳的营业税税款。

(2)储金业务。营业额为纳税人在纳税期内的储金平均余额乘以中国人民银行公布的一年期存款的月利率。储金平均余额为纳税期期初储金余额与期末余额之和乘以50%。

(3)保险企业已缴纳过营业税的应收未收保费，凡在财务会计制度规定的核算期限内未收回的，允许从营业额中减除。在会计核算期限以后收回的已冲减的应收未收保费，再并入当期营业额中。

(4)保险企业开展无赔偿奖励业务的，以向投保人实际收取的保费为营业额。

(5)中华人民共和国境内的保险人，将其承保的以境内标的物为保险标的的保险业务向境外再保险人办理分保的，以全部保费收入减去分保保费后的余额为营业额。境外再保险人应就其分保收入承担营业税纳税义务，并由境内保险人扣缴境外再保险人应缴纳的营业税税款。

(四)邮电通信业

1.邮电通信业的营业额有两种确定形式：

(1)以取得收入的全额确定为营业额，包括传递包裹函件、邮汇等业务。

(2)以实际取得的收入为营业额，包括报刊发行、邮政储蓄等业务。

2.邮政电信单位与其他单位合作，共同为用户提供邮政电信业务及其他服务并由邮政电信单位统一收取价款的，以全部收入减去支付给合作方价款后的余额为营业额。

3.电信单位销售的各种有价电话卡，由于其计费系统只能按有价电话卡面值出账并按有价电话卡面值确认收入，不能直接在销售发票上注明折扣折让额，因此以按面值确认的收入减去当期财务会计上体现的销售折扣折让后的余额为营业额。

(五)文化体育业

单位或个人进行演出，以全部票价收入或者包场收入减去付给提供演出场所的单位、演出公司或者经纪人的费用后的余额为营业额。

电影放映单位放映电影，应以其取得的全部电影票房收入为营业额计算缴纳营业税，其从电影票房收入中提取并上缴的国家电影事业发展专项资金不得从其计税营业额中扣除。

（六）娱乐业

经营娱乐业向顾客收取的各项费用，包括门票收费、台位费、点歌费、烟酒和饮料收费及其他收费为营业额。

（七）服务业

1. 服务业营业额的组成

服务业的营业额是指纳税人提供代理业、旅店业、饮食业、旅游业、仓储业、租赁业、广告业、其他服务业的应税劳务，向对方收取的全部价款和价外费用。

2. 代理业的营业额

(1)一般代理业：一般代理业以纳税人从事代理业务向委托方实际收取的报酬为营业额。

(2)广告代理业：从事广告代理业务的，以其全部收入减去支付给其他广告公司或广告发布者（包括媒体、载体）的广告发布费后的余额为营业额。

(3)物业管理：从事物业管理的单位，以与物业管理有关的全部收入减去代业主支付的水、电、燃气以及代承租者支付的水、电、燃气、房屋租金的价款后的余额为营业额。

(4)拍卖行：拍卖行向委托方收取的手续费应缴纳营业税。

(5)无船承运：从事无船承运业务的，以其向委托人收取的全部价款和价外费用扣除其支付的海运费以及报关、港杂、装卸费用后的余额为计税营业额申报缴纳营业税。纳税人从事无船承运业务，应按照其从事无船承运业务取得的全部价款和价外费用向委托人开具发票，同时应凭其取得的开具给本纳税人的发票或其他合法有效凭证作为差额缴纳营业税的扣除凭证。

3. 旅店业的营业额

(1)旅店业的营业额为提供住宿服务的各项收入。

(2)旅店业除提供住宿服务外,还提供代购机票、娱乐、洗衣、理发等其他服务,在缴纳营业税时,应区分税目分别核算营业额,否则从高适用税率。

4.饮食业

饮食业的营业额为向顾客提供饮食服务而收取的餐饮收入全额。

5.旅游业的营业额

纳税人从事旅游业务的,以其取得的全部价款和价外费用扣除替旅游者支付给其他单位或者个人的住宿费、餐费、交通费、旅游景点门票和支付给其他接团旅游企业的旅游费后的余额为营业额。

6.租赁业营业额

租赁业的营业额是经营租赁业务收取的租金全额,不得扣除任何费用。转租也应全额征税。

7.广告业的营业额

广告业的营业额以广告业务收入全额征税。广告公司因经营的需要,再委托其他企业加工制作的费用支出,不得扣除。

(八)销售不动产或受让土地使用权

1.一般情况下,转让无形资产和销售不动产的营业额为纳税人向受让方或购买方收取的全部价款和价外费用。

2.单位和个人销售或转让其购置的不动产或受让的土地使用权,以全部收入减去不动产或土地使用权的购置或受让原价后的余额为营业额。

3.单位和个人销售或转让抵债所得的不动产、土地使用权的,以全部收入减去抵债时该项不动产或土地使用权作价后的余额为营业额。

4.纳税人转让土地使用权或者销售不动产的同时一并销售的附着于土地或者不动产上的固定资产中,凡属于增值税应税货物的,应计算缴纳增值税;凡属于不动产的,应计算缴纳营业税。纳税人应分别核算增值税应税货物和不动产的销售额,未分别核算或核算不清的,由主管税务机关核定其增值税应税货物的销售额和不动产的销售额。

(九)关于营业额确定的其他规定

1.单位和个人提供营业税应税劳务、转让无形资产和销售不动产发生退款，凡该项退款已缴纳过营业税的，允许退还已征税款，也可以从纳税人以后的营业额中减除。

2.单位和个人在提供营业税应税劳务、转让无形资产、销售不动产时，如果将所付价款与折扣额在同一张发票上注明的，以折扣后的价款为营业额；如果将折扣额另开发票的，不论其在财务上如何处理，均不得从营业额中减除。

3.单位和个人提供应税劳务、转让无形资产和销售不动产时，因受让方违约而从受让方取得的赔偿金收入，应并入营业额中缴纳营业税。

4.单位和个人因财务会计核算办法改变将已缴纳过营业税的预收性质的价款逐期转为营业收入时，允许从营业额中减除。

5.劳务公司接受用工单位的委托，为其安排劳动力，凡用工单位将其应支付给劳动力的工资和为劳动力上交的社会保险（包括养老保险金、医疗保险、失业保险、工伤保险等，下同）以及住房公积金统一交给劳务公司代为发放或办理的，以劳务公司从用工单位收取的全部价款减去代收转付给劳动力的工资和为劳动力办理社会保险及住房公积金后的余额为营业额。

6.营业税纳税人购置税控收款机，经主管税务机关审核批准后，可凭购进税控收款机取得的增值税专用发票，按照发票上注明的增值税税额，抵免当期应纳营业税税额，或者按照购进税控收款机取得的普通发票上注明的价款，依下列公式计算可抵免税额：

可抵免税额＝价款÷(1－17%)×17%

当期应纳税额不足抵免的，未抵免部分可在下期继续抵免。

（十）税务机关核定营业额

对于纳税人提供劳务、转让无形资产或销售不动产价格明显偏低而无正当理由的，或发生视同应税行为而无营业额的，税务机关按下列顺序核定其营业额：

1.按纳税人最近时期发生同类应税行为的平均价格核定；

2.按其他纳税人最近时期发生同类应税行为的平均价格核定；

3.按下列公式核定：

营业额＝营业成本或者工程成本×(1＋成本利润率)

÷(1－营业税税率)

公式中的成本利润率,由省、自治区、直辖市税务局确定。

(十一)关于营业额减除项目凭证管理问题

营业额减除项目支付款项发生在境内的,该减除项目支付款项凭证必须是发票或合法有效凭证;支付给境外的,该减除项目支付款项凭证必须是外汇付汇凭证、外方公司的签收单据或出具的公证证明。

二、应纳营业税额的计算

纳税人提供应税劳务、转让无形资产或者销售不动产,按照营业额和规定的适用税率计算应纳税额。其计算公式为:

应纳营业税额＝营业额×适用税率

(一)一般业务应纳税额的计算

【例 4-1】 国内某海运公司某月在境内取得货运收入 900 万元,从境外某港口向境内某港口运输货物取得货运收入 2 000 万元,由境内某港口向境外某港口运输货物取得货运收入 1 000 万元,其中转付给境外承运企业 600 万元。计算该海运公司应纳营业税额。

应纳营业税额＝[900＋(1 000－600)]×3%＝39(万元)

【例 4-2】 某饭店共设 20 个包间,包间均有卡拉 OK 设备,为客人提供餐饮、娱乐等服务,顾客可以自娱自乐。2002 年某月饭店收取包间费 35 万元,餐费 60 万元,烟酒饮料费 20 万元(已知服务业税率为 5%,娱乐业税率为 20%),计算该饭店本月应纳的营业税额。

应纳营业税额＝(35＋60＋20)×20%＝23(万元)

【例 4-3】 甲建筑公司以 10 000 万元的总承包额中标为某房地产开发公司承建一幢写字楼,之后甲建筑公司又将该写字楼工程的装饰工程以 3 000 万元分包给乙建筑公司。工程完工后,房地产开发公司用其自有的市值 3 400 万元的两幢普通住宅楼抵顶了应付给甲建筑公司的工程劳务费;甲建筑公司将一幢普通住宅楼自用,另一幢市值

1 800万元的普通住宅抵顶了应付给乙建筑公司的工程劳务费。分别计算有关各方应缴纳和应扣缴的营业税税款。

(1)甲建筑公司应纳建筑业营业税＝(10 000－3 000)×3％＝210(万元)

(2)甲建筑公司应代扣代缴乙建筑公司建筑业营业税＝3 000×3％＝90(万元)

(3)房地产公司应纳销售不动产营业税＝3 400×5％＝170(万元)

(4)甲建筑公司应纳销售不动产营业税＝1 800×5％＝90(万元)

【例 4-4】 某公司某月取得以下收入：

1. 代售大型演唱会门票 32 000 元，其中包括代售手续费 3 000 元。

2. 代销中国福利彩票 60 000 元，取得代销手续费 1 000 元。

3. 委派两人到国外提供咨询服务，收取咨询费折合人民币80 000元。

4. 举办一期培训班，收取培训费 2 000 元，资料费 400 元。

计算上述业务应缴纳的营业税，计算该公司应代扣代缴的营业税。

1. 该公司应纳营业税额

(1)代售门票手续费应纳营业税额＝3 000×5％＝150(元)

(2)福利彩票手续费应纳营业税额＝1 000×5％＝50(元)

(3)国外咨询收入不属于境内提供劳务，不征营业税

(4)培训班收入应纳营业税额＝(2 000＋400)×3％＝72(元)

上述业务共应缴纳的营业税额＝150＋50＋72＝272(元)

2. 该公司应代扣代缴营业税额＝32 000×3％＝960(元)

(二)特殊行为应纳税额的计算

1. 兼营不同税目的应税行为

纳税人兼营不同税目应税行为的，应当分别核算不同税目的营业额、转让额、销售额，然后按各自的适用税率计算应纳税额；未分别核算的，将从高适用税率计算应纳税额。

【例 4-5】 某饭店某月取得住宿收入 150 000 元，饭店所属保龄球馆取得收入 30 000 元，所属餐厅取得收入 50 000 元。各项收入分别核算。计算饭店本月应纳营业税额。

应纳营业税额＝(150 000＋50 000)×5%＋30 000×20%

＝16 000(元)

2. 混合销售行为

一项销售行为如果既涉及应税劳务又涉及货物的，为混合销售行为。混合销售行为的纳税界定按经营主业划分：从事货物的生产、批发或零售的企业、企业性单位及个体经营者的混合销售行为，视为销售货物，不缴纳营业税；其他单位和个人的混合销售行为，视为提供应税劳务，应当缴纳营业税。

【例 4-6】 某照相馆某月照结婚纪念照取得收入 30 000 元，同时附带提供镜框和相册，取得镜框相册销售收入 1 000 元。计算应纳营业税额。

应纳营业税额＝(30 000＋1 000)×5%＝1 550(元)

3. 兼营应税劳务与货物或非应税劳务行为

纳税人兼营应税劳务与货物或非应税劳务行为的，应分别核算应税劳务的营业额与货物或非应税劳务的销售额。不分别核算或者不能准确核算的，其应税劳务与货物或非应税劳务一并缴纳增值税，不缴纳营业税。

【例 4-7】 某建筑装饰材料商店为增值税一般纳税人，并兼营装修业务。某月该商店购进商品，取得增值税专用发票上注明的价款是 300 000 元，销售商品取得的不含税销售额为 400 000 元，装修业务收入 56 000 元。该商店分别核算货物销售额和劳务营业额。计算该商店当月应纳营业税额。

应纳营业税额＝56 000×3%＝1 680(元)

以上三种特殊行为可以总结为表 4-1 所示。

表 4-1 三种特殊行为应纳税额的计算

特殊行为	涉及税种	税务处理一应当	税务处理一否则
兼营不同税目	营业税	分别核算不同税目的营业额	从高适用纳税率
混合销售	营业税、增值税	以货物生产、批发或零售为主的企业缴纳增值税	其他企业缴纳营业税
兼营应税劳务与非应税劳务	营业税、增值税	分别核算,分别缴纳营业税和增值税	一并缴纳增值税

4. 关于纳税人销售自产货物提供增值税应税劳务并同时提供建筑业劳务缴纳增值税、营业税的划分问题

(1)纳税人销售自产货物同时提供建筑业劳务,应分别核算其货物的销售额和建筑业劳务的营业额,并根据其货物的销售额计算缴纳增值税,根据其建筑业劳务的营业额计算缴纳营业税。未分别核算的,由主管税务机关分别核定其货物的销售额和建筑业劳务的营业额。

纳税人销售自产货物同时提供建筑业劳务,须向建筑业劳务发生地主管地方税务机关提供其机构所在地主管国家税务机关出具的本纳税人属于从事货物生产的单位或个人的证明。建筑业劳务发生地主管地方税务机关根据纳税人持有的证明,按规定计算征收营业税。

(2)扣缴分包人营业税的规定。不论签订建设工程施工合同的总承包人是销售自产货物、提供增值税应税劳务并提供建筑业劳务的单位和个人,还是仅销售自产货物、提供增值税应税劳务不提供建筑业劳务的单位和个人,均应当扣缴分包人或转包人(以下简称分包人)的营业税:

①如果分包人是销售自产货物、提供增值税应税劳务并提供建筑

业劳务的单位和个人，总承包人在扣缴建筑业营业税时的营业额为除自产货物、增值税应税劳务以外的价款。

②除本条第一款规定以外的分包人，总承包人在扣缴建筑业营业税时的营业额为分包额。

(3)关于自产货物范围问题。规定所称自产货物是指：

①金属结构件：包括活动板房、钢结构房、钢结构产品、金属网架等产品；

②铝合金门窗；

③玻璃幕墙；

④机器设备、电子通信设备；

⑤国家税务总局规定的其他自产货物。

5.对商业企业向供货方收取的部分费用缴纳流转税问题

自2004年7月1日起，对商业企业向供货方收取的与商品销售量、销售额无必然联系，且商业企业向供货方提供一定劳务的收入，如进场费、广告促销费、上架费、展示费、管理费等，不属于平销返利，不冲减当期增值税进项税金，应按营业税的适用税目税率(5%)缴纳营业税。

三、营业税的减免税优惠

(一)根据《营业税暂行条例》的规定，下列项目免征营业税

1.托儿所、幼儿园、养老院、残疾人福利机构提供的育养服务、婚姻介绍、殡葬服务。

2.残疾人员个人为社会提供的劳务。

3.医院、诊所和其他医疗机构提供的医疗服务。

4.学校和其他教育机构提供的教育劳务，学生勤工俭学提供的劳务。

5.农业机耕、排灌、病虫害防治、植保、农牧保险以及相关技术培训业务，家禽、牲畜、水生动物的配种和疾病防治。

6.纪念馆、博物馆、文化馆、美术馆、展览馆、书画院、图书馆、文物保护单位举办文化活动的门票收入，宗教场所举办文化、宗教活动的门

票收入。

7.境内保险机构为出口货物提供的保险产品。

(二)根据国家的其他规定,下列项目减征或免征营业税

1.保险公司开展的一年期以上返还性人身保险业务的保费收入免征营业税。

2.对单位和个人从事技术转让、技术开发业务和与之相关的技术咨询、技术服务业务取得的收入,免征营业税。

3.个人转让著作权,免征营业税。

4.将土地使用权转让给农业生产者用于农业生产,免征营业税。

5.社会团体按财政部门或民政部门规定标准收取的会费,不缴纳营业税。

6.下岗职工从事社区居民服务业取得的营业收入,3 年内免征营业税。

7.人民银行对金融机构的贷款业务,不缴纳营业税。人民银行对企业贷款或委托金融机构贷款的业务应当缴纳营业税。

8.金融机构往来业务暂不缴纳营业税。

9.对金融机构的出纳长款收入,不缴纳营业税。

10.自 2011 年 1 月 27 日起,个人将购买不足 5 年的住房对外销售的,全额征收营业税;个人将购买超过 5 年(含 5 年)的非普通住房对外销售的,按照其销售收入减去购买房屋的价款后的差额征收营业税;个人将购买超过 5 年(含 5 年)的普通住房对外销售的,免征营业税。

11.自 2002 年 1 月 1 日起,福利彩票机构发行销售福利彩票取得的收入不缴纳营业税。对福利彩票机构以外的代销单位销售福利彩票取得的手续费收入应按规定缴纳营业税。

12.保险企业取得的追偿款不缴纳营业税。所称追偿款,是指发生保险事故后,保险公司按照保险合同的约定向被保险人支付赔款,并从被保险人处取得对保险标的价款进行追偿的权利而追回的价款。

13.自 2011 年 1 月 1 日至 2012 年 12 月 31 日,对按照国家规定的收费标准向学生收取的高校学生公寓住宿费收入,免征营业税。对高校学生食堂为高校师生提供餐饮服务取得的收入,免征营业税。“高校

学生公寓”，是指为高校学生提供住宿服务，按照国家规定的收费标准收取住宿费的学生公寓。“高校学生食堂”，是指依照《学校食堂与学生集体用餐卫生管理规定》（中华人民共和国教育部令第 14 号）管理的高校学生食堂。

14. 住房专项维修基金征免营业税的规定。住房专项维修基金是属全体业主共同所有的一项代管基金，专项用于物业保修期满后物业共用部位、共用设施设备的维修和更新、改造。鉴于住房专项维修基金资金所有权及使用的特殊性，对房地产主管部门或其指定机构、公积金管理中心、开发企业以及物业管理单位代收的住房专项维修基金，不计征营业税。

15. 单位和个人提供的垃圾处置劳务不属于营业税应税劳务，对其处置垃圾取得的垃圾处置费，不缴纳营业税。

16. 公司从事金融资产处置业务时，出售、转让股权不征收营业税。

17. 对中国邮政集团公司及其所属邮政企业为中国邮政储蓄银行及其所属分行、支行代办金融业务取得的代理金融业务收入，自 2011 年 1 月 1 日至 2012 年 12 月 31 日免征营业税。

18. 对个人（包括个体工商户及其他个人，下同）从事外汇、有价证券、非货物期货和其他金融商品买卖业务取得的收入暂免征收营业税。

19. 个人无偿赠与不动产、土地使用权，属于下列情形之一的，暂免征收营业税：

（1）离婚财产分割；

（2）无偿赠与配偶、父母、子女、祖父母、外祖父母、孙子女、外孙子女、兄弟姐妹；

（3）无偿赠与对其承担直接抚养或者赡养义务的抚养人或者赡养人；

（4）房屋产权所有人死亡，依法取得房屋产权的法定继承人、遗嘱继承人或者受遗赠人。

20. 同时满足以下条件的行政事业性收费和政府性基金暂免征收营业税：

（1）由国务院或者财政部批准设立的政府性基金，由国务院或者省级人民政府及其财政、价格主管部门批准设立的行政事业性收费和政府性基金；

(2)收取时开具省级以上(含省级)财政部门统一印制或监制的财政票据；

(3)所收款项全额上缴财政。

凡不同时符合上述三个条件，且属于营业税征税范围的行政事业性收费或政府性基金应照章征收营业税。

21.广播电影电视行政主管部门(包括中央、省、地市及县级)按照各自职能权限批准从事电影制片、发行、放映的电影集团公司(含成员企业)、电影制片厂及其他电影企业取得的销售电影拷贝收入、转让电影版权收入、电影发行收入以及在农村取得的电影放映收入免征增值税和营业税。

22.文化企业在境外演出从境外取得的收入免征营业税。

23.为推动海峡两岸海上直航，自2008年12月15日起，对台湾省航运公司从事海峡两岸海上直航业务在大陆取得的运输收入，免征营业税。自2009年6月25日起，对台湾地区航空公司从事海峡两岸空中直航业务在大陆取得的运输收入，免征营业税。

24.自2011年10月1日至2014年9月30日，对家政服务企业由员工制家政服务员提供的家政服务取得的收入免征营业税。家政服务企业，是指在企业营业执照的规定经营范围中包括家政服务内容的企业。家政服务，是指婴幼儿及小学生看护、老人和病人护理、孕妇和产妇护理、家庭保洁(不含产品售后服务)、家庭烹饪。员工制家政服务员，是指同时符合下列三个条件的家政服务员：

(1)依法与家政服务企业签订半年及半年以上的劳动合同或服务协议，且在该企业实际上岗工作；

(2)家政服务企业为其按月足额缴纳了企业所在地人民政府根据国家政策规定的基本养老保险、基本医疗保险、工伤保险、失业保险等社会保险；

(3)家政服务企业通过金融机构向其实际支付不低于企业所在地适用的经省级人民政府批准的最低工资标准的工资。

25. 对中国邮政集团公司及其所属邮政企业为中国邮政速递物流股份有限公司及其子公司(含各级分支机构)代办速递、物流、国际包裹、快递包裹以及礼仪业务等速递物流类业务取得的代理速递物流业务收入,自2010年6月1日至2013年5月31日免征营业税。

26. 自2010年9月27日起三年内,对经营公租房所取得的租金收入,暂免征营业税。公租房租金收入与其他住房经营收入应单独核算,未单独核算的,不得享受免征营业税优惠政策。

27. 自2010年7月1日起至2013年12月31日,对注册在北京、天津、大连、哈尔滨、大庆、上海、南京、苏州、无锡、杭州、合肥、南昌、厦门、济南、武汉、长沙、广州、深圳、重庆、成都、西安等21个中国服务外包示范城市的企业从事离岸服务外包业务取得的收入免征营业税。从事离岸服务外包业务取得的收入,是指该企业根据境外单位与其签订的委托合同,由本企业或其直接转包的企业为境外提供信息技术外包服务(ITO)、技术性业务流程外包服务(BPO)或技术性知识流程外包服务(KPO),从上述境外单位取得的收入。

28. 为支持农村金融发展,解决农民贷款难问题,自2009年1月1日至2013年12月31日,对金融机构农户小额贷款的利息收入,免征营业税。小额贷款,是指单笔且该户贷款余额总额在5万元以下(含5万元)的贷款。

29. 自2010年1月1日起,对中华人民共和国境内(以下简称境内)单位或者个人提供的国际运输劳务免征营业税。国际运输劳务是指:

(1)在境内载运旅客或者货物出境。

(2)在境外载运旅客或者货物入境。

(3)在境外发生载运旅客或者货物的行为。

四、营业税的起征点

对于经营营业税应税项目的个人,营业税规定了起征点。营业额合计达到或超过起征点即照章全额计算纳税,营业额合计低于起征点则免予缴纳营业税。自2011年11月1日起,税法规定的起征点如下:

1.按期纳税的起征点为月营业额5 000～20 000元；

2.按次纳税的起征点为每次(日)营业额300～500元。

各省、自治区、直辖市财政厅(局)、税务局应在规定的幅度内，根据当地实际情况确定本地区适用的起征点，并报财政部、国家税务总局备案。

五、营业税的纳税义务发生时间、纳税期限与纳税申报

(一)纳税义务发生时间

营业税纳税义务发生时间为纳税人提供应税劳务、转让无形资产或者销售不动产并收讫营业收入款项或者取得索取营业收入款项凭据的当天。营业税扣缴义务发生时间为纳税人营业税纳税义务发生的当天。

对一些具体项目规定如下：

1.转让土地使用权或者销售不动产，采用预收款方式的，其纳税义务发生时间为收到预收款的当天。

2.单位或者个人自己新建建筑物后销售，其自建行为的纳税义务发生时间，为其销售自建建筑物并收讫营业额或者取得索取营业额凭据的当天。

3.单位将不动产无偿赠与他人(视同销售不动产)，其纳税义务发生时间为不动产所有权转移的当天。

4.会员费、席位费和资格保证金纳税义务发生时间为会员组织收讫会员费、席位费、资格保证金和其他类似费用款项或者取得索取这些款项凭据的当天。

5.建筑业纳税义务的发生时间比较复杂，划分为几种具体的情况：一是实行合同完成后一次性结算价款办法的工程项目，其纳税义务发生时间为施工单位与发包单位进行工程合同价款结算的当天；二是实行旬末或月中预支、月终结算、竣工后清算办法的工程项目，其纳税义务发生时间为月份终了与发包单位进行已完工程价款结算的当天；三是实行按工程形象进度划分不同阶段结算价款办法的工程项目，其纳税义务发生时间为各月份终了与发包单位进行已完工程价款结算的当

天;四是实行其他结算方式的工程项目,其纳税义务发生时间为与发包单位结算工程价款的当天。

6.贷款业务。自2003年1月1日起，金融机构的贷款逾期（含展期）未满90天（含90天）的，纳税义务发生时间为纳税人取得利息收入权利的当天。原有的应收未收贷款利息逾期90天以上的，该笔贷款新发生的应收未收利息，其纳税义务发生时间均为实际收到利息的当天。

7.融资租赁业务,纳税义务发生时间为取得租金收入或取得索取租金收入价款凭据的当天。

8.金融商品转让业务,纳税义务发生时间为金融商品所有权转移之日。

9.金融经纪业和其他金融业务,纳税义务发生时间为取得营业收入或取得索取营业收入价款凭据的当天。

10.保险业务,纳税义务发生时间为取得保费收入或取得索取保费收入价款凭据的当天。

11.金融企业承办委托贷款业务营业税的扣缴义务发生时间,为受托发放贷款的金融机构代委托人收讫贷款利息的当天。

12.电信部门销售有价电话卡的纳税义务发生时间,为售出电话卡并取得售卡收入或取得索取售卡收入凭据的当天。

13.单位和个人提供应税劳务、转让专利权、非专利技术、商标权、著作权和商誉时，向对方收取的预收性质的价款（包括预收款、预付款、预存费用、预收定金等，下同），其营业税纳税义务发生时间以按照财务会计制度的规定，该项预收性质的价款被确认为收入的时间为准。

(二)纳税期限

1.营业税的纳税期限分别为5日、10日、15日、1个月或者1个季度。

2.纳税人的具体纳税期限,由主管税务机关根据纳税人应纳税额的大小分别核定;不能按照固定期限纳税的,可以按次纳税。

3.纳税人以1个月或者1个季度为一个纳税期的,自期满之日起

15 日内申报纳税；以 5 日、10 日或者 15 日为一个纳税期的，自期满之日起 5 日内预缴税款，于次月 1 日起 15 日内申报纳税并结清上月应纳税款。

4. 银行、财务公司、信托投资公司、信用社、外国企业常驻代表机构的纳税期限为 1 个季度。

（三）纳税地点

1. 纳税人提供应税劳务应当向其机构所在地或者居住地的主管税务机关申报纳税。但是，纳税人提供的建筑业劳务以及国务院财政、税务主管部门规定的其他应税劳务，应当向应税劳务发生地的主管税务机关申报纳税。

2. 纳税人转让无形资产应当向其机构所在地或者居住地的主管税务机关申报纳税。但是，纳税人转让、出租土地使用权，应当向土地所在地的主管税务机关申报纳税。

3. 纳税人销售、出租不动产应当向不动产所在地的主管税务机关申报纳税。

扣缴义务人应当向其机构所在地或者居住地的主管税务机关申报缴纳其扣缴的税款。

纳税人自应当申报纳税之月起超过 6 个月没有申报纳税的，由其机构所在地或者居住地的主管税务机关补征税款。

（四）关于营业额减除

1. 纳税人按规定在计算营业额时扣除有关项目，须取得合法有效凭证，具体是指：

（1）支付给境内单位或者个人的款项，且该单位或者个人发生的行为属于营业税或者增值税征收范围的，以该单位或者个人开具的发票为合法有效凭证；

（2）支付的行政事业性收费或者政府性基金，以开具的财政票据为合法有效凭证；

（3）支付给境外单位或者个人的款项，以该单位或者个人的签收单据为合法有效凭证，税务机关对签收单据有疑义的，可以要求其提供境外公证机构的确认证明；

(4)国家税务总局规定的其他合法有效凭证。

2.纳税人的营业额计算缴纳营业税后因发生退款减除营业额的,应当退还已缴纳营业税税款或者从纳税人以后的应缴纳营业税税额中减除。

3.纳税人发生应税行为,如果将价款与折扣额在同一张发票上注明的,以折扣后的价款为营业额;如果将折扣额另开发票的,不论其在财务上如何处理,均不得从营业额中扣除。

(五)纳税申报

1.交通运输业、娱乐业、服务业、建筑业纳税申报办法(除经税务机关核准实行简易申报方式外)。

(1)纳税申报资料

①《营业税纳税申报表》(见表4-2)、《建筑业营业税纳税申报表》(见表4-3)。

②按照纳税人发生营业税应税行为所属的税目,分别填报相应税目的营业税纳税申报表附表;同时发生两种或两种以上税目应税行为的,应同时填报相应的纳税申报表附表(略)。

③凡使用税控收款机的纳税人应同时报送税控收款机IC卡。

④主管税务机关规定的其他申报资料。

纳税申报资料的报送方式、报送的具体份数由省一级地方税务局确定。

(2)申报期限

纳税人应按月(季)进行纳税申报,申报期为次月1日起至15日止,遇最后一日为法定节假日的,顺延1日;在每月1日至15日内有连续3日以上法定休假日的,按休假日天数顺延。

2.邮电通信业、文化体育业、转让无形资产和销售不动产的营业税纳税人按照各地的申报办法进行纳税申报。

3.金融保险业纳税申报办法。

(1)纳税申报资料

纳税人按规定及时办理纳税申报,填写《金融保险业营业税纳税申报表》及其明细表。

(2)申报期限

银行、财务公司、信托投资公司、信用社以一个季度为纳税期限。其他的金融机构以一个月为纳税期限。以一个季度为一个纳税期的，或者以一个月为一个纳税期的，应分别于季度终了后或次月 10 日内向主管税务机关申报缴纳税款。

表 4-2 营业税纳税申报表

(适用于查账缴纳的营业税纳税人)

纳税人识别名：

纳税人名称(公章)

税款所属时间：自　　年　　月　　日至　　年　　月　　日

填表日期：　　年　　月　　日　　　　　　　　　　　　　　金额单位：元(列至角分)

税目	营业额				税率(%)	本期税款计算			税款缴纳								
									期初欠缴税额	前期多缴税额	本期已缴税额				本期应缴税额计算		
	应税收入	应税减除项目金额	应税营业额	免税收入		小计	本期应纳税额	免(减)税额			小计	已缴本期应纳税额	本期已被扣缴税额	本期已缴欠缴税额	小计	本期期末应缴税额	本期期末应缴欠缴税额
1	2	3	4=2−3	5	6	7=8+9	8=(4−5)×6	9=5×6	10	11	12=13+14+15	13	14	15	16=17+18	17=8−13−14	18=10−11−15
交通运输业																	
建筑业																	
邮电通讯业																	
服务业																	
娱乐业																	
金融保险业																	
文化体育业																	
销售不动产																	
转让无形资产																	
合计																	

续表

<table>
<tr><th rowspan="3">税　目</th><th colspan="4">营业额</th><th rowspan="3">税率(%)</th><th colspan="3">本期税款计算</th><th colspan="9">税款缴纳</th></tr>
<tr><th rowspan="2">应税收入</th><th rowspan="2">应税减除项目金额</th><th rowspan="2">应税营业额</th><th rowspan="2">免税收入</th><th rowspan="2">小计</th><th rowspan="2">本期应纳税额</th><th rowspan="2">免(减)税额</th><th rowspan="2">期初欠缴税额</th><th rowspan="2">前期多缴税额</th><th colspan="4">本期已缴税额</th><th colspan="3">本期应缴税额计算</th></tr>
<tr><th>小计</th><th>已缴本期应纳税额</th><th>本期已被扣缴税额</th><th>本期已缴欠缴税额</th><th>小计</th><th>本期期末应缴税额</th><th>本期期末应缴欠缴税额</th></tr>
<tr><td>1</td><td>2</td><td>3</td><td>4=2−3</td><td>5</td><td>6</td><td>7=8+9</td><td>8=(4−5)×6</td><td>9=5×6</td><td>10</td><td>11</td><td>12=13+14+15</td><td>13</td><td>14</td><td>15</td><td>16=17+18</td><td>17=8−13−14</td><td>18=10−11−15</td></tr>
<tr><td rowspan="2">代扣代缴项目</td><td></td><td></td><td></td><td></td><td></td><td></td><td></td><td></td><td></td><td></td><td></td><td></td><td></td><td></td><td></td><td></td><td></td></tr>
<tr><td></td><td></td><td></td><td></td><td></td><td></td><td></td><td></td><td></td><td></td><td></td><td></td><td></td><td></td><td></td><td></td><td></td></tr>
<tr><td>总　计</td><td></td><td></td><td></td><td></td><td></td><td></td><td></td><td></td><td></td><td></td><td></td><td></td><td></td><td></td><td></td><td></td><td></td></tr>
</table>

<table>
<tr><td>纳税人或代理人声明：</td><td colspan="8">如纳税人填报，由纳税人填写以下各栏：</td></tr>
<tr><td rowspan="3">此纳税申报表是根据国家税收法律的规定填报的，我确定它是真实的、可靠的、完整的。</td><td>办税人员（签章）</td><td></td><td>财务负责人（签章）</td><td></td><td>法定代表人（签章）</td><td></td><td>联系电话</td><td></td></tr>
<tr><td colspan="8">如委托代理人填报，由代理人填写以下各栏：</td></tr>
<tr><td>代理人名称</td><td></td><td>经办人(签章)</td><td></td><td>联系电话</td><td></td><td>代理人(公章)</td><td></td></tr>
</table>

以下由税务机关填写：

受理人：　　受理日期：　年　　月　　日　　　　　　　受理税务机关(签章)：

本表为A3横式，一式三份，一份纳税人留存，一份主管税务机关留存，一份缴纳部门留存。

《营业税纳税申报表》填表说明：

1.根据《中华人民共和国税收缴纳管理法》及其实施细则、《中华人民共和国营业税暂行条例》的有关规定，制定本表。

2.本表适用于除经主管税务机关核准实行简易申报方式以外的所有营业税纳税人（以下简称纳税人）。

3.本表“纳税人识别号”栏，填写税务机关为纳税人确定的识别号，即税务登记证号码。

4.本表“纳税人名称”栏，填写纳税人单位名称全称，并加盖公章，不得填写简称。

5.本表“税款所属期”填写纳税人申报的营业税应纳税额的所属时间，应填写具体的起止年、月、日。

6.本表“填表日期”填写纳税人填写本表的具体日期。

7.本表“娱乐业”行应区分不同的娱乐业税率填报申报事项。

8.本表“代扣代缴项目”行应填报纳税人本期按照现行规定发生代扣代缴行

为所应申报的事项，分不同税率填报。

9.本表所有栏次数据均不包括本期纳税人经税务机关、财政、审计部门检查以及纳税人自查发生的相关数据。

10.本表第2栏“应税收入”填写纳税人本期因提供营业税应税劳务、转让无形资产或者销售不动产所取得的全部价款和价外费用(包括免税收入)，分营业税税目填报，该栏数据为各相应税目营业税纳税申报表中“应税收入”栏的“合计”数。纳税人提供营业税应税劳务、转让无形资产或者销售不动产发生退款或因财务会计核算办法改变冲减营业额时，不在本栏次调减，在第11栏“前期多缴税额”栏次内直接调减税额。

11.本表第3栏“应税减除项目金额”应填写纳税人本期提供营业税应税劳务、转让无形资产或者销售不动产所取得的应税收入中按规定可扣除的项目金额，分营业税税目填报，该栏数据为相应税目营业税纳税申报表中“应税减除项目金额”栏(或“应税减除项目金额”栏中“小计”项)的“合计”数。

12.本表第5栏“免税收入”应填写纳税人本期提供营业税应税劳务、转让无形资产或者销售不动产所取得的应税收入中不需税务机关审批可直接免缴税款的应税收入或已经税务机关批准的免税项目应税收入，分营业税税目填报，该栏数据为相应税目营业税纳税申报表中“免税收入”栏的“合计”数。

13.本表第10栏“期初欠缴税额”填写截至本期(不含本期)，纳税人经过纳税申报或报告、批准延期缴纳、税务机关核定等确定应纳税额后，超过法律、行政法规规定或者税务机关依照法律、行政法规规定确定的税款缴纳期限未缴纳的税款，分营业税税目填报，该栏数据为相应税目营业税纳税申报表中“期初欠缴税额”栏的“合计”数。

14.本表第11栏“前期多缴税额”填写纳税人截至本期(不含本期)多缴纳的营业税税额分营业税税目填报，该栏数据为相应税目营业税纳税申报表中“前期多缴税额”栏的“合计”数。

15.本表第13栏“已缴本期应纳税额”填写纳税人已缴的本期应纳营业税税额。该栏数据为相应税目营业税纳税申报表中“已缴本期应纳税额”栏的“合计”数。

16.本表第14栏“本期已被扣缴税额”填写纳税人本期发生纳税义务，按现行税法规定被扣缴义务人扣缴的营业税税额。该栏数据为相应税目营业税纳税申报表中“本期已被扣缴税额”栏的“合计”数。

17.本表第15栏“本期已缴欠缴税额”填写纳税人本期缴纳的前期欠税，包括本期缴纳的前期经过纳税申报或报告、批准延期缴纳、税务机关核定等确定应纳税额后，超过法律、行政法规规定或者税务机关依照法律、行政法规规定确定的税款缴纳期限未缴纳的税款。该栏数据为相应税目营业税纳税申报表中“本期已缴欠缴税额”栏的“合计”数。

表 4-3 建筑业营业税纳税申报表

（适用于建筑业营业税纳税人）

纳税人识别名：
纳税人名称（公章）
税款所属时间： 自 年 月 日至 年 月 日 填表日期： 年 月 日 金额单位： 元（列至角分）

申报项目	应税项目	营业额							本期税款计算				税款缴纳								
		应税收入	应税减除项目金额				应税营业额	免税收入	税率(%)	小计	本期应纳税额	免(减)税额	期初欠缴税额	前期多缴税额	本期已缴税额				本期应缴税额计算		
			小计	支付给分(转)包人工程价款	减除设备价款	其他减除项目金额									小计	已缴本期应纳税额	本期已被扣缴税额	本期已缴欠缴税额	小计	本期期末应缴税额	本期期末应缴欠缴税额
1	2	3	4=5+6+7	5	6	7	8=3-4	9	10	11=12+13	12=(8-9)×10	13=9×10	14	15	16=17+18+19	17	18	19	20=21+22	21=12-17-18	22=14-15-19
本地提供建筑业应税劳务申报事项	建筑																				
	安装																				
	修缮																				
	装饰																				
	其他工程作业																				
	自建行为																				
	合计																				
	代扣代缴项目																				
	总计																				
异地提供建筑业应税劳务申报事项	建筑																				
	安装																				
	修缮																				
	装饰																				
	其他工程作业																				
	自建行为																				
	合计																				
	代扣代缴项目																				
	总计																				

以下由税务机关填写：

受理人： 受理日期： 年 月 日 受理税务机关（签章）：

本表为 A3 横式，一式三份，一份纳税人留存，一份主管税务机关留存，一份征收部门留存。

思　考

按照现行营业税规定，可以直接作为营业税计税依据的收入是：

(1)保险业储金业务的储金平均余额；

(2)银行经营融资租赁业务收取的租金收入；

(3)公路联运公司实际取得的收入；

(4)建筑房屋的工程造价和价外费用。

第三节　营业税的会计处理

一、营业税会计账户的设置

营业税的核算主要通过“应交税费——应交营业税”明细账户进行。该账户借方登记企业实际交纳的营业税额，贷方登记企业按规定计算应交纳的营业税额；期末借方余额反映企业多交的营业税额，贷方余额反映企业应交未交的营业税额。该账户的对应账户主要有“营业税金及附加”、“固定资产清理”、“营业外收入”、“营业外支出”等。

二、提供营业税应税劳务的会计处理

纳税人提供营业税应税劳务，借记“营业税金及附加”账户，贷记“应交税费——应交营业税”账户。在国家统一的企业会计制度下，各行业提供应税劳务，均做同样的会计处理。

【例 4-8】　见【例 4-1】，作出相关的会计处理。

根据有关凭证，做如下会计分录：

借：营业税金及附加　　390 000

　贷：应交税费——应交营业税　　390 000

【例 4-9】 见【例 4-2】,作出相关的会计处理。

根据有关凭证,做如下会计分录:

借:营业税金及附加　　230 000

　贷:应交税费——应交营业税　　230 000

三、转让无形资产应纳营业税的会计处理

转让无形资产是指转让无形资产的所有权或使用权的行为。根据企业会计制度的规定,转让无形资产所有权和使用权的会计处理是不同的。

(一)转让无形资产所有权

在企业会计制度中,转让无形资产的所有权属于无形资产的出售行为,按实际取得的转让收入,借记“银行存款”等账户,按已计提的累计摊销,借记“累计摊销”账户,按无形资产的账面余额(不考虑减值准备),贷记“无形资产”账户,按应支付的相关税费,贷记“应交税费——应交营业税”等账户,按其差额,贷记“营业外收入——处置非流动资产利得”账户或借记“营业外支出——处置非流动资产损失”账户。

【例 4-10】 A 公司将一项无形资产出售,该无形资产账面原值为 100 万元,累计摊销 20 万元,出售该无形资产取得收入 60 万元,不考虑其他税费,计算其应交营业税额并作出相关的会计处理。

应交营业税额=600 000×5%=30 000(元)

根据有关凭证,做如下会计分录:

借:银行存款　　600 000

　累计摊销　　200 000

　营业外支出——处置非流动资产损失　　230 000

　贷:无形资产　　1 000 000

　　应交税费—— 应交营业税　　30 000

（二）转让无形资产使用权

在企业会计制度中，转让无形资产使用权属于无形资产的出租行为，按取得租金收入，借记“银行存款”等账户，贷记“其他业务收入”等账户；结转出租无形资产应交纳的税金时，借记“营业税金及附加”账户，贷记“应交税费”等账户。

【例 4-11】 B公司将一项商标权的使用权让渡给另一家公司使用，取得使用权转让收入100万元，不考虑其他税费，计算其应交营业税额并作出相关的会计处理。

应交营业税额＝1 000 000×5％＝50 000（元）

根据有关凭证，做如下会计分录：

借：银行存款　　1 000 000

　贷：其他业务收入　　1 000 000

借：营业税金及附加　　50 000

　贷：应交税费——应交营业税　　50 000

四、销售不动产应纳营业税的会计处理

（一）房地产开发企业销售不动产

房屋不动产是房地产开发企业的产品，房地产开发企业经营房屋不动产所交纳的营业税，应借记“营业税金及附加”账户，贷记“应交税费——应交营业税”账户。

【例 4-12】 见【例 4-3】，作出房地产公司相关的会计处理。

根据有关凭证，做如下会计分录：

借：营业税金及附加　　170 000

　贷：应交税费——应交营业税　　170 000

(二)非房地产开发企业销售不动产

非房地产开发企业销售不动产，按营业额计算的营业税，借记“固定资产清理”账户，贷记“应交税费——应交营业税”账户。

【例 4-13】 某公司将原购置的一座仓库出售，该仓库账面原值为 150 000 元，已累计折旧 40 500 元，取得出售收入 170 000 元，发生费用支出 10 000 元，计算应纳营业税额并作出相关会计处理。

(1)将仓库转让清理：

借：固定资产清理　　109 500

　　累计折旧　　40 500

　贷：固定资产　　150 000

(2)收到出售收入：

借：银行存款　　170 000

　贷：固定资产清理　　170 000

(3)发生清理费用：

借：固定资产清理　　10 000

　贷：银行存款　　10 000

(4)计缴营业税额：

应纳营业税额＝170 000×5％＝8 500(元)

借：固定资产清理　　8 500

　贷：应交税费——应交营业税　　8 500

(5)结转清理损益：

借：固定资产清理　　42 000

　贷：营业外收入——处置非流动资产利得　　42 000

思　考

营业税的扣缴义务人在代扣代缴营业税时如何进行会计处理？

综合复习题

一、思考题

1. 简述营业税的纳税人的概念及应具备的条件。
2. 营业税的扣缴义务人有哪些？
3. 营业税具体分为哪些税目？各自适用的税率是多少？
4. 如何确定建筑业的营业额？
5. 如何确定金融保险业的营业额？
6. 如何确定交通运输业的营业额？
7. 营业税的法定免税项目有哪些？
8. 营业税的纳税义务发生时间如何确定？
9. 纳税人销售不动产，应做何会计处理？
10. 纳税人转让无形资产，应做何会计处理？

二、选择题

1. 下列各项中，应作为营业税计税依据的是(　　)。

A. 建筑企业不扣除其转包工程额的全部承包额

B. 非金融机构买卖外汇，卖出价减去买入价后的余额

C. 旅行社组团在境内旅游收取的全部旅游费用

D. 娱乐业向顾客收取的包括烟酒、饮料、水果、糕点收费在内的各项费用

2. 下列情况属于营业税应税劳务的是(　　)。

A. 单位或个人自建房后销售

B. 单位将不动产无偿赠与他人

C. 金融机构进行货物期货买卖

D. 非金融机构买卖外汇

三、业务题

资料：某银行某年1季度发生以下经济业务：

1. 将吸收的单位存款发放贷款，取得贷款利息收入200万元，支付单位存款利息120万元。

2. 取得代发工资、代收水电费、代收电话费等手续费收入20万元。

3. 销售支票、进账单等结算凭证收入 2 万元。

4. 经中国人民银行批准开办融资租赁业务取得租赁费 80 万元，已知购买租赁资产价款 40 万元，增值税 6.8 万元，支付运输及保险费 1 万元。

5. 发生出纳长款 1 万元。

6. 取得结算罚息收入 2 万元。

要求：计算该银行本季度应纳营业税额并作出应纳营业税的会计分录。

四、案例题

甲企业聘请乙企业（小工程队）进行对外营业的宾馆工程施工，口头协议由甲方提供一切建筑材料，乙方仅仅实施工程劳务施工，有关人工费核算按国家建筑安装标准定额或协议执行。在计算缴纳营业税时，乙方认为，自己仅就取得的人工费收入负有纳税义务；材料属甲方采供，自己未取得价差收入；有关工程费用，甲方根本就未预算；料、费两项该由甲方承担纳税义务；如果一定要求乙方全部缴纳，甲方应就料、费两项的价差、取费、包含税金一并增加工程决算，支付给乙方，再行缴纳。（摘自税收与社会网）

分析要求：乙方的想法是否正确？料、费的税款应由谁来缴纳？

第五章　关税会计

学习目标

1.理解关税的基本特点和关税完税价格的确认方法。

2.掌握应纳进出口关税的计算方法。

3.掌握进出口关税的会计处理方法。

范 例

随着国际经贸往来的扩大、国际税收的协调,关税税率呈下降之势是不争的事实。在我国 2001 年 12 月 11 日正式加入世界贸易组织的当天,财政部就以新闻稿的形式宣布:经国务院批准,中国政府将从 2002 年 1 月 1 日起履行关税减让义务。经过多次减让,至 2010 年,我国加入世界贸易组织承诺的关税减让义务已经全部履行完毕。

关税是否真如某些人设想的那样——会被取消吗?从我国"入世"后屡遭"双反"(反倾销、反补贴)可以看出,目前的关税已经不再以"增收"为主要目标,它已经成为维护国家权益的有力手段。为此,我们也应该深刻了解关税及其会计处理。

第一节 关税概述

一、关税的概念与特点

(一)关税的概念

关税(Customs Duties)是海关代表国家,按照国家制定的关税政策和公布实施的税法及进出口税则,对进出关境的货物和物品所征收的一种流转税。关境是一国海关法得以全面实施的区域,包括该国的领土、领海和领空在内的全面国家领土。在通常情况下,关境与国境范围一致,但因政治经济方面的原因,关境亦可大于或小于国境。

早在欧洲古希腊、雅典时代就开始征收关税。当时的希腊在爱琴海、黑海两岸一带有许多属地,对来往于这些属地的进出口货物,按货值征收 1%～5%的税收。在罗马王朝时代也对通过其海港、桥梁等的货物征 2.5%的税收,后来税率提高至 12.5%。这些税收是在货物通过一定地区时征收的,带有关税的性质。英国很早就有一种"例行的通行税",在商人进入市场时交纳给当地的领主,后来把这种税称为关税,沿用至今。

我国自西周以后,在所设的"关卡"开始征收税金,供王室之用。《周礼》一书指出,"关市之赋,以待王之膳服"。至唐、宋、元、明四代,设立市舶机构管理对外贸易,征收关税。

为适应我国对外贸易的发展,参与国际经济竞争,国务院于 1985 年 3 月 7 日发布了《中华人民共和国进出口关税条例》,之后,又进行了多次修订发布。2001 年 12 月 11 日,中国正式加入世界贸易组织的当天,财政部以新闻稿的形式宣布:经国务院批准,中国政府将从 2002 年 1 月 1 日起履行关税减让义务。经过多次减让,2010 年降低鲜草莓等 6 个税目商品进口关税后,我国加入世界贸易组织承诺的关税减让义务全部履行完毕。

与关税同一范畴的还有船舶吨税、行李和邮递物品进口关税(简称"行邮税"),其共同点是都要在进入关境时征收,但它们又有明显的区别。船舶吨税是对进入我国港口的外籍船舶按其注册的净吨位征收的一种税;行邮税是对入境旅客行李物品和个人邮递物品征收的一种进口税,而且是关税、增值税、消费税合并征收的混合税种。本章讲述的关税是"纯种"关税,而船舶吨税、行邮税应该是"混血儿",即"类关税"。

(二)关税的作用

关税是贯彻对外经济贸易政策的重要手段。它在调节经济、促进改革开放方面,在保护民族企业、防止国外的经济侵袭、争取关税互惠、促进对外贸易发展、增加国家财政收入方面,都具有重要作用。

(三)关税的种类

依据不同的标准,关税可以划分为不同的种类。

1. 按货物、物品的流向分类

(1)进口关税(Import Duty)。它是指海关在外国货物进口时所课征的关税。进口税通常在外国货物进入关境或国境时征收,或在外国货物从保税仓库提出运往国内市场时征收。现今世界各国的关税,主要是征收进口税。征收进口税的目的在于保护本国市场和增加财政收入。

(2)出口关税(Export Duty)。它是指海关在本国货物出口时所课征的关税。为降低出口货物的成本,提高本国货物在国际市场上的竞争能力,世界各国一般少征或不征出口税。但为限制本国某些产品或自然资源的输出,或为保护本国生产、本国市场供应和增加财政收入以及某些特定的需要,有些国家也征收出口税。

2.按征收目的分类

(1)财政关税,亦称收入关税。它是以增加国家财政收入为主要目的而课征的关税。财政关税的税率比保护关税低。随着世界经济的发展,财政关税的意义逐渐减弱,而为保护关税所代替。

(2)保护关税。它是以保护本国经济发展为主要目的而课征的关税。保护关税主要是进口税,税率较高。保护关税是实现一个国家对外贸易政策的重要措施之一。

3.按征税标准分类

可以分为从量税、从价税、复合税和滑准税,其中从量税、从价税是关税的基本计算方法。从量税、从价税、复合税的含义与消费税相同,滑准税的含义见本章第二节。

4.按约束程度分类

(1)自主关税,又称国定关税。一个国家基于其主权,独立自主制定并有权修订的关税,包括关税税率及各种法规、条例。国定税率一般高于协定税率,适用于没有签订关税贸易协定的国家。

(2)非自主关税。原殖民地国家被殖民主义者以不平等条约强迫签订和实施的关税。

(3)协定关税。一国与他国通过缔结关税贸易协定而制定的关税税率。协定关税有双边协定税率、多边协定税率和片面协定税率。片面协定税率是一国对他国输入的货物降低税率,为其输入提供方便,而他国并不以降低税率为回报的税率制度。

5.按差别待遇分类

可以分为普通关税、优惠关税、特惠关税、差别关税、特别关税(也称加重关税，如反补贴关税、反倾销关税等）。

（四）关税的特点

1. 纳税上的统一性和一次性

按照全国统一的进出口关税条例和税则征收关税，在征收一次性关税后，货物就可在整个关境内流通，不再另行征收关税。这与其他税种如增值税、营业税等流转税是不同的。

2. 征收上的过“关”性

是否征收关税，是以货物是否通过关境为标准。进出关境的货物才征收关税；凡未进出关境的货物则不属于关税的征税对象。

3. 税率上的复式性

各国关税税率一般都是“复式”的，我国从 1992 年起，税则税率栏目分为基础税率和年度实施税率，其下又分优惠和普通两种税率。入世后，我们既然承诺对所有税目的约束税率，则基础税率已无保留的必要。因此，从 2002 年 1 月 1 日起，我国的关税新税则采用最惠国税率、协定税率、特惠税率和普通税率。复式税则充分反映了关税具有维护国家主权、平等互利发展国际贸易往来和经济技术合作的特点。

4. 征管上的权威性

海关是设在关境上的国家行政管理机构，负责征收关税、查禁走私货物、临时保管通关货物和统计进出口商品等。关税是由海关代表国家向纳税人征收的，具有权威性。

5. 对进出口贸易的调节性

许多国家通过制定和调整关税税率来调节进出口贸易。在出口方面，通过低税、免税和退税来鼓励商品出口；在进口方面，通过税率的调整、减免来调节商品的进口，如为了维护我国的正当权益，可以依法加征特别关税。

二、关税的纳税人与纳税范围

（一）纳税人

进口货物的收货人、出口货物的发货人、进境物品的所有人，是关税的纳税义务人。

凡由外贸企业代理进出口业务的，都由办理进出口业务的外贸企业代为申报纳税，不通过外贸企业而自行经营进出口业务的，则由收、发货人自行申报纳税。

非贸易性物品的纳税人是物品持有人、所有人或收件人。

(二)纳税范围

关税的纳税范围(对象)是进出我国国境的货物和物品。货物是指贸易性商品；物品包括入境旅客随身携带的行李和物品、个人邮递物品、各种运输工具上的服务人员携带进口的自用物品、馈赠物品，以及其他方式进入我国国境的个人物品。

三、关税税则、税目和税率

(一)关税税则、税目

关税税则又称海关税则。它是一国对进出口商品计征关税的规章和对进出口的应税与免税商品加以系统分类的一览表。海关凭以征收关税，是关税政策的具体体现。

从 2002 年 1 月 1 日起实施的《中华人民共和国海关进出口税则》包括正文和附录两大部分，正文包括海关进口税则和出口税则，附录是进口商品税目税率表、进口商品关税配额税目税率表、进口商品税则暂定税率表、出口商品税则暂定税率表、入境旅客行李物品和个人邮递物品税目税率表、非全税目信息技术产品税率表等附表。入世后，我国关税税则税目多次调整，目前我国进出口税则(2011 年版)税目总数为7 977 个。

(二)关税税率

1. 进口货物税率

改革开放以来，我国的关税总水平呈明显下降趋势，从 1992 年初的 44.4%(简单算术平均，下同)，至 1996 年初的 23%。我国自 2002 年起逐年调低进口关税以来，关税总水平已由 15.3%调整至 2010 年的 9.8%，其中农产品平均税率由 18.8%调整至 2010 年的 15.2%、工业品平均税率由 14.7%调整至 2010 年的 8.9%。

1951 年，我国税则曾采用过从量税。从 1985 年至 1997 年 10 月 1

日，中国历版税则全部采用从价税计税。自1997年10月1日起，我国对部分税目采用了从量税、复合税和滑准税。国务院制定的《中华人民共和国进出口税则》(简称《税则》)、《中华人民共和国进境物品进口税税率表》，规定了关税的税目、税则号列和税率。

《关税条例》第九条规定："进口关税设置最惠国税率、协定税率、特惠税率、普通税率、关税配额税率等税率。对进口货物在一定期限内可以实行暂定税率。"(1)最惠国税率适用于原产于共同适用最惠国待遇条款的世界贸易组织成员的进口货物，原产于与中华人民共和国签订含有相互给予最惠国待遇条款的双边贸易协定的国家或者地区的进口货物，以及原产于中华人民共和国境内的进口货物。(2)协定税率适用于原产于与中华人民共和国签订含有关税优惠条款的区域性贸易协定的国家或者地区的进口货物。(3)特惠税率适用于原产于与中华人民共和国签订含有特殊关税优惠条款的贸易协定的国家或者地区的进口货物。(4)普通税率适用于原产于(1)(2)(3)所列以外国家或者地区的进口货物，以及原产地不明的进口货物。(5)适用最惠国税率的进口货物有暂定税率的，应当适用暂定税率；适用协定税率、特惠税率的进口货物有暂定税率的，应当从低适用税率；适用普通税率的进口货物，不适用暂定税率。(6)按照国家规定实行关税配额管理的进口货物，关税配额内的，适用关税配额税率；关税配额外的，其税率的适用按上述规定执行。

特别关税手段的运用。为了对付别国对我国出口货物的歧视，任何国家或地区如对进口原产于我国的货物征收歧视性关税或给予其他歧视性待遇的，[①] 海关可以对原产于该国家或地区的进口货物征收特别关税。征收特别关税的货物品种、税率和起征、停征时间，由国务院关税税则委员会决定，并公布施行。它是国际经济斗争中的一个重要防范手段。

我国进口关税税则税目、税率表(部分)见表5－1至5－4。

---

① 如报复性关税、反倾销税、反补贴税、保障性关税等。

表 5－1　进口商品暂定税率表(部分列示)

序号	EX	税则号列	商品名称	2012 年最惠国税率(%)	2012 年暂定税率(%)
1		01061211	改良种用鲸、海豚和鼠海豚;改良种用海牛及儒艮	10	0
2	ex	01064190	赤眼蜂	10	0
4		03033110	冻格陵兰庸鲽鱼	10	5
5		03033200	冻鲽鱼,但鱼肝及鱼卵除外	12	2
6		03035100	冻鲱鱼,但鱼肝及鱼卵除外	10	2
8		04041000	乳清及改性乳清	6	2
9		05119111	受精鱼卵	12	0
10		08024190	鲜或干的未去壳栗子(板栗除外)	25	20
12		08025100	鲜或干的未去壳阿月浑子果(开心果)	10	5
608		85211011	磁带型广播级录像机	完税价格不超过 2 000 美元/台:30%;完税价格高于 2 000 美元/台:3%,加 4 374 元	完税价格不超 5 000 元/台:15%;高于 5 000美元加4 380元
609	ex	85219090	光盘型广播级录像机	20	完税价格不超 7 000 元/台:15%;高于 7 000美元加4 760元
621	ex	85258013	高清摄像头(必须满足以下三个条件:1.镜头元件必须使用5层玻璃镜头;2.使用USB2.0高速接口;3.硬件传感器像素达到 130 万及以上)	完税价格不超过 5 000 美元/台:35%;完税价格高于 5 000 美元/台:3%,加 12 960 元	10

注:①“ex”表示实施暂定税率的商品以“商品名称”描述为准,其余以税号为准;②不含棉花等关税配额产品的进口暂定税率。

表 5-2 进口商品从量税、滑准税、复合税税率表(部分列示)

序号	税则号列	商品名称(简称)	普通税率	2012 年最惠国时税率
1	02071200	冻的整只鸡	5.6 元/千克	1.3 元/千克
2	02071411	冻的带骨鸡块(包括鸡胸脯、鸡大腿等)	4.2 元/千克	0.6 元/千克
3	02071419	冻的不带骨鸡块(包括鸡胸脯、鸡大腿等)	9.5 元/千克	0.7 元/千克
4	02071421	冻的鸡翼(不包括翼尖)	8.1 元/千克	0.8 元/千克
15	37023190	未曝光无齿孔彩色窄胶卷(窄胶卷指宽度≤105 毫米,彩色摄影用)	433 元/平方米	67 元/平方米
16	37023220	照相制版涂卤化银液无齿孔窄胶卷(成卷未曝光感光胶片,窄胶卷指宽度≤105 毫米)	104 元/平方米	4.5 元/平方米
19	37023990	其他用无齿孔窄感光胶卷(成卷未曝光感光胶片,窄胶卷指宽度≤105 毫米)	202 元/平方米	24 元/平方米
42	37029800	未曝光的非彩色胶卷,宽度＞35 毫米	210 元/平方米	10 元/平方米
43	85211011	广播级磁带录像机	完税价格不高于 2 000 美元/台:130%;完税价格高于 2 000 美元/台:6%,加 20 600 元	完税价格不高于2 000 美元/台:30%;完税价格高于 2 000 美元/台:3%,加 4 374 元
45	85211020	磁带放像机	完税价格不高于 2 000 美元/台:130%;完税价格高于 2 000 美元/台:6%,加 20 600 元	完税价格不高于2 000 美元台:30%;完税价格高于 2 000 美元/台:3%,加 4 374 元
47	85258013	非特种用途的其他电视摄像机	完税价格不高于 5 000 美元/台:130%;完税价格高于 5 000 美元/台:6%,加 51 500 元	完税价格不高于5 000 美元/台,35%;完税价格高于5 000 美元/台:3%,加 12 960 元
52	85258039	非特种用途的其他视频摄录一体机(家用型摄录一体机除外)	完税价格不高于 5 000 美元/台:130%;完税价格高于 5 000 美元/台:6%,加 51 500 元	0

表 5-3 关税配额商品进口税率表(部分列示)

序号	商品类别	税则号列	普通税率(%)	最惠国税率(%)	关税配额税率(%)	国别关税配额税率(中国一新西兰自贸区)(%)
1	小麦	10011100 11010000 11031100 11032010	180 130 130 180	65 65 65 65	1 6 9 10	
2	玉米	10051000 11031300 11042300	180 130 180	20 65 65	1 9 10	
3	稻谷和大米	10061011 11029019 11031921 11031929	180 130 70 70	65 40 10 10	1 9 9 9	
4	糖	17011200 17019990	125 125	50 50	15 15	
5	羊毛	51011100 51013000	50 50	38 38	1 1	0 0
6	毛条	51051000 51052900	50 50	38 38	3 3	0 0
7	棉花	52010000 52030000	125 125	40① 40	1 1	
8	化肥	31021000 31052000	150 150	50 50	4② 4③	

注:①对配额外进口的一定数量棉花,适用滑准税形式暂定关税,具体方式如下:

a. 当进口棉花完税价格高于或等于 14 元/千克时,暂定从量税率为 0.570 元/千克。

b. 当进口棉花完税价格低于 14 元/千克时,暂定关税税率按下式计算:

$R_i = 8.23/P_i + 3.235\% \times P_i - 1 (R_i \leqslant 40\%)$

其中:R_i 为暂定关税税率,对上式计算结果小数点后第 4 位四舍五入保留前 3 位,且当 R_i 按上式计算值高于 0.4 时,取值 0.4;P_i 为关税完税价格,单位为元/千克。

②③暂定税率为 1%。

表 5-4 非全税目信息技术产品进口税率表

序号	EX	税则号列	商品名称	全税号税率(%)	EX 项税率(%)
1	EX	70200019	用于插入熔化和氧化炉内以制备半导体晶片的石英反应管及夹持器	10.5	0
2	EX	84199090	半导体工业用化学蒸镀装置的零件	4	0
3	EX	842119900	半导体晶片加工用离心干燥器	10	0
4	EX	84622110	用于弯曲、折叠和矫直半导体引脚的数控机器	9.7	0
5	EX	84622910	用于弯曲、折叠和矫直半导体引脚的非数控机器	10	0
6	EX	85044091	自动数据处理设备机器及组件、电讯设备用的具有变流功能的半导体模块	10	0
7	EX	85044099	自动数据处理设备机器及组件、电讯设备用的其他静止变流器;ITA 产品用的印刷电路组件,包括外接组件,如符合 PCMCIA 标准的卡	10	0
8	EX	85181000	电讯用麦克风,频率范围在 300 赫兹到 3.4 千赫之间,直径不超过 10 毫米,高度不超过 3 毫米	10	0
9	EX	85184000	列入 ITA 的有线电话重复器用的电器扩音器	12	0
10	EX	85189000	列入 ITA 的有线电话重复器用的电器扩音器的零件	10.5	0
11	EX	85279090	用于呼叫、提示和寻呼的便携式接收器	9	0
12	EX	85291090	无线电话电报装置的天线	2	0
13	EX	90309000	用于检测半导体晶片及器件的仪器的零件和附件:ITA 产品用的印刷电路组件,包括外接组件,如符合 PCMCIA 标准的卡	7	0

2.出口货物税率

出口关税设置出口税率。对出口货物在一定期限内可以实行暂定税率。适用出口税率的出口货物有暂定税率的应当适用暂定税率。

设置出口税率,在一定期限内,可以实行暂定税率。我国征收出口关税的总原则是：既要服从于鼓励出口的政策，又要做到能够控制一些商品的盲目出口，因而征出口关税只限于少数产品。主要是营利特别高而且利润比较稳定的大宗商品，在国际市场上我国出口已占有相当比重的商品，国际市场上容量有限而盲目出口容易在国外形成削价竞销的商品，国内紧俏又大量进口的商品以及国家控制出口的商品，出口关税实行从价税。

我国现行出口商品税率表（部分列示）见表 5-5。

表 5-5 出口商品税率表（部分列示）

序号	EX①	税则号列	商品名称（简称）	出口税率（%）	2012 年暂定税率（%）	2012 年特别出口税率（%）
1		03019210	鳗鱼苗	20		
2		05061000	经酸处理的骨胶原及骨	40		
6	ex	05069090	已脱胶骨、角柱	40	0	
7		25041010	鳞片状天然石墨		20	
11		25086000	富铝红柱石		10	
12		25101010	未碾磨磷灰石		35	
13		25101090	未碾磨天然磷酸钙、天然磷酸铝钙及磷酸盐白垩，磷灰石除外		35	
14		25102010	已碾磨磷灰石		35	
15		25102090	已碾磨天然磷酸钙、天然磷酸铝钙及磷酸盐白垩，磷灰石除外	35		
16		25111000	天然硫酸钡（重晶石）		10	
18		25191000	天然碳酸镁（菱镁矿）		5	
19		25199010	熔凝镁氧矿		10	
22		25199099	非纯氧化镁		5	
23		25261020	未破碎及未研粉的滑石，不论是否粗加修整或切割成矩形板块		10	
24	ex	25262020	已破碎或已研粉的天然滑石（体积百分比 90% 及以上的产品粒度小于等于 18 微米的滑石粉除外）		10	

续表

序号	EX①	税则号列	商品名称(简称)	出口税率(%)	2012年暂定税率(%)	2012年特别出口税率(%)
112	ex	28269090	氟钽酸钾	30		
113		28271010	肥料用氯化铵		7	旺季(1—6月,11、12月)75%
183		31053000	磷酸氢二铵②		(基准价格按3.4元/公斤计算)旺季75%	
216		72015000	合金生铁	20	25	

注:①"ex"表示应税商品范围以"商品名称"描述为准,其余以税号为准。

②出口价格包括货物的货价、货物运至中华人民共和国境内输出地点装载前的运输及其相关费用、保险费,但是其中包含的出口关税税额,应当予以扣除。有关税率计算结果四舍五入保留3位小数。

③表中有特别出口税率的商品,出口的适用税率=暂定税率+特别出口税率。

3.暂定税率

暂定税率是为了适应国家的商品进出口政策,在关税税则规定的进出口关税税率的基础上,国家临时颁布实施的关税税率。

如我国从2008年8月20日起,对一般贸易项下出口的铝合金(税号76012000)征收出口暂定关税,暂定税率为15%;将焦炭(税号27040010)的出口暂定税率由25%提高至40%;将炼焦煤(税号27011210)出口暂定税率由5%提高至10%;对其他烟煤等(税号27011100、27011290、27011900、27012000、27021000、27022000、27030000)征收出口暂定关税,暂定税率为10%。调整体现了我国转变贸易出口增长方式,限制"两高一资"产品出口的政策导向;另一方面,2007年以来我国生产资料价格不断上涨,尤其是到了2008年7月,生产者价格指数(PPI)比上年同期增长10%,原材料、燃料、动力购进价格上涨15.4%,创出12年来的新高。面对通货膨胀压力,国家调整上述资源型产品的出口关税,无疑将起到限制出口、增加国内市场供应的作用。

四、关税的优惠政策

(一)法定免缴关税的货物

1.关税税额在人民币50元以下的一票货物。

2.无商业价值的广告品和货样。

3.外国政府、国际组织无偿赠送的物资。

4.在海关放行前损失的货物。

5.进出境运输工具装载的途中必需的燃料、物料和饮食用品。

(二)法定酌情减缴或免缴关税的货物

1.在海关放行前遭受损坏的货物,可以根据海关认定的受损程度减缴关税。

2.法律规定的其他免缴或者减缴关税的货物,海关根据规定予以免缴或者减缴。

(三)特定减免关税的货物

特定地区、特定企业或者有特定用途的进出口货物减缴或者免缴关税,以及临时减缴或者免缴关税,按照国务院的有关规定执行。

进口货物减缴或者免缴进口环节海关代征税,按照有关法律、行政法规的规定执行。

纳税人进出口减免税货物的,除另有规定外,应当在进出口该货物之前,按照规定持有关文件向海关办理减免税审批手续。经海关审查符合规定的,予以减缴或者免缴关税。

思　考

2007年初,俄罗斯要大幅度提高向白俄罗斯提供天然气的价格,白俄罗斯就以征收俄罗斯通过白俄罗斯向欧洲的石油运输管道的过境关税与之抗衡。从中可见关税与其他税种有何不同?

第二节　关税的计算与申报

一、关税的计算公式

应纳关税的基本计算公式

应纳关税税额＝关税完税价格×关税税率

关税分从价、从量、复合和滑准四种计税方法，其基本计算方法如下：

(一)从价税(Ad Valorem Duty)计算公式

从价税是以进出口货物的价格作为计税标准计缴的关税。具有税负公平、明确，易于实施、计征简便等优点。大多数进出口商品采用从价税。货物的价格不是指商品的成交价格，而是指进出口商品的完税价格。其计算公式是：

应纳关税税额＝应税进出口货物数量×单位完税价格×适用税率

(二)从量税(Specific Duty)计算公式

从量税是以货物的计量单位(数量、重量、面积、容量、长度等)作为计税标准，以每一计量单位应纳的关税金额作为税率来计缴的关税。其特点是不因商品价格的涨落而改变应纳税额，手续简便，但税负不合理，难以普遍采用。我国目前仅对啤酒、胶卷等少数商品计征从量关税。其计算公式是：

应纳关税税额＝应税进口货物数量×关税单位税额

(三)复合税(Mixed or Compound Duty)计算公式

复合税亦称混合税。它是对进口商品既征从量税又征从价税的一种办法。一般以从量税为主，再加征从价税。实务中，货物的从量税额与从价税额难以同时确定，且手续繁杂，难以普遍采用。我国目前仅对录像机、放像机、摄像机和摄录一体机实行复合计税。其计算公式是：

应纳关税税额＝应税进口货物数量×关税单位税额
＋应税进口货物数量×单位完税价格×适用税率

(四)滑准税(Sliding Duty)计算公式

滑准税也称滑动税、伸缩税,是对进口税则中的同一种商品按其市场价格标准分别制定不同价格档次的税率而征收的一种进口关税。征收这种关税的目的是使某种进口商品,不论其进口价格是高还是低,其税后价格保持在一个预定的价格标准上,以稳定进口国内该种商品的市场价格。它是预先按照商品市场价格的高低,制定出不同价格档次的税率,然后根据进口商品价格的变化而升降进口关税税率的一种计缴方法。一般是随着进口商品价格的变动而呈反方向变动,即价格越高,税率越低,税率为比例税率。因此,对实行滑准税率的进口商品应纳关税税额的计算与从价税基本相同。

实行滑准税率的目的是使商品的税后价格能够保持稳定,以缓解供需矛盾。我国曾对进口新闻纸执行滑准税率。2005 年关税配额外进口的棉花,执行滑准税率,税率滑动范围为 5%～40%,国内最低售价(目标价格)大致稳定在合理价格上,外棉价格几乎与国内棉价格持平。既保证了国内棉农能顺畅地销售自产棉花,也保证了国内纺织企业的用棉需要。进口棉花滑准税政策的调整,对缓解我国纺织企业目前的棉花紧张问题将起到积极作用。更重要的是,政策调整对国内不少高端纺织企业来讲是一个利好,有望降低这些企业的用棉成本,并鼓励更多纺织企业走高端路线,多生产高附加值的产品。当进口棉花完税价格高于或等于 10 746 元/吨时,暂定关税税率为 5%;当进口棉花完税价格低于 10 746 元/吨时,暂定关税税率按下式计算:

$$R_i = \mathrm{INT}\left(\left(\frac{P_t}{E \times P_i} - 1\right) \times 1\,000 + 0.5\right) / 1\,000 \quad (R_i \leqslant 40\%)$$

$$关税 = R_i \times P_i \times E$$

其中:

R_i:暂定关税税率,当 R_i 按上式计算值高于 40%时,取值 40%。

E:美元汇率。

P_i:关税完税价格(美元)。

P_t:常数,为 11 283。

INT:取整函数,即小数点后面的数一律舍去。

（五）报复性关税的计算方法

关税＝关税完税价格×进口关税税率

报复性关税＝关税完税价格×报复性关税税率

进口环节消费税＝进口环节消费税完税价格×进口环节消费税税率

进口环节消费税完税价格＝（关税完税价格＋关税＋报复性关税）÷（1－进口环节消费税税率）

进口环节增值税＝进口环节增值税完税价格×进口环节增值税税率

进口环节增值税完税价格＝关税完税价格＋关税＋报复性关税＋进口环节消费税

（六）选择税与季节性关税计算公式

选择税就是在从价税与从量税之间选择一种。目前，我国对天然橡胶实行选择税。在20％的从价税和2 600元/吨从量税两者中，从低选择计征关税。这种方法既可在国际市场胶价走低时保护国内橡胶产业，又可在进口胶价过高时，适当降低税负，稳定国内市场胶价和用胶行业的生产成本。

季节性关税就是对同种货物在不同季节执行不同的关税税率。目前，我国对尿素征收季节性关税，即在每年的1～9月农忙时，对尿素征收30％的出口关税；在10～12月农闲时，对尿素征收15％的出口关税，以此调控国内的化肥供应和生产安排。

二、关税完税价格的确认

从上述计算公式可以看出，除从量计税外，其余计算方法均涉及“完税价格”。关税完税价格是指海关计征关税所依据的价格，也可理解为应税价格。“海关以进出口货物的实际成交价格为基础审定完税价格，实际成交价格是一般贸易项下进口或出口货物的买方为购买该项货物向卖方实际支付或应当支付的价格。”（《中华人民共和国海关审定进出口货物完税价格办法》）

根据海关总署令第95号规定，从2002年1月1日起，执行新的进出口货物关税完税价格确认办法。

(一)进口货物关税完税价格的确认

1.完税价格与成交价格。《关税条例》第十八条规定:进口货物的完税价格由海关以符合本条第三款所列条件的成交价格以及该货物运抵中华人民共和国境内输入地点起卸前的运输及其相关费用、保险费为基础审查确定。进口货物的成交价格,是指卖方向中华人民共和国境内销售该货物时买方为进口该货物向卖方实付、应付的,并按照本条例第十九条、第二十条规定调整后的价款总额,包括直接支付的价款和间接支付的价款。

进口货物的成交价格应当符合下列条件:

(1)对买方处置或者使用该货物不予限制,但法律、行政法规规定实施的限制、对货物转售地域的限制和对货物价格无实质性影响的限制除外;

(2)该货物的成交价格没有因搭售或者其他因素的影响而无法确定;

(3)卖方不得从买方直接或者间接获得因该货物进口后转售、处置或者使用而产生任何收益,或者虽有收益但能够按照本条例第十九条、第二十条的规定进行调整;

(4)买卖双方没有特殊关系,或者虽有特殊关系但未对成交价格产生影响。

2.计入完税价格的费用。根据《关税条例》第十九条规定,进口货物的下列费用应当计入完税价格:

(1)由买方负担的购货佣金以外的佣金和经纪费;

(2)由买方负担的在审查确定完税价格时与该货物视为一体的容器的费用;

(3)由买方负担的包装材料费用和包装劳务费用;

(4)与该货物的生产和向中华人民共和国境内销售有关的,由买方以免费或者以低于成本的方式提供并可以按适当比例分摊的料件、工具、模具、消耗材料及类似货物的价款,以及在境外开发、设计等相关服务的费用;

(5)作为该货物向中华人民共和国境内销售的条件,买方必须支付的、与该货物有关的特许权使用费；

(6)卖方直接或者间接从买方获得的该货物进口后转售、处置或者使用的收益。

3.不能计入完税价格的费用。根据《关税条例》第二十条规定，在货物的价款中单独列明的下列税收、费用，不得计入该货物的完税价格：

(1)厂房、机械、设备等货物进口后进行建设、安装、装配、维修和技术服务的费用；

(2)进口货物运抵境内输入地点起卸后的运输及其相关费用、保险费；

(3)进口关税及国内税收。

4.估定的完税价格。根据《关税条例》第二十一条规定，进口货物的成交价格不符合第十八条第三款规定条件的，或者成交价格不能确定的，海关经了解有关情况，并与纳税人进行价格磋商后，依次以下列价格估定该货物的完税价格：

(1)与该货物同时或者大约同时向中华人民共和国境内销售的相同货物的成交价格；

(2)与该货物同时或者大约同时向中华人民共和国境内销售的类似货物的成交价格；

(3)与该货物进口的同时或者大约同时，将该进口货物、相同或者类似进口货物在第一级销售环节销售给无特殊关系买方最大销售总量的单位价格，但应当扣除条例第二十二条规定的项目；

(4)按照下列各项总和计算的价格：生产该货物所使用的料件成本和加工费用，向中华人民共和国境内销售同等级或者同种类货物通常的利润和一般费用，该货物运抵境内输入地点起卸前的运输及其相关费用、保险费；

(5)以合理方法估定的价格。

纳税人向海关提供有关资料后，可以提出申请，颠倒前款第(3)项和第(4)项的适用次序。

上述第(3)项规定的估定完税价格，应当扣除的项目包括：

①同等级或者同种类货物在中华人民共和国境内第一级销售环节销售时通常的利润和一般费用以及通常支付的佣金；

②进口货物运抵境内输入地点起卸后的运输及其相关费用、保险费；

③进口关税及国内税收。

5. 以租赁方式进口的货物，按海关审查确定的该货物租金作为完税价格。纳税人要求一次性缴纳税款的，可以选择按照《关税条例》第二十一条规定的估定完税价格，或者按照海关审查确定的租金总额作为完税价格。

6. 运往境外加工的货物，出境时已向海关报明并在海关规定的期限内复运进境的，应当以境外加工费和料件费以及复运进境的运输及其相关费用和保险费审查确定完税价格。

7. 运往境外修理的机械器具、运输工具或者其他货物，出境时已向海关报明并在海关规定的期限内复运进境的，应当以境外修理费和料件费审查确定完税价格。

8. 减税或免税进口的货物需予补税时，应当以海关审定的该货物原进口时的价格，扣除折旧部分价值作为完税价格，其计算公式如下：

$$\text{完税价格}=\text{海关审定的该货物原进口时的价格}\times\left(1-\frac{\text{申请补税时实际已使用的时间(月)}}{\text{监管年限}\times 12}\right)$$

(二)出口货物关税完税价格的确认

《关税条例》第二十六条规定："出口货物的完税价格由海关以该货物的成交价格以及该货物运至中华人民共和国境内输出地点装载前的运输及其相关费用、保险费为基础审查确定。出口货物的成交价格，是指该货物出口时卖方为出口该货物应当向买方直接收取和间接收取的价款总额。出口关税不计入完税价格。"

根据《关税条例》第二十六条规定，出口货物的成交价格不能确定的，海关经了解有关情况，并与纳税人进行价格磋商后，依次以下列价格估定该货物的完税价格：

1. 与该货物同时或者大约同时向同一国家或者地区出口的相同货

物的成交价格；

2.与该货物同时或者大约同时向同一国家或者地区出口的类似货物的成交价格；

3.按照下列各项总和计算的价格：境内生产相同或者类似货物的料件成本、加工费用，通常的利润和一般费用，境内发生的运输及其相关费用、保险费；

4.以合理方法估定的价格。

按照《关税条例》第二十八条规定，计入或者不计入完税价格的成本、费用、税收，应当以客观、可量化的数据为依据。

出口货物的成交价格中含有支付给境外佣金的，如果单独列明，应当扣除。

(三)进出口货物完税价格中的运输及其相关费用、保险费的计算

进口货物的运输及其相关费用、保险费应当按照下列方法计算：

1.海运进口货物，计算至该货物运抵境内的卸货口岸，如果该货物的卸货口岸是内河(江)口岸，则应当计算至内河(江)口岸。

2.陆运进口货物，计算至该货物运抵境内的第一口岸，如果运输及其相关费用、保险费支付至目的地口岸，则计算至目的地口岸。

3.空运进口货物，计算至该货物运抵境内的第一口岸，如果该货物的目的地为境内的第一口岸外的其他口岸，则计算至目的地口岸。

陆运、空运和海运进口货物的运费，应当按照实际支付的费用计算。如果进口货物的运费无法确定或未实际发生，海关应当按照该货物进口同期运输行业公布的运费率(额)计算。

陆运、空运和海运进口货物的保险费，应当按照实际支付的费用计算。如果进口货物的保险费无法确定或未实际发生，海关应当按照“货价加运费”两者总额的千分之三计算保险费。

邮运的进口货物，应当以邮费作为运输及其相关费用、保险费。

以境外边境口岸价格条件成交的铁路或公路运输进口货物，海关应当按照货价的百分之一计算运输及其相关费用、保险费。

作为进口货物的自驾进口的运输工具，海关在审定完税价格时，可以不另行计入运费。

(四)有关主要术语的界定

1.“境内”指中华人民共和国关境内。

2.“完税价格”指海关在计征关税时使用的计税价格。

3.“实付、应付价格”指买方为购买进口货物而直接或者间接支付的价款总额,即作为卖方销售进口货物的条件,由买方向卖方或者为履行卖方义务向第三方已经支付或者将要支付的全部款项。

4.“间接支付”指买方根据卖方的要求,将货款全部或者部分支付给第三方,或者冲抵买卖双方之间的其他资金往来的付款方式。

5.“购货佣金”指买方为购买进口货物向自己的采购代理人支付的劳务费用。

6.“经纪费”指买方为购买进口货物向代表买卖双方利益的经纪人支付的劳务费用。

7.“相同货物”指与进口货物在同一国家或者地区生产的,在物理性质、质量和信誉等所有方面都相同的货物,但是表面的微小差异允许存在。

8.“类似货物”指与进口货物在同一国家或者地区生产的,虽然不是在所有方面都相同,但是却具有相似的特征、相似的组成材料、相同的功能,并且在商业中可以互换的货物。

9.“大约同时”指海关接受货物申报之日前后45天内。按照倒扣价格法审查确定进口货物的完税价格时,如果进口货物、相同或者类似货物没有在海关接受进口货物申报之日前后45天内在境内销售,可以将在境内销售的时间延长至接受货物申报之日前后90天内。

10.“公认的会计原则”指在有关国家或者地区会计核算工作中普遍遵循的原则性规范和会计核算业务的处理方法。包括对货物价值认定有关的权责发生制原则、配比原则、历史成本原则、划分收益性与资本性支出原则等。

11.“特许权使用费”指进口货物的买方为取得知识产权权利人及有效授权人关于专利权、商标权、专有技术、著作权、分销权或者销售权的许可或者转让而支付的费用。

12.“技术培训费用”指基于卖方或者与卖方有关的第三方对买方

派出的技术人员进行与进口货物有关的技术指导，进口货物的买方支付的培训师资及人员的教学、食宿、交通、医疗保险等其他费用。

(五)其他

进口货物的纳税人应当自运输工具申报进境之日起14日内，出口货物的纳税人除海关特准的外，应当在货物运抵海关监管区后、装货的24小时以前，向货物的进出境地海关申报。进出口货物转关运输的，按照海关总署的规定执行。

进口货物到达前，纳税人经海关核准可以先行申报。

纳税人应当自海关填发税款缴款书之日起15日内向指定银行缴纳税款。纳税人未按期缴纳税款的，从滞纳税款之日起，按日加收滞纳税款万分之五的滞纳金。

纳税人因不可抗力或者在国家税收政策调整的情形下，不能按期缴纳税款的，经海关总署批准，可以延期缴纳税款，但是最长不得超过6个月。

纳税人、担保人自缴纳税款期限届满之日起超过3个月仍未缴纳税款的，海关可以按照《海关法》第六十条的规定采取强制措施。

进出口货物放行后，海关发现少征或者漏征税款的，应当自缴纳税款或者货物放行之日起1年内，向纳税人补征税款。但因纳税义务人违反规定造成少征或者漏征税款的，海关可以自缴纳税款或者货物放行之日起3年内追征税款，并从缴纳税款或者货物放行之日起按日加收少征或者漏征税款万分之五的滞纳金。

海关发现海关监管货物因纳税人违反规定造成少征或者漏征税款的，应当自纳税人应缴纳税款之日起3年内追征税款，并从应缴纳税款之日起按日加收少征或者漏征税款万分之五的滞纳金。

三、进出口货物从价计征关税的计算

(一)进口货物关税的计算

1. CIF价格(成本加保险及运费价格)

以我国口岸CIF价格成交或者与我国毗邻的国家以两国共同边境地点交货价格成交的，分别以该价格作为完税价格。其计算方法如下：

完税价格＝CIF

进口关税＝完税价格×进口关税税率

【例 5-1】 某进出口公司从日本进口甲醇，进口申报价格为 CIF 天津 USD500 000。假定计税日外汇牌价（中间价）[①] 为 USD100＝RMB600；税则号列 29051210，税率 5.5%。

先计算出甲醇的完税价格：

USD 500 000×6＝3 000 000（元）

再计算出甲醇应缴的进口关税：

3 000 000×5.5%＝165 000（元）

---

2. FOB 价格（装运港船上交货价格）

以国外口岸 FOB 价格或者从输出国购买以国外口岸 CIF 价格成交的，必须分别在上述价格基础上，加上从发货口岸或者国外交货口岸运到我国口岸以前的运杂费和保险费作为完税价格。若以成本加运费价格成交的，则应另加保险费作为完税价格。

完税价格内应当另加的运费、保险费和其他杂费，原则上应按实际支付的金额计算，若无法得到实际支付金额时，也可以外贸系统海运进口运费率或按协商规定的固定运杂费计算运杂费，保险费则按中国人民保险公司的保险费率计算，其计算公式如下：

$$完税价格=\frac{FOB+运杂费}{1-保险费率}$$

【例 5-2】 某进出口公司从美国进口硫酸镁 5 000 吨，进口申报价格为 FOB 旧金山 USD325 000，运费每吨 USD40，保险费率 3‰，假定计税日的外汇牌价（中间价）为：USD100＝RMB600。

（1）计算运费：

---

① 实务中，海关每月使用的计征汇率为上一个月第三个星期三（若遇法定节假日，顺延采用第四个星期三）中行公布的外汇折算价。

5 000×40×6＝1 200 000(元)

(2)将进口申报价格由美元折成人民币：

325 000×6＝1 950 000(元)

(3)计算完税价格：

完税价格＝(1 950 000＋1 200 000)÷(1－3‰)

＝3 150 000÷0.997＝3 159 478(元)

经查找，硫酸镁的税则号列为28332100，税率为5.5%，计算该批进口硫酸镁的进口关税税额如下：

进口关税税额＝3 159 478×5.5%＝173 771(元)

【例 5-3】 5月份，某市广播电视局经批准从国外购入广播级录像机一台，完税价格2 500美元，执行最惠国税率(税率见表5-2)，当日外汇牌价1∶6。应纳进口关税计算如下：

进口关税额＝4 374×1＋2 500×6×3%＝4 374＋450

＝4824(元)

---

3. CFR价格(有时称CNF，成本加运费价格)

以成本加运费价格(即含运费价格)成交的，应当另加保险费作为完税价格。

$$完税价格=\frac{CFR}{1-保险费率}$$

【例 5-4】 某进出口公司从日本进口乙醛17吨，保险费率为0.3%，进口申报价格为：CFR天津USD 306 000，假定计税日外汇牌价USD100＝RMB600。乙醛税则号列为29121200，税率为5.5%。

进口申报价格由美元折合成人民币＝306 000×6＝1 836 000(元)

完税价格＝1 836 000÷(1－0.3%)＝1 892 784(元)

进口关说＝1 892 784×5.5%＝104 103(元)

对个别货物实际没有支付运费以及货物没有投保的，在计缴关税时可酌加运费和普通保险费。由陆路进口的货物，在计算完税价格时，

所有应加运费等均应计算至该货物运抵我国境内第一口岸为止。

以上三种术语均适用于海运、内河航运，三者之间的关系是：

$$\text{CIF 价格}=\text{CFR 价格}+\text{保险费}=\text{FOB}+\text{海运费}+\text{保险费}$$

在上述术语的基础上，为了适应包括海运、内河航运、空运及多种联运的需要，又发展为CIP、FCA和CPT三种价格术语。

4.国内正常批发价格

若海关不能正确确定进口货物在采购地的正常批发价格，应以申报进口时国内输入地点的同类货物的正常批发价格，减去进口关税和进口环节的其他税以及进口后的正常运输、储存、营业费用及利润作为完税价格。如果国内输入地点同类货物的正常批发价格不能正确确定或者有其他特殊情况时，货物的完税价格由海关估定。其计算公式如下：

(1)不缴国内增值税、消费税或只缴增值税的货物，其完税价格计算公式如下：

$$\text{完税价格}=\frac{\text{国内市场批发价格}}{1+\text{进口关税税率}+20\%}$$

(2)应同时缴纳国内增值税和消费税的货物，其完税价格计算公式如下：

$$\text{完税价格}=\frac{\text{国内市场批发价格}}{1+\text{进口关税税率}+\dfrac{1+\text{进口关税税率}}{1-\text{消费税税率}}\times\text{消费税税率}+20\%}$$

上述公式分母中的20%为国家统一规定的进口环节各项相关费用和利润占完税价格的比例。

【例5-5】 M公司经批准从国外进口一批化妆品，其CIF价格已无法确定，进货地国内同类产品的市场正常批发价格为925 000元，国内消费税税率为30%，设进口关税税率为25%。计算该化妆品应纳关税。

$$\begin{aligned}\text{完税价格}&=925\ 000\div\{(1+25\%)\\&\quad+[(1+25\%)\div(1-30\%)]\times30\%+20\%\}\\&=925\ 000\div1.9857=465\ 830.69(\text{元})\end{aligned}$$

应纳进口关税额＝465 830.69×25％＝116 457.67(元)

应纳消费税＝(465 830.69＋116 457.67)÷(1－30％)×30％
＝249 552.15(元)

应纳增值税额＝(465 830.69＋116 457.67＋249 552.15)×17％
＝141 412.89(元)

(二)出口货物关税的计算

1. FOB价格

出口货物关税完税价格的计算公式如下：

$$完税价格=\frac{FOB价格}{1+出口关税税率}$$

出口关税税额＝完税价格×出口关税税率

【例5-6】 某进出口公司出口到日本5 000吨磷，每吨FOB天津USD500，磷的出口关税税率为10％。当日外汇牌价为：USD100＝RMB600。计算应纳出口关税。

计算该批磷的完税价格：

完税价格＝5 000×500÷(1＋10％)＝2 272 727(美元)

将美元价折合为人民币完税价格：

2 272 727×6.00＝13 636 362(元)

最后计算该公司应纳的出口关税：

应缴出口关税额＝13 636 362×10％＝1 363 636(元)

---

2. CIF价格

出口货物以国外口岸CIF价格成交的，应先扣除离开我国口岸后的运费和保险费后，再按上述公式计算完税价格及应缴纳的出口关税。

完税价格＝(CIF价－保险费－运费)÷(1＋出口关税税率)

【例 5-7】 天津某进出口公司向新加坡出口黑钨沙 5 吨，成交价格为 CIF 新加坡 USD4 000，其中运费 USD400，保险费 USD40；计税日外汇牌价（中间价）USD100＝RMB600。计算应纳关税税额。

完税价格＝（4 000－400－40）×6÷（1＋20％）＝17 800（元）

应缴关税＝17 800×20％＝3 560（元）

3. CFR 价格

以境外口岸 CFR 价成交的，其出口货物完税价格的计算公式为：

完税价格＝（CFR 价－运费）÷（1＋出口关税税率）

4. CIFC 价格（CIF 价格加佣金）

当成交价格为 CIFC 境外口岸时，有两种情况：

佣金 C 给定金额，则出口货物完税价格的公式为：

完税价格＝（CIFC 价－保险费－运费－佣金）÷（1＋出口关税税率）

佣金 C 为百分比，则出口货物完税价格的公式为：

完税价格＝[CIFC 价×（1－C）－保险费－运费]÷（1＋出口关税税率）

上述 2、3、4 价格内所含的运费和保险费，原则上应按实际支付数扣除。如无实际支付数，海关可根据定期规定的运费率和保险费率据以计算，纳税后一般不做调整，由陆路输往国外的货物，应以该货物运离国境的 FOB 价格减去出口关税后作为完税价格。若 FOB 价格不能确定时，则由海关估定。

四、关税的缴纳及退补

（一）关税的缴纳

1. 关税的基本缴纳方式

由接受进（出）口货物通关手续申报的海关逐票计算应征关税并填发关税缴款书，由纳税人凭以向海关或指定的银行办理税款交付或转账入库手续后，海关凭“银行回执联”办理结关放行手续。征税手续在前，结关放行手续在后，有利于税款及时入库，防止拖欠税款。因此，各国海关都以这种方式作为基本纳税方式。

2.关税的后纳方式

关税后纳方式（制度）是海关允许某些纳税人在办理有关关税手续后，先行办理放行货物的手续，然后再办理征纳关税手续的海关制度。关税后纳方式是针对某些易腐、急需或有关手续无法立即办结等特殊情况采取的一种变通措施。海关在提取货样、收取保证金或接受纳税人其他担保后即可放行有关货物。关税后纳制使海关有充足的时间准确地进行关税税则归类，审定货物完税价格，确定其原产地等作业，或使纳税人有时间完成有关手续，防止口岸积压货物，使进出境货物尽早投入使用。

3.关税的纳税地点

海关征收关税时，根据纳税人的申请及进出口货品的具体情况，既可以在关境地缴税，也可以在主管地缴税。

（二）关税的申报

进口货物的收发货人或其代理人，应当在海关填发税款缴纳凭证之日起 15 日内（法定公休日顺延），向指定银行缴纳税款。逾期缴纳的，除依法追缴外，由海关自到期次日起至缴清税款日止，按日加收欠缴税款的滞纳金。

纳税人缴纳关税时，需填“海关（进出口关税）专用缴款书”（见表5—6）并携带有关单证。“缴款书”一式六联，依次是收据联（此联是国库收到税款签章后退还纳税人作为完税凭证的法律文书，是关税核算的原始凭证）、付款凭证联、收款凭证联、回执联、报查联、存根联。

表 5-6 海关(进出口关税)专用缴款书

收入系统：　　　　　　　　填发日期：　年　月　日 No.

<table>
<tr><td rowspan="3">收款单位</td><td>收入机关</td><td></td><td rowspan="3">缴款单位人</td><td>名　称</td><td></td></tr>
<tr><td>科　目</td><td></td><td>账　号</td><td></td></tr>
<tr><td>收款国库</td><td></td><td>开户银行</td><td></td></tr>
</table>

税号	货物名称	数量	单位	完税价格(¥)	税率(%)	税款金额(¥)
金额人民币(大写)					合计(¥)	

<table>
<tr><td>申请单位编号</td><td></td><td>报关单编号</td><td></td><td>填制单位</td><td rowspan="4">收款国库(银行)</td></tr>
<tr><td>合同(批文)号</td><td></td><td>运输工具(号)</td><td></td><td rowspan="3">制单人
复核人</td></tr>
<tr><td>缴款期限</td><td>年　月　日</td><td>提/装货单号</td><td></td></tr>
<tr><td>备注</td><td colspan="3"></td></tr>
</table>

第一联：收据 国库收款签章后交缴款单位或缴纳人

(三)关税的退税

有下列情况之一的，进出口货物的收发货人或其代理人，可以自缴纳税款之日起一年内，书面声明理由，连同纳税收据向海关申请退税，逾期不予受理：

1.因海关误征，多纳税款的；

2.海关核准免验进口的货物，在完税后发现有短缺情况并经海关审查认可的；

3.已征出口关税的货物，因故未装运出口，申报退关，经海关查验属实的。

按规定，上述退税事项，海关应当自受理退税申请之日起 3 日内作出书面答复并通知退税申请人。

(四)关税的补缴

进出口货物完税后，如发现少征或者漏征税款，海关应当自缴纳税款或者货物放行之日起一年内，向收发货人或其代理人补征。因收发货人或其代理人违反规定而造成少征或者漏征的，海关在三年内可以追征，因特殊情况，追征期可延至十年。骗取退税款的，无限期追征。

思 考

何谓关税完税价格？如何确认进出口关税的完税价格？

第三节 关税的会计处理

企业进出口业务的会计处理需设置记录外汇业务的复币式账户，如"应收(应付)外汇账款"、"预收(预付)外汇账款"等，①还要进行汇兑损益的计算和处理。要正确进行关税的会计处理，就必须正确进行销售收入、采购成本的确认。在进口商品时，国外进价成本一律以CIF价格为基础，以企业收到银行转来的全套进口单证，经与合同、信用证等审核相符，并通过银行向国外出口商承付或承兑远期汇票时间为入账标准。出口商品销售收入的入账金额应一律以FOB价格为标准，即不论发票价格(成交价格)采用哪种，都要以FOB作为收入确认的基础。商品进出口业务中发生的相关国内费用，记入"销售费用"；进口时发生的国外费用，应计入商品采购成本；出口时发生的国外费用，应冲减商品销售收入。

对关税的会计处理，企业可以在"应交税费"账户下，设置"应交关税"二级账户，也可以分别设置"应交进口关税"、"应交出口关税"两个二级账户。工业企业也可以不设置"应交税费——应交关税"账户，而在实际缴纳关税时，直接贷记"银行存款"账户。

一、自营进口业务关税的会计处理

企业自营进口商品应以CIF价格作为完税价格计缴关税，借记"材料采购"等账户，贷记"应交税费——应交进口关税"账户；实

① 也可作为"应收账款"、"应付账款"等的二级账户。

际缴纳时，借记“应交税费——应交进口关税”账户，贷记“银行存款”账户。企业也可不通过“应交税费——应交进口关税”账户核算，待实际缴纳关税时，直接借记“材料采购”等账户，贷记“银行存款”账户。企业若以FOB价格或CFR价格成交的，应将这些成交价格下的运费、保险费计入进口商品成本，即将成本调整到以CIF价格为标准。

【例5-8】 某外贸企业从国外自营进口排气量2.2升以上的小轿车一批，CIF价格折合人民币为200万元，进口关税税率为25%，代征消费税率9%、增值税率17%。根据海关开出的税款缴纳凭证，以银行转账支票付讫税款。应交关税和商品采购成本计算如下：

应交关税＝2 000 000×25%＝500 000(元)

应交消费税＝(2 000 000＋500 000)÷(1－9%)×9%

＝2 747 253×9%＝247 253(元)

应交增值税＝2 747 253×17%＝467 033(元)

会计分录如下：

(1)应付账款时：

借：材料采购　　2 000 000

　贷：应付账款——××供应商　　2 000 000

(2)应交税费时：

借：材料采购　　747 253

　贷：应交税费——应交进口关税　　500 000

　　　　　　——应交消费税　　247 253

(3)上缴税金时：

借：应交税费——应交增值税(进项税额)　　467 033

　　　　　——应交进口关税　　500 000

　　　　　——应交消费税　　247 253

　贷：银行存款　　1 214 286

(4)商品验收入库时：

借：库存商品　　2 747 253

贷：材料采购　　2 747 253

【例 5-9】 以本章【例 5-2】的资料，有关会计处理如下（假定本例中各入账日期的外汇牌价不变）：

(1)应付进口货物价款时：

借：材料采购　　1 950 000

　贷：应付账款　　1 950 000

(2)支付运费、保险费时：

借：材料采购　　1 209 478

　贷：银行存款　　1 209 478

(3)进口货物应交关税时：

借：材料采购　　173 771

　贷：应交税费——应交关税　　173 771

【例 5-10】 某工业企业从香港地区进口原产地为韩国的某型号需要安装设备 2 台，该设备 CFR 价格天津港 HKD120 000，保险费率 0.3%，关税税率 6%，代征增值税税率 17%，假定计税日外汇牌价 HKD100＝RMB80。有关计算如下：

完税价格＝120 000÷(1－0.3%)＝120 361(元)

完税价格折合人民币＝120 361×0.8＝96 289(元)

进口关税＝96 289×6%＝5 777(元)

增值税＝(96 289＋5 777)×17%＝17 351(元)

有关会计分录如下：

(1)应付价款时：

借：在建工程　　96 289

　贷：应付账款——××供应商　　96 289

(2)实际上缴关税、增值税时：

借：在建工程　　5 777

应交税费——应交增值税(进项税额)　　17 351

　贷：银行存款　　23 128

二、自营出口业务关税的会计处理

企业自营出口商品应以FOB价格作为完税价格计缴关税，借记“营业税金及附加”账户，贷记“应交税费——应交出口关税”账户；实际缴纳时，借记“应交税费——应交出口关税”账户，贷记“银行存款”账户。企业也可不通过“应交税费——应交出口关税”账户核算，待实际缴纳关税时，直接借记“营业税金及附加”账户，贷记“银行存款”账户。如果成交价格是CIF或CFR价格，则应先按CIF或CFR价格入账，在实际支付海外运费、保险费时，再以红字冲减销售收入，将收入调整到以FOB价格为标准。

【例5-11】 某进出口公司自营出口商品一批，我国口岸FOB价折合人民币为720 000元，设出口关税税率为20%，根据海关开出的税款缴纳凭证，以银行转账支票付讫税款。有关会计处理如下：

应交出口关税＝720 000÷(1＋20%)×20%＝120 000(元)

借：应收账款——××购货商　　720 000
　贷：主营业务收入　　720 000
借：营业税金及附加　　120 000
　贷：应交税费——应交出口关税　　120 000

【例5-12】 根据本章【例5-7】的资料(假定确认收入、支付费用时的汇率相同)，有关会计处理如下：

1. 确认销售收入时：

借：应收账款——××购货商　　26 400
　贷：主营业务收入　　26 400

2. 支付运费、保险费时：

贷：主营业务收入(红字冲账)　　[2 904]
　贷：银行存款等　　2 904

3. 应交关税时：

借：营业税金及附加　　3 916

　贷：应交税费——应交出口关税　　3 916

三、代理进出口业务关税的会计处理

代理进出口业务，对受托方来说，一般不垫付货款，多以成交额（价格）的一定比例收取劳务费作为其收入。因进出口商品而计缴的关税均应由委托单位负担，受托单位即使向海关缴纳了关税，也只是代垫或代付，日后仍要与委托方结算。

代理进出口业务所计缴的关税，在会计处理上也是通过设置"应交税费"账户来反映的，其对应账户是"应付账款"、"应收账款"、"银行存款"等。

【例 5-13】 某进出口公司受某单位委托代理进口商品一批，进口货款 2 050 000 元已汇入进出口公司的开户银行。该进口商品我国口岸 CIF 价折合人民币为 1 920 000 元，进口关税税率为 20%，代理劳务费按货价 2%收取。该批商品已运达指定口岸，公司与委托单位办理有关结算。

进口关税＝1 920 000×20%＝384 000（元）

代理劳务费＝1 920 000×2%＝38 400（元）

根据上述计算资料，该进出口公司接受委托单位货款及向委托单位收取关税和劳务费等，做会计分录如下：

（1）收到委托方划来货款时：

借：银行存款　　2 050 000

　贷：应付账款——××单位　　2 050 000

（2）对外付汇进口商品时：

借:应收账款[①]——××外商　　1 920 000

　贷:银行存款　　1 920 000

(3)进口关税结算时:

借:应付账款——××单位　　384 000

　贷:应交税费——应交进口关税　　384 000

借:应交税费——应交进口关税　　384 000

　贷:银行存款　　384 000

(4)将进口商品交付委托单位并收取劳务费时:

借:应付账款——××单位　　1 958 400

　贷:代购代销收入(劳务费)　　38 400

　　应收账款——××外商　　1 920 000

(5)将委托单位余款退回时:

借:应付账款——××单位　　91 600

　贷:银行存款　　91 600

【例 5-14】 某进出口公司代理某工厂出口一批商品。我国口岸FOB价折合人民币为360 000元,出口关税税率为20%,劳务费10 800元。做会计分录如下:

应交关税=360 000÷(1+20%)×20%=60 000(元)

(1)应缴出口关税时:

借:应收账款——××单位　　60 000

　贷:应交税费——应交出口关税　　60 000

(2)缴纳出口关税时:

借:应交税费——应交出口关税　　60 000

　贷:银行存款　　60 000

(3)应收劳务费时:

借:应收账款——××单位　　10 800

　贷:代购代销收入——劳务费　　10 800

---

① 或通过“应付账款”账户,下同。

(4)收到委托单位划来税款及劳务费时：

借：银行存款　　　　　　　　　　　　70 800

　贷：应收账款——××单位　　　　　　　　70 800

思　考

由于关税分进口关税与出口关税，因此，其会计处理也要分别反映，其差异在何处呢？

本章小结

关税的特点是在一个税种下，分为进口关税和出口关税，分别规定不同的税收政策和计算方法，其会计处理的特点是：它可以不必通过“应交税费”账户，即可以不反映其负债过程，直接反映其实际上缴。这样处理固然简化，但也有其弊端。

综合复习题

一、思考题

1. 何谓关税？关税有何作用？如何分类？

2. 我国现行关税有哪几种计征方法？

3. 何谓关税完税价格？如何确认进出口关税完税价格？

4. 英国《金融时报》2009 年 1 月 21 日报道，美国针对中国出口的两种钢管、非公路用轮胎和复合编织袋等产品并行实施反倾销税和反补贴税。中国政府认为此举属于“双重补救”，既不合法，也不公平。你对此有何看法？

5. 企业如何进行关税的会计处理？

二、选择题

1. 进出口货物的收发货人或者他们的代理人，应当在海关填发税款缴款书的次日起(　　)日内，向指定银行缴纳税款。逾期缴纳的，除依法追缴外，由海关自到期的次日起至缴清税款日止，按日加收欠缴税款总额（　　）的滞纳金。

A. 15　1‰　　B. 7　1‰　　C. 15　1%　　D. 7　1%

2. 进出口货物，因收发货人或者他们的代理人违反规定而造成少征或者漏征关税的，海关可以（　　）追征。

A. 在一年内　　B. 在三年内　　C. 在十年内　　D. 无限期

3. 进口货物完税价格是指货物的（　　）。

A. 成交价格为基础的完税价格　　C. 组成计税价格

B. 到岸价格为基础的完税价格　　D. 实际支付金额

4. 下列项目中，不计入进口完税价格的有（　　）。

A. 货物价款　　C. 进口关税

B. 由卖方负担的包装材料和包装劳务费　　D. 运杂费

5. 下列项目中，属于进口完税价格组成部分的有（　　）。

A. 进口人向境外采购代理人支付的佣金

B. 进口人向买方支付的购货佣金

C. 进口设施的安装调试费用

D. 货物运抵境内输入地点起卸之后的运输费用

6. 下列进口货物中实行滑准税的是（　　）。

A. 录像机　　B. 小轿车　　C. 新闻纸　　D. 胶卷

7. 按照关税的有关规定，进出口货物的收发货人或他们的代理人，可以自缴纳税款之日起 1 年内，书面声明理由，申请退还关税。下列各项中，经海关确定可申请退税的有（　　）。

A. 因海关误征，多缴纳税款的

B. 海关核准免验进口的货物，在完税后发现有短缺的

C. 已征收出口关税的货物，因故未装运出口的

D. 已征收出口关税的货物，因故发生退货的

8. 下列进口货物，海关可以酌情减免关税的有（　　）。

A. 在境外运输途中或者起卸时，遭受损坏或者损失的货物

B. 起卸后海关放行前，因不可抗力遭受损坏或者损失的货物

C. 海关查验时已经破漏、损坏或者腐烂，经查为保管不慎的货物

D. 因不可抗力，缴税确有困难的纳税人进口的货物

9. 我国海关法规定，减免进出口关税的权限属于中央政府。关税减免形式主要包括（ ）。

A. 法定减免　B. 特定减免　C. 困难减免　D. 临时减免

10. 进口货物以海关审定的价格为基础的到岸价格作为完税价格，其成交价格除货价外，还包括（ ）。

A. 进口人为在国内生产该项货物而向国外支付的软件费

B. 货物运抵我国关境内输入地点起卸前的包装费、运费和其他劳务费用

C. 保险费

D. 该项货物成交过程中，进口人向卖方支付的佣金

11. 在（ ）情况下，可以要求关税退还。

A. 因海关误征，多纳税款的

B. 海关核准免验进口的货物，在完税后，发现有短缺情况，经海关审查认可的

C. 已征出口关税的货物，因故未装运出口，申报退关经海关查验属实的

D. 纳税人确定有经济困难不能缴纳的

12. 我国现行进口关税的税率有（ ）。

A. 普通税率　B. 协定税率　C. 优惠税率　D. 最惠国税率

三、业务题

1. (1)进口原材料一批，发票价格为 CIF 天津 USD250 000，材料尚在运输途中，货款已由银行存款美元户支付，当天的外汇牌价为 USD1＝RMB6.88。

(2)上述进口材料到达天津口岸，缴纳关税及支付国内运费共计 120 000 元，由银行存款人民币户付款。

(3)上述材料运达企业，已验收入库，按材料实际采购成本入账。

根据上述材料，按实际成本计价编制有关会计分录。

2. 某外贸公司代某工厂从美国进口 A 材料 15 吨，每吨 FOB 纽约 USD20 000，运费 USD3 000，保险费率 0.3%，关税税率 40%，当日的

外汇牌价为 USD1＝RMB6，外贸公司收取手续费 80 000 元。材料尚在运输途中。

根据上述材料，分别作出外贸公司向委托单位收取关税和手续费以及委托单位承付关税及手续费的会计分录。

四、案例题

某外商投资企业某年 1 月份从国外某一固定供应商进口某规格元件一批，用于产品的生产，双方议定发票价格均为 FOB 价。进口货物由报关行代理报关并垫付进口的各项税费，代理行与公司的结算起点为 10 万元。

1 月 20 日到货，定单号为 0079，发票价格为 6 778.9 美元，货物验收入库。其中，元件 A 100 个，价值 3 002 美元，元件 B 100 个，价值 3776.9 美元。（汇率为 1∶6）

1 月 23 日，工人从仓库中领出元件 A 50 个。

1 月 28 日，收到报关行送达的报关单据，共垫付进口税费人民币 100 900 元，其中 0079 号定单发生以下进口费用：进口关税2 847.11元（关税完税价 40 673 元，关税税率 7%），海关进口代征增值税9 006 元，空运费 2 489 元，仓储费 362.32 元，三检费 13 元，录入费 30 元，代理报关费 200 元，代理服务费 200 元，单证费 10 元，共计15 157.43 元。开出支票付报关行款项。

根据以上经济事项，该公司的会计处理如下：

（1）1 月 20 日，货物验收入库，根据入库单

借：原材料——A　　18 012

　　原材料——B　　22 661

　贷：应付账款——××公司　　40 673（USD6 778.9）

（2）1 月 23 日，A 元件领出 50 个，根据出库单

借：生产成本　　9 006

　贷：原材料　　9 006

（3）1 月 28 日，向报关行付款

借：原材料——进口税费　　6 151.43

　　应交税费——应交增值税（进项税额）　　9 006.00

贷:银行存款 15 157.43

分析要求:按会计准则、制度的规定,进口货物的关税及仓储费、运输费等进口费用,应计入进口原材料的价值,但在实际工作中却存在下述问题:在进口量较大的情况下,每月公司收到货物的时间往往与和报关行结算的时间不一致,以至于如上例,元件已经出库,而相关进口税费尚未入账甚至跨期入账。该公司采取的办法是,在“原材料”账户中设“进口费用”二级明细账,每月末,按进口原材料的出库金额转出其应分摊的进口税费。你认为它是否为最佳处理方法?你还有什么更好的会计处理方法?

第六章　所得税会计

学习目标

1.了解我国新企业所得税法的基本内容。

2.理解企业所得税会计的基本理论。

3.掌握企业所得税会计处理方法。

4.掌握企业代扣代缴个人所得税的会计处理。

范　例

对企业会计来说,《企业会计准则 18 号——所得税》与《中华人民共和国企业所得税法》及其实施条例各自规范的对象是什么?应纳税所得额与会计利润有何联系与区别?利润表中的"所得税费用"项目是否等同于"应交所得税"。本章将对这些问题作出解答。

第一节　企业所得税概述

企业所得税是我国对境内企业和其他取得收入的组织,就其生产、经营所得和其他所得征收的直接税。

一、企业所得税纳税人及其纳税义务

在我国境内,企业和其他取得收入的组织(以下统称企业)为企业所得税的纳税人。个人独资企业、合伙企业不是企业所得税纳税人。企业所得税纳税人分为居民企业和非居民企业,它们负有不同的纳税义务。

(一)居民企业及其纳税义务

居民企业是指依法在我国境内成立,或者依照外国(地区)法律成立,但实际管理机构在我国境内的企业。例如,在我国注册成立的沃尔玛(中国)公司、通用汽车(中国)公司,就是我国的居民企业;在英国、百慕大群岛等国家和地区注册,但实际管理机构在我国境内的公司,也是我国的居民企业。

居民企业应当就其来源于我国境内、境外的所得缴纳企业所得税。

(二)非居民企业及其纳税义务

非居民企业是指依照外国(或地区)法律成立,且实际管理机构不在我国境内,但在我国境内设立机构、场所的,或者在我国境内未设立机构、场所,但有来源于我国境内所得的企业。例如,在我国设立代表处及其他分支机构的外国企业属于非居民企业。

非居民企业在我国境内设立机构、场所的,应当就其所设机构、场所取得的来源于我国境内的所得,以及发生在我国境外但与其所设机构、场所有实际联系的所得,缴纳企业所得税。非居民企业在中国境内未设立机构、场所的,或者虽设立机构、场所但取得的所得与其所设机构、场所没有实际联系的,应当就其来源于中国境内的所得,缴纳企业所得税。在中国境内未设立机构、场所的非居民企业取得的所得包括:(1)从中国境内企业取得的利润(股息);(2)从中国境内取得的存款或者贷款利息、债券利息、垫付款或者延期付款利息等;(3)将财产租给中国境内租用者而取得的租金;(4)提供在中国境内使用的专利权、专有技术、商标权、著作权等而取得的使用费;(5)转让在中国境内的房屋、建筑物及其附属设施、土地使用权等财产而取得的收益。

二、企业所得税税率

企业所得税的基本税率为25%。非居民企业在我国境内未设立机构、场所,或者虽设立机构、场所但取得的所得与其所设机构、场所没有实际联系的,就其来源于中国境内的所得缴纳企业所得税,适用所得税率为20%。

三、应纳税所得额

应纳税所得额是企业每一纳税年度的收入总额,减除不征税收入、免税收入、各项扣除以及允许弥补的以前年度亏损后的余额,是企业所得税的计税依据。

(一)收入总额

企业以货币形式和非货币形式从各种来源取得的收入为收入总额。包括销售货物收入、提供劳务收入、财产转让收入、股息与红利等权益性投资收益、利息收入、租金收入、特许权使用费收入、接受捐赠收入。企业取得收入的货币形式,包括现金、存款、应收账款、应收票据、准备持有至到期的债券投资以及债务的豁免等。企业取得收入的非货币形式,包括固定资产、生物资产、无形资产、股权投资、存货、不准备持有至到期的债券投资、劳务以及有关权益等。企业以非货币形式取得的收入,应当按照公允价值确定收入额。公允价值是指按照市场价格确定的价值。

(二)免税收入

企业所得税免税收入包括:(1)国债利息收入。国债是指国家为筹措财政资金,按照规定的方式和程序向个人、团体或外国举借的债务。国债包括财政部发行的各种国库券、特种国债、保值公债等。为鼓励企业所得税纳税人积极购买国债,税法规定,纳税人购买国债取得的利息收入,不计入应纳税所得额。(2)符合条件的居民企业之间的股息、红利等权益性投资收益。符合条件的居民企业之间的股息、红利等权益性投资收益,是指居民企业直接投资于其他居民企业取得的投资收益,不包括连续持有居民企业公开发行并上市流通的股票不足12个月取得的投资收益。(3)在中国境内设立机构、场所的非居民企业从居民企业取得与该机构、场所有实际联系的股息、红利等权益性投资收益。

(三)不征税收入

企业所得税不征税收入包括:财政拨款;依法收取并纳入财政管理的行政事业性收费、政府性基金;国务院规定的其他不征税收入。

(四)准予扣除的项目

1.确认税前扣除项目应遵循的原则

准予扣除项目是指纳税人每一纳税年度发生的,与取得应纳税收入有关的所有必要和合理的支出,包括成本、费用、税金、损失和其他支出。纳税人申报的扣除项目应真实、合法。真实是指纳税人能够提供证明有关支出确属已经实际发生的有效证明;合法是指纳税人申报的扣除项目符合国家税收法规的规定。

税前扣除项目的确认一般应遵循以下原则:(1)权责发生制原则。

纳税人应在费用发生而不是实际支出时确认扣除。(2)配比原则。纳税人发生的费用应在费用应配比或应分配的当期申报扣除,纳税人某一纳税年度应申报的可扣除项目不得提前或滞后申报扣除。(3)相关性原则。纳税人可扣除的项目从性质和根源上必须与取得的应税收入相关。(4)确定性原则。纳税人可扣除的费用不论何时支付,其金额必须是确定的。(5)合理性原则。纳税人可扣除项目的计算和分配方法应符合一般经营常规和会计惯例。

2.准予扣除项目的范围

企业实际发生的与取得收入有关的、合理的支出,包括成本、费用、税金、损失和其他支出,准予在计算应纳税所得额时扣除。

(1)成本。成本是指企业在生产经营活动中发生的销售成本、销货成本、业务支出以及其他耗费。(2)费用。费用是指企业在生产经营活动中发生的销售费用、管理费用和财务费用,已经计入成本的有关费用除外。(3)税金。税金是指企业发生的除企业所得税和允许抵扣的增值税以外的各项税金及其附加。(4)损失。损失是指企业在生产经营活动中发生的固定资产和存货的盘亏、毁损、报废损失,转让财产损失,呆账损失,坏账损失,自然灾害等不可抗力因素造成的损失以及其他损失。企业对其扣除的各项资产损失,应当提供能够证明资产损失确属已实际发生的合法证据,包括具有法律效力的外部证据、具有法定资质的中介机构的经济鉴证证明、具有法定资质的专业机构的技术鉴定证明等。(5)其他支出。它是指除成本、费用、税金、损失外,企业在生产经营活动中发生的与生产经营活动有关的合理的支出。

3.不得扣除的项目

纳税人在计算应纳税所得额时,下列项目不得扣除:(1)向投资者支付的股息、红利等权益性投资收益款项;(2)企业所得税税款;(3)税收滞纳金;(4)罚金、罚款和被没收财物的损失;(5)本法第九条规定以外的捐赠支出;(6)赞助支出;(7)未经核定的准备金支出;(8)与取得收入无关的其他支出。

(五)关联企业应纳税所得额的调整

关联关系,主要是指企业与其他企业、组织或个人具有下列之一关系:(1)一方直接或间接持有另一方的股份总和达到25%以上,或者双方直接或间接同为第三方所持有的股份达到25%以上。若一方通过中间方对另一方间接持有股份,只要一方对中间方持股比例达到25%以上,则一方对另一方的持股比例按照中间方对另一方的持股比例计算。(2)一方与另一方(独立金融机构除外)之间借贷资金占一方实收资本50%以上,或者一方借贷资金总额的10%以上由另一方(独立金融机构除外)担保。(3)一方半数以上的高级管理人员(包括董事会成员和经理)或至少一名可以控制董事会的董事会高级成员由另一方委派,或者双方半数以上的高级管理人员(包括董事会成员和经理)或至少一名可以控制董事会的董事会高级成员同为第三方委派。(4)一方半数以上的高级管理人员(包括董事会成员和经理)同时担任另一方的高级管理人员(包括董事会成员和经理),或者一方至少一名可以控制董事会的董事会高级成员同时担任另一方的董事会高级成员。(5)一方的生产经营活动必须由另一方提供的工业产权、专有技术等特许权才能正常进行。(6)一方的购买或销售活动主要由另一方控制。(7)一方接受或提供劳务主要由另一方控制。(8)一方对另一方的生产经营、交易具有实质控制,或者双方在利益上具有相关联的其他关系,包括虽未达到第1项持股比例,但一方与另一方的主要持股方享受基本相同的经济利益,以及家族、亲属关系等。

发生关联交易金额在4 000万元人民币以上、依法履行关联申报义务且按规定准备、保存和提供同期资料的企业,可以向税务机关提出与其关联方之间业务往来的定价原则和计算方法,税务机关与企业协商、确认后,达成预约定价安排。预约定价安排,是指企业就其未来年度关联交易的定价原则和计算方法,向税务机关提出申请,与税务机关按照独立交易原则协商、确认后达成的协议。

企业与其关联方之间的业务往来,不符合独立交易原则而减少企业或者其关联方应纳税收入或者所得额的,税务机关有权按照合理方法调整。合理方法包括:(1)可比非受控价格法。可比非受控价格法以非关联方之间进行的与关联交易相同或类似业务活动所收取的价格作为关联交易的公平成交价格，可以应用于所有类型的关联交易。可比性分析应特别考察关联交易与非关联交易在交易资产或劳务的特性、合同条款及经济环境上的差异，存在重大差异的，应就该差异对价格的影响进行合理调整，无法合理调整的，应选择其他合理的转让定价方法。(2)再销售价格法。再销售价格法以关联方购进商品再销售给非关联方的价格减去可比非关联交易毛利后的金额作为关联方购进商品的公平成交价格，通常适用于再销售者未对商品进行改变外型、性能、结构或更换商标等实质性增值加工的简单加工或单纯购销业务。可比性分析应特别考察关联交易与非关联交易在功能风险及合同条款上的差异以及影响毛利率的其他因素，如存在重大差异，应就该差异对毛利率的影响进行合理调整，无法合理调整的，应根据选择其他合理的转让定价方法。(3)成本加成法。成本加成法以关联交易发生的合理成本加上可比非关联交易毛利作为关联交易的公平成交价格，通常适用于有形资产的购销、转让和使用，劳务提供或资金融通的关联交易。可比性分析应特别关注关联交易与非关联交易在功能风险及合同条款上的差异以及影响成本加成率的其他因素，存在重大差异的，应就该差异对成本加成率的影响进行合理调整，无法合理调整的，应选择其他合理的转让定价方法。(4)交易净利润法。交易净利润法以可比非关联交易的利润率指标确定关联交易的净利润。交易净利润法通常适用于有形资产的购销、转让和使用，无形资产的转让和使用以及劳务提供等关联交易。(5)利润分割法。利润分割法根据企业与其关联方对关联交易合并利润的贡献计算各自应该分配的利润额，通常适用于各参与方关联交易高度整合且难以单独评估各方交易结果的情况。(6)其他符合独立交易原则的方法。企业向税务机关报道年度企业所得税纳税申报表时，应当就其与关联方之间的业务往来，附送年度关联业务往来报告表。税务机关在进行关联业务调查时，企业及其关联方，以及与关联业务调查有关的其他企业，应当按照规定提供相关资料。企业不提供与其关联方之间业务往来资料，或者提供虚假、不完整资料，未能真实反映其关联业务往来情况的，税务机关有权依法核定其应纳税所得额。

四、企业所得税税收优惠

(一)免征和减征优惠

1.对高新技术企业的税收优惠

国家需要重点扶持的高新技术企业,减按15%的税率征收企业所得税。国家需要重点扶持的高新技术企业是指拥有核心自主知识产权,并同时符合下列条件的企业:(1)产品(服务)属于《国家重点支持的高新技术领域》规定的范围;(2)研究开发费用占销售收入的比例不低于规定比例;(3)高新技术产品(服务)收入占企业总收入的比例不低于规定比例;(4)科技人员占企业职工总数的比例不低于规定比例;(5)高新技术企业认定管理办法规定的其他条件。

2.企业从事农、林、牧、渔业项目的所得,可以免征、减征企业所得税。具体是指:(1)企业从事下列项目的所得,免征企业所得税:①蔬菜、谷物、薯类、油料、豆类、棉花、麻类、糖料、水果、坚果的种植;②农作物新品种的选育;③中药材的种植;④林木的培育和种植;⑤牲畜、家禽的饲养;⑥林产品的采集;⑦灌溉、农产品初加工、兽医、农技推广、农机作业和维修等农、林、牧、渔服务业项目;⑧远洋捕捞。(2)企业从事下列项目的所得,减半征收企业所得税:①花卉、茶以及其他饮料作物和香料作物的种植;②海水养殖、内陆养殖。企业从事国家限制和禁止发展的项目,不得享受上述企业所得税优惠。

3.企业从事规定的国家重点扶持的公共基础设施项目的投资经营的所得,自项目取得第一笔生产经营收入所属纳税年度起,第一年至第三年免征企业所得税,第四年至第六年减半征收企业所得税。

国家重点扶持的公共基础设施项目,是指《公共基础设施项目企业所得税优惠目录》规定的港口码头、机场、铁路、公路、城市公共交通、电力、水利等项目。

企业承包经营、承包建设和内部自建自用本条规定的项目,不得享受上述企业所得税优惠。

4.企业从事规定的符合条件的环境保护、节能节水项目的所得,自项目取得第一笔生产经营收入所属纳税年度起,第一年至第三年免征企业所得税，第四年至第六年减半征收企业所得税。

符合条件的环境保护、节能节水项目，包括公共污水处理、公共垃圾处理、沼气综合开发利用、节能减排技术改造、海水淡化等。项目的具体条件和范围由国务院财政、税务主管部门会同国务院有关部门制定，报国务院批准后公布施行。

5. 一个纳税年度内，居民企业技术转让所得不超过 500 万元的部分，免征企业所得税；超过 500 万元的部分，减半征收企业所得税。技术转让是指居民企业转让其拥有技术的所有权或 5 年以上（含 5 年）全球独占许可使用权的行为。

享受技术转让所得减免企业所得税优惠的居民企业，应单独计算技术转让所得，并合理分摊企业的期间费用；没有单独计算的，不得享受技术转让所得企业所得税优惠。

享受减免企业所得税优惠的技术转让应符合以下条件：(1)技术转让属于财政部、国家税务总局规定的范围，包括转让专利技术、计算机软件著作权、集成电路布图设计权、植物新品种、生物医药新品种，以及财政部和国家税务总局确定的其他技术；(2)境内技术转让经省级以上（含省级）科技部门认定；(3)向境外转让技术经省级以上（含省级）商务部门认定登记涉及财政经费支持产生技术的转让，需省级以上（含省级）科技部门审批；(4)国务院税务主管部门规定的其他条件。

（二）加计扣除优惠

企业下列支出，可以在计算应纳税所得额时加计扣除。

1. 开发新技术、新产品、新工艺发生的研究开发费用

企业从事《国家重点支持的高新技术领域》和国家发展改革委员会等部门公布的《当前优先发展的技术产业化重点领域指南（2007 年度）》规定项目的研究开发活动，其在一个纳税年度中实际发生的下列费用支出，允许在计算应纳税所得额时按照规定实行加计扣除：(1)新产品设计费、新工艺规程制定费以及与研发活动直接相关的技术图书资料费、资料翻译费。(2)从事研发活动直接消耗的材料、燃料和动力费用。(3)在职直接从事研发活动人员的工资、薪金、奖金、津贴、补贴。(4)专门用于研发活动的仪器、设备的折旧费或租赁费。(5)专门用于

研发活动的软件、专利权、非专利技术等无形资产的摊销费用。(6)专门用于中间试验和产品试制的模具、工艺装备开发及制造费。(7)勘探开发技术的现场试验费。(8)研发成果的论证、评审、验收费用。

研发费用计入当期损益未形成无形资产的，在按照规定据实扣除的基础上，允许再按其当年实际发生额的50%，直接抵扣当年的应纳税所得额；研发费用形成无形资产的，按照该无形资产成本的150%在税前摊销。除法律另有规定外，摊销年限不得低于10年。

2.安置残疾人员及国家鼓励安置的其他就业人员所支付的工资

企业安置残疾人员的，在按照支付给残疾职工工资据实扣除的基础上，按照支付给残疾职工工资的100%加计扣除。残疾人员的范围适用《中华人民共和国残疾人保障法》的有关规定。企业安置国家鼓励安置的其他就业人员所支付的工资的加计扣除办法，由国务院另行规定。

企业享受安置残疾职工工资100%加计扣除应同时具备如下条件：(1)依法与安置的每位残疾人签订了1年以上(含1年)的劳动合同或服务协议，并且安置的每位残疾人在企业实际上岗工作。(2)为安置的每位残疾人按月足额缴纳了企业所在区县人民政府根据国家政策规定的基本养老保险、基本医疗保险、失业保险和工伤保险等社会保险。(3)定期通过银行等金融机构向安置的每位残疾人实际支付了不低于企业所在区县适用的经省级人民政府批准的最低工资标准的工资。(4)具备安置残疾人上岗工作的基本设施。

企业应在年度终了进行企业所得税年度申报和汇算清缴时，向主管税务机关报送相关资料，办理享受企业所得税加计扣除优惠的备案手续。

(三)对创业投资企业的税收优惠

创业投资企业从事国家需要重点扶持和鼓励的创业投资，可以按投资额的一定比例抵扣应纳税所得额。创业投资企业采取股权投资方式投资于未上市的中小高新技术企业2年以上的，可以按照其投资额的70%在股权持有满2年的当年抵扣该创业投资企业的应纳税所得额；当年不足抵扣的，可以在以后纳税年度结转抵扣。

(四)减计收入优惠

企业综合利用资源,生产符合国家产业政策规定的产品所取得的收入,可以在计算应纳税所得额时减计收入。具体是指企业以《资源综合利用企业所得税优惠目录》规定的资源作为主要原材料,生产国家非限制和禁止并符合国家和行业相关标准的产品取得的收入,减按 90% 计入收入总额。原材料占生产产品材料的比例不得低于《资源综合利用企业所得税优惠目录》规定的标准。

(五)税收抵免优惠

税额抵免是指企业购置并实际使用《环境保护专用设备企业所得税优惠目录》、《节能节水专用设备企业所得税优惠目录》和《安全生产专用设备企业所得税优惠目录》规定的环境保护、节能节水、安全生产等专用设备的,该专用设备的投资额的 10% 可以从企业当年的应纳税额中抵免;当年不足抵免的,可以在以后 5 个纳税年度结转抵免。享受该项税收优惠的企业,应当实际购置并自身实际投入使用前款规定的专用设备;企业购置上述专用设备在 5 年内转让、出租的,应当停止享受企业所得税优惠,并补缴已经抵免的企业所得税税款。

(六)专项税收优惠

1.鼓励软件产业和集成电路产业发展的税收优惠

(1)软件生产企业实行增值税即征即退政策所退还的税款,由企业用于研究开发软件产品和扩大再生产,不作为企业所得税应税收入,不予征收企业所得税。(2)我国境内新办软件生产企业经认定后,自获利年度起,第一年和第二年免征企业所得税,第三年至第五年减半征收企业所得税。(3)国家规划布局内的重点软件生产企业,如当年未享受免税优惠的,减按 10% 的税率征收企业所得税。(4)软件生产企业的职工培训费用,可按实际发生额在计算应纳税所得额时扣除。(5)企事业单位购进软件,凡符合固定资产或无形资产确认条件的,可以按照固定资产或无形资产进行核算,经主管税务机关核准,其折旧或摊销年限可以适当缩短,最短可为 2 年。(6)集成电路设计企业视同软件企业,享受上述软件企业的有关企业所得税政策。(7)集成电路生产企业的生产性设备,经主管税务机关核准,其折旧年限可以适当缩短,最短可为 3

年。(8)投资额超过80亿元人民币或集成电路线宽小于0.25微米的集成电路生产企业,可以减按15%的税率缴纳企业所得税,其中,经营期在15年以上的,从开始获利的年度起,第一年至第五年免征企业所得税,第六年至第十年减半征收企业所得税。(9)对生产线宽小于0.8微米(含)集成电路产品的生产企业,经认定后,自获利年度起,第一年和第二年免征企业所得税,第三年至第五年减半征收企业所得税。已经享受自获利年度起企业所得税"两免三减半"政策的企业,不再重复执行本条规定。

2.鼓励证券投资基金发展的税收优惠

(1)对证券投资基金从证券市场中取得的收入,包括买卖股票、债券的差价收入,股权的股息、红利收入,债券的利息收入及其他收入,暂不征收企业所得税。(2)对投资者从证券投资基金分配中取得的收入,暂不征收企业所得税。(3)对证券投资基金管理人运用基金买卖股票、债券的差价收入,暂不征收企业所得税。

(七)民族自治地方优惠

民族自治地方是指依照《中华人民共和国民族区域自治法》的规定,实行民族区域自治的自治区、自治州、自治县。民族自治地方的自治机关对本民族自治地方的企业应缴纳的企业所得税中属于地方分享的部分,可以决定减征或者免征。自治州、自治县决定减征或者免征的,须报省、自治区、直辖市人民政府批准。对民族自治地方内国家限制和禁止行业的企业,不得减征或者免征企业所得税。

(八)非居民企业税收优惠

非居民企业在中国境内未设立机构、场所的,或者虽设立机构、场所但取得的所得与其所设机构、场所没有实际联系的,应当就其来源于中国境内的所得,减按10%的税率征收企业所得税。

下列所得可以免征企业所得税:(1)外国政府向中国政府提供贷款取得的利息所得;(2)国际金融组织向中国政府和居民企业提供优惠贷款取得的利息所得;(3)经国务院批准的其他所得。

第二节 企业所得税的计算与申报

除非《企业所得税法实施条例》和国务院财政、税务主管部门另有规定，企业应纳税所得额的计算，以权责发生制为原则，属于当期的收入和费用，不论款项是否收付，均作为当期的收入和费用；不属于当期的收入和费用，即使款项已经在当期收付，均不作为当期的收入和费用。

一、应税收入的确认

（一）销售收入确认

企业销售商品同时满足下列条件的，应确认收入的实现：(1)商品销售合同已经签订，企业已将商品所有权相关的主要风险和报酬转移给购货方；(2)企业对已售出的商品既没有保留通常与所有权相联系的继续管理权，也没有实施有效控制；(3)收入的金额能够可靠地计量；(4)已发生或将发生的销售方的成本能够可靠地核算。

符合收入确认条件，采取下列商品销售方式的，应按以下规定确认收入实现时间：(1)销售商品采用托收承付方式的，在办妥托收手续时确认收入。(2)销售商品采取预收款方式的，在发出商品时确认收入。(3)销售商品需要安装和检验的，在购买方接受商品以及安装和检验完毕时确认收入。如果安装程序比较简单，可在发出商品时确认收入。(4)销售商品采用支付手续费方式委托代销的，在收到代销清单时确认收入。(5)企业为促进商品销售而在商品价格上给予的价格扣除属于商业折扣，商品销售涉及商业折扣的，应当按照扣除商业折扣后的金额确定销售商品收入金额。(6)债权人为鼓励债务人在规定的期限内付款而向债务人提供的债务扣除属于现金折扣，销售商品涉及现金折扣的，应当按扣除现金折扣前的金额确定销售商品收入金额，现金折扣在实际发生时作为财务费用扣除。(7)企业因售出商品的质量不合格等原因而在售价上给予的减让属于销售折让；企业因售出商品质量、品种不符合要求等原因而发生的退货属于销售退回。企业已经确认销售收入的售出商品发生销售折让和销售退回，应当在发生当期冲减当期销售商品收入。

企业以买一赠一等方式组合销售本企业商品的，不属于捐赠，应将总的销售金额按各项商品的公允价值的比例来分摊确认各项的销售收入。

（二）提供劳务收入确认

企业在各个纳税期末，提供劳务交易的结果能够可靠估计的，应采用完工进度（完工百分比）法确认提供劳务收入。企业应按照从接受劳务方已收或应收的合同或协议价款确定劳务收入总额，根据纳税期末提供劳务收入总额乘以完工进度扣除以前纳税年度累计已确认提供劳务收入后的金额，确认为当期劳务收入；同时，按照提供劳务估计总成本乘以完工进度扣除以前纳税期间累计已确认劳务成本后的金额，结转为当期劳务成本。

（三）其他收入确认

（1）以分期收款方式销售货物的，按照合同约定的收款日期确认收入的实现。（2）采取产品分成方式取得收入的，按照企业分得产品的日期确认收入的实现，其收入额按照产品的公允价值确定。（3）企业发生非货币性资产交换，以及将货物、财产、劳务用于捐赠、偿债、赞助、集资、广告、样品、职工福利或者利润分配等用途的，应当视同销售货物、转让财产或者提供劳务，但国务院财政、税务主管部门另有规定的除外。

二、扣除项目金额的确认

（一）工资薪金支出

企业发生的合理的工资薪金支出，准予扣除。工资薪金是指企业每一纳税年度支付给在本企业任职或者受雇的员工的所有现金形式或者非现金形式的劳动报酬，包括基本工资、奖金、津贴、补贴、年终加薪、加班工资，以及与员工任职或者受雇有关的其他支出。“合理工资薪金”，是指企业按照股东大会、董事会、薪酬委员会或相关管理机构制定的工资薪金制度或规定实际发放给员工的工资薪金。税务机关在对工资薪金进行合理性确认时，可按以下原则掌握：(1)企业制定了较为规范的员工工资薪金制度；(2)企业所制订的工资薪金制度符合行业及地区水平；(3)企业在一定时期所发放的工资薪金是相对固定的，工资薪金的调整是有序进行的；(4)企业对实际发放的工资薪金，已依法履行了代扣代缴个人所得税义务；(5)有关工资薪金的安排，不以减少或逃避税款为目的。

(二)社会保险费

企业依照国务院有关主管部门或者省级人民政府规定的范围和标准为职工缴纳的基本养老保险费、基本医疗保险费、失业保险费、工伤保险费、生育保险费等基本社会保险费和住房公积金，准予扣除。自2008年1月1日起，企业根据国家有关政策规定，为在本企业任职或者受雇的全体员工支付的补充养老保险费、补充医疗保险费，分别在不超过职工工资总额5%标准内的部分，在计算应纳税所得额时准予扣除；超过的部分，不予扣除。除企业依照国家有关规定为特殊工种职工支付的人身安全保险费和国务院财政、税务主管部门规定可以扣除的其他商业保险费外，企业为投资者或者职工支付的商业保险费，不得扣除。

(三)职工福利费、工会经费、职工教育经费

企业发生的职工福利费支出，不超过工资薪金总额14%的部分，准予扣除。

企业拨缴的工会经费，不超过工资薪金总额2%的部分，准予扣除。

除国务院财政、税务主管部门另有规定外，企业发生的职工教育经费支出，不超过工资薪金总额2.5%的部分，准予扣除；超过部分，准予在以后纳税年度结转扣除。

(四)借款费用

(1)企业在生产经营活动中发生的合理的不需要资本化的借款费用，准予扣除。(2)企业为购置、建造固定资产、无形资产和经过12个月以上的建造才能达到预定可销售状态的存货发生借款的，在有关资

产购置、建造期间发生的合理的借款费用，应当作为资本性支出计入有关资产的成本。

（五）利息费用

企业在生产经营活动中发生的下列利息支出，准予扣除：(1)非金融企业向金融企业借款的利息支出、金融企业的各项存款利息支出和同业拆借利息支出、企业经批准发行债券的利息支出。(2)非金融企业向非金融企业借款的利息支出，不超过按照金融企业同期同类贷款利率计算的数额的部分。

（六）企业接受关联方债权性投资利息支出税前扣除

(1)企业如果能够按照税法及其实施条例的有关规定提供相关资料，并证明相关交易活动符合独立交易原则的；或者该企业的实际税负不高于境内关联方的，其实际支付给境内关联方的利息支出，在计算应纳税所得额时准予扣除。(2)在计算应纳税所得额时，企业实际支付给关联方的利息支出，不超过规定比例和税法及其实施条例有关规定计算的部分，准予扣除，超过的部分不得在发生当期和以后年度扣除。企业实际支付给关联方的利息支出，其接受关联方债权性投资与其权益性投资比例：金融企业为 5∶1；其他企业为 2∶1。(3)企业同时从事金融业务和非金融业务，其实际支付给关联方的利息支出，应按照合理方法分开计算；没有按照合理方法分开计算的，一律按上述第 2 条有关其他企业的比例计算准予税前扣除的利息支出。

（七）汇兑损失

企业在货币交易中，纳税年度终了时将人民币以外的货币性资产、负债按照期末即期人民币汇率中间价折算为人民币时产生的汇兑损失，除已经计入有关资产成本以及与向所有者进行利润分配相关的部分外，准予扣除。

（八）业务招待费

企业发生的与生产经营活动有关的业务招待费支出，按照发生额的 60%扣除，但最高不得超过当年销售（营业）收入的 5‰。

（九）广告费和业务宣传费

1. 企业发生的符合条件的广告费和业务宣传费支出，除国务院财政、税务主管部门另有规定外，不超过当年销售（营业）收入15%的部分，准予扣除；超过部分，准予在以后纳税年度结转扣除。

2. 化妆品制造、医药制造和饮料制造（不含酒类制造）企业发生的广告费和业务宣传费支出，不超过当年销售（营业）收入30%的部分，准予扣除；超过部分，准予在以后纳税年度结转扣除。

3. 对采取特许经营模式的饮料制造企业，饮料品牌使用方发生的不超过当年销售（营业）收入30%的广告费和业务宣传费支出可以在本企业扣除，也可以将其中的部分或全部归集至饮料品牌持有方或管理方，由饮料品牌持有方或管理方作为销售费用据实在企业所得税前扣除。饮料品牌持有方或管理方在计算本企业广告费和业务宣传费支出企业所得税税前扣除限额时，可将饮料品牌使用方归集至本企业的广告费和业务宣传费剔除。饮料品牌持有方或管理方应当将上述广告费和业务宣传费单独核算，并将品牌使用方当年销售（营业）收入数据资料以及广告费和业务宣传费支出的证明材料专案保存以备检查。

（十）环境保护专项资金

企业依照法律、行政法规有关规定提取的用于环境保护、生态恢复等方面的专项资金，准予扣除。上述专项资金提取后改变用途的，不得扣除。

（十一）保险费

企业参加财产保险，按照规定缴纳的保险费，准予扣除。

（十二）租赁费

企业根据生产经营活动的需要租入固定资产支付的租赁费，按照以下方法扣除：(1)以经营租赁方式租入固定资产发生的租赁费支出，按照租赁期限均匀扣除。(2)以融资租赁方式租入固定资产发生的租赁费支出，按照规定构成融资租入固定资产价值的部分应当提取折旧费用，分期扣除。

（十三）劳动保护费

企业发生的合理的劳动保护支出，准予扣除。

（十四）公益性捐赠支出

企业发生的公益性捐赠支出，不超过年度利润总额12%的部分，准予扣除。年度利润总额，是指企业依照国家统一会计制度的规定计算的大于零的数额。

公益性捐赠是指企业通过公益性社会团体或者县级以上人民政府及其部门，用于《中华人民共和国公益事业捐赠法》规定的公益事业的捐赠。用于公益事业的捐赠支出，是指《中华人民共和国公益事业捐赠法》规定的向公益事业的捐赠支出，具体范围包括：(1)救助灾害、救济贫困、扶助残疾人等困难的社会群体和个人的活动；(2)教育、科学、文化、卫生、体育事业；(3)环境保护、社会公共设施建设；(4)促进社会发展和进步的其他社会公共和福利事业。

公益性群众团体，是指同时符合以下条件的群众团体：

(1)符合《中华人民共和国企业所得税法实施条例》第五十二条第(一)项到第(八)项规定的条件。即①依法登记，具有法人资格；②以发展公益事业为宗旨，且不以营利为目的；③全部资产及其增值为该法人所有；④收益和营运结余主要用于符合该法人设立目的的事业；⑤终止后的剩余财产不归属任何个人或者营利组织；⑥不经营与其设立目的无关的业务；⑦有健全的财务会计制度；⑧捐赠者不以任何形式参与社会团体财产的分配；⑨国务院财政、税务主管部门会同国务院民政部门等登记管理部门规定的其他条件。

(2)县级以上各级机构编制部门直接管理其机构编制。

(3)对接受捐赠的收入以及用捐赠收入进行的支出单独进行核算，且申请前连续3年接受捐赠的总收入中用于公益事业的支出比例不低于70%。

对公益性社会团体资格的初步审查由民政部门负责，财政、税务部门会同民政部门对公益性捐赠税前扣除资格联合进行审核确认。财政部、国家税务总局和民政部以及省、自治区、直辖市、计划单列市财政、税务和民政部门每年分别联合公布获得公益性捐赠税前扣除资格的公益性社会团体名单，企业或个人在名单所属年度内向名单内的公益性社会团体进行的公益性捐赠支出，可按规定进行税前扣除。

对于通过公益性社会团体发生的公益性捐赠支出，企业或个人应提供省级以上(含省级)财政部门印制并加盖接受捐赠单位印章的公益性捐赠票据，或加盖接受捐赠单位印章的《非税收入一般缴款书》收据联，方可按规定进行税前扣除。

（十五）金融企业贷款损失准备金

准予提取贷款损失准备的贷款资产范围包括：（1）贷款（含抵押、质押、担保等贷款）；（2）银行卡透支、贴现、信用垫款（含银行承兑汇票垫款、信用证垫款、担保垫款等）、进出口押汇、同业拆出等各项具有贷款特征的风险资产；（3）由金融企业转贷并承担对外还款责任的国外贷款，包括国际金融组织贷款、外国买方信贷、外国政府贷款、国际协助银行不附条件贷款和外国政府混合贷款等资产。

准予当年税前扣除的贷款损失准备

＝本年末准予提取贷款损失准备的贷款资产余额×1％－

截至上年末已在税前扣除的贷款损失准备余额

三、资产的税务处理

企业的各项资产，包括固定资产、生物资产、无形资产、长期待摊费用、投资资产、存货等，以历史成本为计税基础。

企业持有各项资产期间资产增值或者减值，除国务院财政、税务主管部门规定可以确认损益外，不得调整该资产的计税基础。

企业转让资产，该项资产的净值，准予在计算应纳税所得额时扣除。

（一）固定资产的税务处理

1.固定资产计税基础

（1）外购的固定资产，以购买价款和支付的相关税费以及直接归属于使该资产达到预定用途发生的其他支出为计税基础；（2）自行建造的固定资产，以竣工结算前发生的支出为计税基础；（3）融资租入的固定资产，以租赁合同约定的付款总额和承租人在签订租赁合同过程中发生的相关费用为计税基础，租赁合同未约定付款总额的，以该资产的公允价值和承租人在签订租赁合同过程中发生的相关费用为计税基础；（4）盘盈的固定资产，以同类固定资产的重置完全价值为计税基础；（5）通过捐赠、投资、非货币性资产交换、债务重组等方式取得的固定资产，以该资产的公允价值和支付的相关税费为计税基础；(6)改建的固定资产，除已提足折旧的固定资产改建支出和租入固定资产的改建支出，以改建过程中发生的改建支出增加计税基础。

2. 固定资产折旧方法

固定资产按照直线法计算的折旧，准予扣除。从事开采石油、天然气等矿产资源的企业，在开始商业性生产前发生的费用和有关固定资产的折耗、折旧方法，由国务院财政、税务主管部门另行规定。

企业的固定资产由于技术进步等原因，确需加速折旧的，可以缩短折旧年限或者采取加速折旧的方法。采取加速折旧方法的，可以采取双倍余额递减法或者年数总和法。加速折旧方法一经确定，一般不得变更。

可以采取缩短折旧年限或者采取加速折旧的方法的固定资产，包括：(1)由于技术进步，产品更新换代较快的固定资产；(2)常年处于强震动、高腐蚀状态的固定资产。

企业应当自固定资产投入使用月份的次月起计算折旧；停止使用的固定资产，应当自停止使用月份的次月起停止计算折旧。企业应当根据固定资产的性质和使用情况，合理确定固定资产的预计净残值。固定资产的预计净残值一经确定，不得变更。

3. 固定资产折旧年限

除国务院财政、税务主管部门另有规定外，固定资产计算折旧的最低年限如下：(1)房屋、建筑物，为 20 年；(2)飞机、火车、轮船、机器、机械和其他生产设备，为 10 年；(3)与生产经营活动有关的器具、工具、家具等，为 5 年；(4)飞机、火车、轮船以外的运输工具，为 4 年；(5)电子设备，为 3 年。

企业采取缩短折旧年限方法的，对其购置的新固定资产，最低折旧年限不得低于《实施条例》第六十条规定的折旧年限的 60%；若为购置已使用过的固定资产，其最低折旧年限不得低于《实施条例》规定的最低折旧年限减去已使用年限后剩余年限的 60%。最低折旧年限一经确定，一般不得变更。

4.固定资产折旧范围

下列固定资产不得计算折旧扣除:(1)房屋、建筑物以外未投入使用的固定资产;(2)以经营租赁方式租入的固定资产;(3)以融资租赁方式租出的固定资产;(4)已足额提取折旧仍继续使用的固定资产;(5)与经营活动无关的固定资产;(6)单独估价作为固定资产入账的土地;(7)其他不得计算折旧扣除的固定资产。

(二)无形资产的税务处理

1.无形资产计税基础

(1)外购的无形资产,以购买价款和支付的相关税费以及直接归属于使该资产达到预定用途发生的其他支出为计税基础;(2)自行开发的无形资产,以开发过程中该资产符合资本化条件后至达到预定用途前发生的支出为计税基础;(3)通过捐赠、投资、非货币性资产交换、债务重组等方式取得的无形资产,以该资产的公允价值和支付的相关税费为计税基础。

2.无形资产摊销

无形资产按照直线法计算的摊销费用,准予扣除。无形资产的摊销年限不得低于10年。

作为投资或者受让的无形资产,有关法律规定或者合同约定了使用年限的,可以按照规定或者约定的使用年限分期摊销。

外购商誉的支出,在企业整体转让或者清算时,准予扣除。

下列无形资产不得计算摊销费用扣除:(1)自行开发的支出已在计算应纳税所得额时扣除的无形资产;(2)自创商誉;(3)与经营活动无关的无形资产;(4)其他不得计算摊销费用扣除的无形资产。

(三)长期待摊费用的税务处理

在计算应纳税所得额时,企业发生的下列支出作为长期待摊费用,按照规定摊销的,准予扣除:(1)已足额提取折旧的固定资产的改建支出;(2)租入固定资产的改建支出;(3)固定资产的大修理支出;(4)其他应当作为长期待摊费用的支出。

固定资产的改建支出,是指改变房屋或者建筑物结构、延长使用年限等发生的支出。已足额提取折旧的固定资产的改建支出,按照固定资产预计尚可使用年限分期摊销；改建的固定资产延长使用年限的，应当适当延长折旧年限。

租入固定资产的改建支出，按照合同约定的剩余租赁期限分期摊销。

固定资产的大修理支出，是指同时符合下列条件的支出：(1)修理支出达到取得固定资产时的计税基础 50%以上；(2)修理后固定资产的使用年限延长 2 年以上。

固定资产的大修理支出，按照固定资产尚可使用年限分期摊销。

其他应当作为长期待摊费用的支出，自支出发生月份的次月起，分期摊销，摊销年限不得低于 3 年。

(四)存货的税务处理

企业使用或者销售存货，按照规定计算的存货成本，准予在计算应纳税所得额时扣除。

存货按照以下方法确定成本：(1)通过支付现金方式取得的存货，以购买价款和支付的相关税费为成本；(2)通过支付现金以外的方式取得的存货，以该存货的公允价值和支付的相关税费为成本；(3)生产性生物资产收获的农产品，以产出或者采收过程中发生的材料费、人工费和分摊的间接费用等必要支出为成本。

企业使用或者销售的存货的成本计算方法，可以在先进先出法、加权平均法、个别计价法中选用一种。计价方法一经选用，不得随意变更。

(五)资产处置的税务处理

企业将资产移送他人的下列情形，因资产所有权属已发生改变而不属于内部处置资产，应按规定视同销售确定收入。(1)用于市场推广或销售；(2)用于交际应酬；(3)用于职工奖励或福利；(4)用于股息分配；(5)用于对外捐赠；(6)其他改变资产所有权属的用途。

发生上述情形时，属于企业自制的资产，应按企业同类资产同期对外销售价格确定销售收入；属于外购的资产，可按购入时的价格确定销售收入。

(六)资产损失税前扣除的所得税处理

1.资产损失扣除

资产是指企业拥有或者控制的、用于经营管理活动相关的资产,准予在企业所得税税前扣除的资产损失,包括企业在实际处置、转让资产过程中发生的合理损失以及企业虽未实际处置、转让资产,但符合资产损失确认条件的损失。企业发生的资产损失,应按规定的程序和要求向主管税务机关申报后方能在税前扣除。未经申报的损失,不得在税前扣除。

企业以前年度发生的资产损失未能在当年税前扣除的,可以向税务机关说明并进行专项申报扣除。其中属于在实际处置、转让资产过程中发生的合理损失,准予追补至该项损失发生年度扣除,其追补确认期限一般不得超过五年。但因企业重组上市过程中因权属不清出现争议而未能及时扣除的资产损失、因承担国家政策性任务而形成的资产损失以及政策不明确而形成资产损失等特殊原因形成的资产损失,其追补确认期限经国家税务总局批准后可适当延长。属于未实际处置、转让资产,但符合资产损失确认条件的损失,应在申报年度扣除。

2.资产损失确认

企业资产损失相关的证据包括具有法律效力的外部证据和特定事项的企业内部证据。具有法律效力的外部证据,是指司法机关、行政机关、专业技术鉴定部门等依法出具的与本企业资产损失相关的具有法律效力的书面文件。特定事项的企业内部证据,是指会计核算制度健全、内部控制制度完善的企业,对各项资产发生毁损、报废、盘亏、死亡、变质等内部证明或承担责任的声明。

(1) 现金损失

现金损失应依据以下证据材料确认:①现金保管人确认的现金盘点表;②现金保管人对于短缺的说明及相关核准文件;③对责任人由于管理责任造成损失的责任认定及赔偿情况的说明;④涉及刑事犯罪的,应有司法机关出具的相关材料;⑤金融机构出具的假币收缴证明。

(2) 存款类资产损失

企业因金融机构清算而发生的存款类资产损失应依据以下证据材

料确认:①企业存款类资产的原始凭据;②金融机构破产、清算的法律文件;③金融机构清算后剩余资产分配情况资料。

金融机构应清算而未清算超过三年的,企业可将该款项确认为资产损失,但应有法院或破产清算管理人出具的未完成清算证明。

(3) 应收及预付款项坏账损失

企业应收及预付款项坏账损失应依据以下相关证据材料确认:①相关事项合同、协议或说明;②属于债务人破产清算的,应有人民法院的破产、清算公告;③属于诉讼案件的,应出具人民法院的判决书或裁决书或仲裁机构的仲裁书,或者被法院裁定终(中)止执行的法律文书;④属于债务人停止营业的,应有工商部门注销、吊销营业执照证明;⑤属于债务人死亡、失踪的,应有公安机关等有关部门对债务人个人的死亡、失踪证明;⑥属于债务重组的,应有债务重组协议及其债务人重组收益纳税情况说明;⑦属于自然灾害、战争等不可抗力而无法收回的,应有债务人受灾情况说明以及放弃债权申明。

企业逾期三年以上的应收款项在会计上已作为损失处理的,可以作为坏账损失,但应说明情况,并出具专项报告。企业逾期一年以上,单笔数额不超过五万或者不超过企业年度收入总额万分之一的应收款项,会计上已经作为损失处理的,可以作为坏账损失,但应说明情况,并出具专项报告。

(4) 存货损失

①存货盘亏损失,应依据以下证据材料确认:a. 存货计税成本确定依据;b. 企业内部有关责任认定、责任人赔偿说明和内部核批文件;c. 存货盘点表;d. 存货保管人对于盘亏的情况说明。

②存货报废、毁损或变质损失,为其计税成本扣除残值及责任人赔偿后的余额,应依据以下证据材料确认:a. 存货计税成本的确定依据;b. 企业内部关于存货报废、毁损、变质、残值情况说明及核销资料;c. 涉及责任人赔偿的,应当有赔偿情况说明;d. 该项损失数额较大的(指占企业该类资产计税成本10%以上,或减少当年应纳税所得、增加亏损10%以上,下同),应有专业技术鉴定意见或法定资质中介机构出具的专项报告等。

③存货被盗损失，为其计税成本扣除保险理赔以及责任人赔偿后的余额，应依据以下证据材料确认：a. 存货计税成本的确定依据；b. 向公安机关的报案记录；c. 涉及责任人和保险公司赔偿的，应有赔偿情况说明等。

(5) 固定资产损失

①固定资产盘亏、丢失损失，为其账面净值扣除责任人赔偿后的余额，应依据以下证据材料确认：a. 企业内部有关责任认定和核销资料；b. 固定资产盘点表；c. 固定资产的计税基础相关资料；d. 固定资产盘亏、丢失情况说明；e. 损失金额较大的，应有专业技术鉴定报告或法定资质中介机构出具的专项报告等。

②固定资产报废、毁损损失，为其账面净值扣除残值和责任人赔偿后的余额，应依据以下证据材料确认：a. 固定资产的计税基础相关资料；b. 企业内部有关责任认定和核销资料；c. 企业内部有关部门出具的鉴定材料；d. 涉及责任赔偿的，应当有赔偿情况的说明；e. 损失金额较大的或自然灾害等不可抗力原因造成固定资产毁损、报废的，应有专业技术鉴定意见或法定资质中介机构出具的专项报告等。

(6) 无形资产损失

被其他新技术所代替或已经超过法律保护期限，已经丧失使用价值和转让价值，尚未摊销的无形资产损失，应提交以下证据备案：①会计核算资料；②企业内部核批文件及有关情况说明；③技术鉴定意见和企业法定代表人、主要负责人和财务负责人签章证实无形资产已无使用价值或转让价值的书面申明；⑤无形资产的法律保护期限文件。

(7) 债权投资损失

债权投资损失应依据投资的原始凭证、合同或协议、会计核算资料等相关证据材料确认。下列情况债权投资损失的，还应出具相关证据材料：

①债务人或担保人依法被宣告破产、关闭、被解散或撤销、被吊销营业执照、失踪或者死亡等，应出具资产清偿证明或者遗产清偿证明。无法出具上述证明，且被宣告破产、关闭、被解散或撤销事项超过三年以上的，或债权投资（包括信用卡透支和助学贷款）余额在三百万元以

下的，应出具对应的债务人和担保人破产、关闭、解散证明、撤销文件、工商行政管理部门注销证明或查询证明以及追索记录等（包括司法追索、电话追索、信件追索和上门追索等原始记录）；

②债务人遭受重大自然灾害或意外事故，企业对其资产进行清偿和对担保人进行追偿后，未能收回的债权，应出具债务人遭受重大自然灾害或意外事故证明、保险赔偿证明、资产清偿证明等；

③债务人因承担法律责任，其资产不足以归还所借债务，又无其他债务承担者的，应出具法院裁定证明和资产清偿证明；

④债务人和担保人不能偿还到期债务，企业提出诉讼或仲裁的，经人民法院对债务人和担保人强制执行，债务人和担保人均无资产可执行，人民法院裁定终结或终止（中止）执行的，应出具人民法院裁定文书；

⑤债务人和担保人不能偿还到期债务，企业提出诉讼后被驳回起诉的、人民法院不予受理或不予支持的，或经仲裁机构裁决免除（或部分免除）债务人责任，经追偿后无法收回的债权，应提交法院驳回起诉的证明，或法院不予受理或不予支持证明，或仲裁机构裁决免除债务人责任的文书；

⑥经国务院专案批准核销的债权，应提供国务院批准文件或经国务院同意后由国务院有关部门批准的文件。

(8) 股权投资损失

企业股权投资损失应依据以下相关证据材料确认：①股权投资计税基础证明材料；②被投资企业破产公告、破产清偿文件；③工商行政管理部门注销、吊销被投资单位营业执照文件；④政府有关部门对被投资单位的行政处理决定文件；⑤被投资企业终止经营、停止交易的法律或其他证明文件；⑥被投资企业资产处置方案、成交及入账材料；⑦企业法定代表人、主要负责人和财务负责人签章证实有关投资（权益）性损失的书面申明；⑧会计核算资料等其他相关证据材料。

被投资企业依法宣告破产、关闭、解散或撤销、吊销营业执照、停止生产经营活动、失踪等，应出具资产清偿证明或者遗产清偿证明。上述事项超过三年以上且未能完成清算的，应出具被投资企业破产、关闭、解散或撤销、吊销等的证明以及不能清算的原因说明。

四、亏损弥补

纳税人可在税前弥补的亏损额，是经主管税务机关依照税法核实、调整后的数额。依照《企业所得税法》的规定，企业纳税年度发生的亏损，准予向以后年度结转，用以后年度的所得弥补，但结转年限最长不得超过五年。

税务机关对企业以前年度纳税情况进行检查时调增的应纳税所得额，凡企业以前年度发生亏损、且该亏损属于企业所得税法规定允许弥补的，应允许调增的应纳税所得额弥补该亏损。弥补该亏损后仍有余额的，按照企业所得税法规定计算缴纳企业所得税。

亏损弥补应注意以下两个方面：(1)亏损弥补期应自亏损年度的下一个年度起连续五年不间断地计算。例如，某纳税人 2003 年发生应弥补亏损 130 万元，其税前弥补期间为 2002 年至 2008 年。假设在此亏损弥补期间，2004 年应税所得为 20 万元，2005 年应税所得为 50 万元，2006 年应税所得为 15 万元，2007 年和 2008 年均亏损。2003 年的亏损至 2008 年尚有 45 万元亏损未得到弥补，但五年的期限已届满，该项亏损不得再以今后的税前所得弥补。(2)纳税人连续发生亏损，各年亏损的弥补期应分别计算，不得将各项亏损的连续弥补期相加。亏损的弥补，按先亏先补的顺序进行。如某纳税人 2006 年、2007 两年连续发生亏损，2006 年亏损 8 万元、2007 年亏损 13 万元，则 2006 年亏损的弥补期为 2007 年至 2011 年，2007 年亏损的弥补期为 2008 年至 2012 年。如果该纳税人 2008 年开始盈利，2008 年的所得 10 万元应先弥补 2006 年亏损 8 万元，再弥补 2007 年亏损中的 2 万元。

五、境外所得税额抵扣

国际间双重征税，是法律意义上的双重征税。各国征税所遵循的原则不同，两个国家对同一或不同跨国纳税人的同一纳税对象或税源征收相同或类似的税收，产生双重征税。国际双重征税不利于资金在国际间的流动，各国都在积极寻求避免双重征税的途径和方法，而境外所得已纳税款的扣除，是避免国际双重征税的重要措施。

按照我国《企业所得税法》的规定，居民企业来源于中国境外的应税所得、非居民企业在中国境内设立机构、场所，取得发生在中国境外但与该机构、场所有实际联系的应税所得，其已在境外缴纳的所得税税额，可以从其当期应纳税额中抵免，抵免限额为该项所得依照我国企业所得税法规定计算的应纳税额；超过抵免限额的部分，可以在以后五个年度内，用每年度抵免限额抵免当年应抵税额后的余额进行抵补。居民企业从与我国政府订立税收协定（或安排）的国家（地区）取得的所得，按照该国（地区）税收法律享受了免税或减税待遇，且该免税或减税的数额按照税收协定规定、应视同已缴税额在中国的应纳税额中抵免的，该免税或减税数额可作为企业实际缴纳的境外所得税额、用于办理税收抵免。

除国务院财政、税务主管部门另有规定外，抵免限额应当分国（或地区）不分项计算。其计算公式如下：

抵免限额＝中国境内、境外所得依照企业所得税法和本条例的规定计算的应纳税总额×来源于某国（或地区）的应纳税所得额÷中国境内、境外应纳税所得总额

在汇总计算境外应纳税所得额时，企业在境外同一国家（地区）设立不具有独立纳税地位的分支机构，按照企业所得税法及实施条例的有关规定计算的亏损，不得抵减其境内或他国（地区）的应纳税所得额，但可以用同一国家（地区）其他项目或以后年度的所得按规定弥补。

居民企业从其直接或者间接控制的外国企业分得的来源于中国境外的股息、红利等权益性投资收益，外国企业在境外实际缴纳的所得税税额中属于该项所得负担的部分，可以作为该居民企业的可抵免境外所得税税额，在前述抵免限额内抵免。

【例 6-1】 某企业适用所得税率为 25%，某年度境内应纳税所得额为 100 万元。该企业分别在 A、B 两国设有分支机构。在 A 国分支机构的应纳税所得额为 75 万元，A 国企业所得税率为 20%，在 B 国分

支机构的应纳税所得额为 45 万元，B 国企业所得税率我 30%。假设该企业在 A、B 两国所得按我国税法计算的应纳税所得额与按 A、B 两国税法计算的应纳税所得额一致，两个分支机构在 A、B 两国分别缴纳了 15 万元和 13.5 万元的企业所得税。

1. 该企业按我国税法计算的境内、境外所得的应纳税额：

应纳税额＝(100＋75＋45)×25%＝55(万元)

2. 扣除限额

A 国扣除限额＝55×[75÷(100＋75＋45)]＝18.8(万元)

B 国扣除限额＝55×[45÷(100＋75＋45)]＝11.3(万元)

该企业在 A 国缴纳所得税为 15 万元，低于抵扣税额 18.8 万元，可全额抵扣。在 B 国缴纳所得税 13.5 万元，高于扣除限额的 2.2 万元，当年不得扣除。

六、应纳所得税额的计算

(一)居民企业应纳所得税额

应纳所得税额＝应纳税所得额×所得税率

应纳税所得额计算可采用直接计算法和间接计算法。

1. 直接计算法

应纳税所得额＝收入总额－不征税收入－免税收入－各项扣除金额－亏损弥补

2. 间接计算法

应纳税所得额＝会计利润总额＋/(－)纳税调整项目金额

【例 6-2】 某企业为居民企业，某年有关经营事项如下：

1. 取得销售收入 3 750 万元。

2. 发生销售成本 1 650 万元。

3. 发生销售费用 1 005 万元(其中广告费 675 万元)，管理费用 720 万元(其中业务招待费 22.5 万元)，财务费用 90 万元。

4. 销售税金240万元(其中增值税180万元)。

5. 营业外收入105万元,营业外支出75万元(含通过公益性社会团体向贫困山区捐款45万元,支付税收滞纳金9万元)。

6. 计入成本、费用中的实发工资总额225万元,拨付职工工会经费4.5万元,支付职工福利费和职工教育经费43.5万元。

应纳所得税额计算如下:

1. 会计利润＝3 750＋105－1 650－1 005－720－90－60－75＝255(万元)

2. 广告费和业务宣传费调增所得额＝675－3 750×15%＝112.5(万元)

3. 业务招待费调增所得额＝22.5－22.5×60%＝9(万元)

4. 捐赠支出调增所得额＝45－255×12%＝14.4(万元)

5. “三费”应调增所得额＝4.5＋43.5－225×18.5%＝6.375(万元)

6. 应纳税所得额＝255＋112.5＋9＋14.4＋6.375＋9＝397.275(万元)

7. 应纳所得税额＝397.275×25%＝99.32(万元)

(二)非居民企业应纳税额的计算

非居民企业在中国境内未设立机构、场所的,或者虽设立机构、场所但取得的所得与其所设机构、场所没有实际联系的,应当就其来源于中国境内的所得缴纳企业所得税。应纳税所得额按下列方法计算:(1)股息、红利等权益性投资收益和利息、租金、特许权使用费所得,以收入全额为应纳税所得额;(2)转让财产所得,以收入全额减去财产净值后的余额为应纳税所得额;(3)其他所得,参照前两项规定的方法计算应纳税所得额。

七、企业所得税的申报与缴纳

(一)企业所得税缴纳与申报的一般规定

1. 企业所得税预缴

企业所得税分月或者分季预缴。月份或者季度终了之日起15日内,企业应当向税务机关报送预缴所得税纳税申报表,预缴税款。企业所得税分月或者分季预缴，由税务机关具体核定。企业分月或者分季预缴企业所得税时，应当按照月度或者季度的实际利润额预缴；按照月度或者季度的实际利润额预缴有困难的，可以按照上一纳税年度应纳税所得额的月度或者季度平均额预缴，或者按照经税务机关认可的其他方法预缴。预缴方法一经确定，该纳税年度内不得随意变更。

2.企业所得税汇算清缴

企业所得税纳税人自纳税年度终了之日起5个月内或实际经营终止之日起60日内，应依照税收法律、法规、规章及其他有关企业所得税的规定，自行计算本纳税年度应纳税所得额和应纳所得税额，根据月度或季度预缴企业所得税的数额，确定该纳税年度应补或者应退税额，并填写企业所得税年度纳税申报表，向主管税务机关办理企业所得税年度纳税申报、提供税务机关要求提供的有关资料、结清全年企业所得税税款。

3.企业所得税纳税申报

企业在纳税年度内无论盈利或者亏损，都应当依照规定的期限，向税务机关报送预缴企业所得税纳税申报表、年度企业所得税纳税申报表、财务会计报告和税务机关规定应当报送的其他有关资料。

4.企业所得以人民币以外的货币计算的相关规定

企业所得以人民币以外的货币计算的，预缴企业所得税时，应当按照月度或者季度最后一日的人民币汇率中间价，折合成人民币计算应纳税所得额。年度终了汇算清缴时，对已经按照月度或者季度预缴税款的，不再重新折合计算，只就该纳税年度内未缴纳企业所得税的部分，按照纳税年度最后一日的人民币汇率中间价，折合成人民币计算应纳税所得额。经税务机关检查确认，企业少计或者多计前款规定所得的，应当按照检查确认补税或者退税时的上一个月最后一日的人民币汇率中间价，将少计或者多计的所得折合成人民币计算应纳税所得额，再计算应补缴或者应退的税款。

（二）企业所得税纳税申报表填列

1.企业所得税预缴纳税申报表

企业所得税预缴纳税申报表如表6-1、表6-2所示。

表 6-1 中华人民共和国企业所得税月(季)度预缴纳税申报表(A 类)

税款所属期间：　　年　　月　　日至　　年　　月　　日
纳税人识别号：□□□□□□□□□□□□□□□□□□□□
纳税人名称：　　　　　　　　　　　　　　金额单位：人民币元(列至角分)

<table>
<tr><th>行次</th><th colspan="2">项　　目</th><th>本期金额</th><th>累计金额</th></tr>
<tr><td>1</td><td colspan="4">一、按照实际利润额预缴</td></tr>
<tr><td>2</td><td colspan="2">营业收入</td><td></td><td></td></tr>
<tr><td>3</td><td colspan="2">营业成本</td><td></td><td></td></tr>
<tr><td>4</td><td colspan="2">利润总额</td><td></td><td></td></tr>
<tr><td>5</td><td colspan="2">加：特定业务计算的应纳税所得额</td><td></td><td></td></tr>
<tr><td>6</td><td colspan="2">减：不征税收入</td><td></td><td></td></tr>
<tr><td>7</td><td colspan="2">　　免税收入</td><td></td><td></td></tr>
<tr><td>8</td><td colspan="2">　　弥补以前年度亏损</td><td></td><td></td></tr>
<tr><td>9</td><td colspan="2">实际利润额(4 行+5 行−6 行−7 行−8 行)</td><td>—</td><td></td></tr>
<tr><td>10</td><td colspan="2">税率(25%)</td><td></td><td></td></tr>
<tr><td>11</td><td colspan="2">应纳所得税额</td><td></td><td></td></tr>
<tr><td>12</td><td colspan="2">减：减免所得税额</td><td></td><td></td></tr>
<tr><td>13</td><td colspan="2">减：实际已预缴所得税额</td><td>—</td><td></td></tr>
<tr><td>14</td><td colspan="2">减：特定业务预缴(征)所得税额</td><td></td><td></td></tr>
<tr><td>15</td><td colspan="2">应补(退)所得税额(11 行−12 行−13 行−14 行)</td><td>—</td><td></td></tr>
<tr><td>16</td><td colspan="2">减：以前年度多缴在本期抵缴所得税额</td><td></td><td></td></tr>
<tr><td>17</td><td colspan="2">本期实际应补(退)所得税额</td><td>—</td><td></td></tr>
<tr><td>18</td><td colspan="4">二、按照上一纳税年度应纳税所得额平均额预缴</td></tr>
<tr><td>19</td><td colspan="2">上一纳税年度应纳税所得额</td><td>—</td><td></td></tr>
<tr><td>20</td><td colspan="2">本月(季)应纳税所得额(19 行×1/4 或 1/12)</td><td></td><td></td></tr>
<tr><td>21</td><td colspan="2">税率(25%)</td><td></td><td></td></tr>
<tr><td>22</td><td colspan="2">本月(季)应纳所得税额(20 行×21 行)</td><td></td><td></td></tr>
<tr><td>23</td><td colspan="4">三、按照税务机关确定的其他方法预缴</td></tr>
<tr><td>24</td><td colspan="2">本月(季)确定预缴的所得税额</td><td></td><td></td></tr>
<tr><td>25</td><td colspan="4">总分机构纳税人</td></tr>
<tr><td>26</td><td rowspan="5">总机构</td><td>总机构应分摊所得税额(15 行或 22 行或 24 行×总机构应分摊预缴比例)</td><td></td><td></td></tr>
<tr><td>27</td><td>财政集中分配所得税额</td><td></td><td></td></tr>
<tr><td>28</td><td>分支机构应分摊所得税额(15 行或 22 行或 24 行×分支机构应分摊比例)</td><td></td><td></td></tr>
<tr><td>29</td><td>其中：总机构独立生产经营部门应分摊所得税额</td><td></td><td></td></tr>
<tr><td>30</td><td>总机构已撤销分支机构应分摊所得税额</td><td></td><td></td></tr>
<tr><td>31</td><td rowspan="2">分支机构</td><td>分配比例</td><td></td><td></td></tr>
<tr><td>32</td><td>分配所得税额</td><td></td><td></td></tr>
</table>

续表

<table>
<tr><td colspan="3">谨声明：此纳税申报表是根据《中华人民共和国企业所得税法》、《中华人民共和国企业所得税法实施条例》和国家有关税收规定填报的，是真实的、可靠的、完整的。

法定代表人(签字)： 年 月 日</td></tr>
<tr><td>纳税人公章：</td><td>代理申报中介机构公章：</td><td>主管税务机关受理专用章：</td></tr>
<tr><td rowspan="2">会计主管：</td><td>经办人：</td><td rowspan="2">受理人：</td></tr>
<tr><td>经办人执业证件号码：</td></tr>
<tr><td>填表日期：年 月 日</td><td>代理申报日期：年 月 日</td><td>受理日期：年 月 日</td></tr>
</table>

企业所得税月(季)度预缴纳税申报表(A类) 填报说明：

本表适用于实行查账征收企业所得税的居民纳税人在月(季)度预缴企业所得税时使用。

各列的填报：

1.第1行“按照实际利润额预缴”的纳税人，第2行至第17行的“本期金额”列，数据为所属月(季)度第1日至最后1日；“累计金额”列，数据为纳税人所属年度1月1日至所属月(季)度最后1日的累计数。

2.第18行“按照上一纳税年度应纳税所得额平均额预缴”的纳税人，第19行至第22行的“本期金额”列，数据为所属月(季)度第一日至最后一日；“累计金额”列，数据为纳税人所属年度1月1日至所属月(季)度最后一日的累计数。

3.第23行“按照税务机关确定的其他方法预缴”的纳税人，第24行的“本期金额”列，数据为所属月(季)度第一日至最后一日；“累计金额”列，数据为纳税人所属年度1月1日至所属月(季)度最后一日的累计数。

各行的填报：

1.第1行至第24行，纳税人根据其预缴申报方式分别填报。实行“按照实际利润额预缴”的纳税人填报第2行至第17行；实行“按照上一纳税年度应纳税所得额平均额预缴”的纳税人填报第19行至第22行；实行“按照税务机关确定的其他方法预缴”的纳税人填报第24行。

2.第25行至第32行，由实行跨地区经营汇总计算缴纳企业所得税(以下简称汇总纳税)纳税人填报。汇总纳税纳税人的总机构在填报第1行至第24行的基础上，填报第26行至第30行；汇总纳税纳税人的分支机构填报第28行、第31行、第32行。

具体项目的填报：

1.第2行“营业收入”：填报按照企业会计制度、企业会计准则等国家会计规定核算的营业收入。

2.第3行“营业成本”：填报按照企业会计制度、企业会计准则等国家会计规定核算的营业成本。

3.第4行“利润总额”：填报按照企业会计制度、企业会计准则等国家会计规定核算的利润总额。

4.第5行“特定业务计算的应纳税所得额”：填报按照税收规定的特定业务计

算的应纳税所得额。从事房地产开发业务的纳税人，本期取得销售未完工开发产品收入按照税收规定的预计计税毛利率计算的预计毛利额填入此行。

5. 第 6 行“不征税收入”：填报计入利润总额但属于税收规定不征税的财政拨款、依法收取并纳入财政管理的行政事业性收费以及政府性基金和国务院规定的其他不征税收入。

6. 第 7 行“免税收入”：填报计入利润总额但属于税收规定免税的收入或收益。

7. 第 8 行“弥补以前年度亏损”：填报按照税收规定可在企业所得税前弥补的以前年度尚未弥补的亏损额。

8. 第 9 行“实际利润额”：根据相关行次计算填报。第 9 行＝第 4 行＋第 5 行－第 6 行－第 7 行－第 8 行。

9. 第 10 行“税率(25%)”：填报企业所得税法规定的 25%税率。

10. 第 11 行“应纳所得税额”：根据相关行次计算填报。第 11 行＝第 9 行×第 10 行，且第 11 行≥0。当汇总纳税纳税人总机构和分支机构适用不同税率时，第 11 行≠第 9 行×第 10 行。

11. 第 12 行“减免所得税额”：填报按照税收规定当期实际享受的减免所得税额。第 12 行≤第 11 行。

12. 第 13 行“实际已预缴所得税额”：填报累计已预缴的企业所得税额，“本期金额”列不填。

13. 第 14 行“特定业务预缴(征)所得税额”：填报按照税收规定的特定业务已预缴(征)的所得税额，建筑企业总机构直接管理的项目部，按规定向项目所在地主管税务机关预缴的企业所得税填入此行。

14. 第 15 行“应补(退)所得税额”：根据相关行次计算填报。第 15 行＝11 行－12 行－13 行－14 行，且第 15 行≤0 时，填 0，“本期金额”列不填。

15. 第 16 行“以前年度多缴在本期抵缴所得税额”：填报以前年度多缴的企业所得税税款尚未办理退税，并在本纳税年度抵缴的所得税额。

16. 第 17 行“本期实际应补(退)所得税额”：根据相关行次计算填报。第 17 行＝15 行－16 行，且第 17 行≤0 时，填 0，“本期金额”列不填。

17. 第 19 行“上一纳税年度应纳税所得额”：填报上一纳税年度申报的应纳税所得额。“本期金额”列不填。

18. 第 20 行“本月(季)应纳税所得额”：根据相关行次计算填报。

按月度预缴纳税人：第 20 行＝第 19 行×1/12；

按季度预缴纳税人：第 20 行＝第 19 行×1/4。

19. 第 21 行“税率(25%)”：填报企业所得税法规定的 25%税率。

20. 第 22 行“本月(季)应纳所得税额”：根据相关行次计算填报。第 22 行＝第 20 行×第 21 行。

21. 第 24 行“本月(季)确定预缴所得税额”：填报税务机关认定的应纳税所得额计算出的本月(季)度应缴纳所得税额。

22. 第 26 行“总机构应分摊所得税额”：汇总纳税纳税人总机构，以本表(第 1 行至第 24 行)本月(季)度预缴所得税额为基数，按总机构应分摊的预缴比例计算出的本期预缴所得税额填报，并按预缴方式不同分别计算：

(1)“按实际利润额预缴”的汇总纳税纳税人总机构：

第 15 行×总机构应分摊预缴比例。

(2)“按照上一纳税年度应纳税所得额的平均额预缴”的汇总纳税纳税人总机构：

第 22 行×总机构应分摊预缴比例。

(3)“按照税务机关确定的其他方法预缴”的汇总纳税纳税人总机构：

第 24 行×总机构应分摊预缴比例。

第 26 行计算公式中的“总机构应分摊预缴比例”：跨地区经营的汇总纳税纳税人，总机构应分摊的预缴比例填报 25%；省内经营的汇总纳税纳税人，总机构应分摊的预缴比例按各省规定执行填报。

23. 第 27 行“财政集中分配所得税额”：汇总纳税纳税人的总机构，以本表(第 1 行至第 24 行)本月(季)度预缴所得税额为基数，按财政集中分配的预缴比例计算出的本期预缴所得税额填报，并按预缴方式不同分别计算：

(1)“按实际利润额预缴”的汇总纳税纳税人总机构：

第 15 行×财政集中分配预缴比例。

(2)“按照上一纳税年度应纳税所得额的平均额预缴”的汇总纳税纳税人总机构：

第 22 行×财政集中分配预缴比例。

(3)“按照税务机关确定的其他方法预缴”的汇总纳税纳税人总机构：

第 24 行×财政集中分配预缴比例。

跨地区经营的汇总纳税纳税人，中央财政集中分配的预缴比例填报 25%；省内经营的汇总纳税纳税人，财政集中分配的预缴比例按各省规定执行填报。

24. 第 28 行“分支机构应分摊所得税额”：汇总纳税纳税人总机构，以本表(第 1 行至第 24 行)本月(季)度预缴所得税额为基数，按分支机构应分摊的预缴比例计算出的本期预缴所得税额填报，并按不同预缴方式分别计算：

(1)“按实际利润额预缴”的汇总纳税纳税人总机构：

第 15 行×分支机构应分摊预缴比例。

(2)“按照上一纳税年度应纳税所得额平均额预缴”的汇总纳税纳税人总机构：

第 22 行×分支机构应分摊预缴比例。

(3)“按照税务机关确定的其他方法预缴”的汇总纳税纳税人总机构：

第 24 行×分支机构应分摊预缴比例。

第 28 行计算公式中“分支机构应分摊预缴比例”：跨地区经营的汇总纳税纳税人，分支机构应分摊的预缴比例填报 50%；省内经营的汇总纳税纳税人，分支机构应分摊的预缴比例按各省规定执行填报。

分支机构根据《中华人民共和国企业所得税汇总纳税分支机构所得税分配表》中的“分支机构分摊所得税额”填写本行。

25. 第 29 行“总机构独立生产经营部门应分摊所得税额”：填报汇总纳税纳税人总机构设立的具有独立生产经营职能、按规定视同分支机构的部门所应分摊的本期预缴所得税额。

26. 第 30 行“总机构已撤销分支机构应分摊所得税额”：填报汇总纳税纳税人撤销的分支机构，当年剩余期限内应分摊的、由总机构预缴的所得税额。

27. 第 31 行“分配比例”：填报汇总纳税纳税人分支机构依据《中华人民共和

国企业所得税汇总纳税分支机构所得税分配表》中确定的分配比例。

28. 第 32 行“分配所得税额”：填报汇总纳税纳税人分支机构按分配比例计算应预缴的所得税额。第 32 行＝第 28 行×第 31 行。

表内、表间关系：

1. 表内关系

(1)第 9 行＝第 4＋5－6－7－8 行。

(2)第 11 行＝第 9×10 行。当汇总纳税纳税人总机构和分支机构适用不同税率时，第 11 行≠第 9×10 行。

(3)第 15 行＝第 11－12－13－14 行，且第 15 行≤0 时，填 0。

(4)第 22 行＝第 20×21 行。

(5)第 26＝第 15 或 22 或 24 行×规定比例。

(6)第 27 行＝第 15 或 22 或 24 行×规定比例。

(7)第 28 行＝第 15 或 22 或 24 行×规定比例。

2. 表间关系

(1)第 28 行＝《中华人民共和国企业所得税汇总纳税分支机构所得税分配表》中的“分支机构分摊所得税额”。

(2)第 31、32 行＝《中华人民共和国企业所得税汇总纳税分支机构所得税分配表》中所对应行次中的“分配比例”、“分配税额”列。

表 6-2　中华人民共和国企业所得税月(季)度和年度纳税申报表(B 类)

税款所属期间：　　年　　月　　日至　　年　　月　　日

纳税人识别号：□□□□□□□□□□□□□□□□□□□

纳税人名称：　　　　　　　　　　　　金额单位：人民币元(列至角分)

<table>
<tr><th colspan="3">项　　目</th><th>行次</th><th>累计金额</th></tr>
<tr><td colspan="5">一、以下由按应税所得率计算应纳所得税额的企业填报</td></tr>
<tr><td rowspan="9">应纳税所得额的计算</td><td rowspan="6">按收入总额核定应纳税所得额</td><td>收入总额</td><td>1</td><td></td></tr>
<tr><td>减：不征税收入</td><td>2</td><td></td></tr>
<tr><td>　免税收入</td><td>3</td><td></td></tr>
<tr><td>应税收入额(1－2－3)</td><td>4</td><td></td></tr>
<tr><td>税务机关核定的应税所得率(％)</td><td>5</td><td></td></tr>
<tr><td>应纳税所得额(4×5)</td><td>6</td><td></td></tr>
<tr><td rowspan="3">按成本费用核定应纳税所得额</td><td>成本费用总额</td><td>7</td><td></td></tr>
<tr><td>税务机关核定的应税所得率(％)</td><td>8</td><td></td></tr>
<tr><td>应纳税所得额[7÷(1－8)×8]</td><td>9</td><td></td></tr>
<tr><td colspan="2" rowspan="2">应纳所得税额的计算</td><td>税率(25％)</td><td>10</td><td></td></tr>
<tr><td>应纳所得税额(6×10 或 9×10)</td><td>11</td><td></td></tr>
<tr><td colspan="2" rowspan="2">应补(退)所得税额的计算</td><td>已预缴所得税额</td><td>12</td><td></td></tr>
<tr><td>应补(退)所得税额(11－12)</td><td>13</td><td></td></tr>
</table>

续表

<table>
<tr><td colspan="3">二、以下由税务机关核定应纳所得税额的企业填报</td></tr>
<tr><td colspan="2">税务机关核定应纳所得税额</td><td>14</td></tr>
<tr><td colspan="3">谨声明：此纳税申报表是根据《中华人民共和国企业所得税法》、《中华人民共和国企业所得税法实施条例》和国家有关税收规定填报的，是真实的、可靠的、完整的。
法定代表人(签字)：　年　月　日</td></tr>
<tr><td rowspan="3">纳税人公章：

会计主管：</td><td>代理申报中介机构公章：</td><td rowspan="3">主管税务机关受理专用章：

受理人：</td></tr>
<tr><td>经办人：</td></tr>
<tr><td>经办人执业证件号码：</td></tr>
<tr><td>填表日期：年 月 日</td><td>代理申报日期：年 月 日</td><td>受理日期：年 月 日</td></tr>
</table>

企业所得税月(季)度和年度纳税申报表(B类)填报说明

本表为实行核定征收企业所得税的纳税人在月(季)度申报缴纳企业所得税时使用。

各行的填报：

1.第1行“收入总额”：填写本年度累计取得的各项收入金额。

2.第2行“不征税收入”：填报纳税人计入收入总额但属于税收规定不征税的财政拨款、依法收取并纳入财政管理的行政事业性收费以及政府性基金和国务院规定的其他不征税收入。

3.第3行“免税收入”：填报纳税人计入利润总额但属于税收规定免税的收入或收益。

4.第4行“应税收入额”：根据相关行计算填报。第4行＝第1－2－3行

5.第5行“税务机关核定的应税所得率”：填报税务机关核定的应税所得率。

6.第6行“应纳税所得额”：根据相关行计算填报。第6行＝第4×5行。

7.第7行“成本费用总额”：填写本年度累计发生的各项成本费用金额。

8.第8行“税务机关核定的应税所得率”：填报税务机关核定的应税所得率。

9.第9行“应纳税所得额”：根据相关行计算填报。第9行＝第7÷(1－8行)×8行。

10.第10行“税率”：填写企业所得税法规定的25%税率。

11.第11行“应纳所得税额”：

(1)按照收入总额核定应纳税所得额的纳税人，第11行＝第6×10行；

(2)按照成本费用核定应纳税所得额的纳税人，第11行＝第9×10行。

12.第12行“已预缴所得税额”：填报当年累计已预缴的企业所得税额。

13.第13行“应补(退)所得税额”：根据相关行计算填报。第13行＝第11－12行。当第13行≤0时，本行填0。

14.第14行“税务机关核定应纳所得税额”：填报税务机关核定的本期应当缴纳的税额。

表内表间的关系：

1.第4行＝第1－2－3行；

2.第6行＝第4×5行；

3.第 9 行＝第 7÷(1－8 行)×8 行；
4.第 11 行＝第 6(或 9 行)×10 行；
5.第 13 行＝第 11－12 行。当第 13 行≤0 时，本行填 0。

2.企业所得税年度纳税申报表

年度纳税申报表式如表 6-3 所示。

表 6-3　中华人民共和国企业所得税年度纳税申报表(A 类)

税款所属期间：　　年　月　日至　　年　月　日
纳税人名称：
纳税人识别号：□□□□□□□□□□□□□□□□□□□□金额单位：元(列至角分)

类别	行次	项目	金额
利润总额计算	1	一、营业收入(填附表一)	
	2	减：营业成本(填附表二)	
	3	营业税金及附加	
	4	销售费用(填附表二)	
	5	管理费用(填附表二)	
	6	财务费用(填附表二)	
	7	资产减值损失	
	8	加：公允价值变动收益	
	9	投资收益	
	10	二、营业利润	
	11	加：营业外收入(填附表一)	
	12	减：营业外支出(填附表二)	
	13	三、利润总额(10＋11－12)	
应纳税所得额计算	14	加：纳税调整增加额(填附表三)	
	15	减：纳税调整减少额(填附表三)	
	16	其中：不征税收入	
	17	免税收入	
	18	减计收入	
	19	减、免税项目所得	
	20	加计扣除	
	21	抵扣应纳税所得额	
	22	加：境外应税所得弥补境内亏损	
	23	纳税调整后所得(13＋14－15＋22)	
	24	减：弥补以前年度亏损(填附表四)	
	25	四、应纳税所得额(23－24)	

续表

应纳税额计算	26	税率(25%)	
	27	应纳所得税额(25×26)	
	28	减:减免所得税额(填附表五)	
	29	减:抵免所得税额(填附表五)	
	30	应纳税额(27—28—29)	
	31	加:境外所得应纳所得税额(填附表六)	
	32	减:境外所得抵免所得税额(填附表六)	
	33	实际应纳所得税额(30+31—32)	
	34	减:本年累计实际已预缴的所得税额	
	35	其中:汇总纳税的总机构分摊预缴的税额	
	36	汇总纳税的总机构财政调库预缴的税额	
应纳税额计算	37	汇总纳税的总机构所属分支机构分摊的预缴税额	
	38	合并纳税(母子体制)成员企业就地预缴比例	
	39	合并纳税企业就地预缴的所得税额	
	40	本年应补(退)的所得税额(33—34)	
附列资料	41	以前年度多缴的所得税额在本年抵减额	
	42	以前年度应缴未缴在本年入库所得税额	
纳税人公章: 经办人: 申报日期: 年 月 日		代理申报中介机构公章: 经办人及执业证件号码: 代理申报日期: 年 月 日	主管税务机关受理专用章: 受理人: 受理日期: 年 月 日

企业所得税年度纳税申报表填报说明:

◆适用范围

本表适用于实行查账征收企业所得税的居民纳税人(以下简称纳税人)填报。

◆填报依据及内容

根据《中华人民共和国企业所得税法》及其实施条例、相关税收政策,以及国家统一会计制度(企业会计制度、企业会计准则、小企业会计制度、分行业会计制度、事业单位会计制度和民间非营利组织会计制度)的规定,填报计算纳税人利润总额、应纳税所得额、应纳税额和附列资料等有关项目。

◆有关项目填报说明

▲表头项目

1.“税款所属期间”:正常经营的纳税人,填报公历当年1月1日至12月31日;纳税人年度中间开业的,填报实际生产经营之日的当月1日至同年12月31日;纳税人年度中间发生合并、分立、破产、停业等情况的,填报公历当年1月1日至实际停业或法院裁定并宣告破产之日的当月月末;纳税人年度中间开业且年度中间又发生合并、分立、破产、停业等情况的,填报实际生产经营之日的当月1日至实际停业或法院裁定并宣告破产之日的当月月末。

2.“纳税人识别号”:填报税务机关统一核发的税务登记证号码。

3.“纳税人名称”:填报税务登记证所载纳税人的全称。

▲表体项目

本表是在纳税人会计利润总额的基础上,加减纳税调整额后计算出"纳税调整后所得"(应纳税所得额)。会计与税法的差异(包括收入类、扣除类、资产类等差异)通过纳税调整项目明细表(附表三)集中体现。

本表包括利润总额计算、应纳税所得额计算、应纳税额计算和附列资料四个部分。

1."利润总额计算"中的项目,按照国家统一会计制度口径计算填报。实行企业会计准则的纳税人,其数据直接取自损益表;实行其他国家统一会计制度的纳税人,与本表不一致的项目,按照其利润表项目进行分析填报。

利润总额部分的收入、成本、费用明细项目,一般工商企业纳税人,通过附表一(1)《收入明细表》和附表二(1)《成本费用明细表》相应栏次填报;金融企业纳税人,通过附表一(2)《金融企业收入明细表》、附表二(2)《金融企业成本费用明细表》相应栏次填报;事业单位、社会团体、民办非企业单位、非营利组织等纳税人,通过附表一(3)《事业单位、社会团体、民办非企业单位收入项目明细表》和附表二(3)《事业单位、社会团体、民办非企业单位支出项目明细表》相应栏次填报。

2."应纳税所得额计算"和"应纳税额计算"中的项目,除根据主表逻辑关系计算的外,通过附表相应栏次填报。

3."附列资料"填报用于税源统计分析的上一纳税年度税款在本纳税年度抵减或入库金额。

▲行次说明

1.第1行"营业收入":填报纳税人主要经营业务和其他经营业务取得的收入总额。本行根据"主营业务收入"和"其他业务收入"科目的数额计算填报。一般工商企业纳税人,通过附表一(1)《收入明细表》计算填报;金融企业纳税人,通过附表一(2)《金融企业收入明细表》计算填报;事业单位、社会团体、民办非企业单位、非营利组织等纳税人,通过附表一(3)《事业单位、社会团体、民办非企业单位收入明细表》计算填报。

2.第2行"营业成本"项目:填报纳税人主要经营业务和其他经营业务发生的成本总额。本行根据"主营业务成本"和"其他业务成本"科目的数额计算填报。一般工商企业纳税人,通过附表二(1)《成本费用明细表》计算填报;金融企业纳税人,通过附表二(2)《金融企业成本费用明细表》计算填报;事业单位、社会团体、民办非企业单位、非营利组织等纳税人,通过附表二(3)《事业单位、社会团体、民办非企业单位支出明细表》计算填报。

3.第3行"营业税金及附加":填报纳税人经营活动发生的营业税、消费税、城市维护建设税、资源税、土地增值税和教育费附加等相关税费。本行根据"营业税金及附加"科目的数额计算填报。

4.第4行"销售费用":填报纳税人在销售商品和材料、提供劳务的过程中发生的各种费用。本行根据"销售费用"科目的数额计算填报。

5.第5行"管理费用":填报纳税人为组织和管理企业生产经营发生的管理费用。本行根据"管理费用"科目的数额计算填报。

6.第6行"财务费用":填报纳税人为筹集生产经营所需资金等发生的筹资费用。本行根据"财务费用"科目的数额计算填报。

7.第7行"资产减值损失":填报纳税人计提各项资产准备发生的减值损失。本行根据"资产减值损失"科目的数额计算填报。

8.第8行“公允价值变动收益”:填报纳税人交易性金融资产、交易性金融负债,以及采用公允价值模式计量的投资性房地产、衍生工具、套期保值业务等公允价值变动形成的应计入当期损益的利得或损失。本行根据“公允价值变动损益”科目的数额计算填报。

9.第9行“投资收益”:填报纳税人以各种方式对外投资确认所取得的收益或发生的损失。本行根据“投资收益”科目的数额计算填报。

10.第10行“营业利润”:填报纳税人当期的营业利润。根据上述项目计算填列。

11.第11行“营业外收入”:填报纳税人发生的与其经营活动无直接关系的各项收入。本行根据“营业外收入”科目的数额计算填报。一般工商企业纳税人,通过附表一(1)《收入明细表》相关项目计算填报;金融企业纳税人,通过附表一(2)《金融企业收入明细表》相关项目计算填报;事业单位、社会团体、民办非企业单位、非营利组织等纳税人,通过附表一(3)《事业单位、社会团体、民办非企业单位收入明细表》计算填报。

12.第12行“营业外支出”:填报纳税人发生的与其经营活动无直接关系的各项支出。本行根据“营业外支出”科目的数额计算填报。一般工商企业纳税人,通过附表二(1)《成本费用明细表》相关项目计算填报;金融企业纳税人,通过附表二(2)《金融企业成本费用明细表》相关项目计算填报;事业单位、社会团体、民办非企业单位、非营利组织等纳税人,通过附表一(3)《事业单位、社会团体、民办非企业单位支出明细表》计算填报。

13.第13行“利润总额”:填报纳税人当期的利润总额。

14.第14行“纳税调整增加额”:填报纳税人会计处理与税收规定不一致,进行纳税调整增加的金额。本行通过附表三《纳税调整项目明细表》“调增金额”列计算填报。

15.第15行“纳税调整减少额”:填报纳税人会计处理与税收规定不一致,进行纳税调整减少的金额。本行通过附表三《纳税调整项目明细表》“调减金额”列计算填报。

16.第16行“不征税收入”:填报纳税人计入利润总额但属于税收规定不征税的财政拨款、依法收取并纳入财政管理的行政事业性收费、政府性基金、以及国务院规定的其他不征税收入。本行通过附表一(3)《事业单位、社会团体、民办非企业单位收入明细表》计算填报。

17.第17行“免税收入”:填报纳税人计入利润总额但属于税收规定免税的收入或收益,包括国债利息收入;符合条件的居民企业之间的股息、红利等权益性投资收益;从居民企业取得与该机构、场所有实际联系的股息、红利等权益性投资收益;符合条件的非营利组织的收入。本行通过附表五《税收优惠明细表》第1行计算填报。

18.第18行“减计收入”:填报纳税人以《资源综合利用企业所得税优惠目录》规定的资源作为主要原材料,生产国家非限制和禁止并符合国家和行业相关标准的产品取得收入10%的数额。本行通过附表五《税收优惠明细表》第6行计算填报。

19.第19行“减、免税项目所得”:填报纳税人按照税收规定减征、免征企业所得税的所得额。本行通过附表五《税收优惠明细表》第14行计算填报。

20.第20行“加计扣除”:填报纳税人开发新技术、新产品、新工艺发生的研究开发费用，以及安置残疾人员及国家鼓励安置的其他就业人员所支付的工资，符合税收规定条件的准予按照支出额一定比例，在计算应纳税所得额时加计扣除的金额。本行通过附表五《税收优惠明细表》第 9 行计算填报。

21. 第 21 行“抵扣应纳税所得额”：填报创业投资企业采取股权投资方式投资于未上市的中小高新技术企业 2 年以上的，可以按照其投资额的 70％在股权持有满 2 年的当年抵扣该创业投资企业的应纳税所得额。当年不足抵扣的，可以在以后纳税年度结转抵扣。本行通过附表五《税收优惠明细表》第 39 行计算填报。

22. 第 22 行“境外应税所得弥补境内亏损”：填报纳税人根据税收规定，境外所得可以弥补境内亏损的数额。

23. 第 23 行“纳税调整后所得”：填报纳税人经过纳税调整计算后的所得额。

当本表第 23 行＜0 时，即为可结转以后年度弥补的亏损额；如本表第 23 行＞0 时，继续计算应纳税所得额。

24. 第 24 行“弥补以前年度亏损”：填报纳税人按照税收规定可在税前弥补的以前年度亏损的数额。

本行通过附表四《企业所得税弥补亏损明细表》第 6 行第 10 列填报。但不得超过本表第 23 行“纳税调整后所得”。

25. 第 25 行“应纳税所得额”：金额等于本表第 23－24 行。

本行不得为负数。本表第 23 行或者按照上述行次顺序计算结果本行为负数，本行金额填零。

26. 第 26 行“税率”：填报税法规定的税率 25％。

27. 第 27 行“应纳所得税额”：金额等于本表第 25×26 行。

28. 第 28 行“减免所得税额”：填报纳税人按税收规定实际减免的企业所得税额，包括小型微利企业、国家需要重点扶持的高新技术企业、享受减免税优惠过渡政策的企业，其法定税率与实际执行税率的差额，以及其他享受企业所得税减免税的数额。本行通过附表五《税收优惠明细表》第 33 行计算填报。

29. 第 29 行“抵免所得税额”：填报纳税人购置用于环境保护、节能节水、安全生产等专用设备的投资额，其设备投资额的 10％可以从企业当年的应纳所得税额中抵免的金额；当年不足抵免的，可以在以后 5 个纳税年度结转抵免。本行通过附表五《税收优惠明细表》第 40 行计算填报。

30. 第 30 行“应纳税额”：金额等于本表第 27－28－29 行。

31. 第 31 行“境外所得应纳所得税额”：填报纳税人来源于中国境外的所得，按照企业所得税法及其实施条例、以及相关税收规定计算的应纳所得税额。

32. 第 32 行“境外所得抵免所得税额”：填报纳税人来源于中国境外所得依照中国境外税收法律以及相关规定应缴纳并实际缴纳的企业所得税性质的税款，准予抵免的数额。

企业已在境外缴纳的所得税额，小于抵免限额的，“境外所得抵免所得税额”按其在境外实际缴纳的所得税额填报；大于抵免限额的，按抵免限额填报，超过抵免限额的部分，可以在以后五个年度内，用每年度抵免限额抵免当年应抵税额后的余额进行抵补。

33. 第 33 行“实际应纳所得税额”：填报纳税人当期的实际应纳所得税额。

34. 第 34 行“本年累计实际已预缴的所得税额”：填报纳税人按照税收规定本纳税年度已在月（季）度累计预缴的所得税款。

35. 第 35 行“汇总纳税的总机构分摊预缴的税额”：填报汇总纳税的总机构按

照税收规定已在月(季)度在总机构所在地累计预缴的所得税款。

附报《中华人民共和国企业所得税汇总纳税分支机构企业所得税分配表》。

36.第36行“汇总纳税的总机构财政调库预缴的税额”:填报汇总纳税的总机构按照税收规定已在月(季)度在总机构所在地累计预缴在财政调节专户的所得税款。

附报《中华人民共和国企业所得税汇总纳税分支机构企业所得税分配表》。

37.第37行“汇总纳税的总机构所属分支机构分摊的预缴税额”:填报汇总纳税的分支机构已在月(季)度在分支机构所在地累计分摊预缴的所得税款。

附报《中华人民共和国企业所得税汇总纳税分支机构企业所得税分配表》。

38.第38行“合并纳税(母子体制)成员企业就地预缴比例”:填报经国务院批准的实行合并纳税(母子体制)的成员企业按照税收规定就地预缴税款的比例。

39.第39行“合并纳税企业就地预缴的所得税额”:填报合并纳税的成员企业已在月(季)度累计预缴的所得税款。

40.第40行“本年应补(退)的所得税额”:填报纳税人当期应补(退)的所得税额。

41.第41行“以前年度多缴的所得税在本年抵减额”:填报纳税人以前纳税年度汇算清缴多缴的税款尚未办理退税、并在本纳税年度抵缴的所得税额。

42.第42行“以前年度应缴未缴在本年入库所得额”:填报纳税人以前纳税年度损益调整税款、上一纳税年度第四季度预缴税款和汇算清缴的税款,在本纳税年度入库所得税额。

第三节　企业所得税的会计处理

一、相关概念

(一)计税基础

1.资产的计税基础

资产的计税基础是指企业收回资产账面价值过程中,计算应纳税所得额时按照税法规定可以自应税经济利益中抵扣的金额。通常情况下,资产取得时其入账价值与计税基础是相同的,后续计量可能因会计准则规定与税法规定不同,造成账面价值与计税基础之间的差异。

资产的计税基础示例:

(1)固定资产

固定资产账面价值＝实际成本－累计折旧－减值准备

计税基础＝实际成本－累计折旧

【例6-3】 某项设备原价500万元，会计处理按直线法计提折旧，计税采用双倍余额递减法计提折旧，均忽略残值。固定资产预计使用寿命为10年。

该项固定资产投入使用后第二年末(已计提50万元减值准备)：

账面价值＝500－50－50－50＝350(万元)

计税基础＝500－100－80＝320(万元)

(2)无形资产

使用寿命确定的无形资产账面价值＝实际成本－累计摊销－减值准备

使用寿命不确定的无形资产账面价值＝实际成本－减值准备

计税基础＝实际成本－累计摊销

【例6-4】 某项无形资产实际成本为200万元，因使用寿命无法确定，会计核算中不予摊销。计税时按10年摊销。

该项无形资产使用后第一年末：

账面价值＝200(万元)　　计税基础＝180(万元)

(3)交易性金融资产

交易性金融资产是指公允价值与账面价值的差额。

【例6-5】 企业以400万元买入交易性金融资产，期末市价为460万元。

该项交易性金融资产：

账面价值＝460(万元)　　计税基础＝400(万元)

2.负债的计税基础

负债的计税基础是指负债的账面价值减去未来期间计算应纳税所

得额时按照税法规定可予抵扣的金额。

【例 6-6】 企业的流动负债包括因违法经营被处以的 1 000 元应付罚款，计税时，罚款不可抵扣。应计罚款：

账面价值＝1 000（元）

计税基础＝1 000－0＝1 000（元）

【例 6-7】 某企业 20×4 年预计了 200 万元产品保修费用。保修费用的实际支付发生于 20×5 年，保修费用实际支付时允许在税前扣除。

预计负债：

账面价值＝200（万元）　　计税基础＝200－200＝0

（二）暂时性差异

暂时性差异是指资产或负债的账面价值与其计税基础之间的差额；未作为资产和负债确认的项目，按照税法规定可以确定其计税基础的，该计税基础与其账面价值之间的差异也属于暂时性差异。

暂时性差异分为应纳税暂时性差异和可抵扣暂时性差异，划分依据是其对未来期间应税金额的影响。

1. 应纳税暂时性差异

应纳税暂时性差异是指在确定未来收回资产或清偿负债期间的应纳税所得额时，将导致产生应税金额的暂时性差异。资产的账面价值大于其计税基础，或者负债的账面价值小于其计税基础，都会产生应纳税暂时性差异。

应纳税暂时性差异示例：

（1）企业的固定资产成本为 300 万元，账面价值为 200 万元。计税累计折旧为 180 万元，该项固定资产的计税基础为 120 万元。为收回账面金额，企业必须赚得应税收益 200 万元，但只能抵扣计税折旧 120 万元。如果税率为 25%，当企业收回该资产账面金额时，应支付所得税 20 万元(80×25%)。因此,账面金额 200 万元与计税基础 120 万元之间的差额 80 万元为应纳税暂时性差异。

(2)某企业拥有一项交易性金融资产,成本为 500 万元,期末公允价值为 750 万元。按照企业会计准则,交易性金融资产期末按公允价值计价,但依照税法,交易性金融资产持有期间,其公允价值的变动不计入应纳税所得额,即其计税基础不变。该项交易性金融资产账面价值大于计税基础的金额 250 万元为应纳税暂时性差异。

2. 可抵扣暂时性差异

可抵扣暂时性差异是指在确定未来收回资产或清偿负债期间的应纳税所得额时,将导致产生可抵扣金额的暂时性差异。资产的账面价值小于其计税基础或者负债的账面价值大于其计税基础的,产生可抵扣暂时性差异。

可抵扣暂时性差异示例:

企业将产品保修费用 100 000 元确认为负债,计入当期损益。产品保修费用于实际支付时才能抵扣应纳税所得额。该项预计负债的计税基础是 0。在以账面金额清偿该负债时,企业的未来应纳税所得额减少100 000元,如果税率为 25%,相应减少未来所得税支出 25 000 元。账面金额与计税基础之间的差额 100 000 元是一项可抵扣暂时性差异。

当收益或费用被包含在某一期间的会计利润中,但被包含在另一期间的应税利润中时,所产生的暂时性差异通常称为时间性差异。所有的时间性差异都是暂时性差异,但并非所有的暂时性差异都是时间性差异。暂时性差异还包括因对资产或负债进行直接调整而产生账面价值与计税基础不一致的非时间性差异。比如,按购买法对企业合并进行会计处理,要求按被并购企业可辨认净资产的公允价值计价,而税法规定按账面价值计算,从而产生暂时性差异,但此暂时性差异并非时间性差异。时间性差异有以下类型:

(1)时间性差异——会计收益大于应税收益

①某些收入包括在会计收益中的期间早于其包括在应税收益中的期间,产生时间性差异。如企业进行长期股权投资,并能够对被投资单

位实施重大影响,应采用权益法进行会计核算。对被投资单位当年实现的净利润,投资企业按企业所持表决权资本比例确认当期投资收益,是权益法核算的要点之一。但根据我国税法规定,不论企业采用何种方法进行投资核算,只有在被投资企业实际作利润分配账务处理时,投资企业才确认投资所得的实现。

②某些费用包括在会计收益中的期间迟于其包括在应税收益中的期间,产生时间性差异。我国税法规定,纳税人可扣除的固定资产折旧,采用直线折旧法,但对促进科技进步、环境保护和国家鼓励投资的关键设备等,纳税人申报纳税时,可自主选择采用加速折旧法,并报主管税务机关备案。如果企业报税时采用加速折旧法,进行会计核算时采用直线法,在固定资产使用的前期,计算会计收益时扣减的折旧费用,会小于计算应纳税所得额时扣减的折旧费用。

(2)时间性差异——会计收益小于应税收益

①某些收入包括在会计收益中的期间迟于包括在应税收益中的期间,产生时间性差异。如提前收取的租金、利息、使用费在收到时就计税,但财务会计将其确认为负债,在以后提供商品或劳务时才确认为收入。

②某些费用包括在会计收益中的期间早于其包括在应税收益中的期间,产生时间性差异。如产品质量担保费用,财务会计在销售商品时将其确认为费用,但只有在实际发生时产品质量担保费用才可在计算应纳税所得额时作为费用扣除。

思　考

你能从暂时性差异的定义出发,解释上述时间性差异吗?

(三)递延所得税资产和递延所得税负债

递延所得税资产是指根据以下各项计算的未来期间可收回的所得税金额:

1.可抵扣暂时性差异;

2.未利用的可抵扣亏损结转后期；

3.未利用的税款抵减结转后期。

递延所得税负债是指根据应纳税暂时性差异计算的未来期间应付的所得税金额。

二、递延所得税资产确认

1.同时具有下列特征的交易中因资产或负债的初始确认产生的递延所得税资产不予确认：

(1)该项交易不是企业合并；

(2)交易发生时既不影响会计利润，也不影响应纳税所得额(可抵扣亏损)。

2.企业应以未来期间很可能取得用来抵扣可抵扣暂时性差异的应纳税所得额为限，确认由可抵扣暂时性差异产生的递延所得税资产。可抵扣暂时性差异的转回会在未来期间抵扣应税利润。但只有在企业很可能获得能利用可抵扣暂时性差异的应纳税所得额，即与可抵扣暂时性差异相关的经济利益可以实现时，才能确认递延所得税资产。在这里，应纳税所得额是指未来期间企业正常生产经营活动实现的应纳税所得额，以及因应纳税暂时性差异在未来期间转回相应增加的应税所得。

3.企业对于能够结转以后年度的可抵扣亏损和税款抵减，应以很可能获得用来抵扣可抵扣亏损和税款抵减的未来应纳税所得额为限，确认相应的递延所得税资产。企业估计获得足够的，可以利用尚未抵扣亏损和税款递减的应税利润的可能性时，可考虑以下标准：

(1)在尚可抵扣的亏损和税款抵减逾期前，企业是否很可能获得应税利润；

(2)尚可抵扣的亏损是否由不大可能再出现的可辨明原因形成；

(3)企业是否在尚可抵扣的亏损和税款递减向后期结转逾期前的特定期间，为增加应税利润有所安排。

三、递延所得税负债确认

企业按照应纳税暂时性差异与适用所得税税率计算的结果，确认递延所得税负债。但下列交易产生的递延所得税负债除外：

1. 商誉的初始确认。

2. 同时具有下列特征的交易中产生的资产或负债的初始确认：

(1)该交易不是企业合并。

(2)交易发生时既不影响会计利润，也不影响应纳税所的得额(可抵扣亏损)。

【例 6-8】 某企业 12 月 31 日资产负债表有关项目账面价值及其计税基础如下：

单位：万元

	项　目	账面价值	计税基础
1	交易性金融资产	2 500	2 000
2	预计负债	200	0

交易性金融资产账面价值大于计税基础，产生应纳税暂时性差异。

递延所得税负债＝500×25％＝125(万元)

负债账面价值大于计税基础，产生可抵扣暂时性差异。如果该企业预计在未来期间能够产生足够的应纳税所得额，应确认递延所得税资产，即 200×25％＝50(万元)。

四、对子公司、联营公司和合营企业投资相关的暂时性差异纳税影响的确认

由于子公司、联营公司及合营企业存在未分配利润、投资发生减值等原因，对子公司、联营公司和合营企业投资的账面价值与其计税基础不一致，从而产生暂时性差异。

企业对与子公司、联营公司和合营企业投资相关的应纳税暂时性

差异，应当确认相应的递延所得税负债，但同时满足下列条件的除外：

1. 投资企业能够控制暂时性差异转回的时间。

2. 该暂时性差异在可预见的未来很可能不会转回。

企业对与子公司、联营公司和合营企业投资相关的可抵扣暂时性差异，同时满足下列条件的，应当确认相应的递延所得税资产：

1. 该暂时性差异在可预见的未来很可能转回。

2. 未来期间很可能取得用来抵扣可抵扣暂时性差异应纳税所得额。

五、递延所得税资产与递延所得税负债计量

1. 资产负债表日，对于递延所得税资产和递延所得税负债，应根据税法规定，按照预期收回该资产或清偿该负债期间的适用税率计量。适用税率发生变化的，应对已确认的递延所得税资产和递延所得税负债进行重新计量，除直接在所有者权益中确认的交易或事项产生的递延所得税资产与递延所得税负债外，应将其变化数计入变化当期的所得税费用。

2. 递延所得税资产与递延所得税负债计量，应当反映资产负债表日企业预期收回资产或清偿负债方式的所得税影响，即在计量递延所得税资产与递延所得税负债时，应当采用与收回资产或清偿负债相一致的税率和计谁基础。

3. 企业不应对递延所得税资产和递延所得税负债进行折现。

六、资产负债表债务法

资产负债表法以资产负债表为重心，注重暂时性差异。采用资产负债表法，核算时对资产负债表项目直接确认，对利润表项目则间接确认。

(一)资产负债表债务法下所得税费用计算

企业一般应在资产负债表日，确定资产负债表中除递延所得税资产和递延所得税负债之外的其他资产、负债的账面价值，并将资产、负债的账面价值与其计税基础进行比较，根据暂时性差异的性质，结合递

延所得税资产、递延所得税负债期初余额，确定当期应予确认的递延所得税资产或递延所得税负债；最后通过倒轧的方法计算所得税费用。

所得税费用计算公式为：

当期所得税费用＝当期应纳税所得额×税率
＋(期末递延所得税负债－期初递延所得税负债)
－(期末递延所得税资产－期初递延所得税资产)

(二)资产负债表日资产负债表法账务处理

1.资产负债表日，企业按照税法计算确定当期应交所得税，借记“所得税费用——当期所得税费用”账户，贷记“应交税费——应交所得税”账户。

2 资产负债表日，根据递延所得税资产的应有余额大于“递延所得税资产”账面余额的差额，借记“递延所得税资产”账户，贷记“所得税费用——递延所得税费用”、“资本公积——其他资本公积”等账户；递延所得税资产的应有余额小于“递延所得税资产”账户余额的差额，做相反分录。

3.本期应予确认的递延所得税负债大于其账面余额的，借记“所得税费用——递延所得税费用”、“资本公积——其他资本公积”等账户，贷记“递延所得税负债”账户；应予确认的递延所得税负债小于其账面余额的，做相反的会计分录。

【例 6-9】 第 1 年 12 月 25 日，甲企业购入价值 100 000 元不需要安装的设备，该设备预计使用年限为 4 年，会计核算采用直线法计提折旧。计税采用年数总和法计提折旧，预计使用年限仍为 4 年，均忽略残值。为简化起见，假定该企业每年利润均为 100 000 元，无其他纳税调整项目。所得税税率为 25%。

第 2 年，会计核算中计提折旧 25 000 元(100 000÷4)，设备账面价值为 75 000 元(100 000－25 000)；计税时计提折旧 40 000 元(100 000×4÷10)，设备的计税基础为 60 000 元(100 000－40 000)。设备的账面价值与计税基础之间的差额 15 000 元为应纳税暂时性差异，应确认递延所得税负债 3 750 元(15 000×25%)。

应纳企业所得税＝[100 000－(40 000－25 000)]×25％
＝21 250(元)

借:所得税费用　　25 000
　贷:应交税费——应交所得税　　21 250
　　递延所得税负债　　3 750

第3年,会计上计提折旧25 000元,设备的账面价值为50 000元,计税时计提折旧30 000元(100 000×3÷10),设备的计税基础为30 000元(60 000－30 000)。设备的账面价值与计税基础之间的差异为20 000元(50 000－30 000)为累计应确认的应纳税暂时性差异。第3年底,应保留的递延所得税负债余额为5 000元(20 000×25％),年初余额为3 750元,应再确认递延所得税负债1 250元。

应纳企业所得税＝[100 000－(30 000－25 000)]×25％
＝23 750(元)

借:所得税费用　　25 000
　贷:应交税费——应交所得税　　23 750
　　递延所得税负债　　1 250

第4年,会计上计提折旧25 000元,设备账面价值25 000元,计税时计提折旧20 000元(10 000×2÷10)设备的计税基础为10 000元(30 000－20 000)。设备的账面价值与计税基础之间的差额15 000元为累计应确认的应纳税暂时性差异。第4年底,应保留的递延所得税负债为3 750元,年初余额为5 000元,应转回递延所得税负债1 250元。

应纳所得税＝[100 000＋ (25 000－20 000)]×25％＝26 250(元)

借:所得税费用　　25 000
　递延所得税负债　　1 250
　贷:应交税费——应交所得税　　26 250

第5年,会计上计提折旧25 000元,设备账面价值为0,计税时计提折旧10 000元(10 0000×1÷10),设备的计税基础为0。设备的账面价值与计税基础之间的差额为0,第5年底应保留的递延所得税负债余额为0。年初递延所得税负债余额为3 750元,应转回递延所得税负债 3 750 元。

应纳企业所得税=[100 000+(25 000−10 000)]×25%
=28 750(元)

借:所得税费用　　25 000
　递延所得税负债　　3 750
　贷:应交税费——应交所得税　　28 750

【例 6-10】 某企业某年 12 月 31 日资产负债表部分项目金额如下(单位:万元):

项　目	账面价值	计税基础	差　异	
			应纳税暂时性差异	可抵扣暂时性差异
交易性金融资产	130	100	30	
存货	1 000	1 100		100
预计负债	50	0		50
合　计	1 180	1 200	30	150

该企业适用税率为 25%。当年应纳税所得额为 1 000 万元。预计该企业会持续盈利,能够获得足够的应纳税所得额。

递延所得税资产=150×25%=37.5(万元)

递延所得税负债=30×25%=7.5(万元)

借:所得税费用　　2 200 000
　递延所得税资产　　375 000
　贷:应交税费——应交所得税　　2 500 000
　　递延所得税负债　　75 000

下一年度:

项 目	账面价值	计税基础	差 异	
			应纳税暂时性差异	可抵扣暂时性差异
交易性金融资产	140	190		50
存货	1300	1300		
预计负债	30	0		30
无形资产	100	0	100	
合 计			100	80

期末应纳税暂时性差异为 100 万元

期末递延所得税负债　　100×25%＝25(万元)

期初递延所得税负债　　7.5(万元)

本期确认递延所得税负债　　17.5(万元)

期末递延所得税资产　　80×25%＝20(万元)

期初递延所得税资产　　37.5(万元)

应转回递延所得税资产　　17.5(万元)

假设下年该企业应税所得为 2000 万元：

借:所得税费用　　5 350 000

　贷:递延所得税负债　　175 000

　　递延所得税资产　　175 000

　　应交税费——应交所得税　　5 000 000

【例 6-11】 第 1 至第 3 年间,某企业每年的应纳税所得额分别为－100 万元、40 万元、20 万元、50 万元,适用税率为 25%。企业在第 1 年已经预计到其未来能够获得足够的,可以利用尚未抵扣亏损的应税利润。

第 1 年：

借:递延所得税资产　　250 000

　贷:所得税费用　　250 000

第 2 年：

借：所得税费用　　100 000
　贷：递延所得税资产　　100 000

第 3 年：

借：所得税费用　　50 000
　贷：递延所得税资产　　50 000

第 4 年：

借：所得税费用　　125 000
　贷：递延所得税资产　　100 000
　　应交税费——应交所得税　　25 000

（三）特殊事项处理

1. 债务重组

（1）以现金、非现金资产以及债务转换为资本的方式清偿债务

企业会计准则规定，债务人以现金、非现金资产以及债务转换为资本的方式清偿债务，债务人应当将重组债务的账面价值与实际支付的现金之间的差额、与转让的非现金资产公允价值之间的差额、与股份的公允价值之间的差额，分别确认为债务重组利得，计入当期损益；债权人应当将重组债权的账面余额与收到的现金之间的差额、与接受的非现金资产的公允价值之间的差额、与股份的公允价值之间的差额，分别确认为债务重组损失，计入当期损益。

依照相关税收法规，以低于债务计税成本的现金、非现金资产以及债务转换为资本的方式偿还债务的，债务人应当将重组债务的计税成本与支付的现金金额或者非现金资产的公允价值（包括与转让非现金资产相关的税费）或者债权人因放弃债权而享有的股权的公允价值的差额，确认为债务重组所得，计入当期应纳税所得额；债权人应当将重组债权的计税成本与收到的现金或者非现金资产的公允价值或者享有的股权的公允价值之间的差额，确认为当期的债务重组损失，冲减应纳税所得额。

由此看出，以上述几种方式清偿债务，会计与税法的处理基本

一致。

(2)以修改其他债务条件的方式清偿债务

企业会计准则规定,以修改其他债务条件的方式清偿债务,债务人应当将修改其他债务条件后债务的公允价值作为重组后债务的入账价值。重组债务的账面价值与重组后债务的入账价值之间的差额,确认为债务重组利得。如涉及或有应付金额,且该或有应付金额符合有关预计负债确认条件的,债务人应当将该或有应付金额确认为预计负债。重组债务的账面价值和重组后债务的入账价值与预计负债金额之和的差额,确认为债务重组利得。债权人应当将修改其他债务条件后的债权的公允价值作为重组后债权的账面价值,重组债权的账面余额与重组后债权的账面价值之间的差额,确认为债务重组损失。如涉及或有应收金额的,债权人不应当确认或有应收金额,不得将其计入重组后债权的账面价值。

依照相关税收法规,以修改其他债务条件进行债务重组的,债务人应当将重组债务的计税成本减记至将来应付金额,减记的金额确认为当期的债务重组所得;债权人应当将债权的计税成本减记至将来的应收金额,减记的金额确认为当期的债务重组损失。

由上看出,如果不涉及或有应付,对于以修改其他债务条件的方式进行的债务重组,会计准则与税收法规的规定基本相同。但涉及或有应付金额时,按照会计准则的规定,或有应付金额在符合有关条件时应当确认为预计负债,债务重组利得为重组债务的账面价值和重组后债务的入账价值与预计负债金额之和的差额;但由于或有应付金额不一定必然发生,其金额也是事先预计的,因此,企业在计算应纳税所得额时,债务重组所得时不得减除预计负债。

【例 6-12】 甲企业欠乙企业购货款 200 000 元,于 2007 年 12 月 5 日到期。由于甲企业现金流量严重不足,未能及时清偿欠款。12 月 10 日,两企业进行协商,乙企业同意减免债务本金 100 000 元,并将还款期限延长至 2008 年 12 月 31 日,双方还约定如果甲企业 2008 年盈利

的话，还款时加收利息 30 000 元。2007 年底，甲企业根据其生产经营情况认为，出现资金困难的情况只是暂时的，有足够的证据表明 2008 年将实现盈利。因此，甲企业确认了这项预计负债 30 000 元。

借：应付账款——乙企业　　　200 000
　贷：应付账款——债务重组　　　100 000
　　　预计负债　　　30 000
　　　营业外收入——债务重组收益　　　70 000

税法不允许扣除或有应付金额，计税时应确认债务重组所得 100 000 元(200 000－100 000)，比会计处理多计所得 30 000 元(100 000－70 000)。因此，甲企业在申报 2007 年企业所得税时，应纳税所得额应在会计利润基础上调增 30 000 元。预计负债账面余额为 30 000，计税时或有应付金额在实际发生时扣除，预计负债的计税基础为 0，产生可抵扣暂时性差异 30 000 元。

---

2. 非货币性资产交换

依照企业会计准则，对于非货币性资产交换，采用账面价值还是公允价值计价，关键在于对非货币性资产交换是否具有商业实质的判断。非货币性资产交换如果具有商业实质，且换入资产或换出资产的公允价值能够可靠地计量，应当以公允价值和应支付的相关税费作为换入资产的成本，公允价值与换出资产账面价值的差额计入当期损益；如果非货币性资产交换不能同时符合具有商业实质和换入资产或换出资产的公允价值能够可靠计量条件的，应当以换出资产的账面价值和应支付的相关税费作为换入资产的成本，不确认损益。

按照相关税法的规定，以非货币性资产换取其他非货币性资产，实际上是一种有偿出让资产的行为，只不过换取的不是货币，而是货物或其他经济利益，应将非货币性资产交换分解为出售或转让持有的非货币性资产和购置新的非货币性资产两项经济业务进行税务处理，分别计算缴纳所得税。

由此可见，对于非货币性资产交换，如果交换具有商业实质，且换入资产或换出资产的公允价值能够可靠计量，会计与税务处理一致，均以公允价值和应支付的相关税费作为换入资产的成本，公允价值与换出资产账面价值的差额确认为当期损益或所得；如果交换未同时符合具有商业实质、换入资产或换出资产的公允价值能够可靠计量条件的，会计与税务处理存在明显的差异：会计上不确认损益，以换出资产的账面价值和应支付的相关税费作为换入资产的成本，而税务处理上仍应按照换出资产的公允价值与账面价值的差额确认财产转让所得或损失，并以换入资产的公允价值确认其入账价值。

【例 6-13】 甲公司和乙公司均为增值税一般纳税人。2006 年 9 月，甲公司以其生产的 A 产品与乙公司的 B 商品进行交换，双方对换入的资产均作为库存商品核算，并取得对方开具的增值税专用发票。A 产品的账面价值为 80 000 元，公允价值 120 000 元。B 商品的账面价值为 140 000 元，公允价值为 120 000 元。

假设上述交易不具有商业实质，甲、乙公司未对换入、换出的资产计提减值准备，上述业务过程中不考虑城建税、教育费附加等因素。

甲公司的会计与税务处理：甲公司用 A 产品换入 B 商品。应作为销售计算增值税销项税额＝120 000×17%＝20 400（元）。因交换不具有商业实质，会计上不确认收益。

借：库存商品——B 商品　　80 000
　　应交税费——应交增值税（进项税额）　　20 400
　贷：库存商品——A 产品　　80 000
　　　应交税费——应交增值税（销项税额）　　20 400

会计上对上述交易不确认收益，而计税时确认收入 120 000 元，成本 80 000 元，即确认交换所得 40 000 元。因此，甲公司在申报 2006 年企业所得税时，应纳税所得额应在会计利润基础上调增 40 000 元。

此时，换入 B 商品的账面价值是 80 000 元，计税基础（成本）是 120 000 元，两者之间的差额属于可抵扣暂时性差异。如果甲公司有确凿证据表明未来期间很可能获得足够的应纳税所得额用来抵扣可抵扣暂时性差异，这时应当确认递延所得税资产10 000元[(120 000－80 000)×25%]。

七、利润表债务法

利润表债务法注重时间性差异。采用利润表债务法，以税前会计利润调整永久性差异后的金额为基础计算的所得税费用与应缴所得税之间的差额，计入“递延税款”账户。前期确认的递延税款在本期转回时，如为借方余额转回，应借记“所得税费用”，贷记“递延税款”账户，如为贷方余额转回，应借记“递延税款”账户，贷记“所得税费用”账户。“递延税款”账户还反映税率变动时对“递延税款”的调整数。

【例6-14】 某企业在会计核算和计税时，均采用直线法计提折旧。某项设备原价500万元，企业在会计核算时选择的折旧年限为5年，而税法规定的折旧年限为10年，折旧中均不考虑净残值因素。设第1年至第5年企业每年实现利润为1 000万元，从第6年起，由于会计核算中对该项固定资产计提折旧的年限已满，不再计提折旧，其他条件不变，所以每年实现利润为1 100万元。该企业前3年的所得税率为33%，第4年起提高为25%。

依照税法对该项固定资产按10年计提折旧，每年应提折旧额为50万元，会计上按5年计提折旧，每年折旧额为100万元，各年暂时性差异为50万元。

第1、2、3年：

借：所得税费用　　3 300 000
　　递延税款　　165 000
　贷：应交税费——应交所得税　　3 465 000

第4年，税率发生变动：

①按会计收益计算的所得税＝1 000×25%＝250(万元)

按应纳税所得额计算的所得税＝(1 000＋50)×25%
＝262.5(万元)

借：所得税费用　　2 500 000

递延税款　　125 000

贷：应交税费——应交所得税　　2 625 000

暂时性差异的纳税影响金额＝应缴所得税－所得税费用

＝125 000(元)

②调整前3年递延税款：

调整金额＝50×3×(25％－33％)＝－12(万元)

借：所得税费用　　120 000

贷：递延税款　　120 000

第5年：

借：所得税费用　　250 000

递延税款　　125 000

贷：应交税费——应交所得税　　2 625 000

第6年，会计收益为1 100万元，按25％税率进行所得税核算：

借：所得税费用　　2 750 000

贷：应交税费——应交所得税　　2 625 000

递延税款　　125 000

第7、8、9、10年同上。

思　考

资产负债表债务法与利润表债务法的差异。

第四节　个人所得税的会计处理

一、个人所得税的基本规定

(一)个人所得税纳税人

个人所得税是对个人(自然人)取得的各项应税所得征收的一种税。它能够促进资源的有效配置及社会公平目标的实现。我国在税收管辖权上同时使用属人和属地原则，依据住所和居住时间标准将纳税义务人区分为居民纳税人和非居民纳税人，分别承担不同的纳税义务。

1.居民纳税人

居民纳税人是指在中国境内有住所，或者在中国境内无住所而在境内居住满一年的个人。在中国境内有住所的个人，是指因户籍、家庭、经济利益关系而在中国境内习惯性居住的个人。习惯性居住是在税收上判断居民和非居民的法律意义上的标准。它是指个人因学习、探亲和工作等原因消除后，没有理由在其他地方继续居留时，所要回到的地方，而不是指实际居住或在某一特定时期的居住地。在境内居住满一年，是指在一个纳税年度中在中国境内居住365日。在一个纳税年度中一次不超过30日或者多次累计不超过90日的离境，为临时离境，不扣减日数。

我国税法规定，凡是中国的居民纳税人，应就其来源于中国境内和境外的所得，向我国政府履行全面纳税义务，依法缴纳个人所得税。

2.非居民纳税人

非居民纳税人是不符合居民纳税人判定标准的纳税人。非居民纳税义务人承担有限纳税义务，仅就其来源于中国境内的所得向中国缴纳所得税。

在中国境内无住所又不居住或者无住所而在境内居住不满一年的个人，应就其从中国境内取得的所得，缴纳个人所得税。

(二)个人所得税应税所得项目

下列各项个人所得，应纳个人所得税：

1.工资、薪金所得，指个人因任职或者受雇而取得的工资、薪金、年终加薪、劳动分红、津贴以及与任职或受雇有关的其他所得。

2.个体工商户的生产、经营所得。

3.对企事业单位的承包经营、承租经营所得，指个人承包经营、承租经营以及转包、转租取得的所得，包括个人按月或按次取得的工资、薪金性质的所得。

4.劳务报酬所得，是指个人从事设计、装潢、安装、制图、化验、测试、医疗、法律、会计、咨询、讲学、新闻、广播、翻译、审稿、书画、雕刻、影视、录音、录像、演出、表演、广告、展览、技术服务、介绍服务、经纪服务、代办服务以及其他劳务取得的所得。

5. 稿酬所得。

6. 特许权使用费所得，指个人提供专利权、商标权、著作权、非专利技术以及其他特许权的使用权取得的所得；提供著作权的使用权取得的所得，不包括稿酬所得。

7. 利息、股息、红利所得，是指个人拥有债权、股权而取得的利息、股息、红利所得。

8. 财产租赁所得，指个人出租建筑物、土地使用权、机器设备、车船以及其他财产取得的所得。

9. 财产转让所得，指个人转让有价证券、股权、建筑物、土地使用权、机器设备、车船以及其他财产取得的所得。

10. 偶然所得，指个人得奖、中奖、中彩以及其他偶然性质的所得。

11. 经国务院财政部门确定征税的其他所得。

（三）应纳税所得额的计算

1. 工资、薪金所得，以每月收入额减除费用 3 500 元后的余额为应纳税所得额。

2. 个体工商户生产、经营所得，以每一纳税年度的收入总额，减除成本、费用以及损失后的余额，为应纳税所得额。

3. 对企事业单位的承包经营、承租经营所得，以每一纳税年度的收入总额，减除必要费用后的余额，为应纳税所得额。

4. 稿酬所得、劳务报酬所得、特许权使用费所得、财产租赁所得，每次收入不超过 4 000 元的，减除费用 800 元，每次收入在 4 000 元以上的，减除 20％的费用，其余额为应纳税所得额。

5. 财产转让所得，以转让收入减除财产原值和合理费用后的余额，为应纳税所得额。

6. 利息、股息、红利所得、偶然所得和其他所得，以每次收入额为应纳税所得额。

个人通过社会团体、国家机关向公益事业的捐赠支出，按照现行税收法律、行政法规及相关政策规定准予在所得税税前扣除。

对在中国境内无住所而在中国境内取得工资、薪金所得的纳税义务人和在中国境内有住所而在中国境外取得工资的纳税义务人，可根据其平均收入水平、生活水平以及汇率变化情况确定附加减除费用，附加减除费用适用的范围和标准由国务院规定。

（四）个人所得税税率

国际上通常将个人所得税制分为三类，即分类所得税制、综合所得税制和混合所得税制。分类所得税制是指对每一纳税人不同性质所得来源，分别规定不同的税率征税。综合所得税制是指对同一纳税人的各种不同所得，按统一的税率综合计征个人所得税，而不论所得的来源如何。混合所得税制是上述两种所得税制度的结合。我国现行的所得税是分类所得税制。个人所得税实行分类税率，即对不同的所得项目，分别采用超额累进税率和比例税率两种形式。

1. 工资、薪金所得，适用超额累进税率，税率为5%～45%（税率见表6-4）。

表6-4　个人所得税税率表（工资、薪金所得适用）

级　数	全月应纳税所得额	税率(%)
1	不超过1 500元的	3
2	超过1 500元至4 500元的部分	10
3	超过4 500元至9 000元的部分	20
4	超过9 000元至35 000元的部分	25
5	超过35 000元至55 000元的部分	30
6	超过55 000元至80 000元的部分	35
7	超过80 000元的部分	40

注：本表所称全月应纳税所得额是指依照税法规定，以每月收入额减除费用3 500元后的余额以及附加减除费用后的余额。

2. 个体工商户生产、经营所得和对企事业单位的承包经营、承租经营所得，适用5%～35%的超额累进税率（税率见表6-5）。

表 6-5 个人所得税税率表

（适用于个体工商户生产、经营所得和对企事业单位的承包经营、承租经营所得）

级 数	全年应纳税所得额	税率(%)
1	不超过 15 000 元的	5
2	超过 15 000 元至 30 000 元的部分	10
3	超过 30 000 元至 60 000 元的部分	20
4	超过 60 000 元至 100 000 元的部分	30
5	超过 100 000 元的部分	35

注:本表所称全年应纳税所得额,是指以每一纳税年度的收入总额减除成本、费用以及损失后的余额。

3. 稿酬所得,适用比例税率,税率为 20%,并按应纳税额减征 30%,故其实际税率为 14%。

4. 劳务报酬所得,适用比例税率,税率为 20%。对劳务报酬所得一次收入畸高的,即个人一次取得劳务报酬,其应纳税所得额超过 20 000元,超过 20 000～50 000 的部分,依照税法规定计算应纳税额后加征五成;超过 50 000 元部分,加征十成。因此,劳务报酬所得实际上适用 20%、30%、40%的三级超额累进税率。税率见表 6-6。

表 6-6 劳务报酬所得个人所得税税率表

级 数	每次应纳税所得额	税率(%)
1	不超过 20 000 元的部分	20
2	超过 20 000～50 000 元的部分	30
3	超过 50 000 元的部分	40

5. 特许权使用费所得,利息、股息、红利所得,财产租赁所得,财产转让所得,偶然所得和其他所得,适用比例税率,税率为 20%。

（五）个人所得税减免

根据现行个人所得税法规,下列各项个人所得,免征个人所得税:

1. 省级人民政府、国务院部委和中国人民解放军军以上单位,以及外国组织、国际组织颁发的科学、教育、技术、文化、卫生、体育、环境保护等方面的奖金;

2. 国债和国家发行的金融债券利息。国债利息是指个人持有中华人民共和国财政部发行的债券而取得的利息所得。国家发行的金融债券利息是指个人持有经国务院批准发行的金融债券而取得的利息所得。

3.按照国家统一规定发给的补贴、津贴。按照国家统一规定发给的补贴、津贴,是指按照国务院规定发给的政府特殊津贴和国务院规定免纳个人所得税的补贴、津贴。

4.福利费、抚恤金、救济金。福利费是指根据国家有关规定,从企业、事业单位、国家机关、社会团体提留的福利费或者工会经费中支付给个人的生活补助费;所说的救济金,是指国家民政部门支付给个人的生活困难补助费。

5.保险赔款。

6.军人的转业费、复员费。

7.按照国家统一规定发给干部、职工的安家费、退职费、退休工资、离休工资、离休生活补助费。

8.依照我国有关法律规定应予免税的各国驻华使馆、领事馆的外交代表、领事官员和其他人员的所得。依照我国法律规定应予免税的各国驻华使馆、领事馆的外交代表、领事官员和其他人员的所得,是指依照《中华人民共和国外交特权与豁免条例》和《中华人民共和国领事特权与豁免条例》规定免税的所得。

9.中国政府参加的国际公约、签订的协议中规定免税的所得。

10.储蓄存款自 2008 年 10 月 9 日起孳生的利息,暂免缴纳个人所得税。

11.经国务院财政部门批准免税的所得。

(六)个人所得税的代扣代缴

代扣代缴,是指按照税法规定负有税款扣缴业务的单位或个人,在向个人支付应纳税所得时,应计算应纳税额,从其所得中扣除并缴入国库。支付个人应纳税所得的企业、事业单位、机关、社团组织、军队、驻华机构等单位或者个人,为个人所得税的扣缴义务人。个人所得税代扣代缴有利于控制税源。

扣缴义务人向个人支付下列所得,应代扣代缴个人所得税包括:工资薪金所得，对企、事业单位的承包经营、承租经营所得，劳务报酬所得，稿酬所得，利息、股息、红利所得，财产租赁所得，偶然所得，经国务院财政部门确定征税的其他所得。

扣缴义务人每月所扣的税款应当在次月 15 日内缴入国库，并向税务机关报送纳税申报表。

工资、薪金所得应纳的税款，按月计征，由扣缴义务人在次月 15 日内缴入国库，并向税务机关报送纳税申报表。特定行业的工资、薪金所得应纳的税款，可以实行按年计算、分月预缴的方式计征，具体办法由国务院规定。

二、独资企业、合伙企业个人所得税

(一)独资企业、合伙企业个人所得税纳税人

依照关于个人独资企业和合伙企业投资者征收个人所得税的规定，个人独资企业以投资者为纳税人，合伙企业以每一个合伙人为纳税人。

(二)查账征收应纳税额计算

对个人独资企业和合伙企业生产经营所得，其个人所得税应纳税额的计算有查账征收和核定征收两种方法。

采用查账征收方法，个人独资和合伙企业的应纳税所得额，等于每一纳税年度的收入总额减除成本、费用以及损失后的余额。

1. 收入总额。收入总额是指企业从事生产经营以及与生产经营有关的活动所取得的各项收入，包括商品(产品)销售收入、营运收入、劳务服务收入、工程价款收入、财产出租或转让收入、利息收入、其他业务收入和营业外收入。

2. 扣除项目。实行查账征税办法的企业，有关项目的扣除应依照以下规定执行：

(1)企业向其从业人员实际支付的合理的工资、薪金支出，允许在税前据实扣除。

(2)投资者的费用扣除标准为 42 000 元/年(3 500 元/月)。

(3)投资者及其家庭发生的生活费用不得在税前扣除，若与生产经

营费用难以划分，则全部视为生活费用，不允许在税前扣除。

(4)生产及生活共用的固定资产难以划分的，由主管税务机关根据企业的具体情况，核定准予在税前扣除的折旧费用数额或比例。

(5)企业拨缴的工会经费、发生的职工福利费、职工教育经费支出分别在工资薪金总额2%、14%、2.5%的标准内据实扣除。

(6)企业每一纳税年度发生的广告费和业务宣传费用不超过当年销售(营业)收入15%的部分，可据实扣除；超过部分，准予在以后纳税年度结转扣除。

(7)企业每一纳税年度发生的与其生产经营业务直接相关的业务招待费支出，按照发生额的60%扣除，但最高不得超过当年销售(营业)收入的5‰。

(8)企业计提的各种准备金不得扣除。

(9)企业与其关联企业之间的业务往来，应当按照独立企业之间的业务往来收取或支付价款、费用。不按照独立企业之间的业务往来收取或支付价款、费用，而减少应纳税所得额的，税务机关有权进行合理调整。

3. 个人独资企业的投资者以全部生产经营所得为应纳税所得额；合伙企业的合伙人以合伙企业的生产经营所得和其他所得，按照合伙协议约定的分配比例确定应纳税所得额。合伙协议未约定或者约定不明确的，以全部生产经营所得和其他所得，按照合伙人协商决定的分配比例确定应纳税所得额，协商不成的，以全部生产经营所得和其他所得，按照合伙人实缴出资比例确定应纳税所得额。合伙企业的合伙人是法人和其他组织的，合伙人在计算其缴纳企业所得税时，不得用合伙企业的亏损抵减其盈利。

(三)核定征收应纳税额的计算

个人独资企业、合伙企业有下列情形之一的，主管税务机关应采取核定征收方式征收个人所得税，实行核定征税的投资者，不能享受个人所得税的优惠政策。

1. 企业依照国家有关规定应当设置但未设置账簿的。

2 企业虽设置账簿，但账目混乱或者成本资料、收入凭证、费用凭证残缺不全，难以查账的。

3. 纳税人发生纳税义务，未按照规定的期限办理纳税申报，经税务机关责令限期申报，逾期仍不申报的。

核定征收方式，包括定额征收、核定应税所得率征收以及其他合理的征收方式。

实行核定应税所得率征收方式的，应纳所得税额的计算公式如下：

应纳所得税额＝应纳税所得额×适用税率

应纳税所得额＝收入总额×应税所得率

或： 成本费用支出额/(1－应税所得率)×应税所得率

应税所得率应按表 6-7 规定的标准执行。

表 6-7 应税所得率表

行业	应税所得率(%)
工业，交通运输业，商业	5～20
建筑业，房地产开发业	7～20
饮食服务业	7～25
娱乐业	20～40
其他行业	10～30

企业经营多业的，无论其经营项目是否单独核算，均应根据其主营项目确定其适用的应税所得率。

（四）个人独资企业和合伙企业投资者个人所得税缴纳

个人独资企业和合伙企业的投资者应缴纳的个人所得税，按年计算，分月或者分季预缴，由投资者在每月或者每季度终了后 7 日内预缴，年度终了后 3 个月内汇算清缴，多退少补。

企业在年度中间合并、分立、终止时，投资者应当在停止生产经营之日起 60 日内，向主管税务机关办理当期个人所得税汇算清缴。企业在纳税年度的中间开业，或者由于合并、关闭等原因，使该纳税年度的实际经营期不足 12 个月的，应当以其实际经营期为一个纳税年度。

（五）个人独资企业和合伙企业投资者个人所得税申报

个人独资企业和合伙企业投资者，应向企业实际经营管理所在地主管税务机关申报缴纳个人所得税。投资者从合伙企业取得的生产经营所得，由合伙企业向企业实际经营管理所在地主管税务机关申报缴纳投资者应纳的个人所得税。

投资者在预缴个人所得税时，应向主管税务机关报送《个人独资企业和合伙企业投资者个人所得税申报表》，并附送会计报表。

年度终了后 30 日内，投资者应向主管税务机关报送《个人独资企业和合伙企业投资者个人所得税申报表》，并附送年度会计决算报表和预缴个人所得税纳税凭证。

投资者兴办两个或两个以上企业的，应分别向企业实际经营管理所在地主管税务机关预缴税款。年度终了后办理汇算清缴时，区别不同情况分别处理：

1. 投资者兴办的企业全部是个人独资性质的，分别向各企业的实际经营管理所在地主管税务机关办理年度纳税申报，并依所有企业的经营所得总额确定适用税率，以本企业的经营所得为基础，计算应缴税款，办理汇算清缴。

2. 投资者兴办的企业中含有合伙性质的，投资者应向经常居住地主管税务机关申报纳税，办理汇算清缴，但经常居住地与其兴办企业的经营管理所在地不一致的，应选定其参与兴办的某一合伙企业的经营管理所在地为办理年度汇算清缴所在地，并在 5 年内不得变更。5 年后需要变更的，须经原主管税务机关批准。

投资者兴办两个或两个以上企业的，向企业实际经营管理所在地主管税务机关办理年度纳税申报时，应附注从其他企业取得的年度应纳税所得额；其中含有合伙企业的，应报送汇总从所有企业取得的所得情况的《合伙企业投资者个人所得税汇总申报表》，同时附送所有企业的年度会计决算报表和当年度已缴个人所得税纳税凭证。

三、企业代扣代缴个人所得税的会计处理

(一)支付工资、薪金代扣代缴个人所得税

个人所得税应纳税额＝应纳税所得额×适用税率

支付工资薪金的单位在代扣代缴个人所得税时，应通过“应交税费——代扣代缴个人所得税”账户进行核算。代扣个人所得税时，借

记“应付职工薪酬”账户，贷记“应交税费——代扣代缴个人所得税”账户。

【例 6-15】　某公司应付职工赵某 8 月份工资 5 500 元，公司代扣代缴赵某个人所得税。

应纳税所得额＝5 500－3 500＝2 000(元)

应纳税额＝1 500×3％＋500×10％＝95(元)

代扣个人所得税：

借：应付职工薪酬　　95

　贷：应交税费——代扣代缴个人所得税　　95

承包人或承租人对被承包企业的经营成果不拥有所有权，只是按合同或协议规定取得所得的，其所得按照工资、薪金所得项目征税。承包、承租人向发包、出租方缴纳一定费用后，企业经营成果就归其所有的的，承包、承租人的所得，由其自行申报个人所得税。

(二)其他代扣代缴个人所得税的会计处理

企业(单位)向个人支付支付劳务报酬、稿费、特许权使用费、利息、股息、红利等，一般应作为扣缴义务人扣缴税款。

企业扣缴税款时，应借记“管理费用”、“财务费用”、“销售费用”、“应付股利”等账户，贷记“应交税费——代扣代缴个人所得税”账户；实际缴纳时，借记“应交税费——代扣代缴个人所得税”账户，贷记“银行存款”账户。

企业核算应付股利时。按应支付给股东的现金股利金额，借记“利润分配——应付股利”账户，贷记“应付股利”账户；实际支付现金股利时，借记“应付股利”账户，贷记“库存现金”(“银行存款”)、“应交税费——代扣代缴个人所得税”账户。

企业以盈余公积转增股东个人资本或向其分配股票股利时，可由企业按增股金额计算个人所得税，再向个人收取现金以备代缴，这样，避免因征收个人所得税而改变股权机构。会计处理如下：

扣缴个人所得税：

借：其他应收款

　　贷：应交税费——代扣代缴个人所得税

收到个人股东交来税款：

借：银行存款

　　贷：其他应收款

借：应交税费——代扣代缴个人所得税

　　贷：银行存款

【例 6-16】 某企业邀请一位专家为其进行产品设计，设计完成后，企业按约定支付专家 18 000 元劳务报酬，并由企业代扣代缴个人所得税。

企业代扣代缴个人所得税＝18 000×(1－20%)×20%

＝2 880(元)

企业支付该项劳务报酬时：

借：研发支出——费用化支出　　18 000

　　贷：应交税费——代扣代缴个人所得税　　2 880

　　　　银行存款　　15 120

企业实际缴纳个人所得税时：

借：应交税费——代扣代缴个人所得税　　2 880

　　贷：银行存款　　2 880

(三)个人独资企业、合伙企业个人所得税会计处理

1. 计算应缴个人所得税

借：留存利润

　　贷：应交税费——应交个人所得税

2. 缴纳个人所得税

借：应交税费——应交个人所得税

　　贷：库存现金

【例 6-17】 某个人独资企业业主经主管税务机关核定，按照上年度实际应缴个人所得税金额，确定本年度各月预缴个人所得税金额。上年应缴个人所得税金额为 240 000 元。所以，本年度各月该业主应预缴个人所得税 20 000 元。

各月预缴个人所得税时：

借：应交税费——应交个人所得税　　20 000

　贷：库存现金　　20 000

年度终了，汇算清缴全年个人所得税，确定本纳税年度生产经营所得应缴个人所得税 210 000 元。

借：留存利润　　210 000

　贷：应交税费——应交个人所得税　　210 000

应缴数小于已缴数 30 000 元，由主管税务机关确定将多缴税款退回或抵顶下年度个人所得税。

收到退税：

借：库存现金　　30 000

　贷：应交税费——应交个人所得税　　30 000

抵顶下年的个人所得税，只需将应交数与实缴数差额转入下年度。

若经汇算清缴，确定本年度生产经营所得应缴个人所得税为260 000元，则应补缴个人所得税：

借：应交税费——应交个人所得税　　20 000

　贷：库存现金　　20 000

本章小结

本章重点是企业所得税的基本内容、所得税会计基本理论和所得税会计方法，尤其是资产负债表债务法。

综合复习题

一、思考题

1. 企业应纳税所得额应如何确定?

2. 分析资产负债表债务法和利润表债务法特征。

3. 企业个人所得税处理包括哪些内容?

4. 企业亏损如何弥补?

二、选择题

1. 下列项目中,(　　)为居民纳税义务人。

A. 在我国境内设立从事生产、经营机构、场所的外国企业

B. 在我国设立的外商投资企业

C. 在我国境内未设立从事生产、经营机构、场所的外国企业

D. 在我国境内未设立生产、经营机构、场所,但有来源于中国境内所得的外国企业

2. 纳税人计算应纳税所得额时,准予从收入中扣除的税金有(　)。

A. 增值税、消费税、营业税、资源税、城建税

B. 增值税、消费税、营业税、印花税、城建税

C. 消费税、营业税、资源税、城建税、土地增值税

D. 消费税、营业税、资源税、城建税、印花税

3. 某企业注册资本为500万元。某年1月1日向其控股公司借入经营性资金400万元,借款期为1年,支付利息28万元。当年银行同类贷款利率为6%。该企业在计算应纳税所得额时可以扣除的利息费用为(　　)万元。

A. 30　　B. 28　　C. 24　　D. 15

4. 下列项目中,属于不得在税前扣除的有(　　)。

A. 赞助支出

B. 对外投资借入资金发生的借款费用

C. 从职工福利费中开支的工资

D. 向红十字事业的公益、救济性捐赠

5. 下列项目属于应税所得的是(　　)。

A. 保险公司给予纳税人的无赔款优待

B. 纳税人购买国库券的利息收入

C. 纳税人在债券市场购买国库券的收益

D. 特许权使用费收入

6. 根据税法规定，可选择的存货计价方法有（　　）。

A. 后进先出法　　B. 先进先出法

C. 移动平均法　　D. 计划成本法

7. 某企业实现利润 100 万元，当年在会计核算中已在营业外支出中列支的用于公益救济性捐赠的资金额为 5 万元。企业该年度准予从应纳税所得额中扣除的公益、救济性捐赠额为（　　）万元。

A. 5　　B. 3　　C. 15　　D. 2.85

8. 企业来源于境外的所得，已在境外实际缴纳的所得税税款超过扣除限额，超过部分的处理方法为（　　）。

A. 列为当年费用支出

B. 从本年度应纳税所得额中扣除

C. 用以后年度税额扣除的余额补扣，补扣期限最长不超过 5 年

D. 从以后年度境外所得中扣除

9. 下列事项会产生暂时性差异的是（　　）。

A. 企业购买的国债利息收入，按税法规定不计入应纳税所得额

B. 超标准列支的工资

C. 税法规定不得在税前列支的与取得收入无关的各项支出

D. 企业取得某项无形资产，计税时按 8 年摊销，会计核算中按 5 年摊销

10. 下列企业或组织属于企业所得税纳税人的是（　　）。

A. 独资企业　　B. 股份制企业

C. 中外合资企业　　D. 联营企业

三、业务题

甲公司某年有关所得税核算资料如下：

甲公司适用所得税率为 25%，年初递延所得税资产余额为 49.5 万元，其中存货项目余额为 29.7 万元，未弥补亏损项目余额为 19.8 万

元。年初递延所得税负债余额为0。

本年度实现利润500万元，其中取得国债利息收入20万元，因违法经营被罚款10万元，因违反合同支付违约金30万元（可在税前抵扣），年末计提固定资产减值准备50万元，固定资产账面价值比计税基础小50万元。转回存货跌价准备70万元，使存货可抵扣暂时性差异由年初余额90万元减少到年末的20万元。

年末提取产品保修费用40万元，计入销售费用。预计负债余额为40万元。

要求：采用资产负债表债务法进行所得税会计处理。

四、案例题

案例题

某企业财务人员将某年度企业所得税的计算列表如下：

项　目	金　额
一、营业收入	25 500 000
减：营业成本	19 000 000
营业税金及附	935 000
销售费用	2 500 000
其中：广告费用	600 000
管理费用	1 649 000
其中：业务招待费	145 000
资产减值准备	36 000
上交总机构管理费	550 000
财务费用	580 000
加：投资收益	180 000
其中：国库券利息收入	120 000
股利（甲股份公司）	—195 000
股利（乙股份公司）	255 000
二、营业利润	430 000
加：营业外收入	15 000
减：营业外支出	200 000
其中：财产损失	140 000
公益性捐赠	60 000
三、应纳税所得额	249 000
四、应纳所得税	62 250

补充资料：

1. 应收账款、应收票据账户期末余额分别为1 200 000元、400 000

元。坏账准备账户期初无余额，当年未发生坏账损失。

2. 甲、乙股份公司的投资收益为投资所得，企业所得税税率均为25％。对甲、乙股份公司的投资均采用权益法。

要求：根据企业所得税有关规定，指出上表在计算企业所得税方面存在的问题，简要说明依据，并逐项对应纳税所得额进行调整。

第七章 其他各税会计

学习目标

1. 了解其他各税基本内容。
2. 掌握其他各税应纳税所得额计算及会计处理。

范 例

当今，购房、买车对许多人来说，已不再是遥不可及的梦想。契税、车船购置税等也逐渐为人们所熟悉。本章涉及的其他各税内容丰富，应纳税额的计算各有特色，可以对比掌握。

第一节 城市建设维护税会计

一、城市建设维护税的基本规定

城市建设维护税，是国家为加强城市的维护建设，扩大和稳定城市维护建设资金的来源，对缴纳增值税、消费税、营业税的单位和个人征收的一种税。城市建设维护税属于特殊目的税，专门用于城市的公用事业和公共设施的维护建设。城建税在缴纳增值税、消费税、营业税的同一环节计税，以纳税人实际缴纳的"三税"税额为计税依据，其本身没有独立的纳税对象，具有附加税的性质。

(一)纳税义务人

城市建设维护税的纳税人是负有缴纳消费税、增值税、营业税义务的单位和个人。外商投资企业和外国企业不是城市建设维护税的纳税人。

(二)计税依据

城建税以纳税人实际缴纳的消费税、增值税、营业税税额为计税依据，但海关代征的进口货物增值税、消费税，不缴纳城市建设维护税。纳税人因违反上述三项税金有关税法而加收的滞纳金和罚款，不作为城建税的计税依据。纳税人在被查补消费税、增值税、营业税和被处以罚款时，应同时补交其偷漏的城市建设维护税，并交纳罚款。城建税以三税为计税依据并同时征收，如果减免或者减征“三税”，也就意味着同时减免或者减征城建税。

对出口货物按规定实行增值税、消费税退税的，不能同时退还已缴纳的城市建设维护税。

（三）税率

城市建设维护税税率，是纳税人应缴纳的城建税与纳税人实际缴纳的“三税”税额之间的比率。城建税税率应当按纳税人所在地的规定税率执行。按照纳税人所在地的不同，城建税税率分为以下三档：

1. 纳税人所在地在市区的，税率为7%；

2. 纳税人所在地在县城、镇的，税率为5%；

3. 纳税人所在地不在市区、县城或镇的，税率为1%。

下列情况可按缴纳“三税”所在地的规定税率就地缴纳城建税：

1. 由受托方代征代扣“三税”的单位和个人，按受托方所在地适用税率代征代扣城建税；

2. 流动经营等无固定纳税地点的单位和个人，在经营地缴纳“三税”的，按经营地适用税率缴纳城建税。

二、城市建设维护税应纳税额的计算

城市建设维护税应纳税额的计算公式为：

城建税应纳税额＝纳税人实际缴纳的增值税、消费税、营业税税额×适用税率

【例7-1】 某坐落于市区的企业，9月份实际缴纳增值税160 000元，同时缴纳营业税40 000元，该企业无需缴纳消费税。

应纳城建税税额＝(160 000＋40 000)×7%＝14 000(元)

三、城市建设维护税的会计处理

城建税为价内税，应计入“营业税金及附加”账户。企业依照税法

计算出应缴纳的城市建设维护税，应借记“营业税金及附加”等账户，贷记“应交税费——应交城市建设维护税”账户。企业交纳城市建设维护税，借记“应交税费——应交城市建设维护税”账户，贷记“银行存款”账户。

【例 7-2】 某建筑公司设在县城，2001 年 10 月实际缴纳营业税 210 000 元。

应纳城建税＝210 000×5％＝10 500(元)

借：营业税金及附加 10 500

　　贷：应交税费——应交城市建设维护税 10 500

第二节 印花税会计

一、印花税概述

印花税是对经济活动和经济交往中书立、使用、领受具有法律效力的凭证的行为征收的一种税。印花税特点及其意义主要体现在以下几方面：

1. 印花税的征税范围广泛，税法列举的合同或具有合同性质的凭证、产权转移书据、营业账簿及权利、许可证照等，都必须缴纳印花税。因此，印花税涉及经济活动的各个方面。通过对各种应税凭证贴花和检查，可及时了解和掌握纳税人的经济活动情况，并促使各种经济活动的合法化、规范化。

2. 印花税实行“三自”的纳税方法。即纳税人在书立、使用、领受应税凭证，发生纳税义务的同时，先根据凭证所载计税金额和适用的税目、税率，自行计算应纳税额；再由纳税人自行购买印花税票，一次足额粘贴在应税凭证上；最后由纳税人按照有关税收法规的规定，对已粘贴的印花税票自行注销或画销。至此,纳税人的纳税义务履行完毕。印花税由纳税人自行完税、轻税重罚的特点,有助于增强纳税人自觉纳税的法制观念。

二、印花税纳税人

印花税的纳税义务人为在我国境内书立、领受印花税法所列举凭证的单位和个人。按照书立、使用、领受应税凭证的不同,印花税纳税义务人分为立合同人、立据人、立账簿人、领受人和使用人。对由两方或两方以上当事人共同书立的应税凭证,当事人各方都是纳税人,各自就所持凭证的金额纳税。

1. 立合同人,指合同的当事人。合同是指根据《中华人民共和国经济合同法》、《中华人民共和国涉外经济合同法》和其他有关合同法规订立的合同。具有合同性质的凭证,是指具有合同效力的协议、契约、合约、单据、确认书及其他各种名称的凭证。当事人指对凭证有直接权力业务关系的单位和个人。

2. 立据人。产权转移书据的纳税人是立据人。产权转移书据,是指单位和个人产权的买卖、继承、赠与、交换、分割等所立的书据。

3. 立账簿人。

4. 领受人。权力、许可证照的纳税人是领受人。领受人是领取或接受并持有该项凭证的单位和个人。

5. 使用人。在国外书立、领受,但在国内使用的应税凭证,其纳税人是使用人。

三、印花税税目、税率

印花税的税目,指印花税法规规定的应税项目,它具体划分了印花税的征税范围。印花税的税率有比例税率和定额税率两种形式。

1. 比例税率。各类合同以及具有合同性质的凭证、产权转移书据、营业账簿中记载资金的账簿等税目,适用比例税率。

2. 定额税率。“权力、许可证照”和“营业账簿”税目中的其他账簿,适用定额税率。印花税税目、税率表见表 7-1 所示。

表 7-1 印花税税目、税率表

税 目	范 围	税 率	纳税人	说 明
1. 购销合同	供应、预购、采购销结合及协作、调剂、补偿、易货等合同	按购销金额 0.3‰贴花	立合同人	
2. 加工承揽合同	加工、定作修缮、修理、印刷、广告、测绘、测试等合同	按加工或承揽收入 0.5‰贴花	立合同人	
3. 建设工程勘察设计合同	勘察设计合同	按收取费用 0.5‰贴花	立合同人	
4. 建筑安装承包合同	建筑、安装工程承包合同	按承包金额 0.3‰贴花	立合同人	
5. 财产租赁合同	租赁房屋船舶、飞机、机动车辆、机械、器具、设备等	按租赁金额 1‰贴花，税额不足 1 元，按 1 元贴花	立合同人	
6. 货物运输合同	民用航空铁路运输、海上运输、内河运输、公路运输和联运合同	按运输费用 0.5‰贴花	立合同人	单据作为合同使用，按合同贴花
7. 仓储保管合同	仓储、保管合同	按仓储保管费用 1‰贴花	立合同人	仓单或栈单作为合同使用，按合同贴花
8. 借款合同	银行及其他金融组织和借款人（不包括银行同业拆借）所签订的借款合同	按借款金额 0.05‰贴花	立合同人	单据作为合同使用，按合同贴花
9. 财产保险合同	财产、责任保证、信用等保险合同	按投保金额 1‰贴花	立合同人	单据作为合同使用，按合同贴花
10. 技术合同	技术开发、转让、咨询、服务等合同	按所载金额 0.3‰贴花	立合同人	

续表

税 目	范 围	税 率	纳税人	说 明
11. 产权转移书据	财产所有权和版权、商标专用权、专利权、专有技术使用权等转移书据	0.5‰	立据人	
12. 营业账簿	生产经营用账册	按实收资本和资本公积之和 0.5‰贴花，其他账簿每件贴花 5 元	立账簿人	
13. 许可证照	政府部门发给的房屋产权证、工商营业执照、商标注册证、专利证、土地使用证	按件贴花五元	领受人	

买卖、继承、赠与所书立的 A 股、B 股股权转让书据，由出让方按 1‰的税率计算证券(股票)交易印花税应纳税额。

四、应纳税额计算

纳税人应纳印花税额，应根据应纳税凭证的性质，分别按比例税率和定额税率计算。

应纳税额＝应税凭证计税金额(或应税凭证件数)×适用税率

在计算应纳印花税额时，应注意：

1. 同一凭证载有两个或者两个以上经济事项，适用不同税目、税率，如果分别记载金额，应分别计算应纳税额，相加后按合计税额贴花；如未分别记载金额，则按税率高的计税贴花。

2. 按金额比例贴花的应税凭证，未标明金额的，应按照凭证所载数量及国家牌价计算金额；没有国家牌价的，按市场价格计算金额，然后按规定税率计算应纳税额。

3. 应纳税凭证所载金额为外国货币的，纳税人应按照凭证书立当日的中华人民共和国国家外汇管理局公布的外汇牌价折合人民币，计算应纳税额。

4.有些合同，在签订时无法确定计税金额，如某些技术转让业务，转让收入按销售收入或实现利润的一定比例计算。对这类合同，可在签订时先按定额5元贴花，以后结算时再按税金金额计税，补贴印花。

5.对股票交易征收印花税。企业向社会公开发行的股票，因买卖、继承、赠与所书立的股权转让书据，均依书立时证券交易市场当日实际成交价格计算的金额，由立据双方当事人分别按1‰的税率缴纳印花税。

五、税收优惠

下列凭证免纳印花税：

1.已缴纳印花税的凭证的副本或者抄本，但以副本或抄本视同正本使用的，应另帖印花。

2.财产所有人将财产赠给政府、社会福利单位、学校所立的书据。

3.经财政部批准免税的其他凭证。

(1)国家指定的收购部门与村民委员会、农民个人书立的农副产品收购合同。

(2)无息、贴息贷款合同。无息、贴息贷款合同指我国各专业银行按照国家金融政策发放的无息贷款，以及由各专业银行发放并按有关规定由财政部门或中国人民银行给予贴息的贷款项目所签订的贷款合同。

(3)外国政府或者国际金融组织向我国政府及国家金融机构提供优惠贷款所书立的合同。

六、印花税的会计处理

由纳税人根据税法规定自行计算应纳税额，自行购买并一次贴足印花税票的方法，不会形成税款债务。因此，印花税的会计处理可以不通过“应交税费”账户，在缴纳税金时直接贷记“银行存款”账户。缴纳印花税应借记的账户，则应视业务的具体情况确定。在固定资产、无形资产购销、租赁、转让业务中，购买方(或承受方、承租方)和销售方(或转让方、出租方)均应缴纳印花税。前者将印花税计入“固定资产”、“无形资产”、“管理费用”等账户，后者则计入“固定资产清理”、“其他业务支出”等账户。在其他情况下，企业支付的营业税，应借记“管理费用”、“营业费用”账户，一次缴纳印花税数额较大的，可通过“待摊费用”账户，分期摊销。

【例 7-3】 经税务机关稽查，某公司“实收资本”和“资本公积”合计金额为 650 000 元，已贴印花税票 35 元。税务机关责令其补税，并处以应补缴印花税 4 倍的罚款。

应补印花税额＝650 000×0.5‰－35＝290(元)

借：管理费用　　290

　贷：银行存款　　290

借：营业外支出——税务罚款　　1 160

　贷：银行存款　　1 160

【例 7-4】 某企业某年 2 月开业，领受工商营业执照、商标注册证、土地使用证各一件，订立购销合同两份，金额为 180 万元；订立借款合同一份，金额为 60 万元。企业营业账簿中“实收资本”账户资金额为 450 万元，其他账簿 5 本。

1. 企业领受权力、许可证照应纳税额＝5×3＝15(元)

2. 订立购销合同应纳税额＝1 800 000×0.3‰＝540(元)

3. 订立借款合同应纳税额＝600 000×0.05‰＝30(元)

4. 企业营业账簿中“实收资本”应纳税额＝4 500 000×0.5‰＝2 250(元)

5. 企业其他营业账簿应纳税额＝5×5＝25(元)

企业应纳印花税额＝15＋540＋30＋2 250＋25＝2 860(元)

借：管理费用　　2 860

　贷：银行存款　　2 860

第三节　契税会计

一、契税的纳税对象及纳税人

契税是在因房屋买卖、典当、赠与或交换而转移土地、房屋权属时，依据当事人双方订立的契约，由承受的单位和个人缴纳的财产税。土地、房屋权属，指土地使用权和房屋所有权。

契税的纳税人是境内转移房屋、土地产权的承受人。买卖契约中，买者为纳税人；房屋典当时，纳税人是受典人，房屋赠送他人，纳税人是受赠人。

契税的征税对象是境内转移土地、房屋权属的行为。具体包括下列行为：

1.国有土地使用权出让，指土地使用者向国家交付土地使用权出让费用，国家将国有土地使用权在一定年限内让予土地使用者的行为。

2.土地使用权转让，指土地使用者以出售、赠与、交换或者其他方式将土地使用权转移给其他单位和个人的行为。

3.房屋买卖，指房屋所有者将其房屋出售，由承受者交付货币、实物、无形资产或者其他经济利益的行为。以下几种特殊情况，视同买卖房屋：

(1)以房屋抵债或实物交换房屋。

(2)以房产投资或作股权转让。

(3)买卖拆料或翻建新房。

(4)房屋赠与。

(5)房屋交换。

土地、房屋权属以下列方式转移的，视同土地使用权转让、房屋买卖或者房屋赠与征收契税：(1)以土地、房屋权属作价投资、入股；(2)以土地、房屋权属抵债；(3)以获奖方式承受土地、房屋权属；(4)以预购方式或者预付集资建房款方式承受土地、房屋权属。

除上述情况外，有关税收法规对公司改制、改组中与契税有关的行为作出如下界定：

1.公司制改造中，对不改变投资主体和出资比例改制成的公司制企业承受原企业土地、房屋权属的不征收契税；对独立发起、募集设立的股份有限公司承受发起人房屋、土地权属的，免征契税；对国有、集体企业改制成全体职工持股的有限责任公司或股份有限公司承受原企业土地、房屋权属的，免征契税；对其余涉及土地、房屋权属转移的，征收契税。

2.企业合并。企业合并中，新设方或者存续方承受被解散方土地、房屋权属，如合并前各方为相同投资主体的，不征契税，其余征收契税。

3.企业分立。企业分立中，派生方、新设方承受原企业土地、房屋权属，不征契税。

4.股权重组。股权重组主要包括股权转让和增资扩股两种形式。在股权转让中，单位、个人承受企业股权，企业的房屋、土地权属不发生转移，不征收契税；在增资扩股中，对以土地、房屋权属作价入股或作为出资投入企业的，征收契税。

二、契税的税率及计税依据

契税实行3%～5%的幅度税率，各省、自治区、直辖市人民政府可以在此幅度税率规定的范围内，根据当地情况确定本地区契税税率。

契税的计税依据为不动产价格。不同房屋、土地权属转移方式下，契税计税依据如下：

1.国有土地使用权出让、土地使用权出售、房屋买卖，以成交价格为计税依据。成交价格指土地、房屋权属转移合同确定的价格，包括承受者应交付的货币、实物、无形资产或者其他经济利益。

2.土地使用权赠与、房屋赠与，由征收机关参照土地使用权出售、房屋买卖的市场价格核定。

3.土地使用权交换、房屋交换。土地使用权交换、房屋交换价格不相等的，由多交付货币、实物、无形资产或者其他经济利益的一方缴纳税款，计税依据为所交换的土地使用权、房屋价格的差额。交换价格相等的，免征契税。

税法规定，转移土地、房屋权属以外汇结算的，成交价格按照纳税义务发生之日中国人民银行公布的市场汇率中间价折合成人民币计算。

为避免偷税、漏税，税法规定，成交价格明显低于市场价格并且无正当理由的，或者所交换土地使用权、房屋价格的差额明显不合理并且无正当理由的，征收机关参照市场价格核定计税依据。

三、契税优惠

契税优惠政策主要包括以下内容：

1. 国家机关、事业单位、社会团体、军事单位承受土地、房屋用于办公、教学、医疗、科研和军事设施的，免征契税。

2. 城镇职工按规定第一次购买公有住房的，免征契税。

3. 因不可抗力灭失住房而重新购买住房的，酌情准予减征或者免征契税。不可抗力，是指自然灾害、战争等不能预见、不能避免并不能克服的客观情况。

4. 土地、房屋被县级以上人民政府征用、占用后，重新承受土地、房屋权属的，是否减征或者免征契税，由省、自治区、直辖市人民政府确定。

5. 纳税人承受荒山、荒沟、荒丘、荒滩土地使用权，用于农、林、牧、渔业生产的，免征契税。

符合减征或者免征契税规定的纳税人，应当在签订土地、房屋权属转移合同后10日内，向土地、房屋所在地的契税征收机关办理减征或者免征契税手续。

四、契税缴纳

纳税人应当自纳税义务发生之日起10日内，向土地、房屋所在地的契税征收机关办理纳税申报，并在契税征收机关核定的期限内缴纳税款。纳税人签订土地、房屋权属转移合同的当天或纳税人取得其他具有土地、房屋转移合同性质凭证的当天，契税纳税义务发生。

纳税人办理纳税事宜后，契税征收机关应当向纳税人开具契税完税凭证。纳税人应当持契税完税凭证和其他规定的文件材料，依法向土地管理部门、房产管理部门办理有关土地、房屋的权属变更登记手续。纳税人未出具契税完税凭证的，土地管理部门、房产管理部门不予办理有关土地、房屋的权属变更登记手续。

五、契税的会计处理

纳税人取得土地使用权、房屋所有权，应计入所取得的土地使用权和房屋的成本。契税核算可通过“应交税费——应交契税”账户，也可在实际缴纳契税时，直接贷记“银行存款”账户。

【例 7-5】 某公司购买一幢大厦，成交价格为 5 000 000 元。契税税率为 4%。

应纳税额＝5 000 000×4%＝200 000(元)

借：固定资产　　200 000

　贷：银行存款　　200 000

【例 7-6】 甲企业与乙企业交换房屋，依据房屋契约，甲企业房屋价值 1 500 万元，乙企业房屋价值 1 200 万元。经税务机关核定，甲、乙双方房屋价值与契约写明价值基本相符。该项房屋交换业务，乙是房屋权属的承受人，是契税的纳税义务人，其所在地契税税率为 4%。

乙企业应纳契税额＝(15 000 000－12 000 000)×4%

＝120 000(元)

借：固定资产　　120 000

　贷：应交税费——应交契税　　120 000

第四节 土地增值税会计

一、土地增值税纳税人与纳税范围

土地增值税是对转让国有土地使用权、地上的建筑物及其附着物并取得收入的单位和个人，就其转让房地产所取得的增值额征收的一种税。

按照土地增值税有关法规的规定，土地增值税的纳税范围包括转让国有土地使用权。地上建筑物及其附着物连同国有土地使用权一并转让。地上的建筑物是指建于土地上的一切建筑物，包括地上地下的各种附属设施；附着物是指附着于土地上的不能移动，一经移动即遭损坏的物品。

在实务中，界定土地增值税纳税范围时，可依据以下判定标准：

1. 转让的土地使用权为国家所有；

2. 土地使用权、地上建筑物及其附着物的产权已发生转让；

3. 房地产转让收入已经取得。

根据以上标准，我们可对下列具体情况是否属于土地增值税的征税范围进行判定：

1. 以出售方式转让国有土地使用权、地上建筑物和附着物。这种情况符合上述界定土地增值税纳税范围的三项标准，所以属于土地增值税的纳税范围。

以出售方式转让土地使用权，有三种情况：

(1)出售国有土地使用权。指土地使用者向政府交纳了土地出让金，有偿受让土地使用权后，仅对土地进行通水、通电、通路和平整土地等土地开发，然后直接将空地出售。

(2)取得土地使用权后进行房屋开发建造然后出售，即房地产开发。

(3)存量房地产买卖。存量房地产买卖指已建成并已投入使用的房地产，其房屋所有人将房屋产权和土地使用权一并转让给其他单位和个人。

2.以继承、赠与方式转让房地产。这种情况下，房地产产权虽然发生了转让，但转让方并未取得相应的收入，所以不属于土地增值税的纳税范围。这里，"赠与"仅指以下情况：(1)房产所有人、土地使用权所有人将房屋产权、土地使用权赠与直系亲属或直接承担赡养义务人；(2)房产所有人、土地使用权所有人通过中国境内非营利的社会团体、国家机关将房屋产权、土地使用权赠与教育、民政和其他社会福利、公益事业。

3.房地产出租。房地产出租业务中，出租人虽取得了收入，但房产产权、土地使用权并没有被转让。所以，房地产出租不缴土地增值税。

4.房地产抵押。房地产抵押期间，房产的产权、土地使用权并没有发生权属的变更，因此，对房地产的抵押，在抵押期间不纳土地增值税。待抵押期满后，如果房地产权属转让，应纳土地增值税。

5.房地产交换。房地产交换既发生了房产产权、土地使用权的转移，交换双方又取得了实物收入，应缴纳土地增值税。

6.企业兼并转让房地产，暂免征收土地增值税。

7.房地产的重新评估。房地产重估增值，房地产权属未发生转移，房产所有人、土地使用权人也未取得收入，所以不属于土地增值税纳税范围。

二、土地增值额的计算

土地增值税的征税对象是纳税人转让房地产取得的增值额，即纳税人转让房地产取得的收入，减去规定的扣除项目金额后的余额。

(一)转让收入的确定

纳税人转让房地产所取得的收入，包括货币收入、实物收入和其他收入。

1.货币收入。货币收入指纳税人转让国有土地使用权、地上建筑物及其附着物而取得的现金、银行存款、支票、银行本票、汇票等各种信用票据和国库券、金融债券、企业债券、股票等有价证券。

2.实物收入。实物收入指纳税人转让国有土地使用权、地上建筑物及其附着物而取得的各种实物性质的收入，如钢材、水泥等建材，房屋、土地等不动产等。

3.其他收入。其他收入指纳税人转让国有土地使用权、地上建筑物及其附着物而取得的无形资产收入或具有财产价值的权利。

(二)扣除项目及金额

1.新建房地产转让的扣除项目及金额

(1)取得土地使用权所支付的金额。取得土地使用权所支付的金额，指纳税人为取得土地使用权所支付的地价款和按国家统一规定交纳的有关费用。

(2)开发土地和新建房及配套设施的成本(房地产开发成本)。该项目包括土地征用及拆迁补偿费、前期工程费、建筑安装工程费、基础设施费、公共配套设施费、开发间接费用。

土地征用及拆迁补偿费包括：土地征用费、耕地占用税、劳动力安置费及有关地上、地下附着物拆迁补偿的净支出、安置动迁用房支出等。

前期工程费包括：规划、设计、项目可行性研究和水文、地质、勘察、测绘、"三通一平"等支出。

建筑安装工程费，是指以出包方式支付给承包单位的建筑安装工程费，以自营方式发生的建筑安装工程费。

基础设施费包括：开发小区内道路、供水、供电、供气、排污、排洪、通讯、照明等公共配套设施费，包括不能有偿转让的开发小区内公共配套设施发生的支出。

开发间接费用，是指直接组织、管理开发项目发生的费用，包括工资、职工福利费、折旧费、修理费、办公费、水电费、劳动保护费、周转房摊销等。

(3)开发土地和新建房及配套设施的费用(也称房地产开发费用)。该项费用是指与房地产开发项目有关的销售费用、管理费用、财务费用。房地产开发费用按规定标准，而不是实际发生额从转让收入中扣除，扣除标准如下：

财务费用中的利息支出，凡能够按转让房地产项目计算分摊并提供金融机构证明的，允许据实扣除，但最高不能超过按商业银行同类同期贷款利率计算的金额。其他房地产开发费用，按上述(1)、(2)项规定计算的金额之和的5%(含5%)以内计算扣除。凡不能按转让房地产项目计算分摊利息支出或不能提供金融机构证明的，房地产开发费用按上述(1)、(2)项规定计算的金额之和的10%以内计算扣除。扣除的具体比例，由各省、自治区、直辖市人民政府规定。

(4)与转让房地产有关的税金。与转让房地产有关的税金，是指在转让房地产时缴纳的营业税、城市建设维护税、印花税。因转让房地产交纳的教育费附加，也可视同税金予以扣除。房地产开发企业在转让房地产时缴纳的印花税，不允许在此扣除。

(5)财政部规定的其他扣除项目。从事房地产开发的纳税人可按(1)、(2)项计算的金额之和，加计20%的扣除。此项优惠的适用范围限定于从事房地产开发的纳税人，主要目的是抑制房地产投机行为。

2.转让旧房及建筑物扣除项目及金额确定

转让旧房及建筑物，计算土地增值税可扣除项目包括：房屋及建筑物评估价格、取得土地使用权所支付的地价款和按国家统一规定缴纳的有关费用及在转让环节缴纳的税金。取得土地使用权时未支付地价款或不能提供已支付的地价款凭据的，在计征土地增值税时不得扣除。这里，旧房及建筑物的评估价格，是指在转让已使用的房屋及建筑物时，由政府批准设立的房地产评估机构评定的重置成本价乘以成新度折扣率后的价格。评估价格须经当地税务机关确认。

三、土地增值税的税率

土地增值税实行四级超额累进税率，按增值额与扣除项目金额的比率(增值率)从低到高分为四个级次，对各级次分别规定不同的税率。

1.增值额未超过扣除项目金额50%(含50%)的部分，税率为30%。

2.增值额超过扣除项目金额50%、未超过扣除项目金额100%(含100%)的部分，税率为40%。

3.增值额超过扣除项目金额100%、未超过扣除项目金额200%(含200%)的部分,税率为50%。

4.增值额超过扣除项目金额200%的部分,税率为60%。

四、土地增值税应纳税额的计算

土地增值税计算公式为:

应纳税额=Σ(每级距的土地增值额×适用税率)

土地增值税实行四级超率累进税率,只有计算出增值额占扣除金额的比率(增值率),才能确定相应的适用税率。

分步计算应纳税额较为烦琐,所以在实务中,一般采用速算扣除法计算应纳土地增值税额。计算公式为:

应纳税额=增值额×适用税率-扣除项目金额×速算扣除系数

1.增值额未超过扣除项目金额50%:

应纳税额=增值额×30%

2.增值额超过扣除项目金额50%,未超过100%:

应纳税额=增值额×40%-扣除项目金额×5%

3.增值额超过扣除项目金额100%,未超过200%:

应纳税额=增值额×50%-扣除项目金额×15%

4.增值额超过扣除项目金额200%:

应纳税额=增值额×60%-扣除项目金额×35%

公式中5%、15%、35%分别为二、三、四级距的速算扣除系数。

【例7-7】 某房地产开发公司建造并出售了一幢办公大厦,取得销售收入2 000万元(营业税税率为5%、城市建设维护税税率为7%、教育费附加征收率为3%)。该公司为建造该大厦而支付的地价款金额为150万元,大厦开发成本为350万元。该公司不能按大厦计算分摊利息支出,当地确定的房地产开发费用扣除比例为10%。

(1)转让收入=2 000万元

(2)扣除项目金额:

①取得土地使用权所支付的金额为 150 万元

②房地产开发成本为 350 万元

③房地产开发费用为:(150+350)×10%=50(万元)

④与转让房地产有关的税金为:2 000×5%×(1+7%+3%)=110(万元)

⑤从事房地产开发的加计扣除额为(150+350)×20%=100(万元)

扣除项目合计金额=760(万元)

(3)转让房地产增值额=2 000-760=1 240(万元)

(4)增值额与扣除金额比率=1 240÷760≈163.16%

(5)应纳税额=1240×50%-760×15%=506(万元)

五、土地增值税的纳税申报与缴纳

土地增值税的纳税人应自转让房地产合同签订之日起 7 日内,向房地产所在地主管税务机关办理纳税申报,并向税务机关提交房屋及建筑物产权、土地使用权证书,土地转让、房产买卖合同,房地产评估报告及其他与转让房地产有关的资料。这里,房地产所在地,是指房地产的坐落地。纳税人转让房地产坐落在两个或两个以上地区的,应按房地产所在地分别申报纳税。

纳税人因经常发生房地产转让而难以在每次转让后申报的,经税务机关审核同意后,可以定期进行纳税申报,具体期限由税务机关根据情况确定。

纳税人应在税务机关核定的期限内缴纳土地增值税。纳税人未按照税法缴纳土地增值税的,土地管理部门、房产管理部门不得办理有关的权属变更手续。

土地增值税以人民币为计算单位。转让房地产所取得的收入为外国货币的,以取得收入当天或当月 1 日国家公布的市场汇价折合成人民币,据以计算应纳土地增值税税额。

六、土地增值税优惠措施

1.纳税人建造普通标准住宅出售，增值额未超过扣除项目金额20%的，可免缴土地增值税。

2.国家建设需要依法征用、收回的房地产，可免缴土地增值税。

3.以房地产进行投资、联营，投资联营的一方以土地（房地产）作价入股，将房地产转让到所投资、联营的企业，可免缴土地增值税。

七、土地增值税的会计处理

（一）主营房地产业务的土地增值税会计处理

1.应缴土地增值税的会计处理

依照《中华人民共和国城市房地产管理法》的规定，符合下列条件时，房地产可以预售：(1)全部土地使用权出让金已经交付，取得土地使用权证书；(2)持有建设工程规划许可证；(3)按提供预售的商品房计算，投入开发建设的资金达到总投资25%以上，并已确定工程进度和竣工交付日期；(4)向县以上人民政府房产管理部门办理预售登记，取得商品房预售许可证明。

纳税人在项目全部竣工结算前转让房地产取得的收入，由于涉及成本确定或其他原因，而无法据以计算土地增值税的，可以预征土地增值税，待该项目全部竣工、办理结算后再进行清算，多退少补。

【例7-8】 某房地产开发公司预售商品房收入为2 600 000元，按税务机关核定比例预缴土地增值税260 000元。项目全部竣工后，工程总收入为6 500 000元，按税法规定计算，该项目应缴土地增值税1 040 000元。

收到预收款：

借：银行存款　　2 600 000

　贷：预收账款　　2 600 000

预提应缴土地增值税：

借：递延税款 260 000

　贷：应交税费——应交土地增值税 260 000

预缴土地增值税：

借：应交税费——应交土地增值税 260 000

　贷：银行存款 260 000

收入实现，办理结算：

借：预收账款 2 600 000

　　银行存款 3 900 000

　贷：主营业务收入 6 500 000

计算工程项目应缴土地增值税：

借：营业税金及附加 1 040 000

　贷：应交税费——应交土地增值税 780 000

　　　递延税款 260 000

缴清土地增值税：

借：应交税费——应交土地增值税 780 000

　贷：银行存款 780 000

2. 现房销售土地增值税会计处理

采用一次性收款的现房销售，应于房地产移交和发票账单提交购房者时，计算应由实现的营业收入负担的土地增值税，借记"营业税金及附加"，贷记"应交税费——应交土地增值税"。

房地产企业采用分期收款方式销售现房的，应于合同规定的收款时间计算应缴土地增值税，借记"营业税金及附加"，贷记"应交税费——应交土地增值税"。

【例 7-9】 某房地产开发企业销售现货房地产取得收入 400 万元，扣除项目金额为 240 万元。

增值额＝400－240＝160（万元）

增值额与扣除项目金额的比率＝160÷240≈67％

应纳税额＝160×40％－240×5％＝52(万元)

取得房地产转让收入：

借：银行存款　　　　　　　　　　　4 000 000

　贷：主营业务收入　　　　　　　　　　4 000 000

计提土地增值税：

借：营业税金及附加　　　　　　　　520 000

　贷：应交税费——应交土地增值税　　　　520 000

(二)兼营房地产业务的土地增值税会计处理

兼营房地产业的企业，转让房地产应缴纳的土地增值税由"其他业务支出"负担。应作借记"其他业务支出"，贷记"应交税费——应交土地增值税"的会计处理。

【例 7-10】 某非房地产开发企业，建造并出售一幢写字楼，取得收入 2 500 万元，并按税法规定缴纳营业税、城建税等税费 138 万元。该企业为建造写字楼支付地价款 300 万元，投入的房地产开发成本为 750 万元，该公司不能按转让房地产项目计算分摊利息支出，也不能提供金融机构的证明。

扣除项目金额＝300＋750＋138＋(300＋750)×10％

　　　　　　＝1 293(万元)

增值额＝2 500－1 293＝1 207(万元)

增值额占扣除项目的比例＝1 207÷1 293≈93％

应纳税额＝1 207×40％－1 293×5％＝418.15(万元)

计算应纳土地增值税：

借：其他业务支出　　　　　　　　4 181 500

　贷：应交税费——应交土地增值税　　　　4 181 500

(三)转让房地产业务的土地增值税会计处理

企业转让以行政划拨方式取得的土地使用权，如仅转让国有土地使用权，转让时应缴纳的土地使用权，应计入“其他业务支出”；如将国有土地使用权连同地上建筑物及其他附着物一并转让，应纳的土地增值税，应借记“固定资产清理”账户，贷记“应交税费——应交土地增值税”账户。

【例 7-11】 某企业将以行政划拨方式取得的土地使用权转让，转让土地使用权应补交的土地出让金为 100 000 元，取得土地使用权转让收入 400 000 元，应支付有关税金 20 000 元。

补交土地出让金：

借：无形资产——土地使用权　　100 000

　贷：银行存款　　100 000

取得土地使用权转让收入：

借：银行存款　　400 000

　贷：其他业务收入　　400 000

结转转让无形资产成本：

借：其他业务支出　　100 000

　贷：无形资产　　100 000

应缴营业税等有关税金：

借：其他业务支出　　20 000

　贷：应交税费——应交营业税等　　20 000

计算应纳土地增值税：

增值额＝400 000－100 000－20 000＝280 000(元)

增值率＝280 000÷120 000≈233％

应纳税额＝280 000×60％－120 000×35％＝126 000(元)

借：其他业务支出　　126 000

　贷：应交税费——应交土地增值税　　126 000

第五节 房产税会计

房产税是以房产为征税对象，依据房产价格或房产租金收入向房产所有人或经营人征收的一种税，其纳税范围为城市、县城、工矿区、建制镇。

一、房产税的纳税人

房产税的纳税人是房屋的产权所有人（不含外商、外企、外籍个人）。其具体规定是：产权属于全民所有的，其经营管理的单位为纳税业务人；产权出典的，承典人为纳税业务人；产权所有人、承典人不在房产所在地的，或者产权未确定及租典纠纷未解决的，房产代管或者使用人为纳税人。

二、房产税计税依据与税率

房产税的计税依据有从价计征和从租计征两种形式。按房产计税价值征税的，为从价计征；按照房产租金收入计征的，为从租计征。

（一）从价计征

从价计征房产税依照房产原值一次减除10％至30％后的余值计算缴纳，税率为1.2％。具体减除幅度，由省、自治区、直辖市人民政府规定。房屋原价应根据会计准则、制度规定核算，未按会计准则、制度规定核算的，按规定予以重新调整或重新评估。房产发生变化的，其纳税义务截止到发生变化的当月末。

（二）从租计征

房产出租的，以房产租金收入为房产税的计税依据，税率为12％。

有关房产税的计税依据，应注意以下两方面的问题：

1.用于投资联营的房产，在计征房产税时应区别对待：以房产投资联营，投资者参与投资利润分红，共担风险的，按房产余值作为计税依据；以房产投资，收取固定收入，不承担风险的，因其实际上是以联营名义取得房产租金，应由出租方按租金收入计缴房产税。

2. 融资租赁房屋。融资租赁费房屋与一般房屋出租不同，其租金包括购进房屋价款、手续费、借款利息等，且融资租赁期满，房屋产权转移至承租方，实际上是变相的分期购买固定资产，融资租赁的房产，由承租人自融资租赁合同约定开始日的次月起依照房产余值缴纳房产税。合同未约定开始日的，由承租人自合同签订的次月起依照房产余值缴纳房产税。

三、房产税税收优惠

国家机关、人民团体、军队自用的房产，由国家财政部门拨付事业经费的单位自用的房产，宗教寺庙、公园、名胜古迹自用的房产，个人的房产免纳房产税。上述单位和个人用于生产经营的房产除外。

四、房产税的计算

房产税按年计算，分期缴纳。与房产税的计税依据相适应，房产税应纳税额的计算也分为两种：从价计征的计算和从租计征的计算。

从价计征应纳房产税的计算公式为：

应税房产税＝应税房产原值×(1－扣除比例)×1.2％

房产原值是“固定资产”账户中记载的房屋原价，扣除比例是省、自治区、直辖市人民政府规定的10％～30％的比例。

从租计征应纳房产税的的计算公式为：

应纳税额＝租金收入×12％

五、房产税的会计处理

企业按规定缴纳的房产税，应在“管理费用”中列支。

【例 7-12】 某企业“固定资产——房屋及建筑物”账户的年初余额为 3 200 000 元。1 月份，企业将价值为 800 000 元的房产以融资租赁方式租给其他单位，每年收取租金 70 000 元。当地政府规定，企业

自用房屋，按房产原值减除20%作为房产余值缴纳房产税。

按房产余值计算的1月份应纳房产税＝

(3 200 000－800 000)×(1－20%)×1.2%÷12＝1 920(元)

按租金收入计算的应纳房产税＝70 000×12%÷12＝700(元)

借：管理费用 2 620

贷：应交税费——应交房产税 2 620

房产税的具体纳税期限由省、自治区、直辖市人民政府确定。实际缴纳房产税时，借记“应交税费——应交房产税”账户，贷记“银行存款”账户。

企业以经营租赁方式出租自有房屋，针对预收租金，按税法规定，有关税费的纳税义务在企业收款并开具发票时产生，但企业应将计算缴纳的有关税费计入“待摊费用”并在相应期间进行分摊，以遵循配比原则。

第六节 资源税会计

资源税是对我国境内开采应税矿产品或者生产盐的单位和个人征收的一种税，其开征目的主要是调节由于资源条件差异形成的资源级差收入，促进国有自然资源的合理开发和有效配置。

一、资源税纳税人和扣缴义务人

资源税的纳税人为在我国境内开采应税矿产品或者生产盐的单位和个人。单位是指国有企业、集体企业、私有企业、股份制企业及其他企业和行政单位、事业单位、军事单位、社会团体及其他单位。个人是指个体经营者及其他个人。

为加强资源税的征管，适应税源小、零散、不定期开采、易漏税等税务机关认为不易控管、由扣缴义务人在收购时代扣代缴未税矿产品资源税为宜的情况，税法还规定，独立矿山、联合企业和其他收购资源税未税矿产品的单位，为资源税的扣缴义务人。独立矿山是指只有采矿或只有采矿和选矿生产，独立核算，自负盈亏的单位，其生产的原矿和精矿主要用于对外销售。联合企业指采矿、选矿、冶炼（或加工）连续生产的企业或采矿、冶炼（或加工）连续生产的企业。其采矿单位，一般是该企业的二级或二级以下核算单位。扣缴业务人代扣代缴资源税的范围是收购的除原油、天然气、煤炭以外的资源税未税矿产品。未税矿产品是指资源税纳税义务人在销售其矿产品时，不能向扣缴义务人提供"资源税管理证明"的矿产品。"资源税管理证明"是证明销售的矿产品已缴纳资源税或已向当地税务机关办理资源税纳税申报的有效凭证，由当地主管税务机关开具。

二、资源税的税目与税率

（一）资源税税目与税率

表 7-2 资源税税目税率表

税目		税率
一、原油		销售额的 5%～10%
二、天然气		销售额的 5%～10%
三、煤炭	焦煤	每吨 8～20 元
	其他煤炭	每吨 0.3～5 元
四、其他非金属矿原矿	普通非金属矿原矿	每吨或者每立方米 0.5～20 元
	贵重非金属矿原矿	每千克或者每克拉 0.5～20 元
五、黑色金属矿原矿		每吨 2～30 元
六、有色金属矿原矿	稀土矿	每吨 0.4～60 元
	其他有色金属矿原矿	每吨 0.4～30 元
七、盐	固体盐	每吨 10～60 元
	液体盐	每吨 2～10 元

表中所列部分税目的征税范围限定如下：

1. 原油是指开采的天然原油，不包括人造石油。

2. 天然气是指专门开采或与原油同时开采的天然气，暂不包括煤矿生产的天然气。

3.煤炭是指原煤,不包括洗煤、选煤及其他煤炭制品。

4.其他非金属矿原矿是指上列产品和井矿盐以外的非金属矿原矿。

5.固体盐是指海盐原盐、湖盐原盐和井矿盐;液体盐是指卤水。

纳税人具体适用的税率,在《资源税税目税率表》规定的税率幅度内,根据纳税人所开采或者生产应税产品的资源品位、开采条件等情况,由财政部和国务院有关部门确定;财政部未列举名称且未确定具体适用税率的其他非金属矿原矿和有色金属矿原矿,由省、自治区、直辖市人民政府根据实际情况确定,报财政部和国家税务总局备案。

纳税人开采或者生产不同税目应税产品的,应当分别核算不同税目应税产品的销售额或者销售数量;未分别核算或者不能准确提供不同税目应税产品的销售额或者销售数量的,从高适用税率。

(二)资源税扣缴义务人适用的税额(率)标准

(1)独立矿山、联合企业收购未税资源税应税产品的单位,按照本单位应税产品税额(率)标准,依据收购的数量(金额)代扣代缴资源税。

(2)其他收购单位收购的未税资源税应税产品,按主管税务机关核定的应税产品税额(率)标准,依据收购的数量(金额)代扣代缴资源税。

(3)收购数量(金额)的确定比照课税数量(销售额)的规定执行。

三、资源税纳税申报与缴纳

(一)资源税纳税义务发生时间的确认

1.纳税人销售应税产品,其纳税义务发生时间是:

(1)纳税人采取分期收款结算方式的,其纳税义务发生时间,为销售合同规定的收款日期的当天;

(2)纳税人采取预收货款结算方式的,其纳税义务发生时间,为发出应税产品的当天;

(3)纳税人采取其他结算方式的,其纳税义务发生时间,为收讫销售款或者取得索取销售款凭据的当天。

2.纳税人自产自用应税产品的纳税义务发生时间,为移送使用应税产品的当天。

3.扣缴义务人代扣代缴税款的纳税义务发生时间,为支付货款的当天。

(二)资源税纳税地点

纳税人应纳的资源税,应当向应税产品的开采或者生产所在地主管税务机关缴纳。扣缴义务人代扣代缴的资源税,应当向收购地主管税务机关缴纳。纳税人在本省、自治区、直辖市范围内开采或者生产应税产品,其纳税地点需要调整的,由省、自治区、直辖市税务机关决定。

跨省、自治区、直辖市开采或者生产资源税应税产品的纳税人,其下属生产单位与核算单位不在同一省、自治区、直辖市的,对其开采或者生产的应税产品,一律在开采地或者生产地纳税。实行从量计征的应税产品,其应纳税款一律由独立核算的单位按照每个开采地或者生产地的销售量及适用税率计算划拨;实行从价计征的应税产品,其应纳税款一律由独立核算的单位按照每个开采地或者生产地的销售量、单位销售价格及适用税率计算划拨。

(三)纳税期限

资源税的纳税期限为1日、3日、5日、10日、15日或者1个月,由主管税务机关根据实际情况具体核定。不能按固定期限计算纳税的,可以按次计算纳税。

纳税人以1个月为一期纳税的,自期满之日起10日内申报纳税;以日为一期纳税的,自期满之日起5日内预缴税款,于次月1日起10日内申报纳税并结清上月税款。

扣缴义务人的解缴税款期限,比照上述规定执行。

四、资源税的减征与免征

依照税法,减征或者免征资源税主要在下列情形下发生:

1.开采原油过程中用于加热、修井的原油,免税。

2.纳税人开采或者生产应税产品过程中,因意外事故或者自然灾害等原因遭受重大损失的,由省、自治区、直辖市人民政府酌情给予减税或者免税的照顾。

3.国务院规定的其他减税、免税项目。具体包括:对独立矿山应纳的铁矿石资源税减征 60%,对有色金属矿的资源税在规定税额的基础上减征 30%。

纳税人的减税、免税项目,应当单独核算课税数量;未单独核算或者不能准确提供课税数量的,不予减税或者免税。

五、资源税计算

资源税的应纳税额,按照从价定率或者从量定额的办法,分别以应税产品的销售额乘以纳税人具体适用的比例税率或者以应税产品的销售数量乘以纳税人具体适用的定额税率计算。

纳税人开采或者生产应税产品,自用于连续生产应税产品的,不缴纳资源税;自用于其他方面的,视同销售缴纳资源税。

(一)销售额的确定

销售额为纳税人销售应税产品向购买方收取的全部价款和价外费用,但不包括收取的增值税销项税额。

价外费用,包括价外向购买方收取的手续费、补贴、基金、集资费、返还利润、奖励费、违约金、滞纳金、延期付款利息、赔偿金、代收款项、代垫款项、包装费、包装物租金、储备费、优质费、运输装卸费以及其他各种性质的价外收费。但下列项目不包括在内:

(1) 同时符合以下条件的代垫运输费用:

①承运部门的运输费用发票开具给购买方的;

②纳税人将该项发票转交给购买方的。

(2) 同时符合以下条件代为收取的政府性基金或者行政事业性收费:

①由国务院或者财政部批准设立的政府性基金,由国务院或者省级人民政府及其财政、价格主管部门批准设立的行政事业性收费;

②收取时开具省级以上财政部门印制的财政票据;

③所收款项全额上缴财政。

纳税人申报的应税产品销售额明显偏低并且无正当理由的、有视同销售应税产品行为而无销售额的,除财政部、国家税务总局另有规定外,按下列顺序确定销售额:

(1) 按纳税人最近时期同类产品的平均销售价格确定；

(2) 按其他纳税人最近时期同类产品的平均销售价格确定；

(3) 按组成计税价格确定。组成计税价格为：

组成计税价格＝成本×(1＋成本利润率)÷(1－税率)

公式中的成本是指:应税产品的实际生产成本。公式中的成本利润率由省、自治区、直辖市税务机关确定。

(二)特殊情况下课税数量的确定

1.纳税人不能准确提供应税产品销售数量或移送使用数量的,以应税产品的产量或主管税务机关确定的折算比例换算成的数量为课税数量。

2.原油中的稠油,高凝油与稀油划分不清或不易划分的,一律按原油的数量课税。

3.对于连续加工前无法正确计算原煤移送使用量的煤炭,可按加工产品的综合回收率,将加工产品实际销量和自用量折算成原煤数量,作为课税数量。

4.金属和非金属矿产品原矿,因无法准确掌握纳税人移送使用原矿数量的,可将其按选矿比折算成原矿数量,作为课税数量。

5.纳税人以自产的液体盐加工固体盐,按固体盐的销售量征税。

六、资源税应纳税额的计算

资源税应纳税额计算公式为：

应纳税额＝课税数量×单位税额

扣缴义务人代扣代缴资源税的计算公式为：

代扣代缴资源税税额＝收购未税矿产品数量×单位税额

纳税人以外购的液体盐加工成固体盐,其加工固体盐所耗用的液体盐的已纳税额准予扣除。

【例 7-13】 某油田 8 月份生产原油 35 万吨,销售原油 18 万吨,企业自用原油 6 万吨。该油田单位税额 8 元/吨。该油田 8 月份应纳税

额计算如下：

课税数量＝180 000＋60 000＝240 000(吨)

应纳税额＝240 000×8＝1 920 000(元)

【例 7-14】 某煤矿 10 月份生产原煤 20 万吨，销售原煤 12 万吨，销售以自产原煤加工选煤 8 万吨，综合回收率为 70%。该煤矿所产原煤单位税额为 3 元/吨。该煤矿 10 月份应纳税额计算如下：

课税数量＝120 000＋80 000÷70%＝234 285(吨)

应纳税额＝234 285×3＝702 855(元)

【例 7-15】 某铜矿 6 月销售铜矿石原矿 24 000 吨，移送已选精矿 6 000 吨，选矿比为 20%，铜矿适用单位税额为 1.2 元/吨。

销售铜矿石应纳资源税额＝24 000×1.2×70%＝20 160(元)

精矿应纳资源税额＝6 000÷20%×1.2×70%＝25 200(元)

该铜矿 6 月应纳资源税额＝20 160＋25 200＝45 360(元)

七、资源税会计处理

资源税核算通过“应交税费——应交资源税”账户进行。企业计算出销售的应税产品应交纳的资源税，借记“产品销售税金及附加”等账户，贷记“应交税费——应交资源税”账户；企业计算出自产自用的应税产品应交纳的资源税，借记“生产成本”、“制造费用”等账户，贷记“应交税费——应交资源税”账户。缴纳资源税时，借记“应交税费——应交资源税”账户，贷记“银行存款”账户。

企业收购未税矿产品，按实际支付的收购款，借记“材料采购”等账户，贷记“银行存款”等账户，按代扣代交的资源税，借记“材料采购”等账户，贷记“应交税费——应交资源税”账户；上交资源税时，借记“应交税费——应交资源税”账户，贷记“银行存款”账户。

企业外购液体盐加工固体盐，在购入液体盐时，按所允许抵扣的资源税，借记“应交税费——应交资源税”账户，按外购价款扣除允许抵扣资源税后的数额，借记“材料采购”等账户，按应支付的全部价款，贷记“银行存款”、“应付账款”等账户；企业加工成固体盐后，在销售时，按计算出的销售固体盐应交的资源税，借记“产品销售税金及附加”账户，贷记“应交税费——应交资源税”账户；将销售固体盐应纳资源税扣抵液体盐已纳资源税后的差额上交时，借记“应交税费——应交资源税”账户，贷记“银行存款”账户。

【例 7-16】 某油田 8 月份生产原油 340 000 吨，平均销售价格为 600 元/吨。销售 25 万吨，销售总额为 15 000 万元，企业自办炼油厂耗用原油 65 000 吨。该油田同时生产天然气 115 000 立方米，平均销售价格为 1.5 元/立方米。销售 90 000 立方米，销售总额为 10.8 万元，自办炼油厂耗用 5 000 立方米，该油田原油、天然气适用税率均为 5%。

1. 销售原油

应纳资源税额＝15 000×5%＝750（万元）

借：营业税金及附加　　7 500 000

　贷：应交税费——应交资源税　　7 500 000

2. 自产自用原油

应纳资源税额＝65 000×600×5%＝195（万元）

借：生产成本　　1 950 000

　贷：应交税费——应交资源税　　1 950 000

3. 销售天然气

应纳资源税额＝10.8×5%＝0.54（万元）

借：营业税金及附加　　5 400

　贷：应交税费——应交资源税　　5 400

4. 自产自用天然气

应纳资源税额＝5 000×1.5×5%＝375（元）

借：生产成本　　375

　贷：应交税费——应交资源税　　375

第七节 城镇土地使用税会计

城镇土地使用税是以城镇土地为征税对象,对拥有土地使用权的单位和个人征收的一种税。城镇土地使用税是我国目前在土地保有环节征收的唯一税种。征收城镇土地使用税,变土地的无偿使用为有偿使用,通过经济手段加强对土地的管理,有利于合理利用城镇土地,提高土地使用效益;有利于调节土地级差收入,同时也有助于理顺国家与土地使用者之间的分配关系。

一、城镇土地使用税的纳税人

城镇土地使用税的纳税义务人为在城市、县城、建制镇、工矿区范围内使用土地的单位和个人。单位,包括国有企业、集体企业、私营企业、股份制企业、外商投资企业、外国企业以及其他企业和事业单位、社会团体、国家机关、军队以及其他单位;个人,包括个体工商户以及其他个人。依照税法规定,城镇土地使用税的纳税义务人可分为以下几种类型:

1.拥有土地使用权的单位和个人。

2.拥有土地的单位和个人不在土地所在地的,土地使用税纳税义务人为土地的实际使用人和代管人。

3.土地使用权未确定或权属纠纷未解决,纳税义务人为实际使用人。

4.土地使用权共有的,共有各方均为土地使用税纳税义务人,由共有各方分别纳税。

二、城镇土地使用税征税范围

城镇土地使用税的征税范围是在城市、县城、建制镇和工矿区内的国家和集体所有的土地。这里,工矿区指工商业比较发达,人口比较集中,符合国务院规定的建制镇标准,但尚未设立建制镇的大中型工商企业所在地。工矿区须经省、自治区、直辖市人民政府批准。

三、城镇土地使用税的税率

按照税法规定，大、中、小城市和县城、建制镇、工矿区土地使用税每平方米年税额如下：

1. 大城市1.5元至30元；
2. 中等城市1.2元至24元；
3. 小城市0.9元至18元；
4. 县城、建制镇、工矿区0.6元至12元。

大、中、小城市以公安部门登记在册的非农业人口人数为依据，按照国务院颁布的《城市规划条例》规定的标准划分。人口在50万以上的城市为大城市，人口在20万至50万之间的城市为中等城市，人口在20万以下的城市为小城市。

省、自治区、直辖市人民政府，应在税法规定的税额幅度内，根据市政建设状况、经济繁荣程度等条件，确定所辖地区的适用税额幅度。经省、自治区、直辖市人民政府批准，经济落后地区土地使用税的适用税额标准可以适当降低，但降低额不得超过税法规定的最低税额的30%。经济发达地区土地使用税的适用税额标准可以适当提高，但须报经财政部批准。

四、应纳税额计算

城镇土地使用税应纳税额的计算公式为：

全年应纳税额＝实际占用应税土地面积(平方米)×单位税额

五、城镇土地使用税的免缴

免缴城镇土地使用税的范围包括：

1. 国家机关、人民团体、军队自用的土地；
2. 由国家财政部门拨付事业经费的单位自用的土地；
3. 宗教寺庙、公园、名胜古迹自用的土地；
4. 市政街道、广场、绿化地带等公共用地；
5. 直接用于农、林、牧、渔业的生产用地；
6. 经批准开山填海整治的土地和改造的废弃土地，从使用的月份起免缴土地使用税 5～10 年；

7.财政部另行规定免税的能源、交通、水利设施用地和其他用地。

除上述规定外，纳税人缴纳土地使用税确有困难需要定期减免的，由省、自治区、直辖市税务机关审核后，报国家税务局批准。

六、土地使用税的缴纳

土地使用税按年计算，分期缴纳。缴纳期限由省、自治区、直辖市人民政府确定。新征用的耕地，自批准征用之日起满一年时开始缴纳土地使用税；征用的非耕地，自批准征用次月起缴纳土地使用税。土地使用税由土地所在地的税务机关征收。土地管理机关应当向土地所在地的税务机关提供土地使用权属资料。

七、土地使用税的会计处理

【例 7-17】 位于某中等城市的一企业占用土地 10 000 平方米，经税务机关核定为应税土地。当地人民政府确定的土地使用税单位税额为 5 元/平方米。

年应纳土地使用税额＝10 000×5＝50 000(元)

计提土地使用税：

借：管理费用　　50 000

　贷：应交税费——应交土地使用税　　50 000

缴纳税金：

借：应交税费——应交土地使用税　　50 000

　贷：银行存款　　50 000

第八节　车船税会计

车船税是对依法应当在车船管理部门登记的车船征收的一种税。

车船税的纳税人是车辆、船舶的所有人或管理人，即在我国境内拥有车船的单位和个人。单位是指行政机关、事业单位、社会团体以及各类企业。个人是指我国境内的居民和外籍个人。应税车船税的所有人或管理人未缴纳车船税的，应由使用人代缴。从事机动车交通事故责任强制保险业务的保险机构为机动车车船税的扣缴义务人，应当依法代收代缴车船税。

一、车船税税率

车船税税目税额见表 7-3 所示。

表 7-3 车船税税目税额表

税目		计税单位	年基准税额	备注
乘用车〔按发动机汽缸容量（排气量）分档〕	1.0 升(含)以下的	每辆	60 元至 360 元	核定载客人数 9 人(含)以下
	1.0 升以上至 1.6 升(含)的		300 元至 540 元	
	1.6 升以上至 2.0 升(含)的		360 元至 660 元	
	2.0 升以上至 2.5 升(含)的		660 元至 1 200 元	
	2.5 升以上至 3.0 升(含)的		1 200 元至 2 400 元	
	3.0 升以上至 4.0 升(含)的		2 400 元至 3 600 元	
	4.0 升以上的		3 600 元至 5 400 元	
商用车	客车	每辆	480 元至 1 440 元	核定载客人数 9 人以上，包括电车
	货车	整备质量每吨	16 元至 120 元	包括半挂牵引车、三轮汽车和低速载货汽车等
挂车		整备质量每吨	按照货车税额的 50%计算	
其他车辆	专用作业车	整备质量每吨	16 元至 120 元	不包括拖拉机
	轮式专用机械车		16 元至 120 元	
摩托车		每辆	36 元至 180 元	
船舶	机动船舶	净吨位每吨	3 元至 6 元	拖船、非机动驳船分别按照机动船舶税额的 50%计算
	游　艇	艇身长度每米	600 元至 2 000 元	

车辆的具体适用税额由省、自治区、直辖市人民政府依照本法所附《车船税税目税额表》规定的税额幅度和国务院的规定确定。

船舶的具体适用税额由国务院在本法所附《车船税税目税额表》规定的税额幅度内确定。

二、车船税优惠

1. 下列车船免征车船税：

(1)捕捞、养殖渔船；

(2)军队、武装警察部队专用的车船；

(3)警用车船；

(4)依照法律规定应当予以免税的外国驻华使领馆、国际组织驻华代表机构及其有关人员的车船。

2. 对节约能源、使用新能源的车船可以减征或者免征车船税；对受严重自然灾害影响纳税困难以及有其他特殊原因确需减税、免税的，可以减征或者免征车船税。具体办法由国务院规定，并报全国人民代表大会常务委员会备案。

3. 省、自治区、直辖市人民政府根据当地实际情况，可以对公共交通车船，农村居民拥有并主要在农村地区使用的摩托车、三轮汽车和低速载货汽车定期减征或者免征车船税。

三、车船税缴纳

车船税纳税义务发生时间为取得车船所有权或者管理权的当月。车船税按年申报缴纳，具体申报纳税期限由省、自治区、直辖市人民政府规定。车船税的纳税地点为车船的登记地或者车船税扣缴义务人所在地，依法不需要办理登记的车船，车船税的纳税地点为车船的所有人或者管理人所在地。

四、车船税会计处理

【例 7-18】 某运输企业有大客车 12 辆、载重汽车 30 辆(载重量全部为 40 吨)。该企业所在地规定载货汽车年纳税额为每吨 30 元,大客车为每辆 200 元。

应纳税额＝30×30×40＋12×200＝38 400(元)

借:管理费用　　38 400

　贷:应交税费——应交车船税　　38 400

第九节　车辆购置税会计

一、车辆购置税的纳税人和纳税范围

车辆购置税的纳税人为在我国境内购置应税车辆的单位和个人。购置包括购买、进口、自产、受赠、获奖或者以其他方式取得并自用应税车辆的行为。单位是指国有企业、集体企业、私营企业、股份制企业、外商投资企业、外国企业以及其他企业和事业单位、社会团体、国家机关、部队以及其他单位。

车辆购置税的征收范围包括汽车、摩托车、电车、挂车、农用运输车。

二、车辆购置税应纳税额的计算

车辆购置税实行从价定率的办法计算应纳税额,税率为 10%。

车辆购置税应纳税额的计算公式为:

应纳税额＝计税价格×10%

车辆购置税的计税价格根据不同情况,按照下列规定确定:

1.纳税人购买自用的应税车辆的计税价格，为纳税人购买应税车辆而支付给销售者的全部价款和价外费用，不包括增值税税款。

纳税人进口自用的应税车辆，其计税价格的计算公式为：

计税价格＝关税完税价格＋关税＋消费税

2.纳税人以外汇结算应税车辆价款的，按照申报纳税之日的市场汇价折算成人民币计算应纳税额。

3.纳税人自产、受赠、获奖或者以其他方式取得并自用的应税车辆的计税价格，由主管税务机关参照规定的最低计税价格核定。最低计税价格并非固定不变，会随车价的上涨或下跌而调整。

国家税务总局参照应税车辆市场平均交易价格，规定不同类型应税车辆的最低计税价格。纳税人购买自用或者进口自用应税车辆，申报的计税价格低于同类型应税车辆的最低计税价格，又无正当理由的，按照最低计税价格征收车辆购置税。

4.纳税人通过非贸易渠道进口车辆的最低计税价格为同类型新车的最低计税价格。

5.已经缴纳车辆购置税并办理登记手续的车辆，若更换发动机或底盘的，其最低计税价格按同类新车最低计税价格的70%计算。

三、车辆购置税的免税

1.外国驻华使馆、领事馆和国际组织驻华机构及其外交人员自用的车辆，免税；

2.中国人民解放军和中国人民武装警察部队列入军队武器装备订货计划的车辆，免税；

3.设有固定装置的非运输车辆，免税；

4.国务院规定予以免税或者减税的其他情形的，按照规定免税或者减税。

四、车辆购置税的缴纳

纳税人应自购买日、进口日、受赠、获奖等车辆取得日起，60天内进行纳税申报。纳税人购置应税车辆，应向车辆登记注册地的主管税务机关申报纳税;购置不需要办理车辆登记注册手续的应税车辆,应向纳税人所在地的主管税务机关申报纳税。

车辆购置税实行一次征收制度。购置已征车辆购置税的车辆,不再征收车辆购置税。

五、车辆购置税的会计处理

企业购买、进口、自产、受赠、获奖以及以其他方式取得并自用的应税车辆,按规定应缴纳的车辆购置税,以及企业购置的减税、免税车辆改制后用途发生变化,按规定应补交的车辆购置税,企业应在缴纳车辆购置税时,借记"固定资产"账户,贷记"银行存款"账户。车辆购置税的会计处理也可通过"应交税费"账户。

【例 7-19】 甲公司 5 月份受赠一辆汽车。主管税务机关核定的车辆购置税计税价格为 210 000 元,甲公司 6 月份到主管税务机关缴纳车辆购置税。

应纳车辆购置税额=210 000×10%=21 000(元)

借:固定资产　　21 000

　贷:银行存款　　21 000

本章小结

本章介绍了各小税种的基本内容及其会计处理,其中涉及各税计算的内容较多,应注意理解。

综合复习题

一、思考题

1. 简述本章各税的纳税范围。
2. 土地增值额如何计算?
3. 简述车船税特点及其会计处理。

4. 简述国家征收资源税、车辆购置税的目的。

二、选择题

1. 市区某纳税人当月应纳增值税2万元，减免1万元，补交上月漏交的增值税0.5万元。本月应交城建税(　　)。

A. 0.14万元　B. 0.07万元　C. 0.175万元　D. 0.105万元

2. 某纳税人无故拖欠消费税10万元，查出后补交了拖欠的消费税款，同时缴纳罚金600元。应按以下办法缴纳城建税(　　)。

A. 以10万元为税基补交城建税

B. 以600元为税基补交城建税

C. 以10万元为税基补交城建税，再按消费税拖欠天数对拖欠的城建税加收滞纳金

D. 以10.06万元为税基补交城建税

3. 开征城镇土地使用税的地区有(　　)。

A. 城市　　B. 县城、建制镇

C. 非县城、建制镇　　D. 工矿区

4. 房地产的计税依据是(　　)。

A. 房产原值　B. 房产租金　C. 房产余值　D. 房产售价

5. A、B双方签定一份运输保管合同，合同上注明的费用为60万元，其中运费是50万元，仓库保管费10万元(分别注明)。该合同的双方各应缴纳的印花税额为(　　)。

A. 0.03万元　B. 0.06万元　C. 0.035万元　D. 0.09万元

6. 下列借款合同应交印花税的是(　　)。

A. 银行与银行之间借款合同

B. 企业向银行借款的合同

C. 企业向其他企业的借款合同

D. 企业与信托公司之间的借款合同

7. 记载资金的账簿，印花税的计税依据是(　　)两项的合计数。

A. 实收资本　B. 注册资本　C. 资本公积　D. 全部资产

8. 下列应征土地增值税的项目是(　　)。

A. 出让国有土地使用权

B. 转让国有土地使用权并取得收入

C. 出租房地产并取得收入

D. 国家征用房地产

9. 房地产开发企业在计算土地增值税时，允许从收入中扣减的税金有(　　)。

A. 营业税　　B. 城市建设维护税

C. 印花税　　D. 教育费附加

10. 甲乙双方发生房屋交换行为，交换价格相等时，契税(　　)。

A. 由甲方交纳　　B. 由乙方交纳

C. 甲、乙双方各缴一半　　D. 甲、乙双方都不交纳

三、业务题

某企业 2008 年度共拥有土地 65 000 平方米，其中子弟学校占地 3 000平方米、幼儿园占地 1 200 平方米、企业内部绿化占地 2 000 平方米。2000 年度的上半年企业共有房产原值 4 000 万元，7 月 1 日起企业将原值 200 万元、占地面积 400 平方米的一栋仓库出租给某商场存放货物，租期 1 年，每月租金收入 1.5 万元。8 月 10 日对委托建筑单位建设的生产车间办理验收手续，由在建工程转入固定资产原值 500 万元。城镇土地使用税 4 元/平方米，房产税计算余值的扣除比例为 20%。

要求：(1)计算该企业 2000 年度应缴纳的城镇土地使用税；

(2)计算 2000 年度应缴纳的房产税。

四、案例题

某非房地产开发企业转让办公楼一幢，取得转让收入 10 000 万元，企业适用营业税税率为 5%、城建税税率为 7%，教育费附加征收率为 3%，印花税税率为 5‰。该企业为取得土地使用权而支付的地价款和交纳的有关费用共 2 000 万元；投入的房地产开发成本为 3 000 万元，房地产开发费用中的利息支出为 500 万元(能够按转让房地产项目分摊并提供金融机构证明)，但其中 50 万元属于加罚利息。当地政府规定的其他房地产开发费用的扣除比例为 5%。

该企业有关土地增值税的计算如下：

(1)扣除项目金额＝2 000＋3 000＋500＋(2 000＋3 000)×5%＋10 000×5%＋10 000×5%×(7%＋3%)＋(2 000＋3 000)×20%＝7 300(万元)

(2)增值额＝10 000－7 300＝2 700(万元)

(3)增值率＝2 700÷7 300＝37%

(4)土地增值税税额＝2 700×30%＝810(万元)

案例分析要求：该企业计算的应纳土地增值税额是否正确，如不正确，请指出错误之处。

第八章　税务筹划的基本原理

学习目标

1. 了解税务筹划的基本含义。
2. 了解税务筹划的动因。
3. 掌握税务筹划的原则。
4. 了解税务筹划的目标。
5. 掌握税务筹划的基本技术。

范 例

若某企业的销售收入为1 000万元,销售毛利率为30%,期间费用为100万元,流转税为销售收入的5.5%,城市建设维护税和教育费附加为流转税的10%,则需缴纳流转税1 000×5.5%=55万元,所得税(1 000×30%-55-100)×25%=36.25万元,税后净利润1 000×30%-55-100-36.25=108.75万元,假如将净利润全部分给投资者,投资者还需缴纳个人所得税108.75×20%=21.75万元。合计税负113万元,占企业毛利300万元的37.67%,如果考虑财产税收,这个比例还要高。降低正常税收负担的有效途径是开展税务筹划。

第一节 税务筹划的基本含义

一、税务筹划的基本含义

税务筹划[①]亦称税收筹划、纳税筹划(Tax Planning)。国际上对于税务筹划的概念不尽一致,其中比较有代表性的说法有:

国际财政文献局(IBFD)《国际税收辞典》对税务筹划定义为:"税务筹划是指通过纳税人经营活动或个人事务活动的安排,实现缴纳最低的税收。"

印度税务专家N.J.雅萨斯威在《个人投资和税务筹划》一书中说,税务筹划是"纳税人通过财务活动的安排,以充分利用税收法规所提供的包括减免税在内的一切优惠,从而获得最大的税收利益"。另一位印

① 本书中税务筹划指企业税务筹划。

度税务专家E.A.史林瓦斯在其编著的《公司税务筹划手册》中说:“税务筹划是经营管理整体中的一个组成部分……税务已成为一个重要的环境要素之一,对企业既是机遇,也是威胁。”

美国南加州W.B.梅格斯博士在与别人合著的、已发行多版的《会计学》中提出:“人们合理而又合法地安排自己的经营活动,使之缴纳可能最低的税收。他们使用的方法可称之为税务筹划……少缴税和递延缴纳税收是税务筹划的目标所在。”另外他还说:“在纳税发生之前,有系统地对企业经营或投资行为作出事先安排,以达到尽量地少缴所得税,这个过程就是税务筹划。”

美国注册会计师协会AICPA从税务代理的角度在《对〈税务咨询标准公告1号——纳税申报立场〉的解释1-2号——税务筹划》中定义:“税务筹划是针对预期的或完成的交易,对一项纳税申报立场或由会员、纳税人或第三者制定的特定纳税计划发表建议或表述观点。”

根据以上相互接近的表述,我们可作这样的概括,税务筹划是指纳税人依据所涉及的税境和现行税法,遵循国际惯例,在遵守税法、尊重税法的前提下,对企业的涉税事项进行的旨在减轻税负、实现企业经营战略目标和财务目标的谋划、对策与安排。

从上述定义可以看出,税务筹划的特征在于:

1.守法性。守法性包括合法性和不违法性两层含义,即税务筹划不能违反法律规定。不违反法律规定是税务筹划的前提。违反法律逃避税收负担属于偷逃税,要承担相应的法律责任,应被坚决加以反对和制止。

2.筹划性。筹划性表示税务筹划必须事先规划设计和安排。税务筹划的英文中planning即为计划之意。在经济活动中,纳税义务通常滞后于应税行为,如交易行为之后才缴纳增值税、消费税或营业税,取得收益分配或实现之后才缴纳所得税,财产取得以后才缴纳财产税,特定行为发生之后才缴纳特定目的税。这在客观上提供了纳税人在纳税之前进行筹划的可能性。纳税人可以在某些经营活动发生之前就可以选择低税负决策的机会。如果经营活动已经发生,应纳税款已经确定而想方设法去偷逃税款,就不能认为是税务筹划。

3. 目的性。目的性表示税务筹划有明确的目的——减轻税负以实现财务目的。这有两层意思：税务筹划的直接目的是减轻税负。减轻税负可以是绝对地减少纳税数额，也可以是相对地减少纳税数额。例如经过税务筹划，本期应纳税额比前期应纳税额减少了，是税负的减轻；如果经过税务筹划，本期销售收入增长了30%，而应纳税额只增长了10%，也是税负的减轻。税务筹划的根本目的是实现企业的财务目标。企业的财务目标是指股东财富最大化或者企业价值最大化。股东创办企业的目的是扩大财富，他们是企业的所有者，企业价值最大化就是股东财富最大化。企业的价值就在于它能给所有者带来未来报酬。所以税务筹划不能局限于个别税种税负的高低，而应考虑到整体税负的高低；不能局限于纳税数额的高低，还要考虑到企业生产业务的扩张。理想的税务筹划应是整体收益最多，或许纳税并非最少。

4. 普遍性。各个税种规定的纳税人、纳税对象、纳税地点、税目、税率、减免税及纳税期限等，一般都有差别。这就给纳税人提供了税务筹划的机会，也就决定了税务筹划的普遍性。

5. 多变性。各国的税收政策，尤其是各税种的实施细则等，随着政治、经济形势的变化会经常发生变化，因此，税务筹划也就具有多变性。纳税人应随时关注国家税收法规的变动，进行税务筹划的应变调整。

二、避税与节税

（一）避税（Tax Avoidance）

对避税的定义也存在着多种认识。《国际税收辞典》对避税定义为："纳税人通过个人或企业事务的人为安排，利用税法的漏洞、特例和缺陷，规避或减轻其纳税义务的行为。"加拿大魁北克大学会计系教授雷内·霍特在他编写的《理解所得税》一书中也指出："避税不违法，但被政府认为是企图绕过税法规定，这样，错用或滥用税法的避税所可能带来的利益就会被政府已经制定的一般反避税法（General Anti-

Avoidance Rule,GAAR)所取消。”[①]可见,避税是政府反对的行为。

本书认为,避税是指在不违反税法规定的前提下,利用税法的漏洞、特例和缺陷,规避或减轻其纳税义务的行为。它具有以下几个特征:

1.不违法性

避税是利用“不违反税法规定”的手段来规避纳税义务的。“不违反税法规定”可能是税法对此没有做出规定,也可能是税法的规定中存在疏漏、错误之处。既然避税没有违反税法规定,就不能采用对待偷税、逃税等行为的法律制裁。事实上,何为“违法”,何为“不违法”,完全取决于一国一段时期内的法律。在一国违法的事,也许到了另一国却成了不违法的事;在一段时期内不违法的事,也许到了另外一段时期就是违法的事。

2.不顺应法律意图性

法律的制定往往滞后于新经济活动的发生,因此,总是难以面面俱到。税法中的空白、漏洞、缺陷、错误都是纳税人可以利用的地方,尽管这些不是立法者的本意。比如税法中有的条款在执行中有弹性,纳税人可以按有利于自己的理解去执行;税法中过于抽象、过于简化的条款,纳税人可以根据自己的理解,从有利于自身利益的角度去进行筹划;税法中相互矛盾、相互冲突的内容,纳税人也可以加以利用。

3.受制约性

由于避税违背了法律的意图,因此政府部门或迟或早要对此做出反应,通过完善税法和加强执法来对避税行为进行制约,也即采取反避税措施。比如我国的《税收征管法》、《增值税暂行条例》、《消费税暂行条例》以及《企业所得税法》中都有税务机关有权核定和调整关联企业交易定价的规定。需要指出的是,避税的不违法性是就法律而言,但是就经济影响而言,避税影响了国家的税收收入,因此,反避税的深层次理由既源于法律也源于经济。

① 方卫平,《税收筹划》,上海财经大学出版社,2001年4月第1版。

(二)节税(Tax Saving)

节税是指在税法规定的范围内尽可能地减轻税负以实现财务目标的合理行为。节税的行为是符合法律精神的,也是顺应法律意图的。它具有以下几个特征:

1. 合法性

从法律角度来看,节税是以遵循税收法规和政策的合法方式,在税法允许、甚至鼓励的范围内进行的纳税优化选择。

2. 符合政府政策导向性

税收具有宏观调控的职能,各国政府都会利用税收经济杠杆,有意识地通过税收优惠、鼓励等政策,引导纳税人逐步走向优化产业结构和合理配置资源的道路。纳税人在实现节税目的的同时,政府也实现了其政策导向。

3. 合理性

合理性是指节税具有经营上的目的。纳税人的节税行为不仅仅是出于税收因素的考虑,也是出于合理的商业经营上的考虑。没有合理的经营目的,纯粹是为了规避税负的交易行为是避税行为,是要受到制约的。

(三)避税与节税

本书认为税务筹划包括避税与节税。

避税与节税都会使纳税人的税负减轻,国家的财政收入减少,但是两者的性质不一样,对它们的处理也不一样。避税和节税的区别在于:从形式上看,节税是合法合理利用税法,避税是错误或滥用税法;从实质上看,节税是顺应立法精神的,而避税是违背立法精神的。比如,一个国家对高酒精含量的酒类产品征收重税,一个纳税人可以采取三种办法来少缴纳或者不缴纳税收:一种是积极开发果汁制品来取代原来的产品;一种是钻"高酒精含量度数"标准的空子,继续生产高酒精含量的酒类产品;还有一种是通过隐瞒销售收入的手段,继续生产该酒类产品。我们把第一种行为称为节税,把第二种行为称为避税,把第三种行为称为偷税、逃税。

在实践中,节税与避税两者往往联系紧密,难以分清。而且特别需要指出的是，两者都不违反税法。因此，纳税人完全可以采取节税和避税的手段来减轻税收负担。税务筹划与偷、逃、抗、欠、骗税的根本区别是：税务筹划以不违法为前提，而偷、逃、抗、欠、骗税均属违法行为，要承担行政责任和（或）刑事责任。节税、避税与偷逃税的区别，可以用表8-1表示。

表 8-1 节税、避税与偷逃税的区别

纳税人行为	与立法意图关系	与法律的关系	政府的态度
偷税、逃税	违背立法意图	违反法律规定	制裁处罚
避　税	违背立法意图	法律对此没有规定	反　对
节　税	顺应立法意图	符合法律规定	鼓　励

思　考

你怎样认识这样的说法："野蛮者抗税，愚昧者偷税，糊涂者漏税，智慧者进行税务筹划"？

第二节　税务筹划的动因、目标和原则

一、税务筹划的动因

税务筹划是由于税收的存在而产生的，利益的驱使是税务筹划产生的根本原因。现代意义上的税收，应该是在税收法律规范下的税收。这个阶段，税收对纳税人的经济活动调控作用更为明显，并且税收通过税收法律规范后，明确界定了纳税人应尽的纳税义务，为合法降低税收成本提供了现实的可能。主观愿望和客观条件相结合，造成了税务筹划的产生和存在。

（一）税务筹划是纳税人的正当权利

缴税是纳税人的义务，税务筹划是纳税人的权利，两者看似矛盾的双方在法律责任的范围内求得统一。纳税人在法律允许或不违反税法的前提下，有从事经济活动、获取收益的权利，有选择生存与发展、兼并与破产的权利，也有通过税务筹划取得税收收益的权利。税务筹划是企业对其资产、收益的正当维护，属于企业应有的经济权利。纳税人对经济利益的追求可以说是一种本能，是最大限度地维护自己的利益的行为。

税务筹划应是在企业权利的边界内或边界线上。超越企业权利的范围和边界，必然构成对企业义务的违背、践踏；而超越企业义务的范围和边界，又必然构成对企业权利的破坏和侵犯。对纳税人来说，遵守权利的界限是其应承担的义务，不超出承担义务的界限又是其应有的权利。税务筹划没有超越企业权利的范围，应属于企业的正当权利。

（二）主观动因

在市场经济体制下，企业是独立核算、自主经营、自负盈亏的市场主体，税收对企业的收益有重大影响：首先，税收支出的多少直接影响企业流动资金的周转；其次，所支出的税收是否计入企业成本直接影响企业的最终收益；再次，当企业和税务机关在税法理解上发生偏差时，企业的态度常会决定企业所处地位。

从宏观上讲，企业在筹资、投资等决定企业未来的发展方向的决策中引入税务筹划，会对企业决策产生一定影响，使最终收益达到最大化；从狭义上讲，企业在生产经营中对具体到某一产品、税种、税收政策的筹划，有助于企业将税负降至最低。所以企业的税务筹划得当，用足用好税收优惠政策，有利于减轻税负，增强竞争力，有效维护企业权益，使自身经济利益达到最大化。

（三）客观条件

税法的政策导向性和不完善性也为税务筹划创造了客观条件，具体表现在以下几个方面：(1)在国际之间，不同国家的税收制度存在较大的差异，因而存在利用国别税收政策的差异在国际间进行税务筹划的空间；(2)在同一个国家的不同地区采用不同的税收优惠政策，例如我国的民族自治地方、西部等采用的税收优惠政策皆可为税务筹划提供广阔的空间；(3)同一个国家内的各税种间亦存在税务筹划的空间，可以通过筹划加强税种间的组合优势；(4)在同一个税种内也可进行税务筹划，如纳税人、征税对象、税目税率、计税依据、纳税环节等皆可以进行筹划。

二、税务筹划的目标

税务筹划的目标，就是减轻税收负担、争取股东财富最大化或者企业价值最大化，其外在表现是纳税最少、纳税最晚，即“经济纳税”，以实现税后利润最大化。为实现税务筹划的目标，可以将税务筹划目标细化，具体可分为：

(一)恰当履行纳税义务，实现涉税零风险

恰当(得当、适当)履行纳税义务是税务筹划的基础目标或最低目标，旨在规避纳税风险、规避任何法定纳税义务之外的纳税成本的发生。一是认识和避开税收陷阱，二是实现涉税零风险。税法陷阱是税法漏洞的对称，税法漏洞的存在，给纳税人提供了避税的机会；而税法陷阱的存在，又让纳税人不得不小心，否则会落入税务当局设置的看似漏洞，实为陷阱的圈套(这也是政府反避税的措施之一)。纳税人一旦落入税法陷阱，就要缴纳更多的税款，影响纳税人正常的收益。涉税零风险，是指纳税人账目清楚，纳税申报正确，缴纳税款及时、足额，不会出现任何关于税收方面的处罚，即在税收方面没有任何风险，或风险极小可以忽略不计的一种状态。在这种状态下，纳税人虽然不能直接获取税收上的好处，但却能间接地获取一定的经济利益，更加有利于企业的长远发展与规模扩大。

(二)纳税成本最低化

纳税成本最低化与恰当履行纳税义务，虽然都是防卫型的税务筹划目标，但也都是最基本的税务筹划目标。纳税成本，是指纳税人在纳税过程中所发生的直接或间接费用，包括经济、时间等方面的损失，例如税务登记、纳税申报、税款缴纳、税务检查等整个纳税过程中的时间耗费及纸张、记录等方面的费用，此外还包括纳税人的心理压力等。西

方经济学家在税收成本理论中常把这部分费用称为"奉行纳税费用"、"履行纳税义务费用"、"税收奉行费用"等。纳税人纳税成本的降低会使企业利润增加,从而增加了应税所得额。对税务机关来说,增加了税收收入,降低了其征管成本,这是一种双赢的结果。

(三)税收负担最低化

税收负担最低化是一种积极的税务筹划目标。纳税人对税收负担最小化的追求,是税务筹划产生的最初原因。毫无疑问,减轻税收负担也就必然是税务筹划所要实现的目的之一。减轻自身税收负担包括三层含义:第一层含义是绝对地减少经济主体的应纳税款数额。第二层含义是相对地减少经济主体的应纳税款税额,即经济主体的应纳税额虽然有所增加,但其增加幅度小于经济增加的幅度。第三层含义是获取延迟缴纳税款的资金时间价值,资金的时间价值是指资金在经历一定时间的投资和再投资所增加的价值。虽然这笔税款迟早是要缴纳的,但现在无偿地占用这笔资金就相当于从财政部门获得了一笔无息贷款,有利于更好地安排企业的资金运动。

(四)税后利润最大化

税后利润是属于股东的权益。税务筹划作为财务管理的一个部分,它也要服从于财务管理追求股东财富最大化的目标。税后利润最大化有两层含义:第一层是在整个投资项目的投资周期内的税后回报最大化。也就是不能单纯以眼前税负的高低作为判断标准,而是以企业长远利益作为判断标准,有时可能会选择税负较高的方案。第二层是整体投资税后回报的最大化。也就是不能单纯以税负的高低作为判断标准,而是以企业整体利益作为判断标准,也许税负增加了,但是总的税后利润增长得更快。

三、税务筹划的原则

(一)守法原则

进行税务筹划,应该以现行税法及相关法律、国际惯例等为法律依据,要在不违背税法规定的前提下,利用税制构成要素中的税负弹性进行税务筹划,选择最优的纳税方案。税务筹划的最基本原则或最基本特征是不违反税法，这是区别于偷、逃、欠、抗、骗税的关键。

(二)全面筹划原则

税务筹划是企业财务管理活动的一个重要内容，它与企业其它财务管理活动是相互影响、相互制约的。首先，不可把税负轻重作为选择纳税方案的唯一标准，而应着眼于企业财务管理的总目标——企业价值最大化。税收支出的减少并非等额地带来资本总收益的增加，当税收负担降低反而引起企业价值的减少时，盲目追求减少税负毫无意义。其次，税务筹划要考虑企业整体税负的下降，不能只注意一个或几个税种，应综合权衡，趋利避害。

(三)成本效益原则

进行税务筹划要先进行"成本－效益"分析，判断是否经济可行。税务筹划成本是企业因进行税务筹划而增加的成本。税务筹划成本可分为显性成本和隐性成本。显性成本是在税务筹划中实际发生的相关费用；隐性成本是纳税人因采用税务筹划方案而放弃的潜在利益，因此，隐性成本是一种机会成本。企业在进行税务筹划时，更应该关注后者。

(四)适时调整的原则

税务筹划总是在一定法律环境下，以一定企业经营活动为背景制定的，有着明显的针对性和时效性。随着时间的推移，社会经济环境、企业、法律等各方面情况不断发生变化，必须注意税收政策法规的更新及未来走向，抓住时机，灵活反应，适应税收政策导向，不断补充修订税务筹划方案，以确保企业长久地获得税务筹划带来的收益。

(五)保护性原则

我国大部分税种的税率、征收率不是单一税率，有的税种还有不同的扣除率、出口退税率。在现实中也存在这样的情况：兼营适用同一税种但不同的税率的货物或劳务；兼营适用不同税种的货物或劳务或者混合销售行为。税法中对此的规定一般是"就高不就低"的原则。因此，纳税人要按不同税种、税率(退税率)分别设账、分别核算；在有混合销售行为时，要掌握计税原则。另外，由于增值税实行专用发票抵扣制，依法取得并认真审核、妥善保管专用发票是至关重要的，对纳税人来说，这都是保护性的举措，否则，不但不能减轻负担，还可能加重税负。

思 考

税务筹划对于企业是很重要的,但是不能就税收论税收,为筹划而筹划,要始终考虑到企业的整体利益与发展。无论筹划者是企业内部财务人员,还是外部的专家和税务代理人,在筹划时都应注意:税务筹划是企业经营管理活动的一部分,而不是全部。

第三节 税务筹划的基本技术

一、税务筹划技术概述

税务筹划技术是指不违法地、合理地使纳税人缴纳尽量少的税款的知识和技巧。

税务筹划技术可以分为减免税技术、税率技术、分割技术、扣除技术、抵免技术、延期纳税技术、退税技术和会计政策选择技术。前七项技术是针对税制的各个要素的技术。各税种的应纳税额都是通过对会计核算的结果加以纳税调整来确定,凡是税法没有明确规定会计处理方法或者有多种会计处理方法的,会计核算的结果就是应纳税额,因此,通过会计政策选择技术,也可以实现税务筹划的目标。

各种税务筹划技术,可以单独采用,也可以结合采用。如果同时采用两种或两种以上筹划技术,必须注意各种税务筹划技术之间的相互影响。

二、减免税技术

(一)减免税技术的概念

减免税技术是指在不违法和合理的情况下,使纳税人成为免税人,或使纳税人从事免税活动,或使征税对象成为免税对象而免纳税收的税务筹划技术。

使纳税人享受减税免税待遇，比如在经济特区和上海浦东新区新设的高新技术企业，在经济特区和上海浦东新区内取得的所得，自取得第一笔生产经营收入所属纳税年度起，第一年至第二年免纳企业所得税，第三年至第五年按照25%的法定税率减半缴纳企业所得税。使纳税人从事减免税活动，比如单位和个人从事技术转让、技术开发业务和与之相关的技术咨询、技术服务业务，可以免征营业税。使征税对象成为减免税对象，比如购买债券，一般的债券利息要缴纳所得税，而国债的利息可以免税。

一般国家有两类不同目的的减免税：一类是属于照顾困难减免税性质的减免税，对于纳税人来说只是税收照顾，是财务收益上的补偿；另一类是属于政策性减免税性质的减免税，对于纳税人来说则是税收奖励，是财务收益的取得。照顾性减免税往往是在非常情况或非常条件下才能取得的，而且一般也只是弥补其所遭遇的损失，所以税务筹划不能利用其来达到筹划目的，只有取得国家奖励性减免税才能达到筹划的目的。

（二）减免税技术特点

1.主要针对税额进行筹划。减免税技术通过直接减小税额的方式来实现税收减免，主要包括全部免征、减半征收、核定减征率征收以及另定减征额等。

2.适用范围狭窄。减免税是对特定纳税人、纳税对象的减免，比如必须从事特定的行业、在特定的地区经营、要满足特定的条件等，而这些不是每个纳税人都能或都愿意做到的。因此，减免税技术往往不能普遍运用，适用范围狭窄。

3.技术简单。减免税技术节减的税额比较明确，一般不需经过复杂的计算过程。

（三）减免税技术要点

1.尽量争取更多的减免税待遇。在不违法和合理的情况下，尽量争取减免税待遇，争取尽可能多的项目获得减免税待遇。

2.尽量使减免税期最长化。在不违法和合理的情况下，尽量使减免税期最长化。许多减免税都有期限规定,减免税期越长,节减的税收越多。

3.减免税必须有法律、法规的明确规定,这里的法律、法规是指税收法律法规。减免税的纳税人要严格按照税法规定履行纳税义务,如必须按期如实进行纳税申报。

4.企业所得税法中规定的减免税优惠措施,对一个企业可能会有减免税政策交叉的情况,在具体执行时,可选择使用其中一项最优惠的政策,但一般不能两项或者几项优惠政策累加执行。

三、分割技术

(一)分割技术的概念

分割技术是指在不违法和合理的情况下,使所得在两个或更多个纳税人之间,或者在适用不同税种、不同税率和减免税政策的多个部分之间进行分割的税务筹划技术。

采用分割技术筹划与采用税率差异技术筹划的区别在于:前者是通过使纳税人的应税基数不违法和合理地减少进行筹划,后者则不是通过减少应税基数进行筹划。

(二)分割技术特点

1.针对税基进行筹划。分割技术通过使纳税人的应税基数不违法和合理地减少从而节减税额。

2.适用范围狭窄。一个企业分立为多个小企业,强行分割所得来降低适用税率,要经历重新评估资产、变更工商登记等手续,比较繁琐,而且必须考虑到其他经济因素以及合理商业目的,因此,分割技术适用范围狭窄。一个企业将应税销售所得分割,分别记账的前提也是分别销售,如果不是分别销售,也不能分别记账。

3.技术较为复杂。采用分割技术不但要受到许多税收条件的限制,还要受到许多非税条件如分割参与人等复杂因素的影响,技术较为复杂。

(三)分割技术要点

1.分割合理化。使用分割技术筹划,特别要注意的是所得或财产分割的合理,要使得分割合理,比如,将一个企业分为两个企业,以享受较低的所得税税率,还要考虑到分割后经济上的合理性,比如控制力下降、管理费用增加、分割的手续也比较繁琐等。

2.分割不违法。把一个纳税人的应税所得分割成适用不同税种、不同税率和减免税政策的多个部分的应税所得,其前提是分别销售,而且如果工业企业将一个完整的产品化整为零销售,分开发票,分别记账,分别适用不同的税率纳税,属于偷税行为。

3.收益最大化。在不违法和合理的情况下,尽量寻求通过分割能使节减的税款最大化。

四、扣除技术

(一)扣除技术的概念

扣除技术是指在不违法和合理的情况下,使扣除额增加而直接节减税额,或调整扣除额在各个应税期的分布而相对节减税额的税务筹划技术。在同样收入额的情况下,各项扣除额越大,应税基数就会越小,应纳税额也越少,所节减的税款也就越大。

扣除技术一般采用增加扣除项目、提前确认扣除项目等手段。

(二)扣除技术的特点

1.针对税基和税率进行筹划。扣除技术直接减少了税基,也可以通过扣除项目的转移而适用较低的边际税率。

2.技术较为复杂。扣除技术较为复杂,因为税法中的各种扣除规定复杂多变。因此,如果采用扣除技术就要精通所有有关的最新规定和变化,将计算结果加以比较。

3.适用范围较大。税法准予扣除的项目、范围和标准,基本上对每个纳税人都是适用的,是对征税对象的一种必要扣除,几乎每个纳税人都能采用此法筹划,因此,扣除技术是一种能普遍采用、适用范围较大的税务筹划技术。

(三)扣除技术要点

1.扣除项目最多化。在不违法和合理的情况下,尽量使更多的项目能够得到扣除。在其他条件相同的情况下,扣除的项目越多,应税基数就越小，应税基数越小，应纳税额就越少，因而节减的税收就越多。使扣除项目最多化，可以达到筹划的最大化。

2.扣除金额最大化。在不违法和合理的情况下，尽量使各项扣除额能够最大化。在其他条件相同的情况下，扣除的金额越大，应税基数就越小，应税基数越小，应纳税额就越小，因而节减的税收就越多。使扣除金额最大化，可以达到筹划最大化。

3.扣除最早化。在不违法和合理的情况下，尽量使各允许扣除的项目在最早的应税期得到扣除。在其他条件相同的情况下，扣除越早，早期缴纳的税收就越少，早期的现金净流量就越大，可用于扩大流动资本和进行投资的资金也越多，将来的收益也越多，因而相对节减的税收就越多。扣除最早化，可以达到筹划收益的最大化。

例如，企业开发新技术、新产品、新工艺发生的研究开发费用，可以在计算应纳税所得额时加计扣除，为了享受这一政策，企业应该建立健全项目管理制度，对研究开发费用编制预算、决算，做到账证齐全、单独核算。

五、税率差异技术

(一)税率差异技术概念

税率差异技术是指在不违法和合理的情况下，利用税率的差异而直接节减税款的税务筹划技术。税率越低，节减的税额越多。

对于实行比例税率的税种，要注意着这样的税种常常有多种比例税率。对比例税率进行筹划，可以从中寻求最佳税负点。

对于实行累进税率的税种，比如个人所得税、土地增值税，筹划主要是防止适用税率的爬升。

对于实行定额税率的税种，例如城镇土地使用税、耕地占用税、车船使用税等税种，也可以通过筹划取得一定的税收利益。

(二)税率差异技术特点

1.针对税率进行筹划。税率差异技术通过寻求最低的税率来实现更大的筹划收益。

2.技术较为复杂。采用税率差异技术节减税收不单受不同税率差异的影响，有时还受不同的应税基数差异的影响，应税基数的计算很复杂。计算出结果后还要按一定的方法进行比较，才能大致知道可以节减多少税款，因此，税率差异技术较为复杂。

3.适用范围较大。税率差异是普遍存在着的，几乎每个纳税人都有一定的挑选范围，因此，税率差异技术是一种能普遍运用、适用范围较大的税务筹划技术。

4.具有相对确定性。税率差异是客观存在着的，而且在一定时期是相对稳定的，因此，税率差异技术具有相对的确定性。

(三)税率差异技术要点

1.尽量寻求税率最低化。与高税率相比，按低税率缴纳税款就能节减税款，而税率最低化能使税务筹划的收益最大化。因此要在不违法和合理的情况下，尽量寻求适用税率的最低化。

2.与企业的经营活动有机地结合起来。在企业的设立、投资方向、投资规模等的决策中要充分考虑到税率差异的影响。

六、抵免技术

(一)抵免技术的概念

抵免技术是指在不违法和合理的情况下，使税收抵免额增加的税务筹划技术。税收抵免额越大，冲抵应纳税额的数额就越大，应纳税额则越少，从而节减的税额就越大。税收抵免是指从应纳税额中扣除税收抵免额，包括避免双重征税的税收抵免和作为税收优惠或奖励的税收抵免。

避免双重征税的税收抵免是指对纳税人来源于国内外的全部所得或财产课征所得税时，允许以其在国外缴纳的所得税或财产税税款抵免应纳税款，《企业所得税法》规定，居民企业从其直接或者间接控制的外国企业分得的来源于中国境外的股息、红利等权益性投资收益，外国企业在境外实际缴纳的所得税税额中属于该项所得负担的部分，可以作为该居民企业的可抵免境外所得税税额，在税法规定的抵免限额内抵免。作为税收优惠或奖励的税收抵免是指对纳税人符合国家鼓励性政策的投入项目允许按投入额的多少抵免部分或全部应纳所得税额，比如《企业所得税法》规定，企业购置用于环境保护、节能节水、安全生产等专用设备的投资额，可以按一定比例实行税额抵免。

属于避免双重征税性质的税收抵免，对于纳税人来说是在已就所得纳税的情况下避免了重复纳税，而且还要受到抵免限额的限制，不能利用其来达到更大财务收益的筹划目的，只有取得国家奖励性税收抵免才能达到筹划的目的。

（二）抵免技术的特点

1.针对税额进行筹划。抵免技术直接减少纳税人的应纳税额。

2.技术较为简单。税收抵免一般项目较少，计算较为简单。

3.适用范围较宽。抵免普遍适用于所有纳税人，不是只适用于某些特定纳税人的优惠，因此，抵免技术适用范围较大。

（三）抵免技术要点

1.抵免项目最多化。在不违法和合理的情况下，尽量争取更多的抵免项目。在其他条件相同的情况下，抵免的项目越多，冲抵应纳税额的项目也越多，冲抵应纳税额的项目越多，应纳税额就越少，因而节减的税款就越多。使抵免项目最多化，可以达到筹划的最大化。

2.抵免金额最大化。在不违法和合理的情况下，尽量使各抵免项目的抵免金额最大化。在其他条件相同的情况下，抵免的金额越大，冲抵应纳税额的金额就越大，冲抵应纳税额的金额越大，应纳税额就越少，因而节减的税款就越多，从而使抵免金额最大化，以达到筹划的最大化。

七、退税技术

（一）退税技术概念

退税技术是指在不违法和合理的情况下，使税务机关退还纳税人已纳税款的税务筹划技术。在已缴纳税款的情况下，退税无疑是退还企业已经缴纳的税款，节减了资金，所退税额越大，节减的税款也越多。

退税技术涉及的退税主要是出口退税和税务机关退还纳税人符合国家退税奖励条件的已纳税款。比如我国对出口属于增值税、消费税的产品，除特定出口不退税的产品外，在国内生产环节征收了多少增值税、消费税税款，报关出口后应按退税办法计算应退税款。

(二)退税技术特点

1.针对税额进行筹划。退税技术减少了纳税人实际负担的纳税额。

2.技术有难有易。出口退税技术比较复杂,其他的退税技术相对较为简单。

3.适用范围较小。退税一般只适用于某些特定行为的纳税人,因此,退税技术适用的范围较小。

(三)退税技术要点

1.尽量争取退税项目最多化。在不违法和合理的情况下,尽量争取更多的退税待遇。在其他条件相同的情况下,退税的项目越多,退还的已纳税额就越多,因而节减的税款就越多,从而使退税项目最多化,以达到筹划的最大化。

2.尽量使退税额最大化。在不违法和合理的情况下,尽量使各退税额最大化。在其他条件相同的情况下,退税额越大,退还的已纳税额就越大,因而节减的税款就越多,从而使退税额最大化,以达到筹划的最大化。

八、延期纳税技术

(一)延期纳税技术的概念

延期纳税技术是指在不违法和合理的情况下,使纳税人延期缴纳税收而取得相对收益的税务筹划技术。因为货币存在时间价值,延期纳税就如同纳税人取得了一笔无息贷款,可以在本期有更多的资金用于投资和再投资,将来可以获得更大的投资收益,或者可以减少企业的筹资成本,相对节减了税收,取得了收益。

如我国规定,境外进入免税区的货物,除国家另有规定外,免征增值税和消费税,以后如果免税进入保税区的货物运往非保税区时,再照章征收增值税和消费税;如果保税区生产的产品,除国家另有规定外,运往境外,免征增值税和消费税。从该规定的性质看,它是一种延期纳税。

(二)延期纳税技术特点

1.针对税额进行筹划。延期纳税技术推迟了税金的缴纳。

2.技术复杂。运用延期纳税技术需要对纳税人的预期应税所得进行测算，计算较为复杂，需要考虑的因素较多。

3.适用范围大。延期纳税技术几乎适用于所有纳税人，适用范围较大。

(三)延期纳税技术要点

1.延期纳税项目最多化。在不违法和合理的情况下，尽量争取更多的项目延期纳税。在其他条件包括一定时期纳税总额相同的情况下，延期纳税的项目越多，本期缴纳的税款就越少，获取的货币的时间价值也就越高，因而相对节减的税款就越多，筹划的收益就越大。

2.延长期最长化。在不违法和合理的情况下，尽量争取纳税延长期最长化。在其他条件包括一定时期纳税总额相同的情况下，纳税延长期越长，由延期纳税增加的现金流量所产生的收益也将越多，因而相对节减的税收也越多。使纳税延长期最长化，可以达到筹划收益的最大化。

九、会计政策选择技术

(一)会计政策选择技术的概念

会计政策选择技术是指在不违法和合理的情况下，采用适当的会计政策以减轻税负或延缓纳税的税务筹划技术。

会计资料是许多税种确定应纳税额的基础。所得税等重要税种的应税基数，往往是根据财务会计核算结果并加以调整计算出来的。比如，企业所得税的应税利润就是在会计利润的基础上，通过调整差异项目金额计算出来的；对税法没有明确规定的事项，都是按照财务会计处理结果计算应税所得。

会计政策的不同选择，核算出来的结果会有不同，不同的结果会对纳税人的税负产生影响，甚至有较大的影响。

1.存货计价。如果多计期末存货成本，必然会降低本期销货成本，夸大本期收益。此外，本期期末存货成本的多计，又会增加下期期初存货成本，从而使下期的销货成本提高，降低下期的收益。如果相反，则会导致另一种结果。由于存货计价对企业的收益和应税所得额均有直接影响，会计制度规定的存货计价方法又有多种，不同的计价方法对企业利润和纳税多少的影响是不一样的，因而企业在选择存货计价方法时，可选择一种使其税负较轻的方法。在预测购进货物价格下降的情况下，应当采用先进先出法；在预测价格上升的情况下，应当采用后进先出法；在预测价格较稳定或者难以预测的情况下，应当采用加权平均法；在价格变化不定且单位价格较大的情况下，应当采用个别计价法。但是在实际运用中要注意，按照《企业所得税法实施条例》的规定，企业使用或者销售的存货的成本计算方法，只能在先进先出法、加权平均法、个别计价法中选用一种。计价方法一经选用，不得随意变更。

2.折旧计提。采用不同的折旧方法对于企业来说会产生不同的税收影响。首先，不同的折旧方法使固定资产价值补偿和实物补偿的时间有早晚之分；其次，不同的折旧方法造成的年折旧计提额的不同直接关系到利润额受冲减的程度，因而造成累进税率制度下纳税的差异。企业要在国家有关折旧规定范围内选择不同的折旧方法，力图降低税负增加企业税后利润。

一般来说，企业采用加速折旧法可以在固定资产使用初期多计折旧，加大企业初期成本而减少利润，从而减轻了企业前期所得税负担，将企业缴纳所得税的时间大大推迟，因而企业可以提前取得部分现金净收入，促进资产的更新改造。企业推迟缴纳的所得税，可以视同政府提供的无息贷款，这对企业是有利的。但是，如果企业适用的所得税税率是超额累进税率，加速折旧法就不见得是最好的折旧方法。因为加速折旧使企业利润集中在后几年，使企业后几年的利润与前几年形成明显的差距，从而导致后几年必然要承担较高的税负，从而使企业纳税额增加，税负加重。而使用直线法，使企业摊入成本费用的年折旧额基本相等，从而有效地扼止了企业某几年利润过于集中，而其余年份利润骤减，使纳税金额比较小、税负比较轻。至于用哪种方法更符合企业利益，要视企业的具体情况经过计算比较而定。

3.费用列支。企业应在税法允许的范围内，充分列支费用、预计可能发生的损失，这样才能缩小税基，减少所得税。

首先，要使企业所发生的费用全部得到补偿。国家允许企业列支的费用，可使企业合理减少利润，企业应将这些费用用足，如按规定列支折旧费、职工福利费、工会经费等。否则，会减弱企业自身的生产能力，缴纳一些不需缴的税金。

其次，要充分预计税法允许列支的可能发生的损失和费用。对于一些税法允许扣除的可预计的损失和费用，企业应以预提的方法计入费用。例如，依照法律、行政法规有关规定提取用于环境保护、生态恢复等方面的专项资金；房地产企业对于出包工程未最终办理结算而未取得全额发票的，在证明资料充分的前提下，可以预提不足的金额（但最高不得超过合同总金额的10%）。

最后，对于税法有列支限额的费用尽量不要超过限额。对超过的部分，税法不允许在税前扣除，要并入利润纳税。

4.营业收入的确认。营业收入不仅是企业计算缴纳流转税的直接依据，而且也影响企业所得税的缴纳。不同的结算方式，企业确认销售收入的时间不一样。如我国《增值税暂行条例》规定，企业采用现销方式，收到货款或是取得索取货款的凭据的当天确认销售收入；企业采用托收承付或是委托收款方式，发出货物并办妥托收手续的当天确认销售收入；企业采用的赊销和分期收款方式销售货物，按合同约定的收款日期的当天确认销售收入。因此，企业可根据企业产品销售策略选择适当的销售收入确认方式，尽量推迟确认销售收入，从而推延纳税义务发生时间。

（二）会计政策选择技术的特点

1.技术复杂。运用会计政策选择技术要经过复杂的预测和计算，计算出结果后还要按一定的方法进行比较，才能大致知道可以节减多少税额。

2.适用范围较广。会计政策选择技术适用于所有的纳税人，不是仅适用于某些特定纳税人。

3.受其他因素影响较大。运用会计政策选择技术必须考虑到纳税人的其他经营目标，毕竟节减税额的目标从属于生存、发展和获利的企业目标以及股东财富最大化或企业价值最大化的财务目标。比如，上市的股份有限公司可能为了实现盈利或保住配股资格，即使多缴纳所得税，也要选择有利于增加收入、减少成本费用的会计政策。

(三)会计政策选择技术的要点

1.注意会计利润和应税利润的差异。财务会计利润与应税利润之间存在差异,分为永久性差异和暂时性差异两类。永久性差异是指某一个会计期间,由于会计制度和税法在计算收益、费用或损失时的口径不同,所产生的税前会计利润与应纳税所得额之间的差异。这种差异在本期发生,不会在以后各期转回。暂时性差异是指资产或负债的帐面价值与其计税基础之间的差额;未作为资产或负债确认的项目,按照税法规定可以确定其计税基础的,该计税基础与帐面价值之间的差额也属于暂时性差异。暂时性差异发生于某一会计期间,但在以后若干期内能够转回。因此,会计政策选择技术利用的是暂时性差异。

2.注意税务规定对会计政策选择的限制。比如纳税人的成本计算方法、间接成本分配方法、存货计价方法一经确定,不得随意改变,如确需改变的,应在下一纳税年度前开始报主管税务机关备案,否则,对应纳税所得额造成影响的,税务机关有权调整。

思　考

你了解税务筹划技术与税制的构成要素的关系吗?

本章小结

第一节阐述了税务筹划的基本概念与特征,并且比较了避税与节税的异同。第二节阐述了税务筹划的动因、目的与原则,进一步扩展和加深了对税务筹划的认识。第三节简要概括了税务筹划的各种技术。本章为下一章学习税务筹划实务奠定了理论基础。

综合复习题

一、思考题

1.试述税务筹划的概念。

2.节税与避税有何联系与区别?

3. 简述税务筹划的目标。

4. 简述税务会计的动因。

5. 简述税务会计的原则。

6. 何谓税务筹划技术？简述税务筹划技术。

二、选择题

1. 避税和节税的共同点是(　　)。

A. 不违法　　B. 受到国家的鼓励和支持

C. 顺应法律意图　　D. 可以减轻税负

2. 税务筹划的动因是(　　)。

A. 企业是独立核算、自主经营、自负盈亏的市场主体

B. 税法的政策导向性和不完善性

C. 税务筹划是纳税人的正当权利

D. 税收对企业的收益有重大影响

3. 属于税率差异技术特点的有(　　)。

A. 适用范围较大　　B. 技术较为复杂

C. 具有相对确定性　　D. 针对税率筹划

4. 下列对税务筹划的说法正确的是(　　)。

A. 纳税越少越好　　B. 要考虑时间价值

C. 要考虑风险　　D. 要考虑成本

5. 税务筹划的原则是(　　)。

A. 不违法原则　　B. 全面筹划原则

C. 适时调整的原则　　D. 保护性原则

E. 成本效益原则

三、案例题

案例 1

某企业为工业企业，从事国家非限制和禁止行业，从业人数为 80 人，资产总额为 2 500 万元，在其纳税年度 12 月份预计年实现应纳税所得额 300 010 元。假设其适用的所得税税率为全额累进税率：企业的应纳税所得额大于 30 万元，适用税率 25%；企业的应纳税所得额不超过 30 万元，可适 20%的税率。

分析要求：

1. 该企业的应纳税所得额为 300 010 元和 300 000 元时的税负有何差异?

2. 为解决该差异以节约税款，有多种方法，但有违法与不违法之分。如：

A. 向公益事业捐赠一定数额的款项；

B. 多计提 10 000 元的预提费用；

C. 多发 10 000 元的工资；

D. 多购买 10 000 元的办公用品；

E. 多结转 10 000 元的产品销售成本。

在这些方法中，哪些是违法的？哪些是不违法的？哪些情况较为复杂，需要进一步分析?

案例 2

以下是某企业在其设立及运营中采取的一些方案：

该企业决定申请认定为高新技术企业；

该企业选择设立在经济特区；

该企业通过测算，认为申请一般纳税人资格更为合适；

该企业计划采购一批用于安全生产的专用设备；

该企业兼并了一家亏损的内资企业；

该企业决定将生产的组合化妆品套装由先包装后出售改为先出售再包装。

分析要求：这些方案采用了哪些税务筹划技术?

第九章　税务筹划的实务操作

学习目标

1. 掌握分税种的税务筹划实务；
2. 掌握经济活动的税务筹划实务；
3. 了解国际税务筹划实务。

范　例

某外资企业集团计划投资中国内地,考虑比较两个方案:方案一是先设立维尔京群岛公司,再由维尔京群岛公司设立中国内地企业;方案二是先设立香港公司,再由香港公司设立中国内地企业。根据《中华人民共和国企业所得税法》及其实施条例的规定,2008 年 1 月 1 日起,非居民企业从我国居民企业获得的股息将按照 10%的税率征收预提所得税。而根据《内地和香港特别行政区关于对所得避免双重征税和防止偷漏税的安排》和相关法规,如果香港公司持有内地公司 25%以上股权且符合其他条件的,内地公司向香港公司支付的股息适用税率为 5%。因此,该集团通过股权架构的规划,有可能节省了 50%的股息预提所得税。

第一节　分税种的税务筹划实务

一、分税种的税务筹划实务概述

税收负担(TB)与税基(B)、扣除(d)、税率(t)以及税收优惠(I)之间的关系,可表示为 TB=f(B;t;1/d;1/I)。即税基越宽,税率越高,税负就越重;或者说税收扣除越大,税收优惠越多,税负就越轻。各税种内在各要素弹性的大小决定该税种的税负弹性。企业所得税等某些税种的税负弹性较大,但车船使用税、契税等,因为其税基、税率、扣除、优惠等要素构成比较简单,税负弹性很小。税负弹性越大,税务筹划的空间也越大。

分税种的税务筹划是对影响各税种的应纳税额因素进行分析,从而决定如何进行税务筹划。税基与扣除项目的筹划是指纳税人通过缩小税基或加大扣除项目来减轻税收负担甚至免除纳税义务，既可以实现应纳税所得额的最小化，也可以通过对应纳税所得额实现时间的安排，在递延纳税、适用税率、减免税等方面获取税收收益。税率的筹划是指纳税人通过降低适用税率的方式来减轻税收负担。税额的筹划是指纳税人通过直接减少应纳税额的方式来减轻税收负担或者解除纳税义务，常常与税收优惠中的全部免征或减征、部分免征相联系。在税基和扣除项目、税率和税额的筹划中，可能会互相配合，比如缩小税基后可以适用较低的税率，也可能会互相制约，这些都要通盘考虑。

二、增值税的税务筹划

（一）增值税两类纳税人身份的税务筹划

增值税的有关法规将增值税纳税人按其经营规模大小及会计核算健全与否划分为一般纳税人和小规模纳税人。两类纳税人的税收待遇是不同的，主要体现在一般纳税人可以使用增值税专用发票并实行税款抵扣制度，而小规模纳税人（以及适用简易征收办法的一般纳税人）的征收率虽然较低但不能抵扣进项税额。企业为了减轻增值税税负，可以事先利用增值率判断法计算税负平衡点以决定身份的选择（或选用简易征收办法）。

$$增值率=\frac{销售收入(不含税)-购进项目价款}{销售收入(不含税)}\times 100\%$$

$$增值率=\frac{销项税额-进项税额}{销项税额}\times 100\%$$

一般纳税人应纳增值税额＝当期销项税额－当期进项税额

＝销售收入×17%（或13%、11%、6%）－销售收入×17%（或13%、11%、6%）×（1－增值率）

＝销售收入×17%（或13%、11%、6%）×增值率

小规模纳税人（以及适用简易征收办法的一般纳税人）应纳增值税额＝销售收入×3%或6%

当两类纳税人应纳增值税额相等时，则：

销售收入×17%(或13%、11%、6%)×增值率=销售收入×3%(或6%)

即可求得两类纳税人税负平衡点的增值率,计算结果见表9-1。

表9-1 两类纳税人税负平衡点的增值率

一般纳税人税率	小规模纳税人缴纳率	不含税平衡点增值率	含税平衡点增值率	筹划方案
17%	3%	17.65%	20.05%	是否保持小规模纳税人身份
13%	3%	23.08%	25.32%	是否保持小规模纳税人身份
17%	6%	35.29%	38.86%	是否选用简易征收办法
13%	6%	46.15%	49.20%	是否选用简易征收办法
11%	3%	27.27%	29.39%	是否保持小规模纳税人身份/是否选用简易征收办法
6%	3%	50%	51.46%	是否保持小规模纳税人身份/是否选用简易征收办法

对于年应税销售额在法定标准以下(从事货物生产或者提供应税劳务为主的纳税人为50万元,其他纳税人为80万元)且适用增值税的企业,如果其会计核算健全,能够提供准确税务资料的,可以根据上述平衡点考虑是否向主管税务机关申请成为一般纳税人。

一般纳税人销售自产的特定货物,可以根据上述平衡点考虑是否申请按照简易办法依照6%的征收率计算缴纳增值税。

对于营业税改征增值税试点地区从事试点行业,应税服务年销售额在法定标准以下(目前标准为500万元)的企业,如果其会计核算健全,能够提供准确税务资料的,可以根据上述平衡点考虑是否向主管税务机关申请成为一般纳税人。

对于营业税改征增值税试点地区从事特定试点行业的一般纳税人,可以根据上述平衡点考虑是否申请按照简易办法依照3%的征收率计算缴纳增值税。

【例 9-1】 某企业为商业企业，当年被核定为小规模纳税人，会计制度健全，能够按照会计制度和税务机关的要求准确核算销项税额、进项税额和应纳税额，能提供准确的税务资料。该企业预计每年购进的商品的含税价款为 40 万元，实现含税销售额为 60 万元。该企业既可以选择小规模纳税人（征收率 3%），也可以选择一般纳税人（适用税率 17%），该企业应当如何进行纳税人类别的税务筹划。

$$该企业含税增值率=\frac{60-40}{60}\times 100\%=33.33\%$$

实际含税增值率为 33.33%，大于两类纳税人含税平衡点的增值率 20.05%，选择一般纳税人的增值税税负将重于小规模纳税人，因此，该企业维持小规模纳税人身份更为有利。

$$若为一般纳税人，应纳增值税额=\frac{60}{1+17\%}\times 17\%-\frac{40}{1+17\%}\times 17\%=2.91(万元)$$

$$若为小规模纳税人，应纳增值税额=\frac{60}{1+3\%}\times 3\%=0.58(万元)$$

选择小规模纳税人的增值税税负降低额=2.91−0.58=2.33（万元）

（二）混合销售行为的税务筹划

一项销售行为如果既涉及增值税应税货物又涉及营业税劳务，为混合销售行为。税法规定，从事货物的生产、批发或零售的企业、企业性单位及个体经营者的混合销售行为，视为销售货物，应当缴纳增值税；其他单位和个人的混合销售行为，视为提供营业税劳务，缴纳营业税。

混合销售行为的税务筹划首先要看纳税人是增值税纳税人还是营业税纳税人，再通过混合销售税负平衡点增值率的计算，分析企业是缴纳增值税还是缴纳营业税合适，然后采取两种手段：

混合销售行为无论是否分开核算，都必须按照纳税人的主营业务收入的适用税种纳税，如果纳税人分立成为两个独立核算的企业分别从事增值税应税货物和营业税应税劳务，则可以分别按照增值税和营业税缴纳税款。

一般而言，纳税人年货物销售额与营业税劳务的合计数中，年货物销售额超过50%，营业税劳务营业额不到50%，则纳税人的混合销售行为缴纳增值税；纳税人年货物销售额与营业税劳务的合计数中，年营业税劳务营业额超过50%，货物销售额不到50%，则纳税人的混合销售行为缴纳营业税。因此在合适的条件下，也可以适当调控货物销售额或营业税劳务在总销售额中的比重，将增值税纳税人与营业税纳税人的身份互相转化，从而使全部销售收入适用于更合适的税种和税率。

【例9-2】 某空调专营销售公司（商业一般纳税人），购进每台空调的平均单价为3 000元（不含税），平均售价为3 050元（不含税）。另外每台空调向客户收取234元的安装、调试费，安装调试耗用的材料35.1元。

安装调试是营业税项目，增值率$=\frac{200-30}{30}=567\%$

正常情况下，销售并安装、调试一台空调应缴纳的增值税为：

$3\ 050\times17\%+234\div(1+17\%)\times17\%-3\ 000\times17\%-35.1\div(1+17\%)\times17\%=37.4$（元）

若成立一个独立核算的售后服务公司，由售后服务公司直接为客户安装、调试并收取安装、调试费，则销售一台空调应缴纳增值税为：

$3\ 050\times17\%-3\ 000\times17\%=8.5$（元）

安装、调试一台空调应缴纳营业税为：

$234\times3\%=7.02$（元）

整个销售、安装并调试一台空调缴纳税收合计（不包括城建税等）：

$8.5+7.02=15.52$（元）

节省税款 $37.4-15.52=21.88$（元）

对于混合销售，还存在两种特殊情况：即提供建筑业劳务的同时，销售自产货物的行为；财政部、国家税务总局规定的其他情形。这两种情

况下，应当分别核算应税劳务的营业额和货物的销售额，其应税劳务的营业额缴纳营业税，货物销售额缴纳增值税。未分别核算的，由主管税务机关核定其应税劳务的营业额。

【例 9-3】 A 公司是一家既生产钢结构又具备工、民、建三级施工资质的综合性企业。A 公司中标一个新建的大楼的钢结构工程。工程标的 3 000 万元，合同总价款并未区分工程劳务价款和材料价款。A 企业是增值税一般纳税人，其当期进项税额 300 万元。

由于 A 公司未分别核算营业税应税劳务的营业额和货物的销售额，主管税务机关核定其营业税应税劳务的营业额为 500 万元。

A 公司应纳营业税为 500×3%=15(万元)

A 公司应纳增值税为(3 000－500)÷(1＋17%)×17%－300=63.25(万元)

总税负为 15＋63.25=78.25(万元)

如果 A 公司可以准确核算营业税应税劳务的营业额为 700 万元，则：

A 公司应纳营业税为 700×3%=21(万元)

A 公司应纳增值税为(3 000－700)÷(1＋17%)×17%－300=34.19(万元)

总税负为 21＋34.19=55.19(万元)

(三)购进价格的税务筹划

企业从不同的纳税人购进商品和劳务，将直接影响到增值税税负和企业收益。假设在价格和质量相同的情况下，从一般纳税人购进可以索取 17%或 13%、11%、6%增值税税率的专用发票，抵扣的进项税额最大，则应纳税额最小，这是最佳的选择；从小规模纳税人购进，通过其从主管税务局代开的增值税专用发票，可索取 3%增值税征收率的专用发票进行税款抵扣；从个体工商户购进，则不能抵扣。但是这种假设不现实，因为价格相同，小规模纳税人和个体工商户将无法生存，若要在市场中生存，必然要降低销售价格，才能与一般纳税人竞争。这样，无论是一般纳税人购进，还是小规模纳税人销售均要计算比较各自的税负和收益，从而确定各自的购进与销售价格，使本企业的利益最大化。

假定一般纳税人的含税销售额为S，从一般纳税人购入的含税购进额为P，适用的增值税税率为T_1，从小规模纳税人购进的含税额与从一般纳税人购进的含税额的比率为R，小规模纳税人适用的征收率为T_2。因中间费用与原材料的来源关系不大，所以在方案比较时假定税后现金流为销售收入扣除购进成本、应纳增值税额之差，则：

从一般纳税人索取专用发票后的收益为：

$$S-P-\left(\frac{S}{1+T_1}\times T_1-\frac{P}{1+T_1}\times T_1\right)=S-P-\frac{T_1(S-P)}{1+T_1}$$

从小规模纳税人索取专用发票后的收益为：

$$S-P-\left(\frac{S}{1+T_1}\times T_1-\frac{P\times R}{1+T_2}\times T_2\right)$$

当两者的收益相等时：

$$R=\frac{1+T_2}{1+T_1}\times 100\%$$

当一般纳税人选择从小规模纳税人购进货物、还是从一般纳税人购进货物时，若实际含税价格比小于R，应当选择小规模纳税人的货物；若实际含税价格比大于R，应当选择一般纳税人的货物；若实际的含税价格比等于R，从税收上而言两者均可，应当从其他角度考虑选择。从销售定价而言，小规模纳税人在确定货物的价格时，应当依据一般纳税人货物的含税价格，使其货物含税价格略低于或等于一般纳税人货物含税价格的R倍。

依据上述公式，假设小规模纳税人在销售货物时，不愿或不能委托主管税务局代开增值税专用发票而出具一般普通发票，则一般纳税人在购进货物时，小规模纳税人销售货物的含税价格与一般纳税人销售货物的含税价格比为：

$$R=\frac{1}{(1+T_1)}\times 100\%$$

在增值税一般纳税人适用税率为17%、13%、11%、6%，小规模纳税人征收率为3%，以及不能出具增值税专用发票的情况下的R比率计算如表9-2所示。

表9-2　不同纳税人含税价格比率

一般纳税人适用的增值税税率	小规模纳税人适用的增值税缴纳率	索取专用发票后的含税价格比率	未索取专用发票后的含税价格比率
17%	3%	88.03%	85.47%
13%	3%	91.15%	88.50%
11%	3%	92.79%	90.09%
6%	3%	97.17%	94.34%

【例9-4】　某服装生产企业为增值税一般纳税人，适用增值税税率17%，预计每年可实现含税销售收入500万元，需要外购棉布200吨。现有A、B、C、D四个企业提供货源，其中A为生产棉布的一般纳税人，能够出具增值税专用发票，适用税率17%；B、C为小规模纳税人，能够委托主管税务局代开增值税征收率为3%的专用发票；D为个体工商户，仅能提供普通发票。A、B、C、D四个企业所提供的棉布质量相同，但是含税价格却不同，分别为每吨2万元、1.55万元、1.5万元和1.48万元。作为采购人员，应当如何进行购货价格的税务筹划，选择较为合适的供应企业？

B与A的实际含税价格比率＝1.55÷2＝77.5%＜88.03%

C与A的实际含税价格比率＝1.5÷2＝75%＜88.03%

D与A的实际含税价格比率R＝1.48÷2＝74%＜85.47%

通过上述不同纳税人含税价格与以一般纳税人含税价格的比率计算，以及与收益平衡时的价格比率的比较，可以看出，选择从A企业购进棉布显然不合算，应当选择B、C或D企业，但从4个供货单位因此而产生收益额的比较，应选择C企业作为供货单位，较为合算。其具体的收益和应纳增值税额计算如下：

(1)从A企业购进：

$$应纳增值税额=\frac{500}{1+17\%}\times 17\%-\frac{200\times 2}{1+17\%}\times 17\%=14.53(万元)$$

税后现金流＝500－200×2－14.53＝85.47(万元)

(2)从B企业购进：

$$应纳增值税额=\frac{500}{1+17\%}\times 17\%-\frac{200\times 1.55}{1+3\%}\times 3\%=63.62(万元)$$

税后现金流=500－200×1.55－63.62=126.38(万元)

(3)从C企业购进：

$$应纳增值税额=\frac{500}{1+17\%}\times 17\%-\frac{200\times 1.5}{1+3\%}\times 3\%=63.91(万元)$$

税后现金流=500－200×1.5－63.91=136.09(万元)

(4)从D企业购进：

$$应纳增值税额=\frac{500}{1+17\%}\times 17\%=72.65(万元)$$

税后现金流=500－200×1.48－72.65=131.35(万元)

一般纳税人采购货物时除了考虑获得的收益外，还应考虑由于增值税税负不同而导致的城市维护建设税、教育费附加和企业所得税的变化。采购货物涉及的增值税，在销项税额一定的情况下，能索取17%增值税税率的专用发票时，应纳税额最低；能索取3%缴纳率专用发票时，应纳税额次之；不能索取专用发票时，应纳税额会最大。同理，与增值税紧密相关的城建税、教育费附加随增值税的增减而增减。至于企业所得税，则与企业税前利润的大小相关，不能索取17%基本税率的专用发票时，因多缴纳了增值税、城建税、教育费附加，企业税前可扣除的税费增加，企业所得税会相应减少。所以，能索取17%、3%专用发票和不能索取专用发票时的税费总额是依次递增的。

(四)组织运输的税务筹划

在未试点营业税改征增值税的地区，如果增值税一般纳税人拥有自营车辆，那么运输工具耗用的油料、配件及正常修理费支出等项目若索取了专用发票可以抵扣17%的进项税额；若企业不拥有自营车辆，而是外购运输服务，依据税法规定只能按运费结算单据(普通发票)所列运费金额的7%扣除率计算进项税额抵扣。因此，当运费中所含物耗支出费用较大时，采取自营运输，按17%的税率计算抵扣增值税，税负较轻；当运费中所含物耗支出费用较低时或不能获得增值税专用发票时,采取外购运输,按7%的税率计算抵扣增值税,税负较轻。如何选择运输方式,可以通过计算两种方式的增值税税负平衡点来判断。

假定自营运输中的物耗费用占运费的比重为R,运费总额为A,则:

外购方式的可抵扣税额=A×7%

自营方式的可抵扣税额=A×R×17%

当两种方式的可抵扣税额相等时,则:

A×7%=A×R×17%

R=41.18%

假定自营运输中的物耗费用占运费的比重为R,运费为A,外购对象为本企业将运输部门独立出去所设置的运输公司,作为本企业独立的运输公司,应当按3%的税率计征营业税,企业实际的增值税抵扣率为4%(7%-3%)。则:

外购方式的抵扣税额=A×7%-A×3%=A×4%

自营方式的抵扣税额=A×R×17%

当两种方式的抵扣税额相等时,则:

A×4%=A×R×17%

R=23.53%

当运费结构中可抵扣增值税的物耗比率R = 41.18%(23.55%)时,自营与外购方式的税负相同;当R>41.18%(23.55%)时,自营方式可抵扣税额较大,税负较轻;当R<41.18%(23.55%)时,自营方式可抵扣的税额较小,税负较重。也就是说,作为购货企业,当R<41.18%(23.55%)时,可以考虑外购其他企业的运输劳务或将运输部门独立出来成立隶属于本企业的运输公司,从而降低增值税税负;作为销货企业,将收取的运费补贴转成代垫运费,也能降低自己的税负,但要受到销货对象的制约。

【例9-5】 A企业为新设立的生产企业,且认定为一般纳税人,采购部门预计全年原材料的采购运输费用为200万元,其中物料消耗为40万元,有三种方案可供采购部门选择:一是自营运输;二是外购其他

企业的运输劳务；三是将自己的运输部门设立为独立的运输公司。从增值税角度考虑，A企业应当如何组织运输？

R＝40÷200＝20％

方案1：自营方式的抵扣税额＝40×17％＝6.8(万元)

方案2：外购其他企业的抵扣税额＝200×7％＝14(万元)

方案3：外购自己独立运输公司的抵扣税额＝200×(7％－3％)＝8(万元)

所以应当选择方案2。

【例9-6】 A企业销售给B企业甲产品5 000件，不含税价格200元/件，价外运费20元/件，其中因加工商品购进原材料可抵扣的进项税额为102 000元，运费中物料消耗可抵扣的进项税额为8 160元，如果将自己的车辆独立出去成立运输公司是否可行？

方案1：自营运输

$$增值税销项税额＝5\ 000\times 200\times 17\%+\frac{5\ 000\times 20}{1+17\%}\times 17\%＝184\ 529.91(元)$$

增值税进项税额＝102 000＋8 160＝110 160(元)

应纳增值税额＝184 529.91－110 160＝74 369.91(元)

方案2：将自营车辆独立出去成立运输公司

增值税销项税额＝5 000×200×17％＝170 000(元)

增值税进项税额＝102 000(元)

应纳增值税额＝170 000－102 000＝68 000(元)

应纳营业税额＝5 000×20×3％＝3 000(元)

该运输公司开具普通发票收取运费补贴款，使运费补贴收入变为符合免征增值税条件的代垫运费，实际流转税税负比自营运输降低了3 369.91元(74 369.91－68 000－3 000)。

然而，购销行为总是双方合作的关系，购货方B企业能否接受A企业的方案，通过比较可以看出：改变前，B企业从A企业购货时的进项税额是184 529.91元；改变后，B企业的进项税分为购货进项税额

170 000 元和支付运费计提的进项税额 7 000 元，合计为 177 000 元，这比改变前少抵扣了 7 529.91 元。所以，销货方改变运费补贴性质的做法，购货方未必会同意。但在实际运作中，可以选择特定的购货者予以实施，即当购货方通常不是增值税一般纳税人或虽是增值税一般纳税人但采购货物无需抵扣进项税额时，可考虑改变运费补贴状况。如销售建材产品的企业，如果购货方是建设单位、施工企业或消费者等非增值税一般纳税人时，可考虑对原包含在售价之中的运费价款转变成代垫运费。销售大型机械设备的企业，如果购货方作为固定资产入账的，可将售货总价中的运费价款改变成代垫运费，不会引起采购方少抵扣税款问题。

无论是将自营运费转成外购运费，还是将运费补贴收入转成代垫运费，都必然会增加相应的转换成本，如设立运输公司的开办费、管理费及其他公司费用等支出。当税负降低额大于转换支出时，说明税务筹划是成功的；反之，当税负降低额小于转换支出时，应不变为宜。

（五）农产品的税务筹划

增值税一般纳税人向农业生产者购买农产品，可以以 13%的抵扣率抵扣进项税额，但是农产品必须是《农业产品征税范围注释》规定范围内的农产品。某些情况下，增值税一般纳税人向农业生产者收购加工后的产品，这些产品有可能不符合农产品的定义，一般纳税人购入也就无法抵扣进项税额。在这种情况下，一般纳税人可以采取直接从农业生产着那里购入农产品，再委托农业生产者加工的方式。

【例 9-7】 某山楂厂（一般纳税人）向农民收购山楂片。山楂片经过洗净、切片、晒干、除菌等工序后，不再作为初级农产品。山楂加工厂由于无法抵扣进项税额，而税负过重，决定采取以下的方案：

山楂厂向农民购入鲜山楂，再委托农民加工成山楂片。山楂厂在收购时可以开具农产品收购发票，按照收购价的 13%计算抵扣增值税进项税额。

若纳税人有自属的农业生产基地，可以将该农业生产基地独立出来成立一个企业，不仅该农业基地可以享受"农业生产者销售的自产农业产品免征增值税"的优惠，企业也可根据农业基地开具的普通发票计算抵扣进项税额，实现降低税负的目的。

【例 9-8】 某果汁企业有一自属的柑桔种植园，采摘的柑桔再送到本企业的果汁加工厂进行果汁生产。果汁的增值税税率是17%，而只有企业的水费、电费和购入包装物等按规定可以抵扣进项税额。全年允许抵扣的进项税额为10万元。全年果汁销售收入500万元。

应纳增值税税额＝500×17%－10＝75(万元)

若该企业将柑桔种植园和果汁加工厂分立为两个独立核算的企业，分立后，柑桔种植园为农业生产者，销售其自产的柑桔免征增值税；而果汁加工厂从柑桔种植园购入的柑桔可以抵扣13%的进项税额。若柑桔园销售给果汁加工厂的柑桔售价为300万元。

应纳增值税税额＝500×17%－10－300×13%＝46(万元)

分立后比分立前节减税额39万元。

三、消费税的税务筹划

(一)运用转让定价降低计税依据

消费税的纳税行为发生在生产领域而非流通领域或终极的消费环节，因而，关联企业中生产(委托加工、进口)应税消费品的企业，如果以较低的价格将应税消费品销售给其独立核算的销售部门，则可以降低销售额，从而减少应纳税销售额。而独立核算的销售部门，由于处在销售环节上，只缴纳增值税，不缴纳消费税，因而，这样做可以使集团的整体消费税负下降，但增值税税负不变。

【例 9-9】 某汽车集团，其汽车制造公司正常小汽车(气缸容量为2.2升)的出厂价为150 000元/辆，适用税率为9%。而向集团的汽车

销售公司供货时价格定为120 000元/辆，当月制造小汽车500辆。

若由汽车制造公司直接对外销售，应纳消费税额为：

150 000×500×9%＝6 750 000(元)

若销售给集团的汽车销售公司再由汽车销售公司对外销售，应纳消费税额为：

120 000×500×9%＝5 400 000(元)

由此，集团少纳消费税：

6 750 000－5 400 000＝1 350 000 (元)

需要指出的是，汽车制造公司向汽车销售公司出售应税消费品时，只能适度压低价格。由于独立核算的汽车制造公司与汽车销售公司之间存在关联关系，按照《税收征管法》规定，“企业或者外国企业在中国境内设立的从事生产经营的机构、场所与其关联企业之间的业务往来，应当按照独立企业之间的业务往来收取或者支付价款、费用；不按照独立企业之间的业务往来收取或者支付价款、费用，而减少其应纳税收入或者所得额的，税务机关有权进行合理调整”。因此，汽车制造公司销售给汽车销售公司的汽车价格应当参照独立销售给其他商家当期的平均价格确定。如果不合理地压低幅度，就属于税法所称“价格明显偏低”，此时，税务机关就可以行使对价格的调整权。

(二)兼营不同税率的应税消费品的税务筹划

纳税人兼营多种不同税率的应税消费品，应当分别核算不同税率应税消费品的销售额、销售数量；未分别核算销售额、销售数量，或者将不同税率的应税消费品组成成套消费品销售的，应从高适用税率。因此，企业在会计核算过程中应该对不同税率消费品分别核算，以免蒙受不必要的损失；在消费品销售过程中的组合问题，有无必要组成成套消费品销售，以免给企业造成不必要的税收负担。

【例9-10】　某日用化妆品厂，将生产的化妆品、护肤护发品等组成成套消费品销售。每套消费品由下列产品组成：化妆品包括一瓶香

水 30 元，护肤护发品包括一瓶摩丝 10 元，上述价格均不含税。当月销售 1 万套。化妆品消费税税率为 30%，非高档护肤护发品适用零税率。

方案 1：将产品包装后再销售给商家，厂家应纳消费税为：

(30＋10)×30%×10 000＝12(万元)

方案 2：将产品先分别销售给商家，再由商家包装后对外销售，厂家应纳消费税为：

(30×30%＋10×0%)×10 000＝9(万元)

方案 2 比方案 1 节减税额 3 万元。

企业兼营不同税率应税消费品时，能单独核算，最好单独核算，没有必要成套销售的，最好单独销售，可以采取"先销售后包装"的形式，尽量降低企业的税收负担。

(三)改变加工方式的税务筹划

应税消费品委托加工与自行加工税负有差异。委托加工的应税消费品收回后，又分为在本企业继续加工成另一种应税消费品和直接对外销售两种情况。

1. 委托加工方式的税负

方案 1：委托加工的应税消费品收回后，在本企业继续加工成另一种应税消费品销售

【例 9-11】 甲公司委托乙公司将一批价值 200 万元的原料加工成 A 半成品，协议规定加工费 150 万元；加工的 A 半成品运回甲公司后，继续加工成 B 产成品，加工成本、分摊费用共计 200 万元，该批产成品售价 1 500 万元。假设 A 半成品消费税税率 30%，产成品消费税税率 50%。

在计算消费税的同时，还应计算增值税(作为价外税，它与加工方式无关，这里不予涉及)。

甲公司向乙公司支付加工费的同时，向受托方支付其代收代缴的

消费税：

消费税组成计税价格＝(200＋150)÷(1－30％)＝500(万元)

应缴消费税＝500×30％＝150(万元)

甲公司销售产品后，应缴消费税：

1 500×50％－150＝600(万元)

甲公司的税后利润为（设所得税税率25％）：

(1 500－200－150－200－150－600)×(1－25％)＝150(万元)

方案2：委托加工的消费品收回后，直接对外销售

如果委托加工收回的应税消费品运回后，委托方不再继续加工，而是直接对外销售。仍以上例，如果甲公司委托乙公司将原料加工成B产成品，原料成本不变，加工费用为320万元；加工完毕，运回甲公司后，甲公司对外售价仍为1 500万元。

甲公司向乙公司支付加工费的同时，向其支付代收代缴的消费税：

(200＋320)÷(1－50％)×50％＝520(万元)

由于委托加工应税消费品直接对外销售，甲公司在销售时，不必再缴消费税。其税后利润计算如下：

(1 500－200－320－520)×(1－25％)＝345(万元)

两种方案相比较，可见当被加工原料成本相同、最终售价相同的情况下，后者显然比前者对企业有利得多，税后利润多195万元。即使后种情况甲公司向乙公司支付的加工费等于前者之和350(150＋200)万元，后者也比前者税后利润多。而在一般情况下，后种情况支付的加工费要比前种情况支付的加工费(向受托方支付加上自己发生的加工费之和)要少。对受托方来说，不论哪种情况，代收代缴的消费税都与其盈利无关，只有收取的加工费与其盈利有关。

2.自行加工的税负

仍以上例，甲公司将购入的价值200万元的原料自行加工成B产成品，加工成本、分摊费用共计450万元，售价1 500万元。有关计算如下：

应缴消费税＝1 500×50％＝750(万元)

税后利润:(1 500－200－450－750)×(1－25％)＝75(万元)

上述分析可以看出,在各相关因素相同的情况下,自行加工方式的税后利润最少,其税负最重;而彻底的委托加工方式(收回后不再加工直接销售)又比委托加工后再自行加工后销售,其税负要低。

3.委托加工与自行加工的税负分析

委托加工的应税消费品与自行加工的应税消费品的税基不同，委托加工时，受托方（个体工商户除外）代收代缴税款，税基为组成计税价格或同类产品销售价格；自行加工时，计税的税基为产品销售价格。在通常情况下，委托方收回委托加工的应税消费品后，要以高于成本的价格售出以求盈利。不论委托加工费大于或小于自行加工成本，只要收回的应税消费品的计税价格低于收回后的直接出售价格，委托加工应税消费品的税负就会低于自行加工的税负。对委托方来说，其产品对外售价高于收回委托加工应税消费品的计税价格部分，实际上并未纳税。

作为价内税的消费税,企业在计算应税所得时,消费税可以作为扣除项目;因此,消费税的多少,会进一步影响所得税,进而影响企业的税后利润和所有者权益。而作为价外税的增值税,则不会因增值税税负差异而造成企业税后利润差异。

由于应税消费品加工方式不同而使纳税人税负不同,因此,纳税人进行消费税税务筹划时,可以利用关联方关系,压低委托加工成本,达到节税目的。即使不是关联方关系,纳税人也可以在估算委托加工成本上、下限的基础上,事先测算企业税负,确定委托加工费的上限,以求使税负最低、利润最多。

(四)非货币性交易的税务筹划

税法规定,纳税人自产的应税消费品用于换取生产资料和消费资料,投资入股或抵偿债务等方面,应当按照纳税人同类应税消费品的最高销售价格作为计税依据。在实际操作中,当纳税人用应税消费品换取货物或者投资入股时,一般是按照双方的协议价或评估价确定的,而协议价往往是市场的平均价。如果按照同类应税消费品的最高销售价作为计税依据，显然会加重纳税人的负担。由此，不难看出，如果采取先销售后入股(换货、抵债)的方式，会达到减轻税负的目的。

【例 9-12】 某小汽车生产企业 A，当月对外销售同型号的小汽车(气缸容量为 2.2 升)共有三种价格，以 20 万元的单价销售 150 辆，以 22 万元的单价销售 200 辆，以 24 万元的单价销售 50 辆。当月以 5 辆同型号的小汽车与 B 企业换取其生产的汽车玻璃。双方按当月的加权平均销售价格确定小汽车的价格。小汽车的消费税税率为 8%。

按税法规定，应纳消费税为：240 000×5×9%＝108 000(元)

纳税人经过筹划，将这 5 辆小汽车按照当月的加权平均价销售后，再购买原材料，则应纳消费税为：

(200 000×150＋220 000×200＋240 000×50)÷(150＋200＋50)×5×9%＝96 750(元)

这样，企业可减轻税负 11 250 元。

四、营业税的税务筹划

(一)租赁业的税务筹划

租赁业务包括经营性租赁和融资租赁，在未试点营业税改征增值税的地区，经营性租赁应按服务业的“租赁业”缴纳营业税。对于融资租赁要根据不同情况确定应缴纳的流转税税种。按税法规定，“经中国人民银行批准经营融资租赁业务的单位从事的融资租赁业务，无论租赁的货物的所有权是否转让给承租方，均按《中华人民共和国营业税暂行条例》的有关规定征收营业税，不征收增值税。其他单位从事的融资租赁业务，租赁货物的所有权转让给承租方，征收增值税，不征收营业税；租赁货物的所有权未转让给承租方，征收营业税，不征收增值税。”

【例 9-13】 A 公司从事融资租赁业务，未经中国人民银行批准。2008 年 1 月，按 B 公司要求购入一台大型设备，取得的增值税发票上

注明的价款1 000万元，增值税额170万元。该设备预计使用年限为10年（营业税率5%，城建税率7%，教育费附加3%）。现有两种方案可供选择：

方案1：租期10年，租金总额2 000万元，B公司每年年初支付租金200万元，租赁期满，B公司取得设备所有权。

方案2：租期8年，租金总额1 600万元，B公司每年年初支付租金200万元，租赁期满，A公司收回设备。假定收回设备的可变现净值为400万元。

根据方案1，租赁期满后，设备的所有权转让，按规定应征收增值税，不征营业税。如果A公司为增值税一般纳税人，按规定，该设备的进项税额应允许抵扣。

A公司应纳增值税＝2 000÷(1＋17%)×17%－170＝120.60(万元)

应纳城市维护建设税及教育费附加＝120.60×(7%＋3%)＝12.06(万元)

由于征收增值税的融资租赁业务实质上只是一种购销业务，应按照购销合同征收0.3‰的印花税。

应纳印花税：2 000×0.3‰＝0.6(万元)

A公司获利＝2 000÷(1＋17%)－1 000－12.06－0.6＝696.74(万元)

根据方案2，按规定应征收营业税，不征增值税。

按照规定，融资租赁业务，以其向承租者收取的全部价款和价外费用(包括残值)减去出租方承担的出租货物的实际成本后的余额为营业额。

收回残值：1 170÷10×2＝234(万元)

应纳营业税额＝(1 600＋234－1 170)×5%＝33.2(万元)

应纳城市维护建设税及教育费附加＝33.2×(7%＋3%)＝3.32(万元)

按照现行税法的规定，对银行及其他金融组织的融资租赁业务签订的融资租赁合同，应按借款合同征收印花税，对其他企业的融资租赁业务不征印花税。

假设 8 年后，A 公司获利应该是：

1 600＋400－1 170－33.2－3.32＝793.48(万元)

通过比较可知，选择第二种方案税负轻，获利高。

事实上，由于科技的进步，设备的老化，客观上会使收回设备的变现值远远低于设备的理论“剩余”价值，因此，在选择租赁方式时，应当通过寻找在企业获利相同情况下设备残值的可变现净值临界点来确定。

假定收回残值的可变现净值为 x，当 A 公司为增值税一般纳税人时，

令 1 600＋x－1 170－33.2－3.32＝696.74 (万元)

解得，x＝303.26(万元)

由此可见，当收回残值的可变现净值超过 303.26 万元时，A 公司应选择方案 2，反之则应选择方案 1。

在实际操作中，企业应将以上两套租赁方案与承租方分别洽谈，按照对方提供的条件，结合预计可收回设备残值的可变现净值，然后再计算税负的高低来比较其优劣。此外，对上述 A 公司为增值税一般纳税人的情况，由于企业的进项税额可一次性抵扣，而计算销项税额则按年分别计算，是否考虑时间价值因素，应根据各个企业的应纳增值税的不同情况而定。在进行筹划时，应根据企业自身的情况，综合考虑与之相关的各个因素，最终作出合理选择。

（二）房屋出租的税务筹划

【例 9-14】 甲公司为增值税一般纳税人，2008 年 12 月，公司将 1 000m^2 的办公楼出租给乙公司，负责供水、供电，每月供电 8 000 度，水 1 600 吨，电的购进价为 0.40 元/度，水的购进价为 1.25 元/吨，均取得增值税专用发票。甲公司应如何进行税务筹划？

房屋出租属于营业税应税行为，同时又涉及水电等费用的处理问

题，因此，在合同的签署上可有如下两种方案：

方案1，双方签署一个房屋租赁合同，租金为每月150元/平方米，含水电费。

该公司房屋租赁行为应缴纳营业税为：

150×1 000×5%＝7 500(元)(其他各税费忽略不计)

该公司提供给甲单位的水电费，是用于非应税项目的购进货物，其进项税额不得从销项税额中抵扣。因此，对该企业购进的水电进项税额应作相应的转出，即相当于负担增值税：

8 000×0.40×17%＋1 600×1.25×13%＝804(元)

该企业最终应负担营业税和增值税合计：

7 500＋804＝8 304(元)

方案2，甲公司与乙公司分别签订转售水电合同、房屋租赁合同，分别核算水电收入、房屋租金收入，并分别作单独的账务处理。转售水电的价格参照同期市场上转售价格确定为：电每度0.60元，水每吨1.75元。房屋租赁价格折算为每月每平方米1 424元，当月取得租金收入142 400元，电费收入4 800元，水费收入2 800元。

则该企业的房屋租赁与转售水电属相互独立且能分别准确核算的两项经营行为，应分别缴纳营业税：

142 400×5%＝7 120(元)

应纳增值税：

(4 800×17%＋2 800×13%)－804＝376(元)

该企业最终应负担营业税和增值税合计：

7 120＋376＝7 496(元)

两种方案税负相差：

8 304－7 496＝808(元)

从以上分析可以看出，两个方案差异在于对转售水电这一经营行为的处理方式不同。第一个方案，双方只签订一个房屋租赁合同，把销售水、电业务视同营业税的混合销售，一并计缴营业税，而相应的水电费进项税额又不得扣除；而第二个方案，双方分别签订房屋租赁合同、转售水电合同，并分别核算租赁收入、水电费收入，这样水电费收入就应缴纳增值税，进项税额可以抵扣，从而减轻了企业税收负担，获得正当的税收利益。

（三）娱乐业的税务筹划

娱乐业的营业额为向顾客收取的各项费用，包括门票收费、台位费、点歌费、烟酒和饮料收费及经营娱乐业务的其他各项收费。

【例 9-15】　2008 年 6 月，某歌舞厅收取门票费 20 000 元，台位费 40 000 元，点歌费 10 000 元，烟酒饮料食品费 80 000 元。歌舞厅的营业税税率为 20％。

该歌舞厅当月应纳的营业税＝（20 000＋40 000＋10 000＋80 000）×20％＝30 000（元）

如果该歌舞厅内单独设立一出售烟酒饮料食品的小卖部，并单独办理营业执照，单独核算，则娱乐业的混合销售行为就转变为兼营行为，应分别计算纳税：

歌舞厅应纳营业税＝（20 000＋40 000＋10 000）×20％＝14 000（元）

小卖部应纳增值税＝80 000÷（1＋3％）×3％＝2 330.92（元）

比原来减轻税负＝30 000－（14 000＋3 076.92）＝ 13 669.90（元）

（四）无形资产和不动产的税务筹划

以无形资产、不动产投资入股，与接受投资方利润分配，共同承担投资风险的行为，不缴纳营业税，而对该股权转让也不缴纳营业税。因此，在大额的无形资产或不动产交易时，可以考虑先将无形资产和不动产投资成立一个企业，然后再将该企业的股权转让给无形资产或不动产的购买方。

【例 9-16】 某公司拟将其拥有的土地使用权作价 1 亿元转让给某房地产开发公司。

应缴纳的营业税：10 000×5％＝500（万元）

应缴纳的城建税和教育费附加：500×5％＝25（万元）

该公司可以用该土地使用权投资成立一个子公司，然后再将子公司的全部股权转让给房地产开发公司。某公司通过将不动产使用权出售转为股权转让的税务筹划，就可以免缴营业税、城建税和教育费附加 525 万元。

五、企业所得税的税务筹划

（一）会计政策选择的税务筹划

会计政策选择的税务筹划即利用会计处理方法的多种规定，选择适当的会计核算方法，以增加成本，达到减轻税负或延缓纳税的目的。

比如，企业采用加速折旧法可以在固定资产使用初期多计折旧，加大企业初期成本而减少利润，从而可能减轻企业前期的所得税负担，推迟企业缴纳所得税的时间。《企业所得税法实施条例》规定，采取缩短折旧年限或者采取加速折旧的方法的固定资产，包括：

1. 由于技术进步，产品更新换代较快的固定资产；
2. 常年处于强震动、高腐蚀状态的固定资产。

采取缩短折旧年限方法的，最低折旧年限不得低于税法规定折旧年限的 60％；采取加速折旧方法的，可以采取双倍余额递减法或者年数总和法。

【例 9-17】 某企业的固定资产原值 312.5 万元，预计残值率 4％，会计与税法上的使用年限均为 5 年，使用平均年限法时，每年的税前利润都是 200 万元。所得税税率为 25％。投资报酬率为 10％，1～5 年的复利现值系数分别为 0.9091、0.8264、0.7513、0.6830、0.6209。

(1)计算使用平均年限法时,该企业5年的应纳税所得税税额;

(2)计算使用年数总和法时,该企业5年的应纳税所得税税额;

(3)假如该企业前两年免税,计算使用平均年限法法时,该企业5年的应纳税所得税税额;

(4)假如该企业前两年免税,计算使用年数总和法时,该企业5年的应纳税所得税税额。

计算结果见表9-3、表9-4。

表9-3　无减免税期下平均年限法和年数总和法的比较　单位:万元

年份	折旧额		税前利润额		应纳税额		应纳税额的现值	
	(1)	(2)	(1)	(2)	(1)	(2)	(1)	(2)
第一年	60	100	200	160	50	40	45.46	36.36
第二年	60	80	200	180	50	45	41.32	37.19
第三年	60	60	200	200	50	50	37.57	37.57
第四年	60	40	200	220	50	55	34.15	37.57
第五年	60	20	200	240	50	60	31.05	37.25
合计	300	300	1 000	1 000	250	250	189.54	185.94

表9-4　有减免税期下平均年限法和年数总和法的比较　单位:万元

年份	折旧额		税前利润额		应纳税额		应纳税额的现值	
	(1)	(2)	(1)	(2)	(1)	(2)	(1)	(2)
第一年	60	100	200	160	0	0	0	0
第二年	60	80	200	180	0	0	0	0
第三年	60	60	200	200	50	50	37.57	37.57
第四年	60	40	200	220	50	55	34.15	37.57
第五年	60	20	200	240	50	60	31.05	37.25
合计	300	300	1 000	1 000	150	165	102.76	112.38

可见,在不考虑减免税的情况下,企业采用加速折旧法与平均年限法在固定资产存在的纳税期间的应纳税额总额是相同的。但是加速折旧法下,可以在固定资产使用初期多计折旧,加大企业初期成本而减少

利润，从而减轻了企业前期所得税负担，将企业缴纳所得税的时间大大推迟，因而企业可以提前取得部分现金净收入，促进资产的更新改造。企业推迟缴纳的部分所得税，可以视同政府提供的无息贷款，这对企业是有利的。但是，如果企业在前几年可以享受减免税待遇，加速折旧法就不见得是最好的折旧方法。因为加速折旧法使得企业利润集中在后几年，使企业后几年的利润与前几年形成明显的差距，从而导致后几年必然要承担较高的税负而使企业纳税额增加，税负加重。

（二）收入减记的税务筹划

企业以《资源综合利用企业所得税优惠目录》规定的资源作为主要原材料，生产国家非限制和禁止并符合国家和行业相关标准的产品取得的收入，减按90%计入收入总额。但是，如果这些资源本身就是企业生产环节中的中间产品，本身并不产生收入，就无法享受税收优惠。在具备一定条件时，企业可以考虑将这些中间产品的生产从企业中分离出来，独立计算所得，从而享受税收优惠。

【例 9-18】 某公司石油化工企业在生产线上加装制氢、加氢装置。这些装置将原油加工过程中产生的化工废气转化为氢气。该公司再将这些氢气用于自己生产的化工产品。

用化工废气生产氢气符合《资源综合利用企业所得税优惠目录》的规定。假定这些氢气的市场价格为1亿元。

该公司可以设立一个氢气企业，然后与氢气企业合作，氢气企业购置并安装制氢、加氢装置以及工业废气的计量装置。氢气企业向该公司买入化工废气8 000万元，向该公司出售氢气10 000万元。

从集团角度来看，整体税前利润并未变化，只是用该公司利润减少2 000万元，而氢气企业的利润增加2 000万元。但氢气企业可以享受减按90%计入收入的优惠，所得税减少250万元（10 000×10%×25%）。

（三）费用列支的税务筹划

要使企业所发生的费用全部得到补偿。国家允许企业列支的费用，可使企业合理减少利润，企业应将这些费用列足，如按规定提足折旧费、职工福利费、教育费附加、工会经费等等。

企业为开发新技术、新产品、新工艺发生的研究开发费用，未形成无形资产计入当期损益的，在按照规定据实扣除的基础上，按照研究开发费用的50%加计扣除；形成无形资产的，按照无形资产成本的150%摊销。

【例9-19】 某企业未单独核算研究人员工资等研究开发费用，未能享受技术开发费的加计扣除。今年该企业不仅单独设立了技术研发部门，而且单独核算研究开发费用，并向税务机关报送了相关资料。如果今年的技术开发费为800万元，则可以享受加计扣除，减少所得税：800×50%×25%=100（万元）。

除了开发新技术、新产品、新工艺发生的研究开发费用外，安置残疾人员及国家鼓励安置的其他就业人员所支付的工资，也可以在计算应纳税所得额时加计扣除。

（四）转让定价的税务筹划

税收法规对不同地区、不同行业的企业往往规定了不同的企业所得税税率与应纳税所得额的确定方法，造成企业适用的实际所得税税率存在差异。关联企业可以根据税收上的这种差异，利用转让定价来减少集团整体的的所得税纳税总额。例如，在向所得税税率高的地区的关联企业提供产品或劳务时，抬高转让价格，增加关联企业公司的进货成本，减少关联企业的税前利润。反之，对所得税税率低的地区的关联企业提供产品或劳务时，则降低转让价格，降低进货成本，增加关联企业的税前利润。但是，企业在关联交易中所获取的利润水平应当与其所承担的职能和面临的风险相一致，因此这些安排首先必须是职能与风险上的重新安排。

【例 9-20】 A、B 公司同为大型食品集团公司下属子公司。A 公司集市场、销售、生产等功能，B 公司主要从事生产。A 公司盈利人民币 1 000 万元，所得税税率 25%，应缴所得税为人民币 250 万元；B 公司亏损人民币－400 万元，应缴所得税为 0。该集团合计所得税税负为 250 万元，实际税收负担率高于 25%。

经过复核研究，集团决定 A 公司将生产功能转入 B 公司；B 公司为 A 公司进行委托加工服务，B 公司根据公平交易原则，采取成本加成法按合理成本加成率向 A 公司收取加工费。

该集团合计缴纳所得税为人民币 150 万元，税收负担率为 25%。

表 9-5 职能、风险转移与转让定价　　单位：万元

项目	职能与风险转移之前			职能与风险转移之后		
	A 公司	B 公司	合 计	A 公司	B 公司	合 计
职能	市场、销售、生产	生产		市场、销售	生产	
风险	产品与市场风险、存货风险、	制造成本风险		产品与市场风险、存货风险	制造成本风险	
税前利润	1 000	－400	600	500	100	600
税率	25%	25%		25%	25%	
所得税	250	0	250	125	25	150
整体税负			41.67%			25%

如前所述，如果税务机关认为关联企业交易没有遵循公平交易原则，有权在税务上予以调整。为了降低转让定价的税务风险，关联企业应该做好转让定价资料的管理工作。这些资料包括但不限于：

1. 组织机构的说明。
2. 生产经营总体情况，包括行业分析、市场环境和财务状况等。
3. 基于关联交易的关联方功能风险分析。
4. 可比性分析。
5. 转让定价方法的选择。
6. 其他相关信息。

预约定价安排也是企业控制转让定价税务审计风险的重要手段。纳税人可以向主管税务机关提出与其关联企业之间业务往来的定价原则和计算方法，主管税务机关审核、批准后，与纳税人预先约定有关定价事项，监督纳税人执行。这种与税务管理机关就转让定价问题进行事先谈判的方式，可以让企业充分有效地管理和控制相关风险。但是企业在向税务管理机关提出预约定价安排要求之前，应结合企业的实际情况，充分考虑相应的成本和风险。

思 考

分税种进行的税务筹划中每个案例与这个税种的特点有什么关系？

第二节 企业经营活动的税务筹划实务

一、企业经营活动的税务筹划实务概述

在企业的日常经营过程中，税收贯穿于全过程，虽然说企业税负是在经营过程中发生的，但税负的轻重却是在企业做出有关经营决策时就已经决定的。因此，为了降低税收成本，企业要在做出经营决策之前就综合考虑不同决策可能导致的税负的不同。

企业在投资时，要考虑到税收因素，因为不同的投资方案，税收因素对企业税后利润的影响是不一样的。一项有利的投资方案在考虑到税收因素后可能变为不利的方案。反之，一项不利的投资方案在考虑到税收因素后可能变为有利的方案。企业在进行筹资活动时，也要充分考虑税收因素，因为不同的筹资渠道可以税前扣除的资金成本不一样。此外，由于税收因素，被投资企业不同的收益分配方式也影响到其股东取得的税后收益。在企业兼并重组中充分利用税收优惠政策，可

以达到减轻税负、增加企业营运资金和实现资本扩张的目的。

企业要在有关法律(不限税法)约束下,通过内在经营机制的优化而谋取最大限度的利益增值,这是企业经营理财(含税务筹划)的行为准则和根本出发点。税务筹划作为企业维护自身利益的必要手段,不能仅考虑税负的减轻,还应将减轻税负置于企业的整体财务目标中,为此,要充分考虑(分析):(1)企业采取怎样的行为方式才能达到最佳的税务筹划效果,即有利于企业财务目标的最大化;(2)税务筹划的实施对企业当前和未来发展是否会产生现实的或潜在的机会损失;(3)企业取得的税务筹划效应与形成的机会成本配比的结果是否真正有利于企业内在经营机制的优化和良性循环;(4)企业税务筹划行为的总体实施是否具有顺应动态市场的应变能力,即具有怎样的结构弹性、可能的结构调整成本及风险程度;(5)企业进行的税务筹划是否存在受法律惩处的可能性,一旦操作不当将给企业带来什么后果等。

二、企业筹资的税务筹划

(一)企业资本结构的税务筹划

资本结构是指企业各种长期资金筹集来源的构成和比例关系,在通常情况下,指的就是长期债务成本和权益资本各占多大的比例。企业在进行筹资活动时,要充分考虑税收因素,因为不同的筹资渠道税收的影响程度是不一样的。权益资本使用上具有长期性,无固定利息负担,使用起来比较安全;借入资金到期要还本付息,若企业不能按期还本付息还有破产的危险。但从资本成本角度上看,权益资金的成本是股息,是从企业的税后利润支付;而债务资本的成本是利息,可以计入财务费用在税前扣除。合理安排企业资本构成可以起到节税效益。

$$\text{权益资本收益率(税前)}=\text{息税前投资收益率}+\frac{\text{负债}}{\text{权益资本}}\times(\text{息税前投资收益率}-\text{负债成本率})$$

只要企业息税前投资收益率高于负债成本率,增加负债额度,提高负债比重,就会带来权益资本收益水平提高的效应。但是随着负债比率的提高,企业的财务风险及融资的风险成本必然相应增加,以致负债的成本水平超过了息税前投资收益率，权益资本收益率就会随着负债额度、比例的提高而下降。因此，企业必须确定负债的总规模，将负债控制在一定的范围内，即负债融资带来的利益抵消由于负债融资的比重增大所带来的财务风险及融资的风险成本的增加。

【例 9-21】 某企业有五种负债总额方案(见表 9-6)。

表 9-6　某企业五种负债总额方案　　单位:万元

项 目	方案 A	方案 B	方案 C	方案 D	方案 E
负 债 额	0	6 000	8 000	9 000	9 600
权益资本额	12 000	6 000	4 000	3 000	2 400
负债比率	0	1∶1	2∶1	3∶1	4∶1
负债成本率	—	6%	9%	10%	12%
息税前投资收益率	10%	10%	10%	10%	10%
普通股股数(万股)	12 000	6 000	4 000	3 000	2 400
年息税前利润	1 200	1 200	1 200	1 200	1 200
减:负债利息成本	—	360	720	900	1 152
年税前利润	1 200	840	480	300	48
所得税率	25%	25%	25%	25%	25%
应纳所得税	300	210	120	75	12
年税后净利润	900	630	360	225	36
权益资本收益率					
其中:税前	10.00%	14.00%	12.00%	10.00%	2.00%
税后	7.50%	10.50%	9.00%	7.50%	1.50%
普通股每股收益额(元)					
其中:税前	0.1	0.14	0.12	0.1	0.02
税后	0.075	0.105	0.09	0.075	0.015

方案 B、C 由于利用了负债融资，在其财务杠杆作用下，使得权益资本收益率以及普通股每股收益额无论税前或税后的水平均全面超过未使用负债方案 A，充分体现出负债的杠杆效应，但同时该例中也寓含着这样一种规律：

1. 随着负债总额的增加，负债比率的提高，利息成本呈现上

升趋势;

2. 权益资本收益率及每股普通股收益额也并非总是与负债比率的升降正向相关,而是有一个界点,过之则表现为反向杠杆效应。

负债成本具有挡避应税所得额的效应,而且负债比率与成本水平越高,其节税作用越大。比如未使用负债的方案A与使用50%负债的方案B,相同的息税前利润之所以实际纳税负担相差90万元(300－210),原因就在于方案B的负债利息成本360万元挡避了相应的应税所得额,使应纳税额减少360万元×25%＝90万元。依此类推,由于方案C负债成本的应税所得挡避额更大,故而节税效果亦更加显著。由于负债总额超过临界点时,节税利益超过风险成本的增加,企业的所有者权益将下降,这不符合税务筹划的目标。本例中,尽管方案E节税效应最大,但因此而导致了企业所有者权益资本收益率水平的降低,亦即节税的机会成本超过了节税的利益,导致了企业最终利益的损失。

(二)关联企业间资金拆借的限制

为了防止企业利用关联方借款任意避税,我国税法对关联方借款费用的税前扣除进行了限制。

《企业所得税法》及条例规定,非金融企业向非金融企业借款的利息支出,不超过按照金融企业同期同类贷款利率计算的数额的部分。此外,企业从其关联方接受的债权性投资与权益性投资的比例超过规定标准而发生的利息支出,不得在计算应纳税所得额时扣除。债权性投资,是指企业直接或者间接从关联方获得的,需要偿还本金和支付利息或者需要以其他具有支付利息性质的方式予以补偿的融资。权益性投资,是指企业接受的不需要偿还本金和支付利息,投资人对企业净资产拥有所有权的投资。

企业实际支付给关联方的利息支出,其接受关联方债权性投资与其权益性投资比例为:

(1)金融企业,为5:1;

(2)其他企业,为2:1。

企业如果能够按照税法及其实施条例的有关规定提供相关资料，并证明相关交易活动符合独立交易原则的；或者该企业的实际税负不高于境内关联方的，其实际支付给境内关联方的利息支出，在计算应纳税所得额时也可以扣除。

三、企业投资的税务筹划

(一)企业组织形式的税务筹划

1.个人独资企业、合伙企业与公司企业的筹划与选择

企业分为三类：独资企业、合伙企业和公司制企业。我国对个人独资企业、合伙企业从2000年1月1日起，比照个体工商户的生产、经营所得，只征收个人所得税，税率适用五级超额累进税率。公司制企业要缴纳企业所得税，同时，在向自然人投资者分配股利或红利，还要代扣其个人所得税(投资个人分回的股利、红利，税法规定适用20%的比例税率)。

一般来说，企业设立时对企业组织形式的选择，应考虑以下几点：

(1)从总体税负角度考虑，合伙制一般要低于公司制。合伙制企业不存在重复征税问题，只征收一次所得税；而公司制企业和个人都要缴纳所得税，存在着两个层次的纳税。

(2)在比较两种企业组织形式的税负大小时，不能仅看名义上差别，更重要的是看实际上的差别。

(3)比较合伙制、公司制的税基、税率结构和税收优惠待遇等多种因素，因为综合税负是多种因素起作用的结果，不能只考虑一种因素。

(4)合伙制构成中如果既有本国居民，也有外国居民，就出现合伙制跨国现象，在这种情况下，合伙人由于居民身份国别的不同，税负将出现差异，特别是在预提所得税方面要充分考虑。

【例9-22】 某个人独资企业与某一人公司在个人独资企业未扣除投资者费用，一人公司未扣除投资者工资的情况下，年度利润相同，均为22.4万元。

个人独资企业应缴纳个人所得税(224 000－24 000)×35%－6 750＝63 250元。

一人公司的投资者如果每月发放12 000元工资，则其投资者个人年度工资薪金收入应缴纳个人所得税[(12 000－2 000)×20%－375]×12＝19 500元，一人公司年度应缴纳企业所得税(224 000－12×12 000)×20%＝16 000元，投资者个人分回股利收入应缴纳个人所得税(224 000－12×12 000－16 000)×20%＝12 800元，个人所得税与企业所得税合计为19 500＋16 000＋12 800＝48 300元。

以上举例和分析，都是在投资的公司制企业不享有除了小型微利企业税率以外的税收优惠政策的基础上进行的，而事实上，公司制企业在某些地区或行业会享有个人独资公司及合伙企业所不能享有的税收优惠政策，在进行具体税务筹划操作时，必须把这些因素考虑进去，然后从总额上考查实际税收负担的大小。另外，在进行税务筹划时，不应抛开企业的经营风险、经营规模、管理模式及筹资额等因素而单纯讨论税收负担的大小，应综合各方面的因素，加以权衡，最后决定所投资的企业组织形式。

2.子公司与分公司的筹划

按照公司之间的控制或从属关系，可将公司分为母公司与子公司。当一个公司拥有另一个公司一定比例以上并足以将其控制的股份时，该公司即为母公司；而受控制的公司即为子公司。就法律地位而言，子公司与母公司均为各自独立的法人，各自以其名义独立对外进行经营活动。在财产责任上，母公司与子公司各自以其独立的财产承担责任，互不连带。在控股权基础上母公司基于对子公司的控股股权行使权利，享有对子公司重大事务的决定权，实际上控制子公司的经营。一般而言，作为独立法人的子公司，在税务筹划中有如下优点：

(1)子公司可享有东道国给其居民公司同等的优惠待遇；

(2)东道国适用税率低于居住国时，子公司的累积利润可得到递延纳税的好处；

(3)子公司有时可以享有集团内部转移固定资产取得增益免税的好处；

(4)子公司向母公司支付的诸如特许权、利息、其他间接费等，要比分公司向母公司支付更容易得到税务认可；

(5)公司利润汇回母公司要比分公司灵活得多，这等于母公司的投资所得，资本利得可以保留在子公司，或者可以选择税负较轻的时候汇回，得到额外的税收利益；

(6)公司转售境外子公司的股票增益通常可享有免税照顾，而出售分公司资产取得的资本增益要被征税；

(7)境外分公司资本转让给子公司有时要征税，而子公司之间的转让则不征税；

(8)许多国家对子公司向母公司支付的股息，规定减征或免征预提税；

(9)某些国家子公司适用的所得税率比分公司低。

母、子公司分别是两个资产相互独立的法人，母公司不会承担子公司的义务，所以子公司的亏损不能冲抵母公司的利润，在进行税务筹划时，这一点是设立子公司的不利之处。

按照公司分支机构的设置和管辖关系，可将公司分为总公司和分公司。总公司指依法首先设立的管辖全部组织的总机构；分公司则指受总公司管辖的分支机构。分公司可以有自己的名称，但没有法人资格，因此没有独立的财产，其经营活动所有后果由总公司承担。设立分公司，在税务筹划中也有其自身的优点：

(1)总公司拥有分公司的资本，在东道国通常不必缴纳资本税或印花税；

(2)分公司交付给总公司的利润通常不必缴纳预提税；

(3)分公司的亏损可以冲抵总公司的利润，减轻税收负担；

(4)分公司与总公司之间的资本转移，因不涉及所有权变动，不必缴纳税款。

在进行税务筹划时，还可以通过把分公司与子公司进行转换来实现减轻企业税负的目的。一般来说，当外地的营业活动处于初始阶段时，母公司可在外地设立一个分支机构（分公司），使外地的开业亏损能在汇总纳税时减少母公司的应纳税款。此后，当外地的营业活动开始盈利，为保证外地利润仅缴纳低于母公司所在地的税款，这时就有必要建立一个子公司。

【例 9-23】 假设A公司在国内拥有两家分公司B和C，某一纳税年度A公司本部实现利润1 000万元，其分公司B实现利润150万元，分公司C亏损200万元，企业所得税税率为25%，则该公司该年度应纳税额为：

(1 000＋150－200)×25%＝237.5(万元)

总分公司的整体税负为237.5万元。

如果上述B、C是子公司，总体税负就不一样。

A公司应纳所得税＝1 000×25%＝250(万元)

B子公司应纳所得税＝150×25%＝37.5(万元)

C子公司由于当年亏损200万元，该年度无须缴纳所得税。

母子公司整体税负287.5万元，高出总分公司的整体税负50万元。

如果总机构与子公司或分支机构适用税率不同，则上述情况又将发生变化。

设立子公司与设立分公司的节税利益孰高孰低并不是绝对的，它受到国家税制、纳税人经营状况及企业内部利润分配政策等多种因素的影响。这是投资者在进行企业内部组织结构选择时必须考虑的。

（二）企业注册地的税务筹划

对于一些国家支持发展的地区，政府往往制定一些比较优惠的税收政策以扶持原有的企业，并吸引新企业的投资。企业要充分利用这些税收优惠政策，在企业其他设立条件相同的情况下，尽可能地在这些地区注册，实现减轻企业税负的目的。

目前，我国国内注册地的税务筹划主要有：

1.运用经济特区和浦东新区新设高新技术企业的税收优惠政策进行税务筹划；

2.运用国家西部地区鼓励类企业的税收优惠政策进行税务筹划；

3.运用民族自治地方的企业所得税优惠政策进行税务筹划。

(三)投资方向的税务筹划

对国家支持的行业、商品类别等，税法规定比较优惠的税收政策。因此，在决定企业的投资方向时，要考虑到税收因素：

1.依据所设立企业的具体情况，结合国家对不同产业的税收倾斜政策，选择并确定要投资的产业；

2.在某一产业内部，利用税收优惠政策，选择不同的行业、商品类别等，使企业的经营范围尽可能避开一些税种的征税范围；

3.在某些税种的征税范围之内，选择有税收优惠政策的税目作为企业的经营范围，并对各种所涉及的税种实际税负情况进行测算，使企业的实际整体税负达到最低；

4.在企业主要经营范围确定以后，依据税法对兼营和混合销售的规定，在经营范围之内，确定合理的兼营项目和混合销售行为，避免额外的税收负担。

目前，我国国内投资方向的税务筹划主要有：

1.运用高新技术企业的税收优惠政策进行税务筹划；

2.运用农、林、牧、渔业的税收优惠政策进行税务筹划；

3.运用符合条件的环境保护、节能节水项目的税收优惠政策进行税务筹划；

4.运用国家重点扶持的公共基础设施项目的税收优惠政策进行税务筹划；

5.运用综合利用资源，生产符合国家产业政策规定的产品的税收优惠政策进行税务筹划；

6.运用环境保护、节能节水、安全生产等专用设备的投资可以抵免税额的税收优惠政策进行税务筹划。

(四)投资方式的税务筹划

投资者可以通过对不同的投资方式的选择，在达到投资目的的同时，尽量减轻其投资过程中的税收负担。

【例9-24】 某内资企业准备与某外国企业联合投资设立中外合资企业，投资总额为9 000万元，注册资本为6 000万元，中方2 400万元，占40%，外方3 600万元，占60%。中方准备以现金2 400万元和房屋建筑物2 400万元投入，投入方式有两种：

方案1：以现金2 400万元作为注册资本投入，房屋、建筑物作价2 400万元作为其他投入。

方案2：以房屋、建筑物作价2 400万元作为注册资本投入，现金2 400万元作为其他投入。

方案1把房屋、建筑物直接作价给另一企业，作为新企业的负债，不共享利润、共担风险，应视同房产转让，需要解缴营业税、城建税、教育费附加及契税（本例暂不考虑土地增值税），具体数据为：

营业税＝2 400×5%＝120（万元）

城建税、教育费附加＝120×（7%＋3%）＝12（万元）

契税＝2 400×3%＝72（万元）（由受让方缴纳）

方案2中，房屋、建筑物作为注册资本投资入股，参与利润分配，承担投资风险，按国家税收政策规定，可以不征营业税、城建税及教育费附加，但需征契税（由受让方缴纳）。

契税＝2 400×3%＝72（万元）（由受让方缴纳）

从上述两个方案的对比中可以看出，中方企业在投资过程中，虽然只改变了几个字，但由于改变了出资方式，最终使税收负担相差132万元。

四、企业重组的税务筹划

企业重组是涉及一个或一个以上企业的实质性或重大的法律或经济结构改变的交易，包括股权收购、资产收购、合并、分立、债务重组、企业法律形式改变等。在设计重组方案时，企业需要充分考虑如何通过恰当的税务安排使重组后的税负最优、重组过程中的税收成本最低。

(一)重组的形式

企业法律形式改变,是指企业注册名称、住所以及企业组织形式等的简单改变,但符合税法规定其他重组的类型除外。

债务重组,是指在债务人发生财务困难的情况下,债权人按照其与债务人达成的书面协议或者法院裁定书,就其债务人的债务作出让步的事项。

股权收购,是指一家企业(以下称为收购企业)购买另一家企业(以下称为被收购企业)的股权,以实现对被收购企业控制的交易。收购企业支付对价的形式包括股权支付、非股权支付或两者的组合。

资产收购,是指一家企业(以下称为受让企业)购买另一家企业(以下称为转让企业)实质经营性资产的交易。受让企业支付对价的形式包括股权支付、非股权支付或两者的组合。

合并,是指一家或多家企业(以下称为被合并企业)将其全部资产和负债转让给另一家现存或新设企业(以下称为合并企业),被合并企业股东换取合并企业的股权或非股权支付,实现两个或两个以上企业的依法合并。

分立,是指一家企业(以下称为被分立企业)将部分或全部资产分离转让给现存或新设的企业(以下称为分立企业),被分立企业股东换取分立企业的股权或非股权支付,实现企业的依法分立。

(二)普通重组

企业重组的税务处理区分不同条件分别适用一般性税务处理规定和特殊性税务处理规定。

企业重组,除符合税法规定适用特殊性税务处理规定的外,按以下规定进行税务处理:

1. 企业股权收购、资产收购重组交易,相关交易应按以下规定处理:

(1)被收购方应确认股权、资产转让所得或损失。

(2)收购方取得股权或资产的计税基础应以公允价值为基础确定。

(3)被收购企业的相关所得税事项原则上保持不变。

2. 企业合并，当事各方应按下列规定处理：

(1)合并企业应按公允价值确定接受被合并企业各项资产和负债的计税基础。

(2)被合并企业及其股东都应按清算进行所得税处理。

(3)被合并企业的亏损不得在合并企业结转弥补。

3. 企业分立，当事各方应按下列规定处理：

(1)被分立企业对分立出去资产应按公允价值确认资产转让所得或损失。

(2)分立企业应按公允价值确认接受资产的计税基础。

(3)被分立企业继续存在时，其股东取得的对价应视同被分立企业分配进行处理。

(4)被分立企业不再继续存在时，被分立企业及其股东都应按清算进行所得税处理。

(5)企业分立相关企业的亏损不得相互结转弥补。

【例 9-25】 A 公司 2007 年投资 1 200 万元设立 B 公司。B 公司开业以来一直盈利，没有对投资者进行分配。截至 2009 年 12 月底，B 公司提取法定公积金后的累计未分配利润为 600 万元。2010 年 1 月，A 公司拟将对 B 公司投资全部出让给第三方，初步商定股权转让价格为 2 200 万元。

按照现行的《企业所得税年度纳税申报表》的附表《长期股权投资所得(损失)明细表》，按税收计算的投资转让所得或损失＝投资转让净收入－投资转让的税收成本。根据《企业所得税法实施条例》，通过支付现金方式取得的投资资产，以购买价款为成本。

就该股权转让事宜，A 公司应缴纳的企业所得税 ＝(2 200－1 200)×25％＝250 万元。

如果 B 公司先分配股息 600 万元给 A 公司，同时由于 B 公司净资产下降，A 公司同意将股权转让价格相应下调为 1 600 万元。

根据《企业所得税法》，符合条件的居民企业之间的股息、红利等权益性投资收益为免税收入。因此 A 公司取得的 600 万元股息无需纳税。

就新方案下 A 公司应缴纳的企业所得税＝(1 600－1 200)×25%＝100 万元，比原方案节税 150 万元。

（三）特殊重组

企业重组同时符合下列条件的，适用特殊性税务处理规定：

（1）具有合理的商业目的，且不以减少、免除或者推迟缴纳税款为主要目的。

（2）被收购、合并或分立部分的资产或股权比例符合税法规定的比例。

（3）企业重组后的连续 12 个月内不改变重组资产原来的实质性经营活动。

（4）重组交易对价中涉及股权支付金额符合税法规定的比例。

（5）企业重组中取得股权支付的原主要股东，在重组后连续 12 个月内，不得转让所取得的股权。

企业重组符合上述条件的，交易各方对其交易中的股权支付部分，可以按以下规定进行特殊性税务处理：

（1）企业债务重组确认的应纳税所得额占该企业当年应纳税所得额 50%以上，可以在 5 个纳税年度的期间内，均匀计入各年度的应纳税所得额。

企业发生债权转股权业务，对债务清偿和股权投资两项业务暂不确认有关债务清偿所得或损失，股权投资的计税基础以原债权的计税基础确定。企业的其他相关所得税事项保持不变。

（2）股权收购。收购企业购买的股权不低于被收购企业全部股权的 75%，且收购企业在该股权收购发生时的股权支付金额不低于其交易支付总额的 85%，可以选择按以下规定处理：

①被收购企业的股东取得收购企业股权的计税基础，以被收购股权的原有计税基础确定。

②收购企业取得被收购企业股权的计税基础，以被收购股权的原有计税基础确定。

③收购企业、被收购企业的原有各项资产和负债的计税基础和其他相关所得税事项保持不变。

(3)资产收购。受让企业收购的资产不低于转让企业全部资产的75%，且受让企业在该资产收购发生时的股权支付金额不低于其交易支付总额的85%，可以选择按以下规定处理：

①转让企业取得受让企业股权的计税基础，以被转让资产的原有计税基础确定。

②受让企业取得转让企业资产的计税基础，以被转让资产的原有计税基础确定。

(4)企业合并。企业股东在该企业合并发生时取得的股权支付金额不低于其交易支付总额的85%，以及同一控制下且不需要支付对价的企业合并，可以选择按以下规定处理：

①合并企业接受被合并企业资产和负债的计税基础，以被合并企业的原有计税基础确定。

②被合并企业合并前的相关所得税事项由合并企业承继。

③可由合并企业弥补的被合并企业亏损的限额＝被合并企业净资产公允价值×截至合并业务发生当年年末国家发行的最长期限的国债利率。

④被合并企业股东取得合并企业股权的计税基础，以其原持有的被合并企业股权的计税基础确定。

(5)企业分立。被分立企业所有股东按原持股比例取得分立企业的股权，分立企业和被分立企业均不改变原来的实质经营活动，且被分立企业股东在该企业分立发生时取得的股权支付金额不低于其交易支付总额的85%，可以选择按以下规定处理：

①分立企业接受被分立企业资产和负债的计税基础，以被分立企业的原有计税基础确定。

②被分立企业已分立出去资产相应的所得税事项由分立企业承继。

③被分立企业未超过法定弥补期限的亏损额可按分立资产占全部资产的比例进行分配，由分立企业继续弥补。

④被分立企业的股东取得分立企业的股权（以下简称“新股”），如需部分或全部放弃原持有的被分立企业的股权（以下简称“旧股”），“新股”的计税基础应以放弃“旧股”的计税基础确定。如不需放弃“旧股”，则其取得“新股”的计税基础可从以下两种方法中选择确定：直接将“新股”的计税基础确定为零；或者以被分立企业分立出去的净资产占被分立企业全部净资产的比例先调减原持有的“旧股”的计税基础，再将调减的计税基础平均分配到“新股”上。

(6)重组交易各方按上述规定对交易中股权支付暂不确认有关资产的转让所得或损失的，其非股权支付仍应在交易当期确认相应的资产转让所得或损失，并调整相应资产的计税基础。

非股权支付对应的资产转让所得或损失
=（被转让资产的公允价值－被转让资产的计税基础）×
（非股权支付金额÷被转让资产的公允价值）

表 9-7　普通重组和特殊重组的税务处理比较

重组的税务处理	普通重组的税务处理	特殊重组的税务处理
条件	没有特定的条件	同时满足 5 个条件
确定计税基础	按公允价值确定	按受让资产/股权的原计税基础确定（与非股权补价支付额对应确认的资产转让所得或损失应计入计税基础）
资产转让应税所得/损失的确认	当期确认（重组交易发生时确认）	可选择暂时递延（与非股权补价支付额对应的资产转让所得或损失均应在交易发生时确认）
资产转让应税所得/损失的计算	确认因资产/股权转让而实现的利润/损失	非股权支付对应的资产转让所得或损失＝（被转让资产的公允价值－被转让资产的计税基础）×（非股权支付金额÷被转让资产的公允价值）
税务亏损及税务事项结转	在合并和分立中，不得结转	在合并和分立中允许结转，但有限额

并非在任何情况下，采取特殊重组的方式都划算。要考虑多种因素后，事先进行综合测算。

【例 9-26】 某股份有限公司 A，2008 年 12 月兼并某亏损企业 B。A 公司以前年度无亏损。B 企业合并时账面净资产为 5 000 万元，上年亏损为 1 000 万元（以前年度无亏损），评估确认的价值为 6 875 万元，两公司合并后股票市价为 3.2 元/股。A 公司已发行的股票共计 20 000 万股（面值为 1 元/股）。假定国家 2008 年和 2009 年发行的最长期限的国债利率都为 10%，B 公司第二年的评估确认价值仍然是 6 875万元。经双方协商，A 可以用以下方式合并 B 企业：

方案 1：A 公司以 1 800 万股和 100 万元人民币购买 B 企业（A 公司股票市价为 3 元/股）；

方案 2：A 公司以 1 500 万股和 1 000 万元人民币购买 B 企业。

假设合并后被合并企业的股东在合并企业中所占的股份以后年度不发生变化，合并企业每年未弥补亏损前的应纳税所得额为 8 000 万元，增值后的资产的平均折旧年限为 5 年，行业平均利润率为 10%，所得税税率为 25%。

方案 1：因为非股权支付额（100 万元）小于交易支付总额的 15%，所以，B 企业不需就转让所得缴纳所得税。B 企业去年的亏损可以由 A 公司弥补。A 公司接受 B 企业资产时可以以 B 企业原账面净值为基础作为资产的计税成本。

第一年可弥补 B 企业的亏损为：

6 875×10%＝687.5（万元）

B 企业尚未弥补的亏损为 1 000－687.5＝312.5 万元。

第二年可弥补 B 企业的亏损为：

6 875×10%＝687.5（万元）

因为 687.5＞312.5，第二年可以弥补 B 企业的亏损 312.5 万元。

A 企业第一年的税后利润为[8 000－（8 000－687.5）×25%]＝6 171.88（万元）

可供分配的股利为 6 171.88×(1－25%)＝4 628.91(万元)

25%的 10%为法定盈余公积、15%为任意盈余公积。

A 公司第一年支付给 B 企业股东的股利折现值为：

1 800÷20 000×4 628.91×0.909＝378.69(万元)

0.909 为 10%利润率的一年期复利现值折算系数

A 企业第二年的税后利润为[8 000－(8 000－312.5)×25%]＝6 078.13(万元)

A 公司第二年支付给 B 企业股东的股利折现值为：

1 800÷20 000×6 078.13×(1－25%)×0.826 4＝339.05(万元)

A 公司以后年度的税后利润为 8 000×(1－25%)＝6 000(万元)

A 公司以后年度支付给 B 企业股东的股利折现值为：

[1 800÷20 000×6 000×(1－25%)]÷10%×0.826 4＝3 346.92(万元)

按方案 1,A 公司合并 B 企业所需的现金流出折现值共为：

100＋378.69＋339.05＋3 346.92＝4 164.66(万元)

方案 2：因为非股权支付额(1 000 万元)大于交易支付总额的 15%,被合并企业 B 应就转让所得缴纳所得税,应缴纳的所得税为(1 500×3＋1 000－5 000)×25%＝125(万元)。又因为合并后,B 企业已不再存在,这部分所得税实际上由合并企业 A 承担。B 企业上年的亏损不能由 A 公司再弥补。

A 公司可按增值后的资产的价值作为计税价,增值部分在折旧年限内每年可减少所得税为(5 500－5 000)÷5×25%＝25(万元)。

A 公司第一年的税后利润为 8 000×(1－25%)＋25－125＝5 900(万元)

可供分配的股利为 5 900×(1－25%)＝4425(万元)

A 公司第一年支付给 B 企业股东的股利折现值为：

1 500÷20 000×4 425×0.909＝301.67(万元)

A 公司第二年的税后利润为 8 000×(1－25%)＋25＝6 025(万元)

可供分配的股利为 6 025×(1－25%)＝4 518.75(万元)

A 公司第二年支付给 B 企业股东的股利折现值为：

1 500÷20 000×4518.75×0.826 4=280.09(万元)

A公司第三年、第四年、第五年支付给B企业股东的股利折现值分别为254.63万元、231.48万元、210.43万元。

第六年及以后年度每年的税后利润为8 000×(1-25%)=6 000(万元)

第六年及以后年度每年可供分配的股利为6 000×(1-25%)=4 500(万元)

A公司第六年及以后年度支付给B企业股东的股利折现值为：

[1 500÷20 000×4 500×(1-25%)]÷10%×0.620 9=1 571.65(万元)

按方案2,A公司合并B企业所需现金流出折现值共为：

125+1 000+301.67+280.09+254.63+231.48+210.43+1 571.65=3 974.95(万元)

比较两种方案,第二方案现金流出较少,因此,A公司应当选用第二方案。

从本例可以看出,税务筹划必须考虑经营活动发生改变所带来的一定时期的税收变化和现金流量的变化。本例中,由于A公司合并B企业,不仅要考虑A公司在合并时支付B企业股东现金价款,而且要考虑由于B企业股东还拥有A公司的股权,A公司每年均要向B企业股东支付股利。由于合并企业支付给被合并企业的价款方式不同,将导致不同的所得税处理方式,涉及被合并企业是否就转让所得缴税、亏损是否能够弥补,合并企业支付给被合并企业的股利折现、接受资产增值部分的折旧等问题,企业应该综合考虑。

思　考

企业经营活动中的税务筹划涉及哪些经营活动？税收是如何影响企业经营活动的？

第三节　国际税务筹划实务

一、国际税务筹划概述

(一)国际税务筹划与税收管辖权

国际税务筹划的任务是通过税收负担的最小化,实现全球税后利润的最大化。企业国际税务筹划的特点是利用企业灵活的跨国机制,在位于不同税收环境的国家中所属的相应机构单位之间进行利润的再分配。

跨国纳税人必须同时与两个或两个以上国家在其各自的权利管辖范围内发生税收征纳关系,因此,税收管辖权概念是国际税务筹划中一个根本性的问题。税收管辖权是一个国家在税收领域内所行使的具有法律效力的管理权力,是国家主权在税收领域的体现。世界上的税收管辖权分为居民管辖权、公民管辖权和地域管辖权。地域管辖权(又称收入来源地管辖权)是按照属地原则确立的税收管辖权,即一国政府只对来自或被认为是来自本国境内的所得拥有征税权力。居民管辖权和公民管辖权(又称国籍管辖权)都是按照属人原则建立的税收管辖权。居民管辖权是指征收国对其境内所有居民来自世界范围的全部所得行使征税权力,公民管辖权是指一个国家对凡是属于本国公民取得的来自世界范围的全部所得行使的征税权力。各国实行不同的税收管辖权,一方面使纳税人面临国际双重缴税的风险,另一方面,也使纳税义务人面临利用不同的税收管辖权进行国际税务筹划的机遇。

(二)公司法人的居民身份确定标准

1.法律标准。对凡是按照本国法律组建并登记注册的公司规定为本国居民公司。法律标准又称组建地标准或注册地标准。

2.总机构标准。以一个公司的总管理机构,如总公司、总部是否设在本国境内为判定标准。如果一个公司总机构在本国境内,即为本国居民公司。

3.控制和管理中心标准。以公司经营活动的实际控制和管理中心所在地为依据,凡是实际控制和管理中心所在地被认定在本国境内的公司为本国居民公司。按照有关国家规定,实际控制和管理中心所在地一般是指公司董事会所在地,或董事会有关经营决策会议的召开地点。

4.主要经营活动标准。以公司经营业务的数量为依据。实行这一标准的国家,通常规定,如果一个公司占最大比例的贸易额或利润额是在本国境内实现的,该公司就是本国居民公司。

5.控股标准。以一个公司拥有控制表决权的股份的股东的居民身份为依据,有控股表决权的股东是本国居民,该公司也为本国居民公司,并负有纳税义务。

中国采取的是登记注册地和实际管理控制地相结合的原则。《企业所得税法》及实施条例规定,居民企业是指依法在中国境内成立,或者依照外国(地区)法律成立但实际管理机构在中国境内的企业,实际管理机构是指对企业的生产经营、人员、账务、财产等实施实质性全面管理和控制的机构。

【例 9-27】 甲跨国公司同时在A、B两国开展业务,A、B两国都行使居民管辖权,但A、B两国对判定公司法人的居民身份有不同的标准。A国采用登记注册标准,B国采用总机构所在地标准。如果甲跨国公司在A国登记注册,同时将总机构设在B国,在A、B两国没有签订国际税收协定的情况下,甲跨国公司同时是A、B两国的居民,甲跨国公司来自世界范围的全部所得既要向A国又要向B国缴税,即国际双重缴税。相反,如果甲跨国公司在B国登记注册,同时将总机构设在A国,理论上,甲跨国公司不具备任何一国居民公司的身份地位,而不需要承担A、B两国中任何一国的无限纳税义务,规避了税收负担。

(三)国际税务筹划的基本方式

国际税务筹划的基本方式就是跨国纳税人通过利用或套用有关国家税法和国际税收协定,利用其对企业经营有利的规定,以及利用其差别、漏洞、特例和缺陷,避免国际双重交税,规避纳税主体和纳税客体的纳税义务。纳税人一般是企业法人,这里统称为"人";征税对象一般指资金投放、劳务付出,或货物交换而产生的收益或所得,这里统称为"物"。国际税务筹划的基本方法包括:人的流动税务筹划法,人的非流动税务筹划法,物的流动税务筹划法,物的非流动税务筹划法。对于套用国际税收协定这一常用的国际税务筹划方法,由于其是一种人的变相流动方法,故将其放在人的非流动税务筹划法。

在国际税务筹划的四种基本方法中,也可以将流动与非流动的方法结合。流动与非流动的结合也有四种形式:(1)人的流动与物的流动;(2)人的流动与物的非流动;(3)人的非流动与物的流动;(4)人的非流动与物的非流动。这四种形式的具体运用本书不再介绍。国际税务筹划的实践经验表明,流动——非流动——流动——非流动,这种不断的交叉与结合是实现筹划目的的重要方式和途径。

应指出的是,由于各国税制存在很大的差异,书中介绍的国际税务筹划的一般方法,并非在任何一个国家都能使用,这些方法在一些国家会受到限制,甚至在一些国家被视为违法行为。纳税人在应用这些方法时,要注意相关国家的税法和税收协定的有关规定,特别是与这些方法有关的反避税条款。

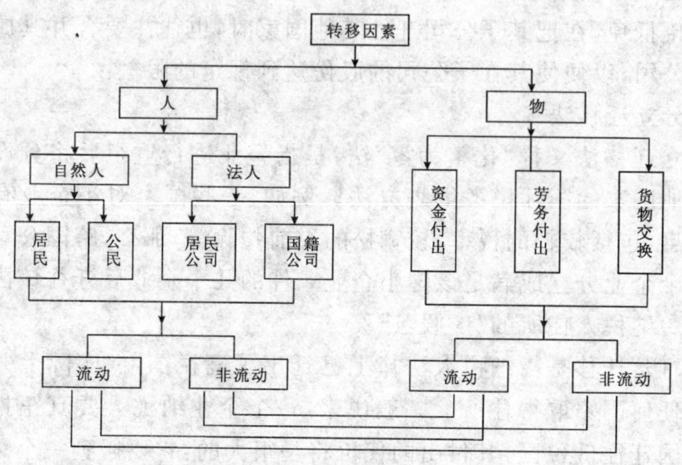

图 9-1 国际税务筹划基本方法示意图

二、人的流动税务筹划法

人的流动税务筹划法是指一个国家税收管辖权下的纳税人法律意义上迁移出该国，成为另一个国家税收管辖权下的纳税人，或没有成为任何一个国家税收管辖权下的纳税人，以规避或减轻其总体纳税义务的国际税务筹划方法。对于这种纯粹为了税务筹划而进行国际间的迁移现象，国际上称之为“税收流亡”。其具体方法主要有：

（一）纳税人住所的真正迁移

一般来说，高税国的纳税人所承担的纳税义务，要比低税国的纳税人所承担的纳税义务重。作为一个跨国企业纳税人，往往可以通过把住所迁往低税国，用成为低税国法人居民的方式来降低税收负担。例如，一个总部设在高税国的跨国公司，把其总部迁到一个投资环境良好的低税国。在跨国公司的迁移中，还常涉及“合并迁移”或“分立迁移”。

1. 合并迁移法

合并迁移法又称“化零为整”法，是指企业在合并或联合后迁往其他国家的国际税务筹划方法。例如，一些国家为吸引大型跨国公司，制定了对大公司有利的税收政策，一些公司在迁往那里时，往往建立联合关系或组成公司集团。又如，一些公司在避免国际双重交税时，为了能享受间接抵免，在把其子公司迁往其他国家时，也往往要合并其属下的一些小公司，以便使其在子公司的股份达到规定的限额。

2. 分立迁移法

分立迁移法又称“化整为零”法，是指企业进行重组后将分设企业迁往其他国家的国际税务筹划方法。例如，一些国家对小企业有诸多税收优惠，包括较轻的税率、较宽松的税前扣除等，那么，跨国公司就可以把一个企业分立成满足该国小企业条件的几个企业后迁往该国。

（二）纳税人住所的“虚假”迁移

“虚假”迁移是指纳税人法律上已迁出了高税国，但实际上并没有在其他任何国家取得住所。一般说来，一个企业纳税人要真正把住所从高税国迁往低税国，其付出的代价将是很大的：它要搬到一个可能非常陌生的地方，需要用很大的精力与低税国社会融为一体，它要支付各种搬迁费，而且很有可能还要就自己的资本利得向高税国缴纳一大笔资本利得税。如果一个高税国的企业纳税人有足够证据证明它不是这个国家的居民，而是另一个国家的居民，那么尽管实际上它是这个国家的居民，它的纳税义务还是可以减轻，甚至消除。利用这种手法达到减轻税负的目的有时并不难，因为各个国家关于住所或居所的法律规定并不一样，法律解释也不相同，使得企业纳税人利用住所或居所的“虚假”迁移进行国际税务筹划成为可能，尽管一些国家的税法或税收协定也会对这种方法制定严格的反避税措施。

假如一个公司所在高税国是以实际管理控制中心所在地作为判定居民法人的标准，而法律规定实际管理控制中心根据公司的董事会、公司总账、股息分配、损益表、营业报告来判定。那么，这个公司想要通过“虚假”迁移变成该高税国的非法人居民，达到税务筹划减轻税收负担的目的，可以通过下列做法实现：

1. 改由另一国居民担任常务董事，该高税国居民不再参与直接管理，董事会和股东会迁至另一国召开，经营决策在另一国制定；

2. 总账迁至另一国编制和保存；

3. 股息分配在另一国进行；

4. 损益表在另一国编制和公布；

5. 营业报告在另一国公布。

三、人的非流动税务筹划法

人的非流动税务筹划法是指一个国家税收管辖权下的纳税人并没有实际迁移出该国，但已不再是该国税收管辖权下的纳税人或改变了纳税人性质，以规避或减轻其总体纳税义务的国际税务筹划方法。对于跨国纳税人，特别是跨国公司来说，真正迁出住所付出的代价是非常高的，因此，跨国纳税人就要利用有关国家税法和税收协定的漏洞和缺陷，不真正迁移住所也可以规避或减轻其纳税义务。

（一）利用信托形式

利用信托形式是指纳税人通过建立信托财产或者其他信托关系的

各种信托形式进行国际税务筹划的方法。信托是指委托人将其财产所有权转给受托人,并委托受托人为其指定的受益人的受益而对财产加以保管和经营。一项信托通常是由三方面关系组成:一是委托人,又称信托人;二是受托人;三是受益人。

利用信托形式可以转移财产或所得,造成法律形式上所得或财产与原所有人的分离,而且分离出的所得或财产仍受法律保护。高税国的纳税人可以在某个低税国家或地区建立一个信托公司,把自己的所得和财产归于这个信托公司名下,可以达到以下目的:第一,把高税率国家的收入转移到低税地,可以逃避应向居住国政府补交在抵免外国所得税后的差额的那部分税款;第二,把聚集各地的收入再进行投资或买卖当地股票,这部分投资所得又可以享受所得税的好处。这也被称作"虚构信托财产"。

例如,一个高税国的跨国纳税人,在低税国建立了一个持股公司从事海外的积极投资,由于该纳税人在持股公司的股份是"大量"的,因此,公司的所得或部分所得还是可能将被高税国视为该纳税人的所得而进行征税。这时纳税人可以把持股公司信托给一个低税国银行或信托公司进行管理。这样,持股公司的股权就合法地归银行或信托公司所有,持股公司的所得也不再被视为高税国纳税人的所得。但实际上持股公司财务利益的真正所有者还是信托人兼受益人的高税国纳税人。

除了信托方式,还有其他信托协议形式。例如,高税国 A 国纳税人贷款给 B 国的企业,与低税国 C 国某一个银行签订信托合约,该银行受托替该纳税人向 B 国企业收取利息。则该纳税人通过此信托协议形式可得到的税收好处是:只要利息所得留在低税的 C 国增值,就可能规避 A 国较高的所得税;如果利息所得要汇回 A 国,而 A 国与 B 国之间没有相互减征利息预提税的税收协定,B 国与 C 国签订有相互减征利息预提税的双边税收协定,那么这笔利息的汇出也可以规避较重的利息预提税。

(二)套用税收协定

1.套用税收协定的概念

税收协定是指两个或两个以上主权国家为了避免国际双重征税，协调相互间的税收分配关系，经由政府间谈判所签订的确定缔约国各方权利和义务的一种书面协议。在税收协定中，缔约国双方都要作出相应的约束和让步，于是形成对缔约国双方居民适用的优惠条款。因此，在任何一个税收协定中，都应明确规定其适用于缔约国一方、还是缔约国双方居民。

套用税收协定(Treaty Shopping)是指非缔约国居民利用国际税收协定的某些优惠条款，设法使自己的应税行为符合其有关规定，以此全部或部分得到税收协定提供的本不应由其享有的税收优惠待遇。

套用税收协定是纳税主体(人)的变相流动的一种特殊的税务筹划方式。在双边税收协定中，通常是在股息、利息和特许权使用费等这些消极所得的预提税上，缔约国互相给予减税或免税的待遇。因此，非缔约国居民套用税收协定，主要是集中在减轻或规避非居住国对消极投资所得征收的预提税方面。

2.套用税收协定的常见方式

套用税收协定进行税务筹划的方式，是以设置中介体为主要特征，大体可归纳为以下三类：

(1)建立直接导管公司(Direct Conduit Companies)

直接导管公司是指为获取某一特定税收协定待遇的好处，而在某一缔约国中建立的一种具有居民身份的中介体公司。例如，A国甲公司原打算在B国设立子公司乙，但B国要对B国公司汇往A国的股息征收较高的30%的预提税。B国与C国缔结有相互减按5%征收股息预提税的税收协定，A国与C国缔结也签订相互减按5%征收股息预提税条款的税收协定。此时，A国公司便可以在C国建立一个持股公司丙，通过丙公司收取来自B国公司的股息。这样，A国公司就可以减少其股息所得的总纳税义务。由于A国甲公司通过C国丙公司就能得到C国与A、B两国签订的税收协定的税收优惠，C国丙公司犹如一根直接吸取缔约国公司所得的导管，因此，被形象地称为导管公司。

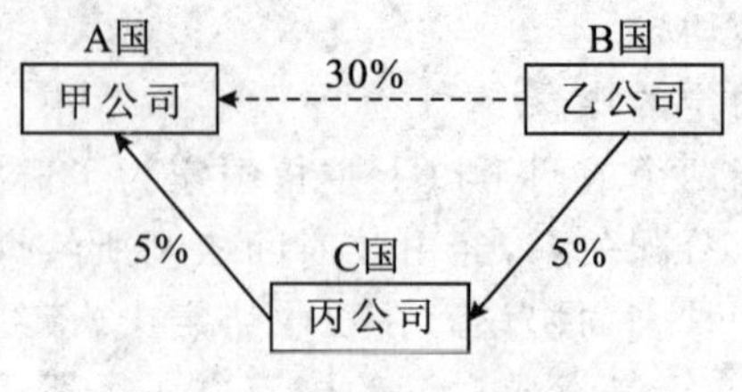

图 9-2 导管公司示意图

(2)建立脚踏石导管公司(Stepping Stone Conduit Companies)

脚踏石导管公司是指为获取某些特定税收协定待遇的好处,而在相关缔约国中建立的两个或两个以上具有居民身份的中介体公司。这是在设立直接导管公司不能直接奏效的情况下,所采取的一种更间接、更迂回的税务筹划方式,涉及在两个以上国家设立子公司来利用有关国家所签订的两个或两个以上税收协定。

例如,A 国甲公司原打算在 B 国拥有一公司乙,但 B 国要对 B 国公司汇往 A 国的股息征收较高的 30%的预提税,而 B 国与 C 国、A 国与 D 国都缔结有相互减按 5%征收股息预提税的税收协定,C 国与 D 国则签订相互对持股公司免征股息预提税的税收协定。此时,A 国甲公司便可以在 D 国建立一个持股公司丁,通过丁公司在 C 国建立一个持股公司丙,再通过丙公司在 B 国建立一个子公司乙。这样,A 国公司就可以减少其股息所得的总纳税义务。由于 A 国甲公司一定要通过建立 D 国丁公司和 C 国公司丙才能取得 B 国乙公司股息并规避税负,丁公司和丙公司在其中犹如两块到达目的地所必需的脚踏石,通过它们作为中介吸取 C 国与 D 国、C 国与 B 国税收协定所给予的税收优惠才能减轻税负,因此,被形象地称为脚踏石公司。

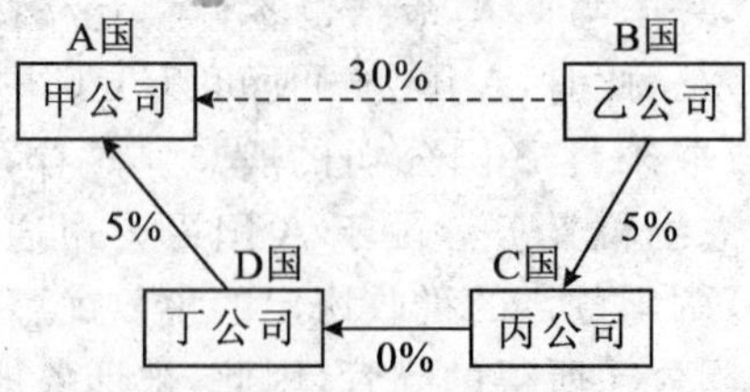

图 9-3 脚踏石公司示意图

(3)直接利用双边关系设置高股权控股公司

由于一些国家对外签订的税收协定中有明确规定,如果股息受益所有人是缔约国另一方居民,缔约国一方居民向股息受益所有人支付的股息享受协定优惠的必要条件是,在受益所有人直接拥有支付股息公司的股权不得低于一定比例。因此,这些国家的跨国公司拟在缔约国另一方建立子公司时,就需要将持有该子公司的股份保持在限额之上,以便使股息能够享受到优惠。例如,中国与瑞士签订的税收协定就将这一比例定为25%,假若瑞士公司拥有在中国的全资子公司,该跨国公司可以从子公司取取得的股息就可以享受5%预提所得税的优惠待遇(一般情况下是10%)。

3.受益所有人

但需要注意的是,有的国家在税法或者双边税收协定中规定了专门的限制套用税收协定的条款,以制止跨国公司非法滥用税收协定。

中国的税法规定,缔约国的居民申请享受中外税收双边协定中股息、利息和特许权使用费等条款规定的税收协定待遇时,应提供能证明其具有“受益所有人”身份及相关的证明资料。

按照中国税法的规定,“受益所有人”是指对所得或所得据以产生的权利或财产具有所有权和支配权的人。“受益所有人”一般从事实质性的经营活动,可以是个人、公司或其他任何团体。代理人、导管公司等不属于“受益所有人”。导管公司是指通常以逃避或减少税收、转移或累积利润等为目的而设立的公司。这类公司仅在所在国登记注册,以满足法律所要求的组织形式,而不从事制造、经销、管理等实质性经营活动。

中国税务机关在判定“受益所有人”身份时,按照“实质重于形式”的原则,结合具体案例的实际情况进行分析和判定。一般来说,下列因素不利于对申请人“受益所有人”身份的认定:

(1)申请人有义务在规定时间(比如在收到所得的12个月)内将所得的全部或绝大部分(比如60%以上)支付或派发给第三国(地区)居民。

(2)除持有所得据以产生的财产或权利外,申请人没有或几乎没有其他经营活动。

(3)在申请人是公司等实体的情况下,申请人的资产、规模和人员配置较小(或少),与所得数额难以匹配。

(4)对于所得或所得据以产生的财产或权利,申请人没有或几乎没有控制权或处置权,也不承担或很少承担风险。

(5)缔约对方国家(地区)对有关所得不征税或免税,或征税但实际税率极低。

(6)在利息据以产生和支付的贷款合同之外,存在债权人与第三人之间在数额、利率和签订时间等方面相近的其他贷款或存款合同。

(7)在特许权使用费据以产生和支付的版权、专利、技术等使用权转让合同之外,存在申请人与第三人之间在有关版权、专利、技术等的使用权或所有权方面的转让合同。

各国税务机关在适用双边税收安排时对"受益所有人"的要求也越来越严格。因此,在运用双边税收协定进行税务筹划的时候,需要特别注意确保申请协定待遇的企业应具备充分的商业实质并且能够提供证据对此予以证明。申请人可以考虑以下措施,以支持受益所有人的认定:

(1)配备足够的资本金;

(2)在处理公司相关问题时严格遵循其法律形式,包括遵从公司独立的法人人格,公司在运用这笔所得或是所得据以产生的财产或权利时所应该拥有的控制权和决策权;

(3)为公司配置合适的本地管理团队,并使其拥有相应的决策权,以及公司资产和投资的管理权;

(4)避免不利的背对背交易安排;

(5)使相关公司取得合适的利润(尤其是针对借款的交易安排),并且以渐进的方式进行利润或其他所得的派发或支付。

四、物的流动税务筹划法

物的流动税务筹划法是指跨国纳税人将一个国家税收管辖权下的纳税客体转移出该国,成为另一个国家税收管辖权下的纳税客体,或不成为任何一个国家税收管辖权下的纳税客体，以规避或减轻其总体纳税义务的国际税务筹划方法。物的流动往往比人的流动隐蔽性更好。这里指的“物”的流动，不仅是指纳税客体自身——各类所得、收益等的流动，更重要的是指那些与形成最终所得、收益相关的要素，即资金、货物、劳务、费用等有形与无形要素的流动。

（一）避免成为常设机构

绝大多数国家利用“常设机构”的概念，作为对非居民公司征税的依据：构成常设机构的，就可以认定其所得来源于该国境内，可以行使地域管辖权，可以对该所得征税；不构成常设机构的，就不对其所得征税。

在国际税收协定中，常设机构是指企业进行全部或部分经营活动的固定场所。一般常设机构包括：(1) 管理场所、分支机构、办事处、工厂和作业场所；(2) 矿场、油井或气井、采石场或其他开采自然资源的场所；(3) 建筑工地，建筑、装配或安装工程，或者与其有关的监督管理活动，但这种工地、工程或活动，应以连续超过一定时间为限；(4) 企业通过雇员或其他非独立代理人在非居住国从事经常的营业活动，即使并未设立固定营业场所，也应视为设有常设机构；(5) 企业通过授权非独立代理人在对方国家经常代表该企业签订合同的，也可视为设有常设机构。

在许多税收协定中，有一些不视为常设机构征税的特殊规定存在，这些特殊规定为税务筹划提供了机会。如我国分别与美国、加拿大、比利时、丹麦、泰国、新加坡等国签订的《关于对所得避免双重征税和防止偷漏税的协定》中明确规定，对下列内容不能视为常设机构：

(1)以专为储存、陈列或者交付本企业货物或者商品的目的而使用的设施；

(2)以专为储存、陈列或者交付的目的而保存本企业货物或者商品的库存；

(3)以专为另一企业加工的目的而保存本企业货物或者商品的库存；

(4)以专为本企业采购货物或者商品，或者搜集情报的目的所设的固定营业场所；

(5)以专为本企业进行其他准备性或辅助性活动的目的所设的固定营业场所；

(6)以专为(1)和(5)所述活动的结合所设的固定营业场所，如果由于这种结合使该固定营业场所全部活动属于准备性质或辅助性质。

这些协定还明确指出：缔约国一方企业仅通过按常规经营本身业务的经纪人、一般佣金代理人或者任何其他独立代理人在缔约国另一方进行营业，不应认为在该缔约国另一方设有常设机构(除非这个代理人的活动全部或几乎全部代表该企业，并且该代理人和该企业之间商业和财务关系的条件不同于独立企业之间关系的条件)。

同时，缔约国一方居民公司，控制或被控制于缔约国另一方居民公司或者在该缔约国另一方进行营业的公司(不论是否通过常设机构)，此项事实不能据以使任何一方公司构成另一方公司的常设机构。

跨国纳税人可以利用这些规定，依靠从事一项或多项免税活动来进行税务筹划，也可以利用服务公司来进行税务筹划。如果跨国纳税人的母公司是建立在避税地或另一个设有税收条约或协定的国家，这些做法的效果就会更为明显。依据上述协定，当我国某毛皮加工公司想了解北欧、北美国家关于裘皮服装行业对毛皮的需求情况并寻求合作伙伴时，就可在加拿大设立一专门为该公司搜集北美国家裘皮服装信息的办事处，根据中加类似协定的第四条，该办事处不构成中国公司在加拿大的常设机构，以达到减轻税负的目的。

很多国家对非居民公司的留存时间作了规定，在留存时间内对非居民公司的所得免税。一些企业依靠技术水平的提高和生产周期的缩短，可以在政府规定的免税期间完成其经营活动，避免作为常设机构在非居住国纳税。例如，在中东和拉美的某些国家规定，非居民公司在半年内获得的收入可以免税，外国的海外建筑承包公司常常设法在半年以内完成其承包工程，以免交这些国家的收入所得税。

(二)利用常设机构转移收入与费用

许多国家规定对常设机构的营业利润免征税款，这就给跨国纳税人开辟了税务筹划的渠道。只要跨国纳税人有确凿的证据证明其在来源国所从事的活动与常设机构取得的营业利润无关，就可以免交所得来源国的税收。跨国纳税人可以通过常设机构来转移货物、财产和费用，从而达到税务筹划的目的。

1.转移货物。跨国纳税人往往在几个国家拥有常设机构，其中有的国家有关于常设机构某些活动可以免税的规定，纳税人就可把其所贮存或加工的货物转移到具有这种免税规定的国家中的常设机构中去，以达到减轻税负的目的。

2.转移劳务费、特许权使用费及其他类似的费用。这些费用是指总机构与常设机构以及常设机构之间相互间支付的款项。尽管国际上普遍对上述机构间的费用在所得税税前的扣除有比较严格的限制，但还是有可能被高税国的纳税人加以利用。

3.转移亏损。各国对营业利润、亏损抵补的规定存在较大差异。跨国纳税人为了减轻税负，往往运用常设机构间财务上的密切联系，故意使高税国常设机构亏损，而增加低税国或避税港常设机构的利润。

4.转让财产。常设机构之间转移财产时通常涉及两个问题。一个是被转让的财产是否在原常设机构已就资本利得向所在国政府纳税，若没有纳税时如何计算资本利得税。另一个问题是转入财产的常设机构，如何对转入财产进行计价。这些问题的不确定性，往往会给跨国纳税人进行税务筹划留下一定的回旋余地。

（三）利用转让定价

跨国公司的内部企业交易占有很大比例。转让价格是指在跨国公司内部、总公司和分公司、母公司和子公司、子公司和子公司之间相互进行的出口和采购商品、劳务以及其他经营资源内部转让所规定的价格。通过转让定价可以使整个集团税收最小化；通过转让定价，调整总公司与子公司之间、子公司相互之间的利润分配，以便利用各国公司所得税差异，减少集团整体的税额；通过转让定价，调整母公司与子公司之间、子公司与子公司之间非有形产品的相互支付额，从而减少集团整体的所得税额；通过转让定价减轻关税（主要是进口税负担），从而减少集团整体的税额。

【例 9-28】 假设位于甲国的 A 公司是位于乙国的 B 公司的母公司，A 控制 B100%的股权。甲国公司所得税为 40%，乙国为 30%，A 为 B 提供一批零件，由 B 加工后出售，按正常交易价格和低价格进行交易的结果见表 9-8。

表 9-8 转让定价前后的税负比较 单位：万美元

公司	项目	按正常价格	按低价格
A 公司	销售收入	100	75
	成本	50	50
	利润	50	25
	税率	40%	40%
	税额	20	10
B 公司	销售收入	200	200
	成本	125	100
	利润	75	100
	税率	30%	30%
	税额	22.5	30
	税额合计	42.5	40

从中看出，A 公司与其子公司 B 公司利用较低的产品转让价格降低了公司整体税负 2.5 万美元。目前，大多数国家的税法中都制定了专门的反避税条款，以制止跨国公司非法滥用转让定价。企业在利用转让定价时，要充分考虑到这些反避税条款的限制。

(四)利用国际避税地

国际避税地(International Tax Heaven)是指没有所得税和一般财产税的国家和地区，所得税和一般财产税的税率都很低的国家和地区，或虽然征收所得税和一般财产税，但能提供特殊的所得税或一般财产税优惠的国家和地区。在国际避税地，往往通过完全或部分地不征收某些所得税和一般财产税，如公司所得税、个人所得税和遗产税；或完全放弃居民(公民)管辖权，只行使地域管辖权，即仅对来源于或存在于本国(本地区)的所得和一般财产征税;或在某些方面制定较低税率和某些优惠条款,从而使纳税人的税负水平远低于国际一般水平。

跨国纳税人利用避税地的手段主要是建立基地公司(Base Company),亦称招牌公司,起减轻税负的基地或中介作用。基地公司实际上是受控于高税国纳税人的建立于避税地的虚构的纳税实体,其经济实体仍在其他国家。绝大部分基地公司在避税地没有实质性的经营活动,仅租用一间办公室或一张办公桌,甚至仅仅挂一张招牌,这种公司还被称为"信箱公司"或"纸面公司"。

在一般情况下,将常设机构或公司设在国际避税地,减轻税收负担的渠道通常有三种:第一,税后的所得最好经由国际避税地转移到与其有税收协定关系的国家,可以享受较低的预提税税率;第二,税前所得最好多体现在国际避税地,这样税收负担低,甚至可能为零税率;第三,在国际避税地多保留税后所得而不分回母国,可享受税收递延的好处。利用基地公司的税务筹划方法有以下几种:

1. 把基地公司作为"虚假"的中转销售公司

假如 A 国设有母国公司 N,B 国设有子公司 n_1,C 国设有子公司 n_2。n_1 公司或 D 国非关联公司 d 的产品实际上是直接运送到 n_2 对外销售的。在 E 国设有基地公司 e。从产品的流转来看,n_2 直接接受来自 n_1 和 d 的产品。但从销售关系来看,先由 n_1 和 d 以低价向 e 出售产品,再由 e 加价售给 n_2。这部分价差形成的利润就沉淀在了 e 公司的账上,而 E 国为避税地,税负低甚至是无税的,因此达到了避税的目的。

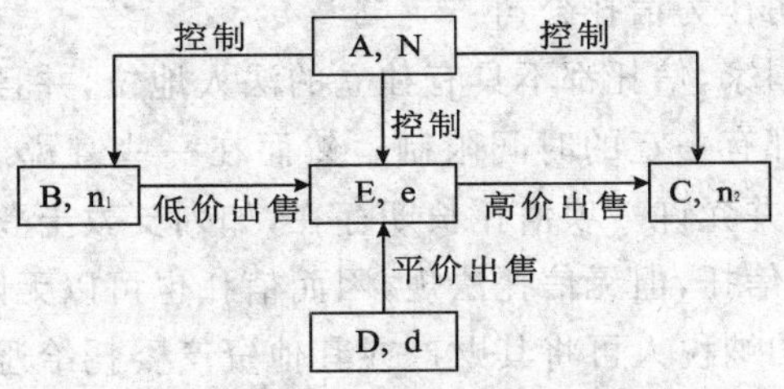

图 9-4 基地公司示意图

2.基地公司为控股公司

在这种方式下，要求子公司将所获得的利润以股息形式汇回到基地公司，以达到避税目的。例如，一家跨国公司收取在中国内地的子公司的股息要缴纳税率为10%的中国预提所得税。为了降低预提税，跨国公司在中国香港设立一家中间控股公司，由香港公司控股内地的子公司。按照内地与香港之间的双边税收安排，当内地子公司向香港控股公司支付股息时，只需按5%的税率代扣代缴预提所得税，而香港对控股公司收取的这笔股息不征税。

再如，设在避税地控股公司并不仅仅被用于持有筹集来的收入，它常常是介于最终控股母公司与子公司、孙公司之间的中继站。避税地公司利用自己有利的免税条件，可以发挥一种转盘作用，通过把筹集来的资金再投资，可以赚到新的免税收入。控股公司的收入不仅限于股息，还可以有利息、特许权使用费等形式。

3.基地公司作为收付代理

由基地公司收取利息、特许权使用费、劳务费和贷款。而实际上，款项的借出、许可证的发放、劳务的提供与货物的出售均发生在别处。

4.基地公司作为海运公司

这样做的目的是使海运收入减少或避免税负。海运公司的所有权与经营权无需在同一国内，注册地又可以是第三国。从减轻负税的角度考虑，许多船舶悬挂方便旗帜(Flags of Convenience)。所谓方便旗帜是指那些可由非居民船东悬挂的国旗，旗帜国政府除了收取一部分注册费外，对挂旗船并不实行财政性或其他控制。

5.基地公司作为信托公司

在大部分国家，信托都不具有独立的法人地位，并且对这种信托法律关系的存在都有一定的时间限制。然而在一些避税地，信托则可以作为法人存在，并允许一项信托长期存在，如列支敦士登。在另一些避税地，允许建立信托，但无信托法规，因而信托也可以无限期存在。

在高税国的纳税人可将其财产或其他资产委托给避税地的一家信托公司或受托银行，由其处理财产的效益。跨国纳税人利用信托不但可以在一定程度上避免财产所得和转让资产产生的资本利得的税负，由于信托资产的保密性，还可通过信托资产的分割将其财产转移到继承人或受赠人的名下，借此来规避在有关国家的继承税、遗产税或赠与税。

另外，还可以使基地公司采取以下公司形式：

(1)投资公司。以从事有价证券投资为目的，主要持有其他公司优先股、债券或其他证券的公司。

(2)金融公司。为跨国公司内部的借贷充当中介人或向第三方提供贷款和投资。

(3)专利持有公司。主要经营内容是提供和转让各种专利权。

(4)贸易公司。它是专门从事货物或劳务贸易以及租赁业务的实体。

(5)受控保险公司。在跨国公司内部，为其公司集团成员提供保险和分保险业务。

(6)离岸银行。是由高税国居民在避税地建立的以海外投资为目的的具有独立法人地位的离岸基金和以所在国非居民为业务对象的离岸银行。

五、物的非流动税务筹划法

物的非流动税务筹划法是纳税客体在形式上并没有发生跨越国境或税境的流动，但通过跨国纳税人的精心安排，仍可起到纳税客体转移的国际税务筹划方式。它是属于物的流动的一种特殊变体。

(一)利用延期纳税的规定

在利用物的非流动进行国际税务筹划方面，跨国纳税人采用的有效方法之一，是利用各国税法中有关延期纳税的规定，通过在低税国或国际避税地组建的一个实体(通常应具有独立的法人资格)，进行所得和财产的积累。在积累的所得和财产中，也包含了先前物的流动的因素。

在实行居民(或公民)管辖权的国家，税务会计处理一般采取收付实现制原则，即该征收国在外国子公司没有把股息等汇给母公司之前，对这项利润不予征税。这样跨国纳税人就可以通过在低税国等地的一个法人实体进行所得或财产的积累。

利用延期纳税的先决条件，是跨国纳税人在合适的低税国或国际避税地建立子公司（一般是完全控股的公司），然后再利用其他物的流动手段，使利润在该子公司得以形成和积累。这些利润可能根本就不汇回给母公司，也可能在拖延一段时间后，再以股息形式汇回。对于高税居住国中的跨国纳税人来说，能拖延一段时间迟交税款，就等于获得一笔无息贷款，增加了公司集团整体的流动资金。

但需要注意的是，有的国家在税法中制定了专门的限制受控外国公司的条款，以制止跨国公司非法滥用资本弱化。中国的税法规定，由居民企业，或者由居民企业和中国居民控制的设立在实际税负明显低于12.5%的国家（地区）的企业，并非由于合理的经营需要而对利润不作分配或者减少分配的，上述利润中应归属于该居民企业的部分，应当计入该居民企业的当期收入。

（二）精心选择国外经营方式

当一个跨国公司决定在国外投资和从事经营活动时，可以在设立分公司或组建子公司两种主要方式中选择一种（可参见第二节的相关内容）。

（三）利用税收优惠和低税点

在税务筹划中，往往将有助于减轻税负的投资经营形式和收入项目，称为低税点。跨国纳税人在对外投资经营中，十分注重利用东道国税务待遇中的低税点。低税点大量存在于各项税收优惠中，诸如加速折旧、投资抵免、差别税率、专项免税、亏损结转、减免税期间等。如果其所从事投资经营活动的非居住国与其居住国之间签订有包含税收饶让条款的税收协定时，跨国纳税人则可以从这些低税点的利用中获得收益。

（四）利用资本弱化

资本弱化（Thin Capitalization）是指跨国纳税人为了减少应纳税额，采用债权方式替代股权方式进行的投资或者融资。一个跨国纳税人的国际投资回报可选择股权收益和债权收益。各国对股息和利息的税收政策通常不同：对企业支付利息，往往允许其作为费用扣除，而对企业分配股息则作为企业所得，不允许其扣除；对企业汇出的利息的预提税税率往往较低，而对企业汇出的股息的预提税税率往往较高。这样，在同样多的投资和同样高的回报率的情况下，被投资国关联企业的资本弱化可能会减少跨国公司的纳税义务。但需要注意的是，有的国家在税法中制定了专门的限制资本弱化的条款，以制止跨国公司非法滥用资本弱化。中国的税法规定，企业从其关联方接受的债权性投资与权益性投资的比例超过规定标准而发生的利息支出，不得在计算应纳税所得额时扣除。

思　考

国际税务筹划中的转让定价也可以应用在国内税收中吗？找出本章第1节、第2节中你认为合适的案例，这个案例与国际税务筹划中的案例有什么共同点和不同点？

综合复习题

一、思考题

1. 简述增值税的主要税务筹划实务。

2. 简述消费税的主要税务筹划实务。

3. 简述所得税的主要税务筹划实务。

4. 本章中哪些案例涉及企业的分立？企业是如何通过分立降低税负的？

5. 简述企业投资中的主要税务筹划实务。

6. 简述企业筹资中的主要税务筹划实务。

7. 何谓物的非流动税务筹划法？

8. 何谓人的非流动税务筹划法？

9. 何谓物的流动税务筹划法？

10. 何谓人的流动税务筹划法？

二、选择题

1. 关于增值税的税务筹划正确的是(　　)。

A. 需要考虑营业税改征增值税的影响

B. 应该将免税货物与应税货物分开记账

C. 从一般纳税人购货比从小规模纳税人购货更合算

D. 自养车队不一定比外购运输服务更有利

2. 关于消费税的税务筹划正确的是(　　)。

A. 应该将应税消费品低价销售给本企业一个非独立核算的门市部

B. 出售给关联企业的应税消费品的价格应该尽可能地低

C. 成套的应税消费品可以由“先包装后出售”改为“先出售后包装”

D. 加工方式不同会导致应税消费品的计税基数不同

3. 下面可以用于所得税的税务筹划的方法是( )。

A. 加速折旧

B. 申请成为高新技术企业

C. 专用设备的税额抵免

D. 研究开发费用加计扣除

4. 企业投资的税务筹划包括(　　)。

A. 企业组织形式的税务筹划

B. 企业注册地的税务筹划

C. 投资方向的税务筹划

D. 投资方式的税务筹划

5. 国际税务筹划的主要方法包括(　　)。

A. 人的非流动税务筹划法

B. 物的非流动税务筹划法

C. 物的流动税务筹划法

D. 人的流动税务筹划法

E. 以上四种方法的组合运用

三、案例题

案例 1

5 年前,A 公司以 8 000 万元的价格购进一栋大楼。因城市开发,这一块土地逐渐升值。现在,A 公司拟以 30 000 万元的价格将大楼出售给 B 公司。A 公司考虑两种方案,第一种方案是直接出售大楼,第二个方案是先以大楼作为出资设立一家子公司,再转让子公司的股权(城市维护建设税适用税率为 7%,教育费附加征收率为 3%,契税税率为 3%,假设不考虑其他费用)。

分析要求:分析两种方案下 A 公司应缴纳的所得税、营业税及附加、土地增值税。分析两种方案对 B 公司的所得税、房产税、契税的影响。

案例 2

2008 年初,某创业投资企业 A 投资 1 000 万元在深圳成立了企业 B。企业 B 既属于未上市的中小高新技术企业,也属于国家重点扶持的高新技术企业,预计每年可实现税前利润 100 万元(假设不存在纳税调整事项)。2010 年企业 A 预计的税前利润 800 万元(假设不存在纳税调整事项)。

分析要求:分析 2010 年企业 A 和企业 B 预计可以享受的税收优惠。

案例 3

A 国甲公司在 B 国、C 国分设乙、丙两家分公司。A、B、C 三国的企业所得税税率分别为 35%、30%、30%。A 国允许采取分国抵免法进行税收抵免,但抵免额不得超过所得按 A 国税率计算的税额。假设该年度甲公司在 A 国实现应纳税所得额 2 400 万元;乙公司在 B 国的应纳税所得额为 500 万元;丙公司在 C 国亏损 100 万元。为减轻税负,甲公司采取了以下办法:降低对丙公司的材料售价,使丙公司在 C 国的应税所得额由 0 变为 100 万元。

分析要求:采取上述措施后,甲公司总体税负有何变化?

主要参考文献

1. 中华人民共和国税收法规公告。
2. 财政部:《企业会计准则》,经济科学出版社,2006 年。
3. 财政部:《企业会计准则(应用指南)》,中国财政经济出版社,2006 年。
4. 中华人民共和国国务院令 538 号:《中华人民共和国增值税暂行条例》。
5. 中华人民共和国国务院令 539 号:《中华人民共和国消费税暂行条例》。
6. 中华人民共和国国务院令 540 号:《中华人民共和国营业税暂行条例》。
7. 财政部、国家税务总局第 50 号令:《中华人民共和国增值税暂行条例实施细则》。
8. 财政部、国家税务总局第 51 号令:《中华人民共和国消费税暂行条例实施细则》。
9. 财政部、国家税务总局第 52 号令:《中华人民共和国营业税暂行条例实施细则》。
10. 盖地:《税务筹划》(第三版),高等教育出版社,2009 年。
11. 盖地:《税务会计与税务筹划》(第五版),中国人民大学出版社,2010 年。
12. 盖地:《税务会计》(第七版),立信会计出版社,2010 年。
13. 方卫平:《税收筹划》,上海财经大学出版社,2001 年。
14. 张中秀:《纳税筹划宝典》,机械工业出版社,2001 年。
15. 朱洪仁:《国际税收筹划》,上海财经大学出版社,2000 年。